禮俗・記憶與啓蒙

——臺灣文獻的文化論述及數位典藏

林淑慧 著

臺灣 學生書局 印行

禮俗・記憶與啓蒙 ―

臺灣文獻的文化論述及數位典藏

目　次

第一章　序論

　　臺灣文獻所涵括的範疇廣，不僅承載文化的各種面向，也是具有時空厚度的文化資產。這些經過世紀大河沈澱、淬煉的文字資料，有些是文學想像的再現，有些則是社會活動的記錄。文本的字裡行間透露作者的觀察視角，也蘊含對集體生活處境的思考。研究者雖無法參與過往時空中的真實生活，卻可藉由研究文獻的回溯，想像當時的文化面向。這些年來投入臺灣文學研究，逐漸感受到以各類臺灣文獻作爲研究素材的學術意義，故常將文獻置於時代脈絡加以深度詮釋，並運用科際整合的方式發掘作品內在意義，期望能賦予文獻新的生命。爲探究臺灣文獻所呈現禮俗、記憶與啓蒙等文化論述的面向，本書以文獻研究法爲主，研究進程採先以廣泛蒐集史料，再地毯式根據文獻歸納主題的類別。在研究素材上，先蒐集【臺灣文獻叢刊】、臺灣清治及日治時期文書檔案、臺灣古典詩文集或作家手稿等，以及日治時期的報刊、雜誌及文獻資料，作爲研究的素材。且因文學與文化之間的相互關聯性，故參考各領域的資料後，再藉由文獻的爬梳、歸納統計關鍵資料，並結合文學與文化概念及資料庫的應用，以期逐步積累學術成果。

　　本書著力於文獻的蒐羅與應用，尤其是將焦點集中在散文的文化論述議題。關於個別文集的主題詮釋方面，多以作家的文集爲第

一手的研究文本。如澎湖文人蔡廷蘭《海南雜著》自 1837（道光十
七）年秋天起有不同版本的刊本問世，臺灣、日本、俄羅斯、越南
等地藏有若干刊本、抄本、排印本和翻譯本，又有俄文、法文、日
文、越文翻譯本問世。若探究《海南雜著》的多元面向與意涵，可
參考范曄《後漢書‧南蠻西南夷列傳》、黎崱《安南志略》或是《大
南寔錄》、《大南寔錄清越關係史料彙編》等史料，並參考王錫祺
編《小方壺齋輿地叢鈔》中的〈越南風俗記〉以及薩德賽《東南亞
史》等現代學者專著。研究臺南文人施瓊芳與施士洁進士父子，則
先以《石蘭山館遺稿》、《後蘇龕文集》為文本，參照臺灣史、民
俗學、文化研究等領域的研究成果，並結合田野訪談後人以取得相
關資訊。至於鹿港文人洪棄生的散文頗具代表性，如《中西戰記》、
《中東戰記》、《瀛海偕亡記》、《八州遊記》皆以敘事的方式，
再現歷史與旅遊的記憶。此外，李春生《東遊六十四日隨筆》、洪
棄生《八州遊記》，林獻堂《環球遊記》等，亦皆是研究文人旅遊
書寫的主要文本。

　　清治時期有關區域文學與文化的研究，猶有許多亟待耕耘之
處。如為探討早期臺北文人的著述與文化活動，需先爬梳各種臺灣
府志、《諸羅縣志》、《彰化縣志》以及《淡水廳志稿》、《淡水
廳志》等文獻，再參考日治時期編纂的《芝山巖志》與《臺灣教育
碑記》、《臺北市志》等戰後的文獻彙編以及《宮中檔奏摺》、《清
史稿臺灣資料彙編》等有關外緣的資料，以理解臺北早期文化史料
的學術意義。同時，藉由陳維英的相關資料及遊宦文人或馬偕等
個人論著，以觀察當時的社會背景及文教活動；又從其後代所提供
的相關史料，以發掘早期臺北文教發展的記憶。至於十九世紀後期

臺北文教的代表性人物李春生的研究，學界也已累積一些成果。如
李明輝編《李春生的思想與時代》（1995）彙集中研院文哲所主辦
的研討會單篇論文，後又收錄於 2004 年南天書局出版【李春生著作
集】。其中，吳文星〈清季李春生的自強思想－以臺事議論爲中心〉、
〈清季李春生的自強思想－以變革圖強議論爲中心〉，以李春生於
牡丹社事件後所發表於報刊的〈臺事〉議論七篇爲主軸，並以其他
相關論述富強之道的文章，詮釋有關自強、改革思想。[1]近幾年又有
若干部相關的學位論文，亦多探析李春生各種著作的多元面向。然
而，目前相關的論文因各有切入的面向，未針對其散文的文化論述
加以詮釋，故本書將於第五章第一節專論其清末至日治初期著作中
的文教改革與國際觀等啓蒙思想的相關議題。至於探討日治時期臺
灣婦女解纏足運動的議題，則是應用《臺灣民報》、《臺灣日日新
報》、《臺灣時報》等報刊，以及《臺灣總督府公文編纂》、《臺
灣總督府民政事務成績提要》、《臨時臺灣戶口調查結果表》等檔
案爲參考資料。此外，臺灣文學與文化史料多由各地田野工作室、
學術研究團隊以及文化局，匯集成冊出版，或建置爲電子資料庫成
爲網路資源。這些史料具蘊藏豐富的文化意涵，多可作爲教學與研

---

[1] 有關探討李春生的宗教觀，如李明輝〈李春生：《東西哲衡》及《哲衡續編》
中的哲學思想〉討論李春生對東西哲學思想差異的認知與評論；古偉瀛：〈從
棄地遺民到日籍華人－試論李春生的日本經驗〉，論析李春生在世變下身份認
同的移轉，及其接觸日本的異地經驗；黃俊傑：〈李春生對天演論的批判及其
思想史的定位－以《天演論書後》爲中心〉則論述了李春生對於西方近代科學
理論的含納與批判，並討論其於思想史上的定位；黃俊傑、古偉瀛〈新思與舊
義之間－李春生的國家認同之分析〉則討論李春生國家認同轉移未產生嚴重掙
扎的原因。

究的參考素材。

　　十七到十九世紀臺灣文獻蘊含禮儀與風俗的研究素材，也保存臺灣早期歷史脈絡下的情境。故本書第二章先從文人所記錄禮儀與風俗的面向論起。【臺灣文獻叢刊】匯集一些文人記錄宗教的傳說與儀式，其中「媽祖」與「王爺」信仰是臺灣最主要的宗教活動，文獻記載此類題材亦較豐富。第一節即探討臺灣文獻有關「媽祖」與「王爺」的宗教傳說呈現文人何種敘事策略？他們為何如此敘說？這些文獻所載的儀式又具有何種象徵意義？此外，臺灣方志也保存飲食於儀式中所蘊含象徵作用的研究素材。食物在宗教儀式及生命禮儀上，多具有作物生產對應文化再生產的模式，而社會生產的主要穀物或動物資源，是儀式中的文化生產和再生產的重要象徵。故第二節透過臺灣方志有關巫俗、宗教及生命禮儀的記載，探討食物在這些儀式的進行中具有何種特殊意義？藉以詮釋早期臺灣各族群飲食與信仰及生命禮儀的文化意涵。又因傳統文人常藉由禮儀與風俗的記錄及論述，傳達他們的觀察面向及價值觀，故第三節以施瓊芳與施士洁的風俗觀察為例，探討其散文的文化論述。

　　臺灣文獻也保存文人的時間或空間記憶。記憶所涉及的並非只是情緒、心像、觀念、個體態度等面向，而且包涵客觀的文化變化。[2]記載史事的文獻較著重於時間的記憶，常透過現有的詮釋觀點，得以解讀並建構歷史。故第三章第一節以文獻所呈現清治時期臺北文教發展的記憶為例，作區域文化史的探討。從爬梳現存零星的資料，

---

[2]　F.C.Bartlett 著，李維譯：《記憶：一個實驗的與社會的心理學研究》（臺北：桂冠，1998 年），頁 398。

論及當時文教機構的設立情形，分析陳維英等在地文人學術傳承的
脈絡與推廣文教的貢獻。並評析清治末期臺北受到西方文化的激
盪，使承襲自儒學爲主的文教發展，因外來思想的傳入而呈現嬗變
的軌跡。一般而言，歷史記憶較著重記錄一段時間所發生事件的觀
察與感受。當文人在面對因戰亂、政權轉移等世變下的情境時，是
如何書寫自我與集體的生存處境？故第二節以洪棄生「戰記」書寫
的文化論述爲例，闡述經由人物塑造與情節鋪陳，呈現戰爭敘事的
特色。其中《瀛海偕亡記》爲「割臺」世變的記憶書寫，隱含臺灣
史上具代表性戰役遺留在民眾內心的傷痕。第三節則以吳德功散文
的文化論述爲研究文本，探討其作品所呈顯世變下的歷史記憶。當
文人面對社會環境的改變，常透過主題散文書寫表達境遇，故作品
中多流露知識份子在世變下的處世觀與因應之道。從分析吳德功多
部散文作品並結合史料文獻，以爬梳且詮釋其歷史記憶的特色。

　　因空間移動而產生的旅外記憶，呈現跨界文化書寫的特殊質
性。由於作者職務或動機的不同，常顯現個人對異地的認知，遊記
也各具豐盈的文化意涵。第四章第一節透過澎湖文人蔡廷蘭因緣際
會漂流到越南所撰的《海南雜著》，探討作者如何呈現驚險的旅程，
又是以何種視角觀看越南的風土民情及歷史文化？第二、三節則探
討日治時期臺灣旅外記憶的跨界書寫。第二節舉李春生《東遊六十
四日隨筆》與洪棄生《八州遊記》等長篇遊記爲例，分析作者的文
化論述及文化省思等面向。第三節則以日治時期臺灣文化史上的代
表性人物林獻堂爲探討核心，以其所撰的《環球遊記》可與 1927
年日記相對照，分析這些參觀歐美古蹟或民主制度現況的書寫，呈
顯出文人對異地空間的記憶及其敘事的意義，並詮釋此趟環球之旅

的象徵性社會價值。

　　哲學家康德認為所謂「啟蒙」，就是修正意志、權威及理性運用之間的原有關係。[3]十九世紀末到二十世紀上半葉臺灣文人有那些啟蒙大眾的文化論述？第五章第一節先談到十九世紀下半葉牡丹社事件後，李春生如何於《主津新集》侃侃鋪陳他的世界觀，又於東京返臺後，發表那些啟蒙論述。第二節則論及日治初期的女性天然足運動，呈現出當時文人的何種身體論述、總督府或學校又如何改變女性的身體觀。第三節則探究賴和、蔣渭水散文的人文關懷書寫，分析作品所呈現醫生作家關於人權、教育及抵殖民等文化啟蒙的敘事策略。

　　臺灣文學與文化史料長期由各地田野工作室、學術研究團隊以及文化局彙集成冊出版，有的則建置為電子資料庫成為網路資源。這些文化史料蘊藏豐富的文化意涵，堪為教學與研究的參考素材。以往考慮典藏品管理以及維護保存，常將資料置於儲藏室，忽略了研究或教育的需要。因此將珍藏資料數位化為解決維護和使用對立的方法，同時也可以讓不同單位收藏的文學史料聚集、整合、並擴大向外呈現的範圍。目前有關電子資料庫的論文方面，多偏向探討資訊技術的實務議題；較少見以臺灣文學、文化史料為核心，為相關資料庫作全面性檢視，並論述如何將資料庫應用於研究中。故第六章第一節先探討資料庫於臺灣古典文學史料教學與研究的應用，

3　Immanuel Kant 著，李明輝譯注：〈答「何謂啟蒙？」之問題〉收錄於《康德歷史哲學論文集》（臺北：聯經出版，2002 年），頁 28-34。Michel Foucault 著，薛興國譯：〈傅柯：論何謂啟蒙〉收錄於《思想》（臺北：聯經出版，1988 年），聯經思想集刊（1），頁 17。

第二、三節分別以「十九世紀臺灣在地文人資料庫」爲例，論析此資料庫的建構與應用層面，以期能發揮資料庫的實用價值，並有助於提昇臺灣文學、文化史研究的成效，或作爲未來開拓人文相關資料庫的參考。爲歸納全書的研究主題，故以圖 1-1，呈現整體架構：

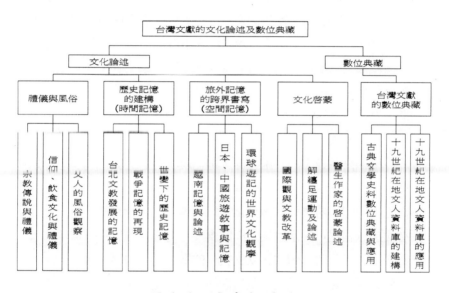

圖 1-1　本書架構圖

再分列出各主題研究的摘要如下：

一、禮儀與風俗

　　【臺灣文獻叢刊】所收錄宗教傳說，呈現文人觀察禮俗的各種面向。第一節〈臺灣文獻所載的宗教傳說與禮俗：以「媽祖」與「王

爺」爲例〉，主要採文獻分析法，從這些早期臺灣方志與文獻中，
爬梳媽祖與王爺傳說及其儀式的研究素材，並探討文人的敘事策略
與儀式的象徵意義。在媽祖傳說方面，先論成神、庇渡海、助戰等
傳說的敘事策略，再分析進香儀式的象徵意義，藉以呈現傳說背後
的信仰體系信念或統治理念。於王爺傳說方面，則論析成神、逐疫
及與史事相關傳說的敘事策略，並參考佛萊哲(James Frazer，
1854-1941)《金枝》("*The Golden Bough*")中的「交感巫術」的概念，
探究逐疫儀式的象徵意義。這些傳說或承襲、或變異，多與臺灣早
期的移民經驗及拓墾史相關。如冒險橫渡黑水溝、作戰時託言神仙
相助、對抗瘟疫等疾病，以及天然與人爲災害的記憶等，常折射表
現在傳說與儀式中，以合理化他們的行爲。

　　於早期臺灣方志的應用方面，則從爬梳府志、廳志、縣志、采
訪冊等方志的文字記錄中，發掘臺灣早期飲食文化與禮儀的意涵。
第二節〈信仰‧禮儀與飲食文化：以臺灣方志爲詮釋核心〉分別從
兩層面加以論述，在宗教儀式與飲食文化方面：先就平埔族巫俗儀
式與祭品，以及耕作儀式與飲食文化的關係；再論漢族民間信仰除
疫巫俗與媒介食物，以及媽祖信仰與飲食文化的象徵意涵。在臺灣
方志中的生命禮儀與飲食文化方面：分別詮釋生產階段、滿月到度
晬，以及成年禮俗與飲食文化的關聯；再從食物與婚前禮、親迎禮、
婚後禮等婚姻禮俗儀式中的作用；最後論析飲食文化於治喪、出殯
及出殯後科儀在喪葬禮俗中的意涵。應用范瑾尼（A. Van Gennep，
1873-1957）「生命禮儀」的概念，探討飲食文化在這些宗教儀式與
生命禮儀中所具有的意義。藉由分析臺灣方志記載平埔族「尫姨」
的「作向」，以及「王爺」信仰結合「逐疫」儀式等，探討飲食於

民間祛病、婚喪禮儀、或王醮等宗教儀式中的作用，以詮釋早期臺灣各族群飲食文化與禮儀的意涵。

　　十九世紀臺灣在地文人的散文，常蘊含有關歷史文化、風俗民情、社會參與、書院教育及儒學思想等主題。其中，臺南文人施瓊芳與施士洁為全臺唯一進士父子，曾擔任海東、白沙書院院長，為書院學術地位的提昇而長期貢獻心力。其散文多論及文昌祠、育嬰堂、藥王廟、海神廟、朝天宮、義民祠等空間載體，呈現作者對於溺女現象的人道關懷，以及有關文昌信仰、敬字等習俗的感知與識見。第三節〈在地文人的風俗觀察：以施瓊芳與施士洁的散文為探討範疇〉從幾個面向加以分析，先論書院與儒教儀式的觀察：探討書院教育與知識菁英的養成、儒教儀式的再現。再探究社會參與的論述：分析社會救濟、移風易俗等議題，最後探討地方信仰的觀察：包含家族記憶與祭祀書寫、藥王廟與海神、義民祠等。「風俗」為社會上歷時久遠之風尚習俗，其形成過程與社會發展有密不可分的關係。期望藉由詮釋在地文人的風俗論述，能有助於深化臺灣歷史文化的教學與研究。

二、文人的歷史記憶

　　清治時期臺北文人的相關著作及史料多散佚，故推測文教發展脈絡有其困難度。為找尋清治時期臺北文教發展的記憶，第一節〈傳承與嬗變：文獻所呈現的清治時期臺北文教發展的記憶〉，蒐羅方志及文獻後以三個層面分論：先探討清治前期學術思想的發展及其外緣條件，如諸羅縣、淡水廳時期的文教環境及文教機構，及儒學思想於民間轉化的情形。再分析以陳維英為核心的文教圈之形成：

9

如陳氏與大龍峒地區文教的淵源,並列舉其重要門生的學術成就。
同時歸納在地文人逐漸崛起的現象與臺北私塾的發展,並探討其文
化參與的實際活動。最後論及淡水縣時期的文教發展與現代文教改
革理念的引入:如馬偕的教育藍圖以及劉銘傳的新政等議題。

　　二十世紀初期的臺灣在地文人,歷經紛雜的戰局,以及風起雲
湧的武裝抗日,身心受到多重的衝擊。他們透過書寫表達撫今追昔
的感懷,也流露知識份子文化論述的內在意識。其中,洪棄生的散
文頗具代表性,如《中西戰記》、《中東戰記》、《瀛海偕亡記》
皆以敘事的方式,再現歷史與旅遊的記憶。第二節〈戰爭記憶的再
現:洪棄生「戰記」書寫的文化論述〉,分為人物形象塑造策略、
情節的編排與敘事心理、作者的敘事位置等層面分析,期望藉由洪
棄生戰記主題的探討,呈現其散文作品中文化論述的特色。

　　世變下的臺灣文人面對社會動盪與政權更替的現象,常激起他
們將歷史文化的思考與因應策略,寫成各具特色的散文。其中彰化
文人吳德功不僅參與彰化的社會救濟,在當地的影響力不容小覷;
其作品又橫跨清治與日治時期,流露知識份子在特殊時代的境遇。
故第三節〈世變下的歷史記憶:吳德功散文之文化論述〉,以吳德
功的散文為主軸,論析作者於各時期文學書寫與文化對話的情形:
先分析《戴案紀略》、《施案紀略》、《讓臺記》與《瑞桃齋文稿》
書中史傳散文的敘事特色。再論日治初期《揚文會策議》的三篇議
論,及《觀光日記》所記錄參與殖民政府刻意安排觀光活動的現代
性體驗。最後探討其議論散文所呈現儒教的社會實踐與應世之道。

三、臺灣旅外記憶的跨界書寫

臺灣古典文學史上的數本遊記，多呈現文人對異地的記憶，並透露文化論述的特殊質性。在十九世紀旅外遊記中，蔡廷蘭《海南雜著》爲極具代表性的作品，第一節〈越南記憶與論述：蔡廷蘭《海南雜著》的跨界之旅〉即以此遊記爲研究的文本。1835-1836（道光十五－十六）年的意外旅程，使得此位澎湖文人因緣際會見識到越南的自然景觀及人文風俗。《海南雜著》牽涉到跨越疆界的書寫，而成爲臺灣清治時期著作譯成多國語文的特例；今日也因此書的流傳，加深作者在家鄉或異地的象徵性社會地位。故從兩大面向詮釋此部旅遊書寫：先探討蔡廷蘭越南行旅記憶，分從歷險探奇的旅行記憶、越南傳說與諺語的民間記憶兩方面來論析。其次，從歷史論述、風俗論述兩層面，分析《海南雜著》文化論述的內在意涵。本節參酌眾多相關史料，以詮釋此部旅外遊記所牽涉到的文化遷徙流動，並呈現在地文人跨界論述的價值觀。

至於日治時期的遊記，亦值得細加爬梳、詮釋。第二節〈敘事與記憶：李春生與洪棄生旅遊書寫的文化論述〉，如李春生於日本殖民臺灣的第二年，受總督等人的邀請赴日參訪遊覽兩個多月，回臺後將此跨界之旅的經驗，撰寫成《東遊六十四日隨筆》。這本遊記爲仕紳階層李春生於清、日政權轉移後，至殖民者國度旅遊的記錄，呈顯其文化論述的特色，更蘊含世變下的文化交疊現象。第二節從跨界經驗的再現，分析旅遊緣起與書寫的動機、空間記憶與敘事參與；再分論日本文明與風俗論述、中國想像與現實批判，以評析遊記的文化論述。另一位文人洪棄生於 1922 年至中國旅遊，所撰

《八州遊記》為作者閱讀漢籍的經驗與實地考察的成果，亦呈現其文化批判的視角。期望藉由李春生與洪棄生遊記主題的探討，以詮釋有關敘事與記憶的文化論述特色。

林獻堂為臺灣二十世紀上半葉的知識菁英，於文化史上佔有重要的地位。其日記不僅因牽涉眾多事件而具有歷史厚度，且蘊含個人的思想關照。他又是日本殖民時期首位遠至歐美多國旅遊的臺灣知識份子，遊記所錄旅途時間之長、空間移動之廣，當時難有臺灣人能超越他，更增添他的旅遊書寫所蘊藏的學術研究價值。第三節〈世界文化的觀摩之旅：林獻堂 1927 年日記及《環球遊記》的敘事意義〉，以林獻堂 1927 年日記及《環球遊記》為文本，參考旅行、敘事等理論概念，從日記到遊記的自我敘事、世界歷史記憶的再現、日記與遊記的文化啟蒙論述等三個主題面向加以探討，期能呈現這位臺灣知識份子的日記與旅遊書寫在文學與文化史上的特殊意義。

四、文化啟蒙的書寫策略

「啟蒙」在文化與歷史上有其發展的脈絡，啟蒙運動實為一種心智狀態，人的價值開始以自我為出發點來加以肯定，也就是以人作為人之價值的主軸。從人類的精神心路歷程，邁向完整的自我瞭解、個人的自由啟始，同時也蘊含進步科技以及理性批判，並尊重人權自由的世界觀。[4]臺灣在地文人的論述，早在十九世紀與國際接觸或貿易的過程中，即透顯知識啟蒙與現代性的特色。李春生於清治末期完稿的第一部著作《主津新集》，收錄牡丹社事件後臺灣政

---

[4]　Norman Hampson 著、李豐斌譯：《啟蒙運動》(臺北：聯經，1984 年)，頁 145-149。

經局勢變化的評論以及國際關係的論述。第一節〈知識啓蒙與現代性：李春生散文的文化論述〉，從評析報紙的公共輿論功能、宣揚政教改革的觀念、以及多元文化的借鑑，探討其文教改革與國際觀的相關論述。李春生的學養與經歷呈顯於《主津新集》與《東遊六十四日隨筆》等著作中，內容多對傳統儒學有新的詮釋，同時又蘊含以基督教爲核心的國際視野。這些有關李春生的思想，多成爲他行事的準則，值得深加探究。

　　爲突顯日治時期臺灣婦女解纏足運動的過程，及其在臺灣文化史上的價值，第二節〈日治時期的身體論述：女性天然足運動及其文化意義〉，先從民間解纏足運動的興起切入主題，探討知識份子對解纏足的議論、民間解纏足運動的組織團體，尤其重視婦女主導的解纏足運動。此外，再分析總督府的放足政策、殖民者獎勵的民間教化團體所發揮的功能，與學校教育對解纏足運動的影響。最後詮釋此運動呈現出婦女解放運動的先聲、女性身體權觀念的改變、及殖民者同化政策的影響等層面的文化意義。

　　人文思想的傳統是以人的經驗爲中心、以人的尊嚴爲價值根源，並強調透過教育培養人性意識爲主要特色。因臺灣日治時期醫生作家的散文作品，多呈顯其人文及啓蒙的特色，故第三節〈醫生作家文化啓蒙的敘事策略：賴和、蔣渭水散文的經驗書寫〉，分就蔣渭水、賴和爲主要分析對象，並以文化啓蒙爲主題，詮釋臺灣日治時期醫生作家散文的書寫策略。從宣揚人權思想及人性尊嚴的理念、診斷殖民教育的影響及其因應策略、闡釋反殖民及文化抵抗的意義，來探討臺灣日治時期醫生作家散文的書寫策略。期望能詮釋作者與敘述者有意識的表現，或未意識到的隙縫，以呈現臺灣日治

時期醫生作家對於權力、社會結構,與生命關懷之間關係的探討。今日閱讀這些散文,仍感受到作品中人文思想可貴之處;而作家終極關懷的實踐,更蘊含了值得我們持續探討的典範意義。

五、文獻的數位典藏應用

　　臺灣古典文學史的研究需以詳盡的文學史料為基礎,並與歷史脈絡、社會思潮、文化變遷不斷對話。第一節〈資料庫於臺灣古典文學史料教學與研究的應用〉,先論臺灣古典文學史料資料庫的應用,並列舉古典或現代散文、詩歌、小說史料的相關資料為例。再分析臺灣古典文學外緣背景資料庫的應用,並以檔案、古文書、地理資訊系統等層面為例證。最後論資料庫於臺灣古典文學史教學與研究應用的展望,以作為開拓臺灣文學史資料庫的參考。

　　十九世紀是臺灣在地文人崛起,以及文化論述漸趨多元的重要階段,這些在地書寫的文學史料深具參考價值,亦是臺灣文化資產的一部份。然而目前尚未見到以十九世紀臺灣在地文人及其作品為主的資料庫,也因此未出現與此領域相關 Metadata 的規劃。故第二節〈文化資產的典藏:十九世紀臺灣在地文人資料庫的建構〉,論及資料庫建置的議題:分別探討史料的蒐羅與整理、資料庫單元層級及群組關係;Metadata 的規劃與設計:包括 Metadata 的內容架構、Metadata 轉入資料的規劃;藉由資料庫建置的探討,將珍藏於圖書館的善本書室的文獻、微捲,與文人後代保存的手稿數位化,以擴大臺灣古典文學與文化史料的蒐羅面向;並提供涵攝文人與作品事件的後設資料,以期有助於積累後續學術研究的深度。

　　至於資料庫於教學與研究的應用方面,第三節〈古典風情・記憶

再現：十九世紀臺灣在地文人資料庫的應用〉，主要討論資料庫於
臺灣古典文學史料研究的影響，並從作者、作品主題、外緣背景的
研究，論及十九世紀在地文人資料庫應用的展望。本章藉由資料庫
建置及應用的探討，將珍藏於圖書館的善本書室的文獻、微捲，與
文人後代保存的手稿數位化，以擴大臺灣古典文學與文化史料的蒐
羅面向；並提供涵攝文人與作品事件的後設資料，以期有助於積累
後續學術研究的深度。

　　文獻兼具文學與文化的功能性，本書以禮俗、記憶與啟蒙為研
究主題，並以詮釋臺灣文獻的文化論述為研究範疇。全書的結構大
體上先詮釋文獻與禮俗的關聯，再論及文獻所呈現因歷史事件所引
起的時間記憶，或是因空間移動所產生的異地記憶。同時也分析十
九世紀末到二十世紀上半葉有關文化啟蒙的書寫策略。最後應用數
位典藏的概念，將臺灣文獻視為文化資產並探討其典藏價值，且舉
實例分析資料庫於古典文學史料研究與教學的應用。「論述」
（discourse）原是用來指涉言談與交談的種種形式，後來轉變成形
式化的言語行動和敘述，或是針對某些重要的課題，作比較專門與
深入的討論。在當代語脈中，論述也是一種陳述系統，藉由這種方
式，社會的現實可為世人所瞭解、應用且運作，進一步形成主體與
客體間的權力關係。[5]如臺灣文人對於清治時期的民變、乙未割臺的
戰亂，到日治初期總督府的殖民統治，這段所謂社會動盪之際的「世
變」多有論述。當世界也進入新、舊時代交替的「世紀之交」階段，

---

[5]　廖炳惠：《關鍵詞 200：文學與批評研究的通用詞彙編》（臺北：麥田，2003
　　年），頁 82-85。

文人亦多能意識到這前所未有的變化。故本書以臺灣文獻、臺灣方志、古典文集及文學史料,作爲主題式詮釋的素材,並將於以下各章分論其文化論述的面向。

　　本書得以出版,應感謝臺灣學生書局經理、主編及編輯群的鼎力協助。這部積累了數年來發表的研究成果,經再三修改後,能收錄於臺灣學生書局的【臺灣研究叢書】中,是鼓勵亦是期許。這幾年走進嚴謹的研究路途,曾得助於師長的諄諄教導,期刊審查委員及研討會講評人的寶貴建議,體認到需以孜孜矻矻的態度從事學術工作。平日有幸向台灣文化及語言文學研究所多位專業的同事請益、切磋,並與學生及助理腦力激盪、教學相長,使我回到母校台灣師大服務,倍感溫馨。親愛的家人長久以來相互扶持、休戚與共,使我真誠面對生命中的「常」與「非常」。感謝在忙碌的生活中,一些友朋的默默關懷或適時鼓勵。這是個人的第三本專書著作,得助於人者甚多,謹將道不盡的感謝話語,化爲激發我持續踏實研究的動力與能量。

第二章　禮儀與風俗

　　十七到十九世紀臺灣方志及文獻保存禮儀與風俗的資料，呈現
臺灣文化的多重面向。這些長期累積的文字記錄，透顯出文人觀察
臺灣信仰、傳說、禮教儀式及社會風俗的視角。社會人類學家芮克
里夫・布朗(A.R. Radcliffe-Brown)認爲對社會生活有主要影響的事
物，都必然會成爲儀式慶典的對象，儀式的功能就是用來表示、穩
定和持續對這些事物的社會價值的確認。而那些用作食物的動、植
物，常成爲儀式慶典的對象。[1]〈臺灣文獻所載的宗教傳說與禮俗：
以「媽祖」與「王爺」爲例〉一節，從早期臺灣方志與文獻中，爬
梳媽祖與王爺傳說的研究素材，並探討文人的敘事策略與儀式的象
徵意義。藉由府志、廳志、縣志、采訪冊等，亦可發掘臺灣早期飲
食文化與禮儀的意涵。〈信仰・禮儀與飲食文化：以臺灣方志爲詮
釋核心〉一節，即探討飲食文化在宗教儀式與生命禮儀中所具有的
意義。此外，十九世紀臺灣在地文人的散文，常書寫有關歷史文化、
風俗民情、社會參與、書院教育等主題。臺南文人施瓊芳與施士洁
爲全臺唯一進士父子，其散文多論及文昌祠、育嬰堂、藥王廟、海

---

[1]　A. R. Radcliffe-Brown 著、夏建中譯：《社會人類學方法》（臺北：桂冠出版社，
　　1991 年 2 月），頁 31-32。

神廟、朝天宮、義民祠等空間載體,呈現作者的人道關懷,也反映
對於文昌信仰、敬字等習俗的感知與識見。故〈在地文人的風俗觀
察:以施瓊芳與施士洁的散文爲探討範疇〉一節,先探討書院教育
與知識菁英的養成、儒教儀式的再現,再分析社會救濟、移風易俗
等議題。最後論及地方信仰、家族記憶與祭祀書寫、藥王廟與海神、
義民祠等散文中的文化意涵。

第一節　臺灣文獻所載的
宗教傳說與禮俗:
以「媽祖」與「王爺」爲例

一、前言

　　傳說具有隨時隨地變化的特性,除了探討民間口語傳承的面向
外,若要研究其長期的形態,需善加運用歷來所留存的文獻,才能
發掘另一種研究路徑。[2]舉例而言,臺灣 17 到 19 世紀的方志與文獻,
不僅保存歷史脈絡下的情境,也蘊含許多有關傳說的研究素材。這
些志書的編纂緣起於清廷爲了熟諳各地特殊的山川形勢、風土民
情,及增進中央與地方之聯繫與統治,而明令各地必須按時編纂方
志的行政措施。臺灣方志延續傳統方志書寫模式,本以記載風土民
俗的功能爲主,爲錄有政治、經濟、軍事、社會及藝文等資料的百

---

[2]　李獻璋:《媽祖信仰の研究》(東京:泰山文物出版社,1979 年),頁 1-3;
　　同時亦可參考李獻璋:〈媽祖傳說的開展〉,《漢學研究》,第 8 卷第 1 期(1990
　　年 3 月),頁 287。

科全書。中央研究院執行「漢籍電子文獻」計畫時，已將臺灣銀行
經濟研究室出版的【臺灣文獻叢刊】309 種，包括方志、檔案、文
獻，並增添出土的《臺灣府志》一書，共近六百冊、四千八百多萬
字全文建檔。這些方志，以及公文書、筆記文集、碑文等檔案、文
獻，皆是研究臺灣早期傳說的資料來源。

　　早期渡海來臺的民眾攜三山國王等神明，在建廟祭拜的過程中
凝聚特殊的地域族群，且具有文化認同的作用。雖然媽祖與王爺信
仰非起源於臺灣，但此兩者為臺灣最主要的宗教活動，且皆是海神
信仰的代表。信仰與超自然現象常有所關聯，民間的媽祖、王爺信
仰卻與文獻上的神靈傳說多有區別。若分析留存的臺灣文獻所載錄
數則媽祖與王爺相關傳說，及其描述當時的宗教儀式，則將呈現文
人書寫有關神靈題材的敘事策略。目前所見媽祖與王爺的研究成
果，多從複雜的成神歷程、儀式、遶境、祭祀圈、以及信仰的變遷
等層面切入。關於媽祖信仰研究方面，除早期李獻璋（1979）以文
獻學方式研究外，在林美容〈臺灣媽祖研究相關書目介紹〉（2002）、
以及林美容、張珣、蔡相煇主編《媽祖信仰的發展與變遷－媽祖信
仰與現代社會國際研討會論文集》，收錄相當多的參考文獻目錄。
而王爺信仰的研究早期如：伊能嘉矩（1928）、片岡巖（1921）、
鈴木清一郎（1934）論及外，學者長期研究的集結成果如劉枝萬
（1990）、康豹（1990）、李豐楙（1993）等人的著作，皆深具參
考價值。本節則關注有關早期臺灣方志與文獻中，究竟記錄了哪些
媽祖與王爺傳說及其儀式？【臺灣文獻叢刊】中除了收錄《天妃顯
聖錄》之外，其他文獻中又如何書寫媽祖與王爺傳說？這些傳說的
敘事策略為何？傳說與儀式在詮釋上又有何種意義？人類學者克羅

孔(Clyde Kluckhohn，1905-1960)認為儀式與神話皆以象徵的方式表達人類心理或社會的需要：儀式是行動象徵，藉戲劇化的行動表達某種需要；神話是語言象徵，藉語言、文字的表達，支持、肯定或合理化儀式中所要表達的同一需要。故本節擬從【臺灣文獻叢刊】中歸納媽祖與王爺傳說的敘事（narrative）策略，探究臺灣媽祖、王爺儀式的象徵意涵，以及這些傳說與臺灣移民經驗的關係，以期進一步詮釋（interpretation）早期文獻中臺灣漢語傳說的文化意涵。

二、媽祖傳說的敘事策略 與儀式的象徵意涵

（一）媽祖傳說的敘事策略

1、成神傳說

關於媽祖的成神傳說，常具有相同的母題，如：多是海島人家之女，幼時就已有特殊的海上救難能力等。《彰化縣志・祀典志》記載媽祖的成神事蹟時，即描寫她剛出生時，紅光滿室、異氣氤氳，出生後彌月不聞啼聲，故名默娘。八歲輒解經書奧義、喜焚香禮佛，十三歲得道典秘法；甚而至十六歲便能於海上濟人。此志書又詳細記載默娘年二十八昇化後：「里人廟之，有禱輒應。宣和中，賜順濟廟號。自是迄明，屢徵靈跡。」[3] 媽祖信仰的崇祀，是由地域性祠廟轉變為較廣地區的大眾信仰形式。祠廟的信仰常見於方志或文獻中，因其屬於地方民間的祭祀，不一定獲得官方認可。所以在儒家官僚體制之下，需通過仕紳階層與地方官僚合作，將其報准敕封，

3　　周璽主編：《彰化縣志》（臺北：臺灣銀行經濟研究室，1962 年），頁 154-155。

此過程可稱爲「正祀化」。正祀化使得媽祖信仰由其生前具有的「巫」、「巫媼」、「里中巫」之地方性巫覡的宗教性格，逐漸經由朝廷的冊封升格爲「神女」、「夫人」乃至「妃」、「天后」，而轉化爲具有母性慈悲概念的女神。[4]此外，由《天妃顯聖錄》所列舉的救難敍述中，可看出信徒在災難前後的行爲，大約呈現一固定模式：亦即信徒於苦難中先「詣廟拜禱」、「禱我」、「祀我」、「焚香齋戒，奉符咒」即可得助；得到媽祖救助後，則多「詣廟致祭」、「建廟」、「捐金」、「焚香」、「獻匾」以答謝神恩。

再從媽祖信仰得到官方認可的正祀化過程來看，宋元時期東南漕運仰賴天妃信仰的護持，因而諸帝屢降詔敕加封或致祭，成爲媽祖被尊爲航海神之濫觴；至明代海運蓬勃發展，天妃信仰更成爲海上往來顛危之間的凝聚力量。《天妃顯聖錄》載鄭和等人所立之〈劉家港天妃宮碑記〉便提及鄭和下西洋航程中，天妃神力助其在茫茫大海中順利航行。[5]如此看來，海運發展進一步加強了天妃信仰正祀化的力量。至清代康熙年間，靖海侯施琅攻取臺灣之際，亦流傳媽祖庇佑的傳說，康熙皇帝也因此降詔加封致祭。民間傳說信仰的流傳，加上官方正祀化過程，擴展了媽祖信仰的延伸空間。

2、庇渡海傳說

媽祖信仰傳說最常見的爲海上救難顯靈的神蹟，此與媽祖信仰發源地點近海有莫大關係。媽祖在臺灣原本被視爲海上的保護神，

---

4 李豐楙：〈東港王船和瘟與送王習俗之研究〉，《東方宗教研究》第 3 期（1993年 10 月），頁 34-42。

5 臺灣銀行經濟研究室編：《天妃顯聖錄》（臺北：臺灣銀行經濟研究室，1960年），臺灣文獻叢刊第 77 種，頁 83。

昔日自唐山來臺的移民，往往捧供媽祖神像同行。當飄泊海上遇到
驚濤駭浪之時，只要祈禱媽祖，便往往能化險為夷，因此信眾愈來
愈多。平安抵臺定居之後，為感念媽祖神恩，即建廟崇拜，因此臺
灣早期的媽祖廟都建在海港邊，如鹿耳門、北港、鹿港、關渡等。

　　《天妃顯聖錄》記載媽祖「托夢護舟」的傳說，1683（康熙 22）
年官員於海程中夢見媽祖在船上，「問其所來，答曰：『舟船有厄，
將為爾護』。十九早，舟過柑桔嶼，舟次擱淺，舵折四尺，將溺，
眾驚懼，投拜神前，懇求庇佑。倏見天妃現身降靈保護，乃得平穩。」
[6]；另外又記「燈光引護舟人」的情節：「不意昏暗之中，恍見船頭
有燈籠，火光晶晶，似人挽厥纜而徑流至此。」[7]稱此為天妃默佑。
另一相關傳說為 1786（乾隆 51）年發生林爽文事件，清廷派遣福康
安來臺。傳說福康安翌年內渡時，因天色晦暗而迷失方向，且下椗
後舟竟不停，當時舉船的人皆驚慌失措：「正在危急間，舟子忽喜
曰：『前有火光，媽祖來也』！眾前望，隱約之間，如有人坐小舟
中，以火刀擊石，碎火四出。舟子曰：『速轉舵向火行』！一瞬息
而舟已進口矣。」[8]海上艱險危機四伏，即使已望見港口仍不可懈怠，
因近岸海域多礁石，夜航則無法趨避，故有媽祖導航護舟的傳說。
媽祖的傳說在福建各地長期流衍，但這些傳說都是零碎且片段，後
人將這些傳說集成《天妃顯聖錄》，此書是由清初僧人照乘所刊刻。
雖然媽祖形象最早是由民眾所塑造的，但此書主要內容是歷朝封賜

---

[6]　臺灣銀行經濟研究室編：《天妃顯聖錄》，頁 43。

[7]　臺灣銀行經濟研究室編：《天妃顯聖錄》，頁 44。

[8]　臺灣銀行經濟研究室編：《天妃顯聖錄》，頁 71。

媽祖的紀錄，民間故事的成分頗為有限。從上引三則傳說，多為庇佑官員渡海的情節，呈現這些文獻未能反映媽祖護祐普羅大眾的傳說。【臺灣文獻叢刊】的作者或為在地士紳、科舉文人以及官宦之士，而此叢刊中有關媽祖傳說多為官方或遊宦文人的書寫，正因資料的特殊性而呈現媽祖庇佑對象的差異。

3、助戰傳說

施琅〈師泉井記〉記錄 1682（康熙 21）年孟冬率師三萬餘征討臺灣前，曾將部隊駐集於媽祖的故鄉福建莆田平海。當時此地泉流殫竭，惟在天妃宮廟前泉水平時可供百戶人口之需，到了冬天枯水期更是不堪負荷。在施琅拜禱天妃後，井竟湧出甘泉，供三萬大軍取之不盡、用之不竭。施琅運用這則傳說渲染出征前媽祖助戰，所謂「佐佑戎，殲疹氛，翼衛王室」，藉天妃的靈力助佑軍隊，準備前往殲滅鄭氏；並穩定軍心，作為護衛清朝統治權的正當性。文末，更以《周易》「師卦」來加深這則傳說的漫衍意義：「在易，地中有水曰師。師之行於天下，猶水之行於地中；既著容民蓄眾之義，必協行險而順之德。」[9]〈彖傳〉提到率眾出險，大順天時與民心。〈大象傳〉則釋地面中間聚集著水，如民眾聚集形成軍旅的象徵，君子因此要團聚民眾，以蓄養民眾禦侮的力量。[10]此意義在使師出有名，大軍凝聚向心力、信仰，也使皇朝天子的赫濯之威遍佈遠播。媽祖顯靈的傳說讓三萬大軍凝聚了共同信仰，施琅對於這口井的命

---

[9]　施琅：《靖海紀事》臺灣文獻叢刊第 13 種（臺北：臺灣銀行經濟研究室，1958 年），頁 20-21。

[10]　師卦為坎在下、坤在上，坤為順、坎為險，〈彖傳〉：「行險而順」，〈大象傳〉：「象曰：地中有水，師；君子以容民畜眾。」

名，欲使征討的行動更具天意。

此外，《天妃顯聖錄》記載施琅上奏乞皇恩，求為媽祖顯靈助戰加敕封后，[11]並提到：「均由我皇上至仁上達昊蒼，故無往而不得神麻。」將湧泉功勞，歸功於皇上峻德格天，才使得征討過程順利。《澎湖志略‧宮廟》記錄澎湖天后宮湧泉給師的傳說，而時間卻變為 1684（康熙 23）年 6 月，地點也非平海天后宮。[12]不同的文獻記載形成湧泉傳說，異地出現的情形。《澎湖志略》的作者轉換施琅所記的傳說，加強了此一地區宮廟的靈力，並擴張媽祖信仰的範疇。這些記錄於史志的傳說，使信仰力量更為穩固。

關於助戰傳說，又如 1721（康熙 60）年清朝派施世驃與藍廷珍渡臺處理朱一貴事件，藍廷珍上奏言明媽祖神蹟，請求加以冊封。另外，乾隆年間奉命來臺敉平林爽文事件的福康安，渡臺時也受恩於媽祖保佑。1792（乾隆 57 年）〈天后宮田產碑記〉則記載將林爽文事件歸功於「神之所默祐而陰相之者也。」[13]文獻中常出現平臺有功的媽祖傳說，可能是因來臺平亂的官員擔心掛上功高震主，或恃功驕縱的罪名，於是將功勞歸功給媽祖，以此避禍。[14]臺灣媽祖助戰傳說的內容具有幾項特色：在情節的承襲性方面，1682（康熙

---

[11] 施琅此則奏疏未見於《靖海紀事》，奏摺全文收錄於《天妃顯聖錄‧歷朝褒封致祭詔誥》，頁 12。

[12] 周于仁、胡格：《澎湖志略》（臺北：臺灣銀行經濟研究室，1961 年），臺灣文獻叢刊第 104 種，頁 34。

[13] 臺灣銀行經濟研究室編：《臺灣中部碑文集成》（臺北：臺灣銀行研究室，1962 年），臺灣文獻叢刊第 151 種，頁 9-10。

[14] 石萬壽：《臺灣的媽祖信仰》（臺北：臺原，2000 年），頁 200。

21）年施琅〈師泉井記〉載錄關於「井湧甘泉」的顯靈神蹟，與 1684
（康熙 23）年《澎湖志略》中的湧泉神蹟如出一轍，唯時空有所變
動，兩者間具有故事情節依循的痕跡。在敘事手法方面，有關媽祖
如何顯靈化身的情節，常僅以「后屢著靈異」[15]，或「見神像面有
汗，衣袍俱濕」[16]等語形容，這些文本中有關媽祖顯靈方式的敘述，
多呈現簡略而模糊的情形。

（二）媽祖信仰儀式的象徵意義

臺灣文獻除載錄媽祖傳說之外，亦保存相關儀式的記錄，透過
儀式使口語傳說更與民眾生活結合。其中「進香」為媽祖信仰具有
代表性的儀式，故以之為例詮釋其象徵意義。

1、媽祖信仰與地方意識

媽祖信仰在臺灣擁有最多信徒、廟宇分佈也最廣。《臺灣紀事·
臺俗》記載進香的盛況時提到：廟以北港天后宮最為顯赫，每年南
北兩路人絡繹如織，齊往北港進香[17]，記錄當時進香「肖媽祖」之
情景，卻以道德教化的視野批評進香盛況的揮霍。[18]迎媽祖的活動

---

[15] 胡傳主編：《臺東州采訪冊》（臺北：臺灣銀行經濟研究室，1960 年），臺灣
文獻叢刊第 81 種，頁 48。

[16] 范咸主編：《重修臺灣府志》（臺北：臺灣銀行經濟研究室，1961 年），臺灣
文獻叢刊第 105 種，頁 266-267。

[17] 吳子光：《臺灣紀事》（臺北：臺灣銀行經濟研究室，1959），臺灣文獻叢刊
第 36 種，頁 98。

[18] 進香盛況亦載於臺灣銀行經濟研究室主編：《安平縣雜記》（臺北：臺灣銀行
經濟研究室，1959 年），臺灣文獻叢刊第 52 種，頁 14：「自二月初旬起，上
而嘉義，下而鳳恒以及內山屯番，或夫婦偕來，或扶老攜幼，陸續到廟叩祝，
鑼鼓笙絃，不絕於道，總在神誕前，昭其誠敬。」

多於農曆三月間舉行，此為農人插秧工作結束的空閒期，迎神活動不僅具有滿足百姓精神信仰之需要，亦為村落聚合的機會及凝聚地方意識的功能。

宗教信仰常與各種職業有所關聯，如原初信仰媽祖者多為航海人，以從事海上貿易或漁業活動為主。臺灣民間普遍信仰的媽祖，本為海上航海者的守護神，平安渡過大海來臺的民眾，多感激媽祖的庇佑；然隨著移民的墾殖，民間信仰也逐漸賦予媽祖農業神明的神格，並出現「風調雨順」的祈求。而原由中國分香來臺的「湄洲媽」、「銀同媽」，歷經一段時期後，有了「開臺媽」、「鹿港媽」等新的稱法，顯示媽祖信仰「本土化」特徵。這些與地方歷史事件、群體經驗融合，形成地方性的媽祖文化，反映出地方群體意識及情感認同。[19]

媽祖信仰盛行的因素之一，與早期冒險橫渡黑水溝來臺，以及須適應新的水土環境有關，多為民眾集體性恐懼不安，無意識下的流露與反映。哈伯瓦克(Maurice Halbwachs)曾提出「集體記憶」(Collective Memory)為一種集體的社會行為，每一種集體記憶皆有其相對應的社會群體，而社會群體所提供持久的架構，通常人們的記憶會與這個架構相符。[20]宗教信仰中所崇拜的神為社會的象徵，拜神或為拜社會本身的一種外在表現，這種象徵性的社群情感為「集體意識」（Collective Consciousness）。臺灣三月肖媽祖的社會現象

---

[19] 黃美英：《千年媽祖：湄洲到臺灣》（臺北：人間，1988 年）頁 110-124。

[20] Maurice Halbwachs.: "*On Collective Memory*" Edited, Translated, and with an Introduction by Lewis A. Coser, P,1992,pp.22.

可視爲這「集體意識」的展現，經民眾再次分香散布至全臺各地，每年三月媽祖慶典的進香割火儀式，共同參與並凝聚各地民眾的集體情感。

2、進香儀式的教化功能

　　清廷利用媽祖信仰產生政治上的作用，將原爲地方神靈，轉化成「媽祖」、「天后」，強調詔封後的母性、慈悲，並擴展其與官方的聯結。例如臺南大天后宮原是寧靖王朱術桂的宅第原址，施琅攻取臺灣後，爲了消除反清意識，企圖以媽祖信仰抹去鄭成功與明朝的認同。施琅需要藉用媽祖信仰的庇蔭，因爲在舊王朝的眼中，他是一位背叛者。如此看來，媽祖信仰既是區域的認同，亦牽涉到國族認同的議題。至於傳說本身除衍生自歷史的時空背景之外，在信仰體系中，傳說也扮演了一種增強作用的角色與解釋的功能。整個信仰體系中的信念，透過傳說更加擴張，傳說亦加強並支持了整個信仰的真實性。若再加上政治力量的操作，則更增加信仰的發展力，傳說之虛實就難以區分了。[21]從媽祖傳說來看，將媽祖信仰藉由詔封天后的儀式，以加強統治政權的穩固性，即是官方介入宗教的例子。

　　統治者利用祭祀與宗教的儀式，以政教合一的方式影響民眾價值觀的形成；官僚也必須定期前往天后宮朝拜，以加深教化的宣導作用。例如清治末期至臺東任職的胡傳《臺灣日記與稟啓》所載：

---

[21]　王嵩山：〈從進香活動看民間信仰與儀式〉，《民俗曲藝》，第 25 期（1983年），頁 71。

「十四日,冬至。黎明率屬官詣天后宮向闕行叩賀禮。」[22]又如,柯培元編《噶瑪蘭志略》亦言朝拜時間:「天后宮,歲以春秋仲月及三月二十三日誕辰致祭,自嘉慶十七年奉行。」[23]這些官員至天后宮祭拜的實例,呈現官方主導的儀式活動。不僅儒家的祭孔、祭天、祭祖的宗教性蘊藏於禮制的運作之中,甚至官建媽祖廟特別強調具有忠孝節義的教化功能。臺灣許多主祀男神的廟宇,並沒有特別建「聖父母殿」,但臺灣的媽祖香火重鎮－北港朝天宮建有「聖父母殿」,供奉媽祖的父母親,因此也有「謁拜媽祖父母」的儀式和說法,強調的是倫理孝道的實踐。[24]《彰化縣志》又提到:「嘉靖中,編入祀典,疊加徽號。國朝康熙中,屢著靈應,紀功加封天后,入祀典。雍正四年,御賜『神昭海表』額。十一年,賜『錫福安瀾』匾。令江海各省,一體奉祠致祭。后英靈溥濟,廟遍薄海。今就官所致祭,朔望祇謁者紀之。」[25]廟方領導媽祖信仰組織的建構,於臺灣文獻中早有記載,如《苑裏志》載:「媽祖會者,設值年頭家、爐主輪掌之。」[26]成為領導人員者,往往最有權力接近香

22　胡傳:《臺灣日記與稟啟》(臺北:臺灣銀行經濟研究室,1960年),臺灣文獻叢刊第71種,頁206。

23　柯培元:《噶瑪蘭志略》(臺北:臺灣銀行經濟研究室,1961年),臺灣文獻叢刊第92種,頁59。

24　黃美英:〈香火與女人－媽祖信仰與儀式的性別意涵〉,收錄於《寺廟與民間文化研討會論文集》(臺北:文建會,1995年),頁535。

25　周璽主編:《彰化縣志》(臺北:臺灣銀行經濟研究室,1962),頁154-155。

26　蔡振豐主編:《苑裏志》(臺北:臺灣銀行經濟研究室,1957),臺灣文獻叢刊第48種,頁85。廟方領導組織的紀錄亦載於臺灣銀行經濟研究室主編:《安平縣雜記》,頁19。及鄭鵬雲、曾逢辰主編:《新竹縣志初稿》(臺北:臺灣銀行經濟研究室,1959年),臺灣文獻叢刊第61種,頁179。

火等神聖儀式。而廟方領導者也往往透過神明香火的淵源或歷史的闡釋、乃至各種靈驗傳說，與地方的開發史事及群體的經驗、情感作密切結合。臺灣的媽祖也演變成為一種超祖籍群的神明祭祀，在發展過程中，各地媽祖廟超越了地域群體，與鄰近媽祖廟產生競爭態勢。各廟領導者便運用各種論述、資源、儀式活動，彰顯該廟的神威與特點，以求成為超地域的信仰重鎮或香火中心。

神明的「香火」牽涉到「靈力」與「靈氣」的問題，「割火」儀式的主要目的便是增加神明的靈力，隨香客親身參與割火儀式，即是為了能獲得媽祖的靈氣。[27]古籍記載與進香有關的儀式，如在進香前要先備妥牲禮祭拜天妃海神，然後每人預做紅袖香袋，上面寫著天妃寶號，而「至進香時取爐內香灰實袋，縫於帽上，以昭頂戴之誠。」[28]漢移民常攜帶香火或神像祈求平安，最初大都屬私家神明的性質，由於一些靈驗的神蹟而信徒漸多，私神也漸公眾化，在居民捐錢建廟後，成為較具體的公神。寺廟的公神，也可能因靈跡顯著，成為地緣群體的信仰中心。[29]靈跡顯著與否即與傳說的傳遞效用有關，靈跡傳說鞏固其區域的信仰中心，其所希冀達到的教化功能便能相得益彰。

---

[27] 黃美英：《臺灣媽祖的香火與儀式》（臺北：自立晚報，1994年），頁203。

[28] 臺灣銀行經濟研究室主編：《臺灣輿地彙鈔》（臺北：臺灣銀行經濟研究室，1965年），臺灣文獻叢刊第216種，頁13。

[29] 張勝彥等編著：《臺灣開發史》（臺北：國立空中大學，1996年），頁141-144。

三、王爺傳說的敘事策略與儀式的象徵意涵

（一）王爺傳說的敘事策略

1、成神傳說

有關王爺的身份頗為複雜，一般的王爺只有姓而沒有名，有□府王爺、□府千歲、□大王、□大人、□老爺等各種不同的稱呼。有的王爺是掌管瘟疫[30]的瘟神（如五府千歲），有的是身世不詳的厲鬼（如溫王爺、池王爺），有的是歷史人物（如張王爺），有的是鄭成功及其親屬部將。學界對於「王爺」的認定可歸納為以下三種：第一種意見是將王爺視為「瘟神」、「瘟疫神」的尊稱，持有這種看法的學者早期有前島信次（1938），其後有劉枝萬（1990）、李豐楙（1993）。第二種意見是認為王爺的基本性格就是「厲鬼」，早期的學者如曾景來，其後如仇德哉，近來如康豹（Paul Katz）都有類似的看法。第三種意見是認為王爺就是「功烈神靈」，亦即其生前有大功於人民，死後受誥封或受祭拜而成神。持有此主張者蔡相煇強調的「功烈神靈」與鄭成功家族有關，李豐楙則以因公殉職或有功於民，死後納入祀典者，為從傳統所說的「厲鬼」中分出。學者各種不同的說法，呈現出王爺信仰的多樣性。

黃叔璥《臺海使槎錄》曾提到臺灣的王船醮所祀的對象：「相傳池府大王，其為唐代三十六進士，受張天師用法冤死，上帝敕令

30　瘟或瘟疫係指急症熱性傳染病之總稱，平常包括鼠疫、霍亂、斑疹、傷寒及瘧疾等症。

其代天巡遊，即五瘟神。」[31]此「三百六十進士死於非命」爲王爺傳說的骨幹之一[32]，基本上王爺傳說中的主角多爲集體橫死（冤死、枉死、自殺、意外等）的厲鬼。但這類鬼魂往往和「行瘟」或「逐瘟」的傳說及活動有關，或和道教瘟部神的信仰結合，因此以瘟神稱之；亦被認定與一般「死不瞑目」的厲鬼不同，而以「功烈神靈」或「英烈崇拜」下的王爺稱之。[33]因王爺的角色說法眾多紛歧，此名詞在臺灣民間已成一種泛稱。包涵了自然物的神靈、歷史上的名人或帝王、大臣將相、死於非命的敗軍死將而被納入祀典之中的神明。此外，一些爲有姓無名，生前有功名卻死於非命（尤其與瘟疫有關），死後而成爲瘟神。另有道教系統的瘟神，稱之「五瘟神」或「十二瘟王」。這些成神原因的多元性，擴大了王爺信仰的複雜體系。

綜觀而言，王船信仰多與瘟疫有關，或爲瘟神信仰；而王爺信仰則多崇拜英烈神靈，而與瘟疫較無直接關聯，故王爺信仰與王船信仰可分開處理。傳統上世間的王爺常有爵無權，[34]而王爺傳說則

---

[31] 黃叔璥：《臺海使槎錄》（臺北：臺灣銀行經濟研究室，1957年），臺灣文獻叢刊第4種，頁45。

[32] 曾景來：《臺灣宗教と迷信陋習》（臺北：南天，1995），頁122-124。以曾景來整理出的王爺傳說七大類型，皆提及三百六十位進士或橫死受封、或自殺為國等；黃叔璥《臺海使槎錄》（臺北：臺灣銀行經濟研究室，1957年），臺灣文獻叢刊第4種，頁45，上面記載為三十六位進士，自臺灣研究叢刊查詢亦未得王爺傳說中橫死進士的數字資料。

[33] 林富士：《孤魂與鬼雄的世界－北臺灣的厲鬼信仰》（臺北：臺北縣立文化中心，1995年），頁142-147。

[34] 漢代廢除異姓諸侯以後，王爺的爵位很高，卻無行政職務。民間流傳小王爺出巡的故事，顯現這些王爺雖無實權，但可以處理緊急救護的諸多事務。

描述某位王爺神在某地建廟，呈現其具有區域認同的意義。如鹿港鎮金門館內的〈重建浯江館碑記〉，可見科舉文人對王爺的描述：「曩者浯人崇祀蘇王爺之像，由淡越府，過鹿溪，而神低徊而不能去。卜之曰：『此吉地也，其將住留於此』。然有是神，必有是館。」[35]「擇地」傳說與臺灣開發史相關，傳統對於「吉地」的擇求，表示了長久居住及發展的渴望，爲落地生根的表現。此種擇地的神靈傳說，是王爺信仰在臺落地發展，也是於這塊土地定居的移民心靈寄託的所在。

2、逐疫傳說

　　各方志有關王爺與逐疫的事蹟，如 1717（康熙 56）年的《諸羅縣志》中所載：「祭畢，乃送船入水，順流揚帆以去，或泊其岸，則其鄉多厲，必攘之。」[36]後來的《重修鳳山縣志》亦提到：「民間齊醮祈福，大約不離古儺。近是，最慎重者曰王醮。」[37]文中所提「儺」，爲古時候爲了驅逐各種疫鬼而做的儀式，臺灣古俗尚王醮，每三年舉行一次，作醮便取其送瘟之意。「瘟神」受命於天庭，於行惡之處，受玉旨行瘟以處不義之人，於是民眾加以崇敬。對於施放載有瘟疫之王船，若任其隨處而去，勢必造成他地之瘟疫加深，這位對抗者所扮演的角色，就是押解著瘟疫，或將布瘟的瘟神請回天上去，或前來巡視瘟神有無擅離職守的一種功能，如同古代之「巡

---

[35] 臺灣銀行經濟研究室編：《臺灣中部碑文集成》，頁 41-42。

[36] 周鍾瑄主編：《諸羅縣志》（臺北：臺灣銀行經濟研究室，1962 年），臺灣文獻叢刊第 141 種，頁 150。

[37] 余文儀主編：《續修臺灣府志》（臺北：臺灣銀行經濟研究室，1962 年），臺灣文獻叢刊第 121 種，頁 59。

撫」一般。在民眾心中逐漸出現陰陽對立之下所產生的神，許多人是以這樣的思考來加深對王爺信仰的崇敬。

劉枝萬認為這是王爺神和保生大帝神格的結合，具有除瘟逐疫和醫治病患的功能。他提到往昔地多瘴癘之處，處於水土不服的環境中，墾民心目中之瘟神，實以醫神之成分居多。」[38]王爺具有醫神的功能與臺灣本身的氣候相關，臺灣屬海島濕熱的氣候，早期地多瘴氣，根據臺灣文獻中關於瘴癘、瘟疫的記載，如 1874 年（同治13）牡丹社事件後，來臺的羅大春提到：「重以瘴癘之氣鬱而成瘟疫之證，傳染甚易」[39]紀錄當時臺灣「開山」的情形，並描述官員感染瘟疫而病逝的狀況。另《述報法兵侵臺紀事殘輯》中也提及 1885（光緒 11）年清法戰爭時，基隆瘟疫盛行，法國軍際全退至寧波普陀山洋面。[40]此外，洪棄生《寄鶴齋選集》記錄：「有喪其子、亡其兄，東家哭而西家應之者矣，是瘟疫之劫也。」[41]亦描寫日治初期瘟疫橫行，威脅民眾生命的情景。從臺灣文獻記載看來，在臺灣開發的過程中，瘟疫這種傳染性的疾病，對民眾的威脅還未完全消褪。早期社會由於醫學不發達，造成對生死的不確定性，除了求助偏方外，就只能求助於巫筮、神明的協助，以靈力、

---

38 劉枝萬：《臺灣民間信仰論集》（臺北：聯經，1990 年），頁 225-234。

39 羅大春：《臺灣海防並開山日記》（臺北：臺灣銀行經濟研究室，1972 年），臺灣文獻叢刊第 308 種，頁 71。

40 羅惇、池仲祐、唐景崧：《述報法兵侵臺紀事殘輯》（臺北：臺灣銀行經濟研究室，1968 年），臺灣文獻叢刊第 253 種，頁 373。

41 洪棄生：《寄鶴齋選集》（臺北：臺灣銀行經濟研究室，1972 年），臺灣文獻叢刊第 304 種，頁 72。

神力對抗不可見的病菌，成為民眾面對自然環境的一種因應態
度。

3、與史事相關傳說

　　成書於 1720（康熙五十九）年的《臺灣縣志》記錄早期與王船
有關的傳說：相傳昔年有王船漂至海中，與荷蘭舟相遇，結果荷蘭
以砲火矢石徹夜攻擊，到天亮後，看見滿船人眾都是紙所裝成，荷
蘭驚慌恐懼，死者甚多。[42]這一段記載，呈顯出異地文化間的衝擊，
荷蘭人面對滿船皆紙人的現象感到無法理解而驚異，甚至因此而
亡。此段傳說雖為「不經之談」，卻也透露出對於王船的恐懼。

　　鄭氏時期有關的王爺傳說，較具代表性的如瘟使者借陳永華宅
之事。1695（康熙三十四）年高拱乾《臺灣府志》及 1719（康熙五
十八）年陳文達《臺灣縣志》、1720（康熙五十九）年《鳳山縣志》
皆曾有過記錄，然未提及瘟使者為池府大王所派、或陳永華死後為
池大王陪侍神之事。惟有黃叔璥於《臺海使槎錄》提到：「偽鄭陳
永華臨危前數日，有人持柬借宅，永華盛筵以待，稱為池大人，池
呼陳為角宿大人，揖讓酬對如大賓；永華亡，土人以為神，故並祀
焉。」[43]這則簡略傳說，記載陳永華臨危前數日，遇及池府大王借
宅居住，土人並將永華奉祀為神。而江日昇《臺灣外記》亦記載王
爺借居永華宅的傳說，且鉅細靡遺地記錄其中過程，欲以此則傳說
預示鄭氏王朝氣數已盡。從傳說的背景來看，三藩事件後馮錫范隨

---

[42]　陳文達主編：《臺灣縣志》（臺北：臺灣銀行經濟研究室，1961 年），臺灣文
　　獻叢刊第 103 種，頁 61。

[43]　黃叔璥：《臺海使槎錄》，頁 45。

鄭經歸臺，內心妒忌陳永華掌握大權，且做事方正敢爲，於是與劉
國軒串通，圖謀剝奪陳氏兵權。陳永華本無所顧忌，鄭經亦聽受讒
言，於是陳永華將兵權轉交至劉國軒；本欲同陳永華隱退的馮錫范
卻仍舊在位，致使陳永華懊悔不及、心情不舒暢。《臺灣外記》運
用第三者的視角來描述這則王爺傳說：「永華退居無事，偶爾倦坐
中堂。左右見永華起，揖讓進退，禮儀甚恭，似接客狀；賓主言語，
唯唯應諾。徐而睡去。逮覺，即喚左右，將內署搬徙，讓客居。」[44]
左右旁侍問其原因，永華卻回答：「瘟使者欲借此屋，我便允許。」
而瘟使者至此的原因，是爲了延請當事者「刑官柯平、戶官楊英，
餘尚有不可言者」，關於此位不可言者，瘟使者也只是嗟吁而已。[45]
以此委婉的暗喻，預示永華的惡兆。過了幾大，永華、柯平、楊英
相繼死亡，果然悉如永華所言。《臺灣外記》運用旁觀者的敘事對
話，鋪陳出這則傳說的懸疑性質，「瘟使者」、「延請諸當事者」、
「嗟吁而已」在在暗示著厄運將臨的氣氛。而陳永華、柯平、楊英，
都象徵當初協助鄭氏王朝的賢良將相，今瘟使者接連前來帶走他們
的生命，也預示著鄭氏王朝的命運即將衰頹滅亡。

　　另外一則與戰役相關的王爺傳說，相傳鄭成功在 1658（順治 15）
年揮軍北伐時，由舟山前往羊山的海程中，得知羊山上有一大王廟

---

[44]　江日昇主編：《臺灣外記》（臺北：臺灣銀行經濟研究室，1960 年），臺灣文
　　　獻叢刊第 60 種，頁 374。

[45]　相關傳說亦記載於高拱乾主編：《臺灣府志》（臺北：臺灣銀行經濟研究室，
　　　1960 年），臺灣文獻叢刊第 65 種，頁 217。范咸主編：《重修臺灣府志》，頁
　　　578。王必昌主編：《重修臺灣縣志》（臺北：臺灣銀行經濟研究室，1961 年），
　　　臺灣文獻叢刊第 113 種，頁 544。余文儀主編：《續修臺灣府志》，頁 681。

甚靈，海中有朦、瞽二龍，在經過羊山時，忌擂鼓鳴金，且需祭拜獻紙。然鄭成功不信傳說，放鳴鑼，須臾間風起浪湧，迅雷閃電，只聞呼救之聲，臣屬跪求鄭成功上棚拜天後，風雨才歇息。結果鄭軍傷亡數千，更失妃、子數人，只能返回廈門休養生息。[46]藉由這類廣爲散播的傳說，加強塑造王爺特殊靈力的形象。民間王爺的傳說雖繁多，但因古文獻多爲官員或科舉文人所著，所以這些王爺傳說較偏於與政治或軍事相關的記載。

（二）王爺信仰儀式的象徵意義

十九世紀末葉的人類學者弗雷澤（James Frazer）稱所有的巫術爲交感巫術（sympathetic magic）。他認爲巫術具兩種基本形式，即模擬巫術（imitative magic）和接觸巫術（contagious magic），但在實踐中這兩種巫術經常是合在一起進行。這也是人類思維比喻的兩個基本方式，開啓現代象徵研究的關鍵。[47]以下即分析王爺信仰中醮典與送王船儀式，多以相似的聯想作爲模擬巫術的象徵意義。

1、王爺的醮典儀式

現代新功能派的人類學家綜合宗教功能的意義，包含有：生存的功能、適應的功能以及整合的功能。有些民族的宗教儀式作用，主要爲滿足個人與自然的奮鬥，以求生存的需要；有時宗教儀式的功能著重於使個人在心理上得以調適。宗教儀式又可作爲整合社群的手段，宗族中的祭祖儀式以及臺灣民間的迎神拜拜，都是很明顯

---

[46] 阮旻錫：《海上見聞錄》（臺北：臺灣銀行經濟研究室，1958 年），臺灣文獻叢刊第 24 種，頁 27。

[47] J. G.. Frage 著，汪培基譯：《金枝：巫術與宗教之研究》（臺北：久大桂冠，1991 年），頁 22-33。

地發揮整合群體的功能。上述三種不同的功能,在若干特殊社會中,又常可同時並存而發生作用。[48]《東瀛識略》中對祭祀王爺的儀式有具體的說明:「出海者,義取逐疫,古所謂儺。鳩貲造木舟,以五彩紙為瘟王像三座,延道士禮醮二日夜或三日夜,醮盡日,盛設牲醴演戲,名曰請王;既畢,舁瘟王舟中,凡百食物、器用、財寶,無不備,鼓吹儀仗,送船入水,順流以去則喜。或泊於岸,則其鄉多厲,必更禳之每醮費數百金。亦有閒一、二年始舉者。」[49]早期漢移民來臺的祭祀信仰,反映出農業拓墾社會精神文化的重要一面。渡海來臺的移民常因水土不服而病亡、或因生存爭鬥而逝,民間傳說若無人祭祀則淪為惡鬼,可能降災禍於人,所以為免厲鬼作祟,而出現集資建廟的情形。此種信仰反映人們對厲鬼的畏懼,也間接呈現出早期移民生存艱辛的寫照。

此外,《安平縣雜記·風俗現況》記載醮典儀式提到:較大的區域如市、街延請道士禳醮,每三年舉行一次,都由民眾捐錢祈求天地神明為民人消災降祥之意,一次費金幾千圓,而鄉莊里堡民人則費金幾百圓。靠近海邊的村莊,則有王爺醮,每十二年一次,用木製王船禳醮三日,送船出海,任風飄流。其間倘若王船停靠其他村莊海岸,則該村莊也要禳醮,否則該莊民定招致災禍。[50]另於《安平縣雜記·僧侶並道士》更記載醮典儀式的細節:醮典儀式若為三天大醮者,為火醮、慶成、祈安醮典各一天,而五、七天大醮者,

---

48 李亦園:《信仰與文化》(臺北:巨流,1978 年),頁 171-177。
49 丁紹儀:《東瀛識略》(臺北:臺灣銀行經濟研究室,1957 年),臺灣文獻叢刊第 2 種,頁 35。
50 臺灣銀行經濟研究室主編:《安平縣雜記》,頁 14。

或多一水醮。醮典結束之隔日,做一小醮,名曰「醮仔」。凡作醮必普渡,準備豐盛的豬、羊、牲醴、酒席、米糕、鉆肉山之類。[51]醮典儀式即是運用「象徵」的基本原則,使壇界的狹小空間象徵化,成爲建醮聖域。在此空間內的一舉一動,完全出之以戲劇化的象徵動作,藉以表達祈福的內心企望。

2、送王船的逐疫儀式

　　王爺在臺灣是最衆多、龐雜的神明,本來王船漂來之地,據說都會遭瘟疫,所以要做醮大拜拜一番,復將王船送走,以禳除瘟疫。《澎湖廳志‧風俗》便記載送王船的習俗儀式:先提到澎湖域內王爺廟興盛,而有造王船、設王醮的儀式。這些習俗由中國傳來,王船多堅緻整肅,旗幟皆綢緞且鮮明奪目;有龍林料者,有半木半紙者。王船建造完成後,擇日付之一炬,稱爲「遊天河」;派數人駕船遊海上,稱爲「遊地河」。而澎湖之王船,則多以紙爲之,耗費不少金錢。[52]《臺灣縣志‧風俗》亦有詳細記載:內容提到臺灣崇尙王醮,每三年一次,取送走瘟疫之義。村莊境內之人集資造舟,設三座紙製瘟王,延請道士設醮祭拜二至三日夜,末日設盛宴、演戲,稱作「請王」,進酒上菜,隨後將瘟王置船上,船上凡百食物、器用、財寶,無一不具。醮典結束,送王船至大海,然後送王船之人再駕小船回來。[53]可見送王船的儀式是從「請王」起始,而非只有「送王」,並多在海邊舉行相關活動,增強王爺與海神信仰的相

---

[51]　臺灣銀行經濟研究室主編:《安平縣雜記》,頁 21。

[52]　林豪主編:《澎湖廳志》(臺北:臺灣銀行經濟研究室,1958 年),臺灣文獻叢刊第 164 種,頁 325。

[53]　陳文達主編:《臺灣縣志》,頁 60-61。

關性。

造船送王儀式一般都含有民眾所欲產生效果的模擬,採用的巫術是順勢的或模擬的。歐洲古代和現代的民族中也流行相似的作法,如把疾病、災難和罪孽的負擔從某人身上轉給別人、轉給動物或其他物體身上。轉嫁災禍的習俗在阿拉伯遇到瘟疫盛行的時候,有的人就牽一隻駱駝,走遍城裡各個地區,駱駝把瘟疫馱在身上。然後,他們在一個聖地將牠勒死,認為一舉去掉了駱駝,也除去瘟疫。在哈福德郡的伯克漢普斯特,患者把一絡頭髮釘在橡樹上,然後猛然一擰,就把那一絡頭髮和瘰疾都留在樹裡了。[54]除了將這些瘟疫等傳染病轉移至駱駝等動物、或橡樹等植物,亦有轉給其他物體上的逐疫方式。例如臺灣的送王船儀式,即是期盼藉由裝飾華麗的王船,載走可能奪人性命的瘟疫災難。

四、結語

媽祖、王爺的信仰多與超自然現象有密切關聯,與傳說的類型雖有所區別,但傳說與儀式皆以象徵的方式表達人類心理或社會的需要。又因媽祖與王爺為臺灣具有海神信仰質性的宗教活動,故本節從【臺灣文獻叢刊】309 種中,歸納媽祖與王爺傳說的敘事特色,並探究臺灣媽祖、王爺儀式的象徵意涵。

關於媽祖傳說的敘事策略,分從成神、庇渡海、助戰傳說等加以論析,藉以呈現傳說背後的信仰體系信念或政治力量操作。例如朱一貴事件後,藍廷珍上奏將事功歸於媽祖,呈現媽祖、國家與民

---

[54] J. G.. Frage 著;汪培基譯:《金枝:巫術與宗教之研究》,頁 787-797。

眾三者禍害與共的相關性。漢移民常攜帶香火或神像祈求平安，居民捐錢建廟後，「開臺媽」、「鹿港媽」等，顯示媽祖信仰本土化特徵。象徵性的社群情感為「集體意識」，迎媽祖活動除了滿足百姓精神信仰需求，亦有促進地方意識與情感認同的功能；而官僚也必須定期前往天后宮朝拜，以加深教化的宣導作用。廟方領導者透過神明香火的淵源或歷史的闡釋，乃至各種靈驗傳說，以鞏固其區域的信仰中心。

在王爺傳說的敘事策略方面，則論析成神、逐疫及與史事相關傳說。《臺灣縣志》記載荷蘭人以砲火攻擊王船，至天明因滿船皆紙人的現象感到無法理解而驚異，透露王爺信仰於臺灣的發展源起甚早，藉由這類傳說廣為散播，更加強塑造王爺特殊靈力的形象。醮典儀式是使壇界的狹小空間象徵化，成為建醮聖域，並藉由食物及戲劇化的象徵動作，以表達祈福的意義。《臺灣縣志‧風俗》及《澎湖廳志‧風俗》皆記載延請道士設醮祭拜，後將瘟王置船上，醮典結束即送王船至大海，以逐疫。送王船儀式為一種模擬巫術，即是期盼藉由裝飾華麗的王船，載走瘟疫災難。

民間將媽祖與王爺等神靈，作為終極信仰的對象，於宗教儀式虔誠膜拜。從分析臺灣文獻所載錄數則媽祖與王爺相關傳說，並描述當時的宗教儀式中，則可探究文人書寫有關神靈題材的敘事策略。媽祖與王爺傳說多與臺灣早期的移民經驗及拓墾史相關，如冒險橫渡黑水溝、作戰時託言神仙相助、對抗瘟疫等疾病，以及天然與人為災害的記憶等，這些常折射表現在傳說與儀式中，以合理化他們的行為。期望藉由探討這些文獻的媽祖、王爺傳說與儀式，能詮釋早期臺灣漢語文獻的文化意涵。

第二節　信仰・禮儀與飲食文化：
以臺灣方志為詮釋核心

一、前言

　　臺灣方志的纂修始於清治時期，其種類依纂輯範圍之異，分爲「府志」、「縣志」、「廳志」及「縣內采訪冊」等類別。這些方志存在一些編纂上的問題，如：內容多大量抄錄前志，故關於文化活動的描述有時難以辨識指涉的地域時間。另一方面，方志的記錄有其地域性，無法以某部方志的記載來說明全臺的狀況；縱使官方主修的方志於編纂有其特殊書寫模式，但在編纂過程中，另聘請許多臺灣在地文人進行大規模的田野調查，故可說是集體合作參與的文化工程。例如在北部淡水同知陳培桂主編的《淡水廳志》中，便可見當時有許多臺灣在地文人如張書紳、林維讓、陳霞林、蘇袞榮、鄭如梁、林英、李聯英、鄭化南、鄭秉經、林紹唐、林維源、林汝梅、李騰芳、陳經、黃中理、蘇章榮、陳鷟升、傅以揚、高廷琛、潘永清等參與分纂、採訪或監刻等工作。又如，中部《彰化縣志》總纂爲廣西人周璽，然參與分纂的彰化縣邑文人爲數亦頗爲可觀。（參閱表 2-2「本節引用臺灣方志一覽表」）在地文人參與方志纂修，不僅參考若干早期文獻，同時也實地採訪一些風俗儀式，爲當地文化留下文字紀錄。

　　十七到十九世紀臺灣方志中的研究內涵，可從「技術文化」、「社群文化」、「表達文化」等層面來發掘文獻所蘊含臺灣文化的

多元特色。[55]食物為物質文化中重要的一環，從臺灣方志中有關飲食文化的記載，透露了物質文化與社群文化及表達文化之間的聯繫。又因方志所記錄的風俗多以平埔族與漢族為主，高山族的資料極少，故本節擬從爬梳府志、廳志、縣志、采訪冊，探析方志所記載的平埔族與漢族飲食文化以及信仰與禮儀之間的對話。

在《重修臺灣府志・番社風俗・鳳山縣》、《重修臺灣縣志・風土志・番俗》、《臺東州采訪冊・風俗》、《噶瑪蘭志略・風俗志・民風》、《新竹縣志初稿・風俗・閩粵俗》、《安平縣雜記・調查四番社一切俗尚情形詳底》、《鳳山縣志・風土志・番俗》、《澎湖紀略・風俗紀》、《雲林縣采訪冊・斗六堡・風俗》、《彰化縣志・風俗志》等書中，常提到臺人「信鬼尚巫」的情形。這些志書並列舉多種宗教儀式，如：平埔族「尪姨」（女巫）的「作向」，以及「媽祖」、「王爺」信仰的「作醮」儀式等。而食物在這些巫俗（shamanism）儀式的進行中，有哪些特殊的文化意義？方志所書寫的儀式常載錄哪些祭品？且因祭儀是宗教信仰的實踐，飲食文化與祭儀、信仰之間究竟有何關聯？此外，通過禮儀是個人在各生命階段和關口的儀式，而飲食文化在這些「通過」儀式的過程中具有何種意義？飲食文化與「通過禮儀」又有何種關聯？故本節參考弗雷澤《金枝》（*The Golden Bough*）的「交感巫術」，以及范瑾尼「通過」儀式等概念，探討臺灣方志所載飲食於民間祛病、作醮等宗教儀式或婚喪禮儀中的作用。期望從研讀這些漢語典籍史料，

---

55 李亦園：《田野圖象―我的人類學生涯》（臺北：立緒文化事業有限公司，1999年10月），頁 72-74。

能進一步詮釋早期臺灣各族群飲食文化與禮儀的意涵。

二、臺灣方志中的宗教儀式與飲食文化

（一）平埔族的宗教儀式與飲食文化

早在荷治時期的文獻中，已見有關平埔族宗教儀式與祭品的記載。例如荷蘭人派來臺灣的第一位牧師為 George Candidius（1597-1647），他於 1627 年 5 月 4 日來到臺灣，並於 1628 年 12 月 27 日撰寫了一篇觀察西拉雅族的田野報告。此篇報告描述西拉雅奉獻牲禮的儀式，過程中的祭品包括殺好的豬、米飯、檳榔、大量的飲料、公鹿或野豬的頭。奉獻犧牲之禮後，一或兩位尪姨開始念長咒請神，然後轉動眼珠，倒在地上大叫，此即所請的神明出現的徵兆。後來尪姨又爬上公廨屋頂念長咒，脫去衣服，以手打自己身體，並清洗全身，這種「公向」儀式多於公廨舉行。另有在家裡舉行的「私向」，當各戶人家遭遇任何困難，即請尪姨到家裡作法，舉行許多怪誕（fantastic）的儀式。尪姨若認為邪魔鬼怪與人住在一起，就以叫嚷與吆喝的方式驅趕邪靈。她們手裡拿著斧頭，追趕妖魔鬼怪，直到它跳入河裡溺斃。[56]另一部荷治時期來臺，署名 C.E.S. 所著《被遺誤之臺灣》也提到這段尪姨作向的紀錄。除了十七世紀初期荷治時期的遊記與檔案的紀錄外，十七到十九世紀臺灣方志中的平埔族巫俗儀式，又常載錄哪些祭品？這些文獻中有關耕作祭儀

---

[56] 此篇原稿今藏於荷蘭，曾有多種譯本。參考 George Candidius 著，葉春榮譯註：〈荷據初期的西拉雅平埔族〉，《臺灣風物》第 44 卷第 3 期（1994 年），頁 194-228。

與飲食文化的關係為何？以下將分為巫俗儀式與祭品、耕作儀式與飲食文化的關係兩層面加以分析：

1、巫俗儀式與祭品

清治時期臺灣方志有關平埔族的記載，雖多零星且簡略，但這些方志資料也保留一些早期漢人對平埔族巫俗的觀察。如刊刻於1717 年（康熙 56 年）的《諸羅縣志・番俗》對於「作向」儀式多有描寫，此書所提到的「向」有二義：一指鬼神，即眾人不敢碰觸的向魂、向靈。過年賽戲之際，則露天立一柱以祭祀，就是所謂的「向竹」或「向神座」，即鬼神所在的地方。另一義則指作法詛咒，《諸羅縣志》描述懂得向術的人，先嘗試以樹木為作向的對象，如果能使樹木立刻枯死，並且解向之後又復活過來，才使用這個巫術。不然，恐怕是只能作向，而不能解向的情況。因此，當時平埔族家中不用鎖鑰，也沒人敢行竊。他們亦於田園中放向，環之以繩，雖山豬、麇鹿也不敢入內。漢人初至，誤摘其果而食，嘴脣立腫，只得求其主人解救。[57]通常擅長作向的人多為年老婦女，即所謂的「尪姨」。而尪姨「私向」儀式中的盛水磁罐，後來演變成今日西拉雅族祀壺或阿立祖信仰的主角。「向」即為一種作法咒詛，民間相信巫覡能賦與其他物質某種不可侵犯的禁制勢力，有時將其禁制勢力運用於防止漢人的土地侵佔。[58]有關「作向」過程及效用，於《重修臺灣縣志・風土志・番俗》[59]等志書中亦多有敘述。

---

[57] 周鍾瑄：《諸羅縣志・番俗》，頁 174。

[58] 伊能嘉矩著，江慶林等譯：《臺灣文化志》（南投：臺灣省文獻委員會，1985 年），頁 443。

[59] 王必昌：《重修臺灣縣治》，頁 404-405。

　　至於有關作「公向」的習俗，《安平縣雜記·調查四番社一切俗尚情形詳底》[60]提到：通常在每年的舊曆三月十五日閉向，九月十五日的時候開向。各庄社需設一個公廨，於屋頂鋪上茅草、在棟樑的兩端擺上三隻土座的假鳥，鳥身以竹模加以糊上，鳥口中啣著稻草。在屋子的兩旁排列刀鎗等武器，以祈福射獵的順利。屋內豎一根長度可達屋頂的大竹，大竹的前面再立約四尺的小竹，小竹中插一香燭稱為「向神座」。在座前放一塊大石頭當作神桌，桌上排列檳榔、燒酒，朔望之日更換一次。並在禁向或開向的前一天，相率入山捕鹿或山豬，然後將這些牲畜的頭取下，掛在神座後面的大竹竿上。各社民眾至公廨必須備辦檳榔、白米或禾米和荳炊成的供品，歡欣歌舞後，個人食用自己所帶來的供物，剩的則帶回家。閉向以後，男女都必須致力於農事，射獵、歌舞、婚嫁在這段期間是被禁止的，一直要等到開向後才能解除這些束縛。此外，另有「私向」的巫俗儀式。《安平縣雜記》提到：「更有番社之人，欲害人者，只要與尪姨相商，取其所供磁瓶之水暗灑其人身中，立即法行病至。知者則就請該尪姨收禱，不知者被害無窮。」[61]《淡水廳志·風俗考》又提到北部的巫俗：「有為紅姨，託名女佛，探人隱事」，並記錄石碇堡出現「以符咒殺人者，或幻術而恣淫，或劫財而隕命，

60　《安平縣雜記》不著撰人。安平縣始設於清光緒十三年臺灣建省之時，由原臺灣縣改稱，為臺南府附郭之邑。篇目計分「節令」、「風俗」、「臺灣海防廳沿革」、「租稅」以至「保甲」、「團練」等，所記多為舊制、舊俗且多建省不久之情況。由於書中原有「清國」(指清廷)、「帝國」(指日本)字樣，並敘及日治以後之事，應為日治時期之撰作。

61　臺灣銀行經濟研究室主編：《安平縣雜記》，頁59-61。

以符灰雜於烟茗檳榔間食之，罔迷弗覺，顛倒至死。」[62]有些平埔族人相信，可以請「尪姨」以「向」傷害人，令人生病；也必須請「尪姨」才能解除、免禍。在實踐中這兩種巫術經常是合在一起進行，平埔族的巫俗包括運用相似或接觸的聯想原則，多以「作向」或「符咒」的方式來作法詛咒。

　　原始社會人類往往因為求助於神靈、答謝神靈守護，以至止息神怒與神和解，皆有獻上供物的行為。供物的奉獻有兩大類，一是奉獻祭牲，二為奉獻穀物花果。因為初民認為神靈同人一樣，喜歡人間的血食及各種食物，當神靈接受人的供獻時，就會降福給部落族群。[63]平埔族的巫覡被視為具有神祕能力，尪姨可以作法傷人，志書也提到受害者欲解除災害，不須香花、蠟燭、 銀紙，而是以燒酒、檳榔及米製成的供品，來請尪姨解咒。檳榔在平埔族巫俗祭儀中也占了重要的地位，即使許多儀式因時代不同而有所變遷，不過到現在檳榔這項祭品未曾被取代。[64]除了巫俗儀式運用到檳榔之外，十七到十九世紀的文獻常記載平埔聚落遍植檳榔的情形，由於檳榔易生產、產量多、便利分享、易於上癮，而被廣泛使用，所以

---

[62] 陳培桂：《淡水廳志》（臺北：臺灣銀行經濟研究室，1963 年），臺灣文獻叢刊第 172 種，頁 304。

[63] 董芳苑：《原始宗教》（臺北：九大文化，1991 年），頁 73。

[64] 田野調查的報告也記載平埔族中的西拉雅族一般的祭品是酒和檳榔。據石萬壽《臺灣的拜壺民族》提到只要能裝水的容器，不限壺、矸、罐、瓶或僅為一段竹節，都可以作為西拉雅人的祀壺。平埔族蕭壠社的祭品，一般是檳榔、酒、粽子，也有漢式的牲禮、紅龜粿等。石萬壽：《臺灣的拜壺民族》（臺北：臺原出版，1992 年），頁 215。

居民常就地取材以調節身體。[65]

2、耕作祭儀與飲食文化的關係

祭儀是宗教信仰的實踐，臺灣方志中有許多農耕儀禮的記載。如《重修臺灣府志・風俗四・番曲》所蒐羅平埔族各地民間歌謠裡，有許多關於農耕儀禮及信仰的歌謠。[66]舉例而言，方志中有關西拉雅族(Siraya)的歌謠「蕭壠社種稻歌」，歌詠播種稻穀及收成時，多以祭品謝神的儀典。而《重修臺灣府志・風俗四・番曲》的「諸羅山社豐年歌」，為洪雅族(Hoanya)釀酒、賽戲以慶豐收的情景。聚落各戶多需釀酒共飲，烘托祭典的氣氛。另有「大傑巔社祝年歌」為歌詠西拉雅族，並以雞等祭品，祈求能年年豐收。農耕儀禮中具有祈求動植物之繁殖與豐收的內在欲求。[67]

平埔族相信靈魂的存在，常以祭祖祈求族人平安，所用的祭品包括粟酒、糯米飯糕、山豬肉、鹿肉、雞、檳榔等。[68]《重修臺灣

---

[65] 如《嘉義管內采訪冊》中提到：「凡有客來往，先以檳榔為先，次以茶」，臺灣銀行經濟研究室編：《嘉義管內采訪冊》（臺北：臺灣銀行經濟研究室，1959年），臺灣文獻叢刊第58種，頁43；《新竹縣志初稿》也說到以檳榔作為「每詣人，則獻以示敬」，鄭鵬雲、曾逢辰主編：《新竹縣志初稿》，頁178；許多人際關係間的潤滑、調和，也常以分享檳榔的形式來進行。《苑裏志》：「遇小詬誶，亦以是物為和事公親。所謂物輕而意重也。」蔡振豐主編：《苑裏志》，頁84；檳榔的運用已不僅限於平埔族的巫俗祭儀，也普及在建立人際關係網絡、重視食物分享活動的移墾社會中。

[66] 本文所引原住民歌謠最早紀錄於黃叔璥：《臺海使槎錄》。范咸：《重修臺灣府志》，頁460-464亦引用。

[67] 阮昌銳：《臺灣土著的社會與文化》（臺北：臺灣省立博物館），頁16-18。

[68] 李亦園：《臺灣土著民族的社會與文化》（臺北：聯經出版事業公司，1982年），頁45-46。

府志・風俗四・番曲》亦載有祭祖歌[69]，如「大肚社祀祖歌」在祭祖儀式中，亦以各戶多提供所釀新酒共襄盛舉，配合戲劇活動，以歌誦祖先的英勇。又如澹水各社祭祀歌、下澹水頌祖歌、阿猴頌祖歌、搭樓念祖被水歌、武洛頌祖歌等。為求祖先保佑而舉行歲時祭禮。祭典儀式食物的運作，主要解釋的架構是以該族的作物生產（糯米、豬肉等）對應文化再生產（各式祭祖拜神採用的歌謠）的模式，該族社會生產的主要穀物或動物資源，也是儀式中文化生產和再生產的重要象徵[70]。有些原住民的祭儀具有「給予神祇（或靈）食物」的意義，人與神二者之間透過食物互相建立起關係。吃的動作代表食物通過儀式執行者的身體，透過其身體的移動與轉化，而與當下的時間和空間產生關連。[71]可見食物在耕作祭儀中，所發揮的象徵功能。

（二）漢族民間信仰與飲食文化

1、除疫巫俗與媒介食物

就民間信仰的神明組織而言，從天公到中央、地方、陰間的行政神，各有其執掌的任務。如王爺為中央行政神之一，具有除疫的神格。祭祀王爺為主的瘟神廟在臺灣南部較為盛行，主要是因驅邪壓煞的風氣蓬勃。《諸羅縣志・風俗志》提到：

---

[69]　范咸：《重修臺灣府志》，頁 467-469。

[70]　胡家瑜：〈賽夏儀式食物與 Tatinii（先靈）記憶：從文化意象和感官經驗的關聯談起〉，《物與物質文化》（臺北：中央研究院民族學研究所，2004 年），頁 171-210。

[71]　阿美族舉行祭儀為 pakaen to kawas，意思是「給予神祇（或靈）食物」。

斂金造船，器用幣帛服食悉備，召武設壇，名曰王醮。三歲
一舉，以送瘟王。醮畢，盛席演戲，執事儼恪跪進酒食。既
畢，乃送船入水，順流揚帆以去。或泊其岸，則其鄉多厲，
必更禳之。

《臺灣縣志》也詳載延請道士設醮，並盛設筵席演戲以請王，進酒
上菜後，將瘟王置於有食物、器用、財寶的船上，醮畢抬至水涯焚
燒的情景。[72]《澎湖廳志》則除了描寫「建醮演戲，設席祀王」，
並在「跪進酒食祀，祀畢仍送之遊海，或即焚化」後，又提到風俗
的來源與功用。此書記載：「竊謂造船送王，亦古者逐疫之意，使
遊魂滯魄有所依歸，而不為厲也。南人尚鬼，積習相沿，故此風特
甚，亦聖賢所不盡禁。」[73]歐洲古代和現代的民族中也流行相似的
作法，如把疾病、災難和罪孽的負擔從某人身上轉給別人、轉給動
物或其他物體身上。臺灣的造船送王儀式一般多含有民眾所要產生
效果的模擬，採用的巫術也是順勢的或模擬的效果。

十八世紀臺灣各地的病人通常會請巫者以禳除之法治病，如「米
卦」診疾頗具特色。《彰化縣志‧風俗志》提到：

俗素尚巫。凡疾病輒令僧道禳之，曰進錢補運。又有非僧非
道，以紅布包頭，名紅頭司，多潮人為之。攜一撮米，往占
病者，名占米卦。稱神說鬼，鄉人為其所愚，倩貼符行法，

72　陳文達：《臺灣縣志》，頁60-61。
73　林豪主編：《澎湖廳志》，頁325。

而禱於神，鼓角喧天，竟夜而罷。病未愈而費已十數金矣。[74]

　　《噶瑪蘭志略‧風俗志》則詳細提到「米卦」的巫俗。當村民患疾沒胃口之初，先請其飲甜粉湯，稍爲痊癒則以一盞米泡九盞水煮食，稱爲「九龍糜」，或食以雛雞；若未見起色，則請紅頭師，進行「米卦」的巫俗。[75]《彰化縣志》、《噶瑪蘭志略》、《澎湖廳志》、《嘉義管內采訪冊》、《雲林縣采訪冊》皆曾提到這種巫俗。[76]其中《彰化縣志》、《噶瑪蘭志略》指出「客師」或「客仔師」又叫「紅頭師」（「紅頭司」）；《嘉義管內采訪冊》、《雲

---

[74] 周璽主編：《彰化縣志》，頁293。

[75] 柯培元主編：《噶瑪蘭志略》，頁111。

[76] 從臺中的田野訪查資料得知，米卦可區分成兩種：一種比較屬於對未來的預測，也就是求占者爲婚姻、事業等問題求教於占者。占者教導求占者拈米2次或3次，占者依拈出米粒數量形成卦象，再從卦象解答求占者的問題。另一種比較傾向對現在問題（特別是疾病）的診斷與解決。後者在臺中縣石岡鄉依然存在，求占者似多以治療久病不癒的患者爲主。其拈米卦過程簡述如下：求占者拈米卦時，先報上當事人的名字、歲數生肖，占者會將其寫於一張小紅紙上，之後占者以毛筆筆頭在盛裝於小鋁盆的米粒上畫幾圈，然後要求求占者拈米2次，拈後占者根據拈出米粒「診斷」當事人的疾病原因（如「犯到陰」）與注意事項（如喜事喪事不要參加、普渡的供品不要吃等）。說完，占者開出兩日份的符咒給求占者，每日分別有服用與擦洗各一張符咒，並以剛才的小紅紙如包藥般包好，並在紅紙上寫下擦洗時應配合的植物、物品的名稱與數量（例如茉三──茉草葉3片、桃七──桃葉7片等）。求占者回去後，在傍晚時備齊所需植物或物品放入臉盆，燒化擦洗用的符咒一張，以冷水與滾開水（陰陽水）沖入臉盆，再用毛巾沾臉盆中水擦洗面部、身體四肢共三次。先擦洗後服用。另一張服用的符咒燒化在碗中，同樣以冷水、滾開水沖泡，小啜3口。最後，將碗中、臉盆符水倒入水溝中。

林縣采訪冊》則不提「客師」或「客仔師」，只稱為「紅頭師」（「紅頭司」）。《澎湖廳志》更直言「雖有米卦，而無客子師」，文獻往往以「巫」作為這些宗教人物的總稱。米為臺灣的主要糧食，以這大地孕育出來的媒介食物溝通鬼神，呈現當時治病常有用巫不用醫的情形。

2、宗教儀式與飲食文化的象徵意涵

在媽祖進香過程中，有許多祈福神聖象徵的飲食，例如在繞境時，民眾會自行準備豬腳、韭菜等，換得掛在報馬仔傘後的豬蹄、韭菜、酒，帶回家食用以求平安。經過了報馬仔換掛的動作之後，原本普通的豬蹄、韭菜就轉化成了長生肉、長生菜，經過此一「儀式」，普通的食物轉換成神聖的象徵。[77]媽祖的靈力或保佑是一種符號，食物等各種象徵是意符，而相關的儀式過程可視為編碼的過程。

漢人移墾臺灣後，受到社會秩序不嚴謹、醫療不發達的影響，容易因為生命缺乏保障而產生不安全感，進而強化其神鬼崇祀的心理；另一方面因追求經濟利益渡海來臺，對於在鬼神庇護下獲得致富機會的期望也就更加殷切，希望透過祭品的呈獻，以交換神鬼在身體上保護或財富上酬償的動機，也就格外強烈，祭品也愈加豐

---

[77] 神聖象徵如「香火」等數量有限，廟方的領導階層對於這些神聖的象徵物具有主導的優先權，一般民眾難以觸碰得到，於是民眾只能運用各種方式，運用自我理解及創造傳說信仰，來得到媽祖的賜福庇佑。洪瑩發：〈大甲媽祖進香飲食的文化意涵初探〉，《臺灣文化研究所學報》第2期（2005年1月），頁275-297。

富。[78]在重視民間信仰的文化背景下，許多生活中的事物成為一種「符號」。懷特在《文化科學》一書中指出：符號可以定義為使用者賦予意義或價值的事物，各種物質形式如：物體、顏色、聲音、氣味、物體的運動等都可以充當符號的形式，如按照習俗準備與麥穀有關的食品以求多子多孫時，實際上與麥穀或麵包本身的物理性質是完全無關的。[79]媽祖信仰中常借用某物作為得到祝福的象徵，例如向「報馬仔」祈換「長生肉」與「長生菜」，作為代表媽祖的神聖賜福。此因媽祖的庇佑是無形的，信徒無法確知自己是否取得，於是利用實際物質上的象徵，來得到無形的媽祖保佑。

臺灣民間信仰的「做醮」宗教儀式，多是向天神地祇眾靈許願祈求，得驗後便擇期舉行隆重謝恩祭典並祈未來之福。通常每隔幾年定期舉行醮祭活動，或每逢地方不寧即糾眾集議，將香案設於廟口或村莊廣場等不定期舉行的方式。《安平縣雜記》詳細描寫建醮細節，又提到凡作醮必普度，祭品極豐盛。「羅列廟前，以物少者為恥。」[80]今日臺灣的醮祭有不同性質，其中以祈安、慶成、瘟、火醮典較為常見，醮典物品包羅萬象，飯擔、肉山、牲禮果品、罐頭、米粉、粽粿等庶饈琳瑯滿目。所謂肉山之象徵意義，指的是「全豬」、「全羊」（留鬃毛及尾毛），或帶尾之「全雞」，表示全心全意，完全虔獻；豬羊口銜柑橘或茱頭或紅龜粿，以喻甘吉、彩頭、

---

[78] 曾品滄：《從田畦到餐桌－清代臺灣漢人的農業生產與食物消費》（臺灣大學歷史學研究所博士論文，2006 年），頁 188。

[79] 葉相林：〈俄羅斯傳統婚俗儀式中的象徵意義〉，《禁忌與禮儀》（政治大學外語學院跨文化研究中心，2007 年），「國際學術研討會」論文，頁 111。

[80] 臺灣銀行經濟研究室主編：《安平縣雜記》，頁 21。

長壽吉祥，全雞則隱喻保佑全家。而飯擔其意義在於祭供來醮場之四方幽魂（俗稱好兄弟），使其吃得飽、帶得多，以達普施之意。敬神果品常見「紅龜粿」、「蟠桃粿」、「雙聯龜」，皆象徵「長壽吉祥」；上有「連錢紋」、「魚紋」的「牽仔粿」代表「有財有餘」；「芋搓仔粿」代表「宜子」。另如「壽桃壽麵」代表「長壽長命」，「豬腳」代表「堅韌行遠」，「黑糖」代表「甜蜜美好」，紅圓則代表圓滿貴重、甜蜜。[81]人類學者弗雷澤提到，積極性的巫術或法術，其目的在於得到預期盼望的結果，為了獲得某些所希望的素質，而去吃那些相信具有這些素質的動物或植物，這種關於人或物之間存在著超距離的交感作用的信念就是巫術的本質。[82]「做醮」宗教儀式中象徵性的祭品，即是具有巫術的交感作用。

　　臺灣民間信仰中供品牲禮有「生食」、「熟食」的區分，如李亦園於《信仰與文化》一書分析漢族宗教信仰中各種香火及供品的比較。

---

[81]　簡榮聰：〈臺灣民間醮典文化〉，《臺灣月刊》第 253 期（2004 年 1 月），頁 4-8。

[82]　此外，消極的巫術或禁忌的目的則在於要避免不希望得到的結果。所以要避免食用那些相信會感染不想要的素質的動植物，這是消極巫術。例如馬達加斯加的士兵必須避免吃腎，因為在馬達加斯加語中，「腎」和「射死」是同一個字，他要是吃了一個「腎」，那他肯定會被「射死」。J.G.Frazer 著，汪培基譯：《金枝：巫術與宗教之研究》。

表 2-1 香火及供品的比較一覽表

神靈\項目	天	神明	祖先	鬼
香火形式	盤香	三枝	二枝	一枝
供品牲禮	全、生	不全、半生	切割、煮熟、調味	普通熟食

資料來源：李亦園：《信仰與文化》（臺北：允晨出版社，1974），頁131。

　　點香儀式的意義在於與神靈或超自然進行溝通，從表 2-1 可見民間對各種不同類別的神靈，所點的香多有所不同：拜天公所用的香最為隆重，不用一枝一枝的香，而用可吊掛起來而繞成圓圓的「盤香」，對神明、祖先、鬼，則依序為三、二、一枝香，對鬼魂用最少的香，表示不得不與之交往，關係盡量淡薄的態度。另一方面，供品牲禮的類型有兩個：「全」與「部分」，「生食」與「熟食」。「全」（如全豬、全羊）表達最高的崇敬與最隆重的行動，「部分」則切塊愈小，尊敬的程度也就愈低；「生食」表示關係的疏遠，「熟食」則代表關係的熟稔和較為隨便。若以呈獻給土地公的祭品為例：土地公是地位最低的神，與人親近，因而其祭品與人的食品類似，以煮熟的雞、豬肉、魚三牲為主，而沒有經過調味和經過細切；家裡的祖先，又比土地公親近，因而其祭品為經過煮熟、調味、細切的食品，與人的食品一樣；至於天公為地位最高的神祇，離人最遙遠，其祭品是只留下一點點羽毛的全雞、全鴨、或是生的全豬、全

魚等，供品牲禮的類型也表達了對不同類別神靈的態度。

三、臺灣方志中的生命禮儀與飲食文化

　　二十世紀初年荷蘭學者范瑾尼曾提到，若干儀式對於個人在生老病死等生命的階段和關口中具有重要意義，因此他稱這種儀式為「通過」儀式。美國人類學家柴普（E. Chipple）和孔恩（C. Coon）補充范瑾尼對個人生命禮儀的論說，認為儀式的意義除對個人之外，對社會整體的作用也應著重，因此他們在「通過禮儀」之外，又補敘「加強禮儀」（rites of intensification），以說明儀式對加強社群關係、整合社會群體的重要性。而飲食在這些生命禮儀中具有何種意義？從女子生育前到祭祀祖先都是生命禮儀關注的範疇，然因方志中有關飲食與生命禮儀的記載，主要集中於生育、婚禮、喪葬等階段，故本節將從這三個面向加以詮釋。

（一）生育禮俗

　　生命儀禮從開始至結束的整段時間，對儀式中的成員來說都是過渡時期（transitional period）。臺灣民間從妊娠到生育多有相關的禮俗，民眾深信它們與各個生命階段的安危有關，所以舉行各種禮俗並遵守禁忌，才能順利通過這個階段，而實現人們祈求的願望。[83]有些具有巫術和象徵（symbol）意義的禮俗，是建立在語言力量的信仰上，如討口彩、諧音取義等。以下將分析生產階段到出生後到滿月以及成年的禮俗，與飲食文化的關聯。

---

[83]　Victor Turner 著，楊麗中譯：《過渡儀式與社群》（臺北：立緒出版社，1997年），頁 176-179。

　　在生產階段方面，早期傳統農業社會婦女分娩有許多醫療風險，生產爲女性生命中的難關，因此有「生贏雞酒芳，生輸四片板」這樣諺語的產生。這是形容若順利分娩，產婦就天天吃麻油雞等補品，難產則會喪失生命。在順利生育後，有哪些與飲食相關的風俗呢？如《澎湖紀略‧風俗紀》[84]描述澎湖的習俗：生育當日「凡生育男女之家，是日必宰雞一隻，以熟酒煮好，送外家報更。」[85]即是記錄無論生男生女，必先以熟酒煮雞，送至外家報喜，這亦表示對外家的尊重、感謝。親家也需禮尚往來，在外家收到報更之禮後三日，爲表示對女兒及外孫的關愛，家境寬裕者準備豐富的雞、米、酒、布等物質資源，爲甫生產的女兒補身，亦爲未來一個月「做月內」添補資源，減輕親家負擔，而外家貧者則量力而爲。其中特殊的是主家對於雞、米僅收一半的禮俗，此主要表達的應爲主家、外家互相體諒之誼，於物質不豐的農業社會，此一收受禮品的細微動作，亦可見當時純樸厚道的民風。胡健偉《澎湖紀略‧風俗紀》又記載：

> 到十日後，各親亦有送雞、米者，亦謂之送更。主家亦必宰雞十餘隻或數隻，貧富不等，將麻油和薑屑鹽煮飯，分送與送更之人。又備酒席油飯，請男女客。

---

[84] 本書凡十二卷，胡建偉纂輯。建偉，廣東三水人；學者稱「勉亭先生」。清乾隆己未(四年)，成進士。三十一年，由閩縣知縣陞授澎湖通判。在任四年，公餘成此書。吳幅員：《臺灣文獻叢刊提要》（臺北：臺灣銀行經濟研究室，1977年），頁53。

[85] 胡建偉主編：《澎湖紀略》（臺北：臺灣銀行經濟研究室，1961年），臺灣文獻叢刊第109種，頁160。

　　各方親戚送來米、雞，主家也必須回以油飯之禮。早期臺灣農民生活困苦時，鄉間的飲食多是粗茶淡飯，因此產生「查甫要吃望人請，查某愛吃望生子。」這類的俗語。男性如果要吃得豐盛，只能等待別人請客；女性則只能於坐月子時，才有補充營養的機會。[86]不只是產婦有福氣享受美食，採錄民間諺語時可聽到：「某月內，翁月外，雞腿分一支予我。」[87]呈現往昔家庭經濟較不充裕的時代，產婦的「牽手」也可藉機補充營養。

　　有關「滿月」的禮俗，如產後滿一個月嬰兒需要剃胎髮，通常先用雞蛋、鴨蛋、石頭各一個、古錢十二枚，加上少許的蔥煮湯洗髮。雞蛋、鴨蛋是用來象徵嬰兒健美，如諺語所謂「鴨卵身、雞卵面」；石子則象徵頭殼硬實，錢象徵好運道，蔥是象徵頭髮濃密。而關於飲食方面《澎湖紀略·風俗紀》載[88]：滿月剃頭，主家須分送各方親戚雞蛋、油飯；滿月當天，外家送來米粉和紅䖰做丸一百枚，邀外甥到家，各方親戚亦會送來銀牌、手鐲或月餅、桃麵，祝賀囝仔滿月。囝仔滿月時，外家也會送頭尾來作滿月。「頭尾」是

---

[86] 黃氏鳳姿：〈做月內(做月子)〉，《民俗臺灣(中譯本)》（臺北：武陵出版社，1990 年），頁 58-60。

[87] 胡萬川主編：《臺南縣民間文學集 7 臺南縣閩南語諺語集 1》（臺南：臺南縣文化局，2002 年），頁 107。講述者：謝王碧玉、謝林寡。采錄者：謝文雄、蔡春梅。時間為 2000 年 7 月 5 日，地點為東昇村講述者家中。

[88] 《澎湖紀略·風俗紀》載：「到滿月剃頭，主家則分送雞蛋，亦仍前宰雞煮油飯請客。是日，外家備米粉和紅䖰做丸一百枚送來，邀新外甥到家。其親朋於滿月時，亦有送銀牌、手鐲如內地者，亦有送月餅、桃麵者。」胡建偉主編：《澎湖紀略》（臺北：臺灣銀行經濟研究室，1961 年），臺灣文獻叢刊第 109 種。

指嬰兒從頭到腳要穿戴的東西，包括帽子、金項鍊、金戒指、鞋子，還有紅圓(俗稱「外媽圓」)、香蕉、紅龜粿等。香蕉、紅龜不能全收，留下三成，與紅桃、米糕、雞酒油飯一併回禮。親友來賀時，主人即以「紅圓」請客。[89]

　　幼兒滿周歲要「做度晬」，備辦牲禮、紅龜祭拜祖先。而清治時期澎湖習俗「至周歲，外家送紅綾衣一領、帽鞋襪俱備及桃麵紅雞等物，親朋亦有致送者，主家亦備酒席以酬謝云。」周歲時，外家需準備紅綾衣、帽鞋襪、桃麵、紅雞等物，各方親友亦會送來禮品，主家便得備酒席來酬謝回禮。今日並有抓周的儀式，其程序為先在大廳神壇前準備一個米篩，裡面放十二種東西來舉行「抓周」的禮俗。之後在晬盤內放上紅龜粿，並讓小孩的腳踩於上，象徵長壽之意。然後將紅龜粿與小凳子撤去，在晬盤內放入十二或更多的物品，任由嬰孩從中抓取一物，以判斷他的性向與未來，這種習俗稱為「抓周」。[90]例如囡仔抓到筆、墨、書，可能未來將成為讀書人；抓到稱仔，將來會做生意；抓「銀角仔」，將來會富有。與食物有關的則如抓到雞腿、豬肉，將來會成為「大食佛」；抓「蔥」將來會聰明。這些有趣的習俗，即是運用諧音、相似性等原則，賦予食物象徵性的意義。

　　在成年禮的儀式方面，臺灣民間「拜床母」的習俗，是從小孩出生的一個月內，每三、五日為一次，其後則在正月十五日、三月三

---

[89] 吳瀛濤：《臺灣民俗》(臺北：眾文，1994 年)，頁 115。

[90] 陳瑞隆、魏英滿：《臺灣生育、冠禮、壽慶禮俗》(臺南市：世峰出版社，1998年)，頁 58-59。

日、清明日、五月五日、七月七日、八月十五日、九月九日、冬至日及十二月除夕，在孩童睡床前，供飯一碗及酌量的菜數項，燒線香三枝、金紙數張等拜祭「床婆」，一直持續到小孩十六歲爲止。[91]《安平縣雜記》載：

> 七月七日，名曰七夕。人家多備瓜、糕餅以供織女(稱曰「七娘媽」)。有子年十六歲者，必於是年買紙糊彩亭一座，名曰「七娘亭」。備花粉、香果、酒醴、三牲、鴨蛋七枚、飯一碗，於七夕晚間，命道士祭獻，名曰「出婆姐」。言其長成不須乳養也。」[92]

　　幼童滿十六歲成年，才算正式離開註生娘娘、床母等神的照顧，稱爲「出婆姐」（「出姐母宮」）。在臺灣某些地區，小孩滿十六歲那年的七月七日，還舉行「做十六歲」的禮俗。那天親朋好友送來賀禮，並說「做十六歲真恭喜，給你較緊大漢」等吉祥語，而主人在這天必須準備如紅龜粿、油飯、七娘媽亭等供品，由家長帶領小孩行三跪九拜之禮叩謝神明的庇祐。在燒過香後，接著燒掉七娘媽亭，並將供品如水果、紅龜粿等物分送給親友。早期從這一天開始，男孩的頭可以結辮子，女孩的髮型則能渦卷起來像成年人

---

[91]　鈴木清一郎：《臺灣舊慣冠婚葬祭と年中行事》（臺北：臺灣日日新報社，1934年）。劉還月、陳阿昭、陳靜芳：《臺灣島民的生命禮俗》（臺北：常民文化，2003年），頁117。

[92]　臺灣銀行經濟研究室主編：《安平縣雜記》，頁15。

一樣,以此象徵小孩已達成年階段。[93]十六歲又稱「成丁」,在傳統的觀念中,滿十六歲才能算是正式的成年。[94]所以一般都會選擇神明誕辰的當天,在家長的陪同下備妥牲禮香燭前往寺廟拜謝神明。[95]

　　出生的儀式包括做滿月、做周歲等,嬰孩的地位或逐漸稍有改變,其角色、自我認知,及其他社會互動則鮮有變化;但其父、母、祖父母等親人之角色變化則是明顯的,與在外婆家所行儀禮中不斷的禮物互換,為兩個家族及初為人父人母者,由姻親變成「血親的血親」的逐漸互相確認過程。[96]而成年禮為男女生命過程中,引導從青少年進入成人之年的禮儀;藉由成年禮儀式,強化青少年自己對步入成年人的角色及行為,於心理及認知上能有充分的準備。[97]一般通過了成年禮後,當事人即具備結婚的資格。

（二）婚禮

　　人群關係的轉換或社會關係的擴展,經由婚姻交換關係的建立,以雙方世系群為主軸而締結的婚姻交換關係,將陌生的人群納入日常生活的禮物交換系統中,以宴客等不同的生活方式,轉換彼此的關係,積極地延伸既有的人際網絡。世界上多數社會對於結婚

---

[93]　藍草民:〈做十六歲〉,《民俗臺灣(中譯本)》第 2 期(1990 年),頁 256-257。

[94]　片岡巖:《臺灣風俗誌》(臺北:大立出版社,1985 年),頁 8-9。

[95]　林承緯:〈生育禮俗中的吉祥物與民間價值〉,《臺灣文獻》第 54 卷第 2 期(2003 年),頁 128-144,頁 133。

[96]　鈴木清一郎:《臺灣舊慣冠婚葬祭と年中行事》,頁 111-117。

[97]　成年禮及婚禮兩種宗教儀式,本身就是目的,是在基本的生理事件中,建立對團體和文化具有無比價值的心理習慣和社會習俗。馬凌諾斯基著,朱岑樓譯《武術、科學與宗教》(臺北:巨流圖書公司,1978 年),頁 22-23。

常有隆重的習俗，這些習俗常具有相當的社會意義。結婚是生命歷程中的重要階段，當事人或家族常有心理適應、及社會關係變化的困難。這時如果能借用一些儀式使它容易通過，或提供一種緩衝的措施，使當事人在心理上有所調適，在社會人際關係上又能被接受，可使其在新階段順利扮演新的角色，這就是生命禮俗的功能所在。[98]臺灣方志中記錄哪些婚姻禮俗的儀式？與飲食文化又有何關聯？以下分成婚前禮、親迎禮、婚後禮加以詮釋。

在婚前禮的資料方面，臺灣方志所載平埔族婚姻禮俗內容，與飲食相關之儀式，如《重修臺灣府志》所記鳳山縣番社婚姻習俗，「不擇婚，不倩媒妁」、「各番結婚，不問伯叔之子，自相配偶」[99]，另《臺東州采訪冊》亦載：「番俗婚配由男女自擇，父母不能為之主。」[100]婚姻無媒妁之言亦無父母之命，能否結為連理惟視雙方情投意合與否，其後則男方以「青紅布為聘」，女方則「父母具牲醴，會諸親以贅焉」[101]；而《重修臺灣府志》記載彰化縣番社婚姻禮俗，則特別記載此地訂婚姻之習俗：「自幼訂姻用螺錢，名『阿里捫』。及笄，女家送飯與男家，男家亦如之」、「男家父母先以犬毛紗頭箍為定，或送糯飯；長則倩媒。」[102]自幼以螺錢或糯米飯為聘送訂，後以媒妁之言完成婚姻；《淡水廳志》記載淡水廳平埔族婚俗則更

---

[98] 黃有志：《社會變遷與傳統禮俗》（臺北：幼獅文化事業公司，1991 年），頁79-80。

[99] 范咸主編，《重修臺灣府志》，頁 419-426。

[100] 胡傳主編，《臺東州采訪冊》，頁 50。

[101] 范咸主編，《重修臺灣府志》，頁 419。

[102] 范咸主編，《重修臺灣府志》，頁 438-441。

為特殊：

> 娶婦先以海蛤數升為聘，竹塹間用生鹿肉為定。蛤大如拇指，殼有青文，生海邊石壁間，盡日採取不過數升，甚珍之。[103]

此地結婚前聘禮，為「海蛤數升」或「生鹿肉」，此二物皆稀有珍貴，特別是海蛤，盡力採取日不過數升，以此為娶婦之聘，以示其用心之處。由上述三地所備聘禮，可見原住民異地間婚前禮俗差異。《諸羅縣誌》中記載：「女將及笄……男親送檳榔，女受之，即私焉。」在平埔聚落中的男女婚嫁，檳榔也是一項不可或缺的聘禮。

方志所載臺灣漢人傳統的婚前禮，受到閩南婚俗的影響，諺語中所謂「六禮齊到」，表示按照正式的結婚禮數：問名、納采、納吉、納徵、請期、親迎，六個儀節過程來成親。[104]「問名」即得女方的同意，將欲娶女方的名字卜於宗廟。如《雲林縣采訪冊》：「問名：媒氏送女庚帖於男家，尊長即晚焚香告神，置清水一碗於神座側，以無蟲蛾飛投水中為吉；又須三日內家中無事，並無傷煞雞犬、毀壞器物；或問神算命皆吉。」[105]問名過程之中，有兩項特殊禁忌，其一為置於神座側之清水，必須無蟲蛾飛投水中為吉，另一則為家中無傷煞雞犬、毀壞器物為吉。「納采」為備好禮物到女家，到女

---

[103] 陳培桂主編，《淡水廳志》，頁305。

[104] 《禮記‧昏義》提到：「昏禮納采、問名、納吉、納徵、請期，皆主人筵几於廟，而拜迎於門外；入，揖讓而升，聽命於廟，所以敬慎重正昏禮也。」

[105] 倪贊元主編：《雲林縣采訪冊》，臺灣文獻叢刊第37種（臺北：臺灣銀行經濟研究室，1959年），頁22。

方家商議可否結為親家的儀式。「用番銀、紅彩、大餅、檳榔；殷實家則加禮盤等件。女家隨其輕重而報以紬緞、刺繡之物，隨將大餅分送親友。」[106]另外《噶瑪蘭志略·風俗志》則記載：

> 婚禮倩媒送庚帖後，即諏吉日，具生熟豚肩、雞鴨兩副，糖品、香燭諸物，充備禮盤，同聘儀送至女家廳堂，謂之『押訂』；無力者只送銀簪一副，名曰『插簪子』；蓋即納采也。及笄送聘……女家回以大餅，而以五穀少許置禮盤中，取其傳種之意。[107]

此段敘述呈現訂婚時，女方回以大餅並分贈親友的習俗。「納吉」為占卜得吉，則回告女方；而「納徵」為致送女方聘禮。至於決定結婚日期，到女方家徵求同意，屆時男方前去迎娶，就是「請期」與「親迎」。

有關親迎禮的紀錄，臺灣方志中所載各地番社親迎禮過程，多於結婚當日宰割牛、豕，備妥酒醪，會眾結社共飲。《重修臺灣府志》記載：「娶時，宰割牛、豕，會眾敘飲。」[108]而《淡水廳志》記載，結婚當日除了宰割牛豕、飲酒之外，還會與眾人共同分享聘禮海蛤：「及嫁娶時，用海蛤一搭紀（搭紀用竹篾編成，大口小腰，高尺餘，可容數斗），殺牛飲酒，歡會竟日。」[109]而漢人親迎前的

---

[106] 倪贊元主編：《雲林縣采訪冊》，頁 22。
[107] 柯培元主編：《噶瑪蘭志略》，頁 110-111。
[108] 范咸主編：《重修臺灣府志》，頁 441。
[109] 陳培桂主編：《淡水廳志》，頁 305。

風俗如《彰化縣志》所記：「親迎先期，舂糯米為大丸，上點以紅，分送親友。」[110]在親迎前夕會先分送親友「糯米丸」，預示喜事將來。《雲林縣采訪冊》也提到入門前以象徵團圓的紅米丸湯款待親友。[111]下轎前則「令一童子八、九歲，手捧錫盤一個，盤上置紅柑二粒，向轎前作揖，恭請新婦出轎。新婦將紅柑收入袖中。」[112]而在新婚席宴中常會特別準備數道菜，各有其特殊象徵意涵。這些有關「食酒婚桌」的禮儀，食料名稱多諧音押韻，亦取喜氣的象徵義。[113]《澎湖廳志‧風俗志》提到在女兒出嫁之時，母親送給新娘「桔餅二個，取大吉之義；冰糖一包，取甜和之義。」待新郎新娘入房後，房內備席一筵，夫妻行合巹之禮（交杯酒），「飲畢，即備湯圓二碗，每碗湯圓六枚。」[114]這些禮儀過程中所選擇的飲食，多取其吉利、甜和、圓滿等象徵意義。

在婚後禮的相關習俗方面，如新娘在婚後離開娘家，步入另一個新生活階段，心理上須有段時間調適；臺灣民間這種「會親」的

110　周璽主編：《彰化縣志》，頁281。

111　倪贊元主編：《雲林縣采訪冊》，頁23。

112　臺灣銀行經濟研究室編：《嘉義管內采訪冊》，頁35。

113　如：「如食雞，才會起家」、「食魷魚，生囝好育飼」、「食鹿，全壽福祿」、「食豬肚，囝婿大地步（鴻圖大展）」、「食肉圓，萬事圓滿」、「食魚領鰓下，快做爸」、「食魚嘴項（嘴巴），快做母親」、「食魚尾叉，快做婆婆」、「食福圓，生囝生孫中狀元」、「食紅棗，年年好」、「食冬瓜，大發花（做生意發財）」、「食芋，新郎好頭路（工作），新娘緊大肚」、「食甜豆、翁婦食到老老老（長壽）」、「食甜桔，好尾結（白頭偕老）」。高以璇：〈從傳統婚禮儀式中的既辭看臺灣社會的文化意涵〉，《國立歷史博物館學報》，第33期(2006年5月)，頁101-102。

114　胡建偉主編：《澎湖紀略》，頁153。

習俗，即是讓新嫁娘能多得到親友的支援及祝福。而由婚姻關係所形成的人際網絡，也在婚後禮逐漸建立。新婚三日後，外家小舅前來「探房」，送帖請新郎同新人「回門」，《噶瑪蘭志略・風俗志》則記載：

> 七日或十二日，女家以轎迎婿及女旋家，俗呼「返曆」，亦置酒邀戚屬陪婿，而以女眷陪女，謂之「會親」。讌畢，夫婦同歸，或婿先回。[115]

俗稱「頭轉客」因爲是結婚後，新郎首次陪同新婚妻子回娘家。故諺語有「轉外家作客」，意即新婚夫婦回岳家，俗稱「轉曆」、「探外家」、「雙人返」，即所謂歸寧，娘家亦要設宴款待，並請親朋作陪。新人做客時隨帶「伴手」禮品至女家，新郎以紅包贈女方父母老幼，女家又以倍增之數額回贈新郎。歸寧多待至日落時分，民間有句諺語：「暗暗仔摸，生查甫」，意謂摸索夜路回家會生男孩子，暗許新娘能早日添丁。

（三）喪葬禮俗

葬儀較婚禮來得複雜，其持續的時間也更爲長久。飲食文化在喪葬禮俗中又有何意涵？於治喪方面：臺灣方志曾記載平埔族喪葬的儀式，如《重修臺灣府志》提到：「番死，男女老幼皆裸體用鹿皮包裹，親屬四人舁至山上，用鹿皮展鋪如席，將平生衣服覆身，用土掩埋。服尚白色。既葬，本家及舁喪人三日不出戶，不舂、不

---

[115] 柯培元主編：《噶瑪蘭志略》，頁110。

歌，番親供給飯食；一月後，赴園耕種。通社亦三日不赴園，以社
有不吉事也。」[116]所載為原住民喪葬習俗，亡者喪家日不出戶、通
社亦三日不赴園，藉此來獲得重新的調和。

　　臺灣閩南的喪禮中，結合及分割儀式相循的模式極為明顯。從
病者或老人即將嚥氣時親友需「隨侍在側」開始，所有的分割儀式
如：張穿、分手尾錢、入殮、出殯、下葬等，子孫親友都須先行聚
集。可見個人身分地位有急遽轉變的生命關口中，生命儀禮是以接
二連三的分割、結合儀式，將一個成員喪失舊有地位，取得另一新
地位的事實，逐漸地灌輸給社羣中的所有成員，以便彼此間的互動
關係可以重新得到調整。臺灣的喪禮從一個家族成員死亡的那一刻
開始，整個家庭內的成員及其家庭不待有任何儀式之舉行，即變成
受死亡污染的人員及場所，暫時性的受到整個社區的排斥；事實上
此種「過渡」的性質，常更早於死亡的發生即已開始「釋放」出來。
[117]有關喪葬習俗的諺語，從喪葬相關的準備，儀式進行中的習俗，
到眾人對喪葬的看法，多呈現民間對喪葬禮俗的態度、觀念。

　　臺灣的喪葬儀式中，入殮、出殯、埋葬等等每個分割儀式之前，
幾乎無可避免的有一個結合儀式先行出現，所有的近親、密友在死
者屍體殮入棺木，離開原居家屋、或落土掩埋之前，必先聚於其四

---

[116] 范咸主編：《重修臺灣府志》，頁 450。

[117] Van Gennep 討論生命禮儀分類的主體是行為或行動(activites 或 acts)而非時間階
段。余光弘：〈A. Van Gennep 生命儀禮理論的重新評價〉，《民族學研究所集
刊》第 60 期（1986 年 12 月），頁 229-257。

周，然後分割死者與親友的儀式才能施行。[118]入殮後，親人於服喪期間號哭悼念逝者或請僧人作法事外，並於每日朝夕以「孝飯」祭拜，每隔七日奠旬祭一次，稱「做旬」。死者亡後第七日，「**喪禮，七日內成服，為頭旬，名曰『頭七』。**」[119]死者直至此日始知自己死亡，其亡靈將歸宅哀哭。為此，喪家於亡魂歸宅以前，於是日午夜以後開始號哭。而至正午，致祭供養或延請僧道在靈前誦經「開魂路」。《重修臺灣府志‧風俗》提到：「**五旬延僧道禮佛、焚金楮，名曰「做功果」、「還庫錢」（俗謂人初生欠陰庫錢，死必還之）。**」（范咸 1961：400）另有關做旬祭的諺語，如：「死人快過七，活人快過日」。為亡者做旬祭不按照七日一旬來做，而是將七日縮減為六、五、三日為一旬，如此喪家就可以縮短做旬的時間。因為儘快做完旬祭，生者才能縮短處在喪亡的憂悶和法事煩擾中。

在出殯與出殯後科儀方面：平埔族相信人死則化為靈魂，若死者為善靈，善靈可到人界，能保佑子孫；惡靈留於人間作祟，令人生病或帶來厄運。撰於日治初期的《安平縣雜記》中有篇〈調查四番社一切俗尚情形詳底‧四社番喪祭〉提到：平埔族喪祭喪祭殯葬及延僧功果等禮節與閩人相似，多受到漢人影響。唯有「問向」是平埔族獨有的儀式，此書所描寫「問向」的情形為：當人死將收殮之時，必請尪姨到家，於屍體前祝告請其附身，說明致死源由，是

---

[118] 鈴木清一郎：《臺灣舊慣冠婚葬祭と年中行事》，頁 225。Ahern, E.M. *"The Cult of the Dead in a Chinese Village."* Stanford: Stanford University Press, 1973, P171-172.

[119] 臺灣銀行經濟研究室編：《安平縣雜記》，頁 11。

否壽數當中,亦或遭藥枉死、被人毒害。[120]即使自己家有擔任「尪姨」者,亦須請其他「尪姨」來詢問。平埔族「尪姨」以「問向」的儀式,藉由祭典與亡靈溝通,亦是「交感巫術」的一種類型。此外,在許多方志多記載,於平埔族的喪葬儀式進行中,「酒」亦是一關鍵性的祭品。

臺灣漢人喪葬期間與飲食相關儀式,具有特殊象徵意義的為出殯之時。《雲林縣采訪冊》提到:「俗少停棺;既殯即葬,曰出山‧親戚備牲醴祭奠,曰上路,謝以紅白布或五色布及發粿、韭菜之類。虛饈俗名發粿。韭土話與久同音,取發達久長之意。備豬羊弔祭者,則謝以銀至少六元、多則十餘元。」[121]在出殯上路時,「發粿」、「韭菜」為必備飲食,象徵發達久長。

喪葬儀式過程中,《重修鳳山縣志‧風土志》提到除牲醴及酒之外,並「羅列餚饌果蔬,或二、三十席。剪紙為車馬、人物,將以鼓樂誼闐閭里。」此即「做功果」、「還庫錢」。所謂做功果,即是子孫以死者的名義施行功德,藉以為死者贖罪業,請僧人道士超渡念經,並且供祭祀以及作法事。漳州人的風格,在三旬、五旬、七旬、小祥、大祥時,請和尚為死者念經,家屬一邊跪地哀哭,一邊焚燒金紙,並由僧人謝神和引薦亡魂。更甚者,又有「弄鐃鈸等名目」,[122]所謂「弄鐃」儀式一般施行於喪禮完畢的下午或晚上,

---

[120] 國分直一亦曾引《安平縣雜記》來對照日治末期平埔族巫俗儀式的情形。詳見國分直一〈四社平埔族の尪姨と作向〉,《民俗臺灣》第3卷第3號(1943年3月5日),頁8。

[121] 倪贊元主編:《雲林縣采訪冊》,頁24。

[122] 余文儀主編:《重修鳳山縣志》,頁58。

爲「做功德」的最後幾個儀式之一。其表演除了耍弄鐃鈸、火把、登刀梯等特技外，常有許多逗趣的表演以吸引路人圍觀或引發喪家開懷一笑，這樣的儀式與以哀傷爲基調的葬禮極爲不合，但卻是死者的遺族重新進入日常社會生活的結合儀式。民間相關的諺語如下：「有孝後生來弄鐃，有孝查某囡來弄猴。」形容爲了讓逝世的父母亡靈愉悅，兒女不惜耗費錢財，延請道士來弄鐃，或演鄙野詼諧的師公戲。至於從墓地歸來的喪家成員，「過火」返回家宅的行爲，在「門戶」之外是舊有的、不吉的，而在一跨之間，這些都被割離捨棄；同時也因爲一跨，喪家成員從此進入遠離死亡陰影的新生活。[123]喪家於出殯儀式後，通常需宴請參加喪禮的親友，亦具有藉由同聚享用美食以轉換服喪的心情。只是此種宴席多以白布爲桌巾，餐桌上的食物亦與婚宴有所不同。此外，方志提及民間祭拜親人時，大多以三牲或以果蔬、酒等作爲祭品。

四、結語

　　早期臺灣方志的編纂，保存了文人的觀察與記錄，蘊含了文化的多重面向。十七到十九世紀臺灣方志中有關巫俗儀式的記載，呈現平埔族與漢移民信仰的特色。臺灣方志常提到臺人「信鬼尙巫」的情形，並列舉多種宗教儀式，而食物在這些巫俗與宗教儀式的進行中，具有特殊的文化意義。故分就巫俗儀式與祭品、耕作儀式與飲食文化的關係，詮釋宗教儀式與飲食文化的關聯。例如檳榔在巫俗祭儀中佔了重要的地位，直到今日檳榔在諸多儀式中未曾被取

---

[123] 余光弘：〈A. Van Gennep 生命儀禮理論的重新評價〉，頁 235-241。

代。而祭儀是宗教信仰的實踐，從臺灣方志中有許多農耕儀禮的記載，有播種、除草、收割、入倉、豐年祭等定時祭儀，求雨求晴等不定時祭儀，每種祭儀的目的多在祈求動植物之繁殖與豐收。許多方志的風俗志提到「米卦」，此種巫者除病之法的診疾方式，以大地孕育出來的米為媒介溝通鬼神，呈現當時治病常有用巫不用醫的情形。於媽祖信仰與飲食文化的象徵意涵上，則借用有形的物質象徵媽祖賜與的無形保佑。臺灣民間信仰的「做醮」，多是向天神地祇眾靈許願祈求，得驗後擇期舉行謝恩祭典的宗教儀式，其中象徵性的祭品，即是具有巫術的交感作用。

　　本節分從臺灣方志所載飲食文化與生育、婚禮、喪葬禮俗等面向加以詮釋。先分析生產階段、出生後的滿月到度晬以及成年的禮俗，以及婚前禮、治喪與飲食文化間的關聯。食物在宗教儀式及生命禮儀上，多具有文化生產和再生產的重要象徵。例如米及諸多米食製品，於宗教儀式上常為與神靈、祖先或鬼魂溝通的媒介食物。此外，如檳榔在多數平埔族的「公向」、「私向」和漢人婚前「納采」等儀式中皆不可或缺；豬肉則在多數平埔族的「公向」、祭祖及漢人宗教信仰儀式或做醮等過程中多次使用。兩種食物在臺灣社會中，具有普遍性、生活化、及易於取得等特質，亦使其成為延伸社會關係及文化記憶的媒介。

表 2-2：本節所引臺灣方志一覽表

方志名稱	主編	編纂時期	參與編纂相關事宜的臺灣在地文人
《諸羅縣志》	周鍾瑄、陳夢林	1716（康熙五十五年）至 1717（康熙五十六年）	李欽文、林中桂
《鳳山縣志》	李丕煜、陳文達	1719（康熙五十八年）	陳文達、李欽文、陳慧、陳逸
《臺灣縣志》	陳父達、王禮	1719（康熙五十八年）至 1720（康熙五十九年）	陳文達、林中桂、李欽文、張士箱
《重修臺灣府志》	范咸、六十七	1744（乾隆九年）至 1746（乾隆十一年）	張纘緒、郭必捷、陳文達、林中桂、李欽文、張雲抗、盧芳型、蔡夢弼、金繼美、劉榮、石鍾英、洪成度
《重修臺灣縣志》	王必昌	1752（乾隆十七年）	陳輝、方達聖、盧九圍、蔡開春、金鳴鳳、龔帝臣、方達義、侯世輝
《重修鳳山縣	余文儀	1763（乾隆二十	卓肇昌、柯廷第、張

志》		八年）	源義
《澎湖紀略》	胡建偉	1769（乾隆三十四年）	未記錄
《彰化縣志》	周璽	1831（道光十一年）至 1832（道光十二年）	陳震曜、曾作霖、廖春波、楊占鰲、楊奎、羅桂芳、曾拔萃、戴天定、林廷璋、賴占梅、紀夢熊、羅在田、陳仁世、李鳳翔、張襄、莊日躋、楊廷琛、洪對揚、曾廷紀、陳國材
《噶瑪蘭志略》	柯培元	1835（道光十五）脫稿	未記錄
《淡水廳志》	陳培桂	1870（同治九年）	吳子光、翁林萃、張書紳、林維讓、陳霞林、蘇袞榮、鄭如梁、翁林英、王春塘、李聯英、林維源、林汝梅、李騰芳、陳經、黃中理、蘇章榮、陳鸞升、傅以揚、高廷琛、潘永清

《澎湖廳志》	林豪	1892（光緒十八年）	林豪、蔡玉成、郭鶚翔、陳維新、薛元英、徐癸山、許占魁、陳雁標、許棼、洪朝陽、洪捷元、林維藩、洪純仁、許晉纓、蔡時文、李煥章、許家修、陳徵湖、陳錫命、鄭祖年、呂作甘、陳精華、高攀、劉承命、黃文衡、許樹林、洪清奇、黃欽明
《雲林縣采訪冊》	倪贊元	約在 1894（光緒二十年）	未記錄
《臺東州采訪冊》	胡傳	1894（光緒二十年）	未記錄
《安平縣雜記》	未著撰者	1895（光緒二十一年）後	未記錄
《苑裏志》	蔡振豐	1897（光緒二十三年）	蔡振豐、蔡相、蔡壽山、湯祿、蔡玉書、蔡汝修、劉子德、邱弼臣、陳 臣、蔡左泉、蕭清河

| 《新竹縣志初稿》 | 鄭鵬雲、曾逢辰 | 《新竹縣志》初成於 1893（光緒十九年），舊稿散佚，1897（光緒二十三年）重編爲初稿。 | 陳朝龍、鄭鵬雲、曾逢辰 |
| 《嘉義管內采訪冊》 | 未著撰者 | 約在 1897（光緒二十三年）至 1901（光緒二十七年）。 | 未記錄 |

第三節　在地文人的風俗觀察：
以施瓊芳與施士洁的散文為探討範疇

一、前言

　　十九世紀爲臺灣在地文人崛起的時期，這些社會菁英或擔任書院講席，或參與公共建設，以及社會救濟的情形已漸普遍。他們的作品常蘊含有關歷史文化、風俗民情、社會參與、書院教育及儒學思想等主題。就臺灣文學史上的意義而言，這些在地文人的書寫，透顯出從早期遊宦文人的「他者」書寫，轉而呈現「自我」書寫的特色，故有深入探討的學術價值。

　　臺南府學於鄭氏時期 1662 年(明永曆十九年)八月設立，到了清

治時期各地設立了數種文教機構，除了以基礎教育爲主的社學、義學及私塾外，另有以準備科舉爲主要目的的府、縣學，及官方與民間籌辦的書院。[124]其中，臺南文人施瓊芳(1815-1868)與施士洁（1856-1922）爲全臺唯一進士父子，曾擔任海東、白沙書院院長，爲書院學術地位的提昇而長期貢獻心力。

施瓊芳，初名龍文，考中舉人後，改名瓊芳。字見田，一字昭德，號珠垣，晚年得召號「星階」。臺灣府 (今臺南市) 人，居臺南米街石蘭山館（今民族路，隆源行故址）。生於 1815 年(嘉慶二十年)六月，卒於 1868 年(同治七年)九月，得年五十四歲。[125]其父施泰岩(又名菁華)爲國學生，臺南人。施瓊芳生長在書香門第，自幼即手不釋卷，十九歲入臺灣學政周凱門下，過了三年，1837 年(道光十七年)被舉爲拔貢，又到福州參加鄉試，考中舉人。以後連續三次赴京參加五次會試，三十一歲時考取了進士，銓選爲候選六部主事，補江蘇知縣缺。然施瓊芳並未赴任，以奉養母親爲由，決定回到臺灣，擔任海東書院山長。其子施士洁，名應嘉，字澐舫，號芸況，又號喆園、楞香行香、鯤溟棄甿，晚號耐公，或署定慧老人。

---

124 有關臺灣清治時期考選的資料或研究，可參閱莊金德編：《清代臺灣教育史料彙編》(臺中：臺灣省文獻會，1973)；楊紹旦《清代考選制度》(臺北：考選部，1991)。

125 黃典權，〈石蘭山館遺稿序〉，《臺南文化》8 卷 1 期，1965 年 6 月，頁 1。施瓊芳的故宅原有花園並四大進宅第，進其府第之街稱「進士街」，今赤崁街 47 巷以南至廣安公廟後，西爲新美街至西門路一帶爲昔日的「進士府」，惟現已拆除。施瓊芳的墓地位於臺南市中華南路，南區新都段 273 號地的南山公墓。謝碧連：〈府城臺南父子雙進士－施瓊芳、施士洁〉，《臺南文化》53 期，2002年 10 月，頁 43-63。

生於 1856（咸豐四年）年十二月十九日[126]，卒於 1922 年（民國十一年）。二十歲補博士弟子員，且縣、府、院試第一，號稱「小三元」；1876 年（光緒二年）二十一歲中舉，1877 年（光緒三年）中進士，殿試為二甲賜進士出身。但他因不喜仕進，與父親同樣選擇回臺任教。1878 年（光緒四年）返臺不久後，便掌教彰化白沙書院，後移至臺南海東書院長達十多年。[127]施士洁，為臺灣培植不少人才，其門生如許南英、汪春源等人皆中進士。1882-1891 年間曾應聘為臺灣安平知縣祁征祥、臺南知府羅大佑、福建臺灣布政使唐景崧等官府的幕友，擔任處理文案等職務。[128]從府城的施氏父子雙進士經歷看來，他們皆曾擔任臺灣高等學府海東書院院長，可謂為當時名聞遐邇的在地知識菁英。

施瓊芳雖有進士功名，然一生淡於仕途，勤事著作；可惜清治後期的兵災，精心之作大多散佚，只留下《春秋節要》及《石蘭山館遺稿》等二部書。其子施士洁將兩書攜至中國大陸，士洁去世後，孫奕疇又將書帶回臺南故居。黃典權從施氏後裔處發現《石蘭山館遺稿》，並為之抄錄、標點，計有文鈔、詩鈔、試帖共二十二卷。[129]

---

[126] 黃典權，《合集》、〈弁言〉以為：施士洁出生於咸豐五年（一八五五年），乙卯年十二月十九日，據中央研究院兩千年中西曆轉換系統，得知西曆為一八五六年一月二十六日。

[127] 《明清進士題名碑錄》記載施士洁中「光緒丙子恩科」三甲第二名進士。施士洁在〈臺澎海東書院課選序〉提到：「士洁自白沙講席移硯於此，候踰十稔矣。」可見其自白沙返回臺南後，即主講海東書院。

[128] 汪毅夫，〈清代臺灣的幕友〉《東南學術》（福建：福建省社會科學界聯合會）2004 年第 1 期，頁 127。

[129] 施瓊芳，《石蘭山館遺稿》，《臺南文化》8 卷 1 期，1965 年 6 月，頁 1。臺

多篇散文爲壽序、祭文、誄文、墓誌銘、祝文、贊等應酬文。有些則爲當地的文化記錄，內容涵蓋了學額的增廣、敬字信仰、文昌信仰以及公共建設、社會救濟等。施士洁亦不喜仕進而善詩文，【臺灣文獻叢刊】收錄《後蘇龕詩鈔》、《後蘇龕詞草》及《後蘇龕文稿》三種定稿，彙編成《後蘇龕合集》，內容包括文鈔二卷、詩鈔十二卷，並選錄有關史料作爲補編。《後蘇龕文稿》有序跋、傳誌、碑記、祭文、祝詞、題贊、書啓等文。[130] 今爬梳施瓊芳《石蘭山館遺稿》與施士洁《後蘇龕文集》中的散文，以作爲主題研究的主要素材。

　　本節擬從施瓊芳、施士洁的散文，分析作品中蘊含哪些有關書院與儒教儀式的樣貌？這些書寫又呈現了作者如何參與社會，或流露哪些人道關懷？文本中所提及具有文化意義的空間載體，又顯現出作者如何表現對地方信仰與習俗的感知與識見？參照臺灣史、民俗學、文化研究等領域的研究成果，並結合田野訪談後人以取得相關資訊。同時運用中央研究院漢籍電子文獻中的【臺灣文獻】資料庫，以及國家圖書館【臺灣記憶】系統中的碑文拓片資料庫，廣加

南市文獻委員會編纂組長黃典權自施瓊芳曾孫施江純處獲見抄本五冊，即予以點校刊載於《臺南文化》第六卷第一期。黃典權後又獲施氏後裔家藏全部遺稿，並將其點校排印，列爲《臺南文化》第八卷第一期專輯。本論文所引施瓊芳《石蘭山館遺稿》皆出自此版本頁數。

[130] 此三種端楷繕錄，無一行草之筆，無疑盡是作者仔細手訂的「定稿」。以此三種「定稿」作基礎，編爲「後蘇龕合集」；另就其他詩文稿中，選其有關臺灣史料者，作爲「補編」。黃典權，《後蘇龕合集·弁言》（臺北：臺灣銀行經濟研究室，1965），臺灣文獻叢刊第215種，頁1；《臺灣文獻叢刊提要》，頁97。

搜尋資料。期望藉由詮釋在地文人的風俗論述，能有助於臺灣古典
文學文化的研究。

二、書院與儒教儀式論述

（一）書院教育與知識菁英的養成

　　科舉制度經清廷鼓倡，臺灣科舉社群數量日益增多。早在鄭氏
時期陳永華即於臺南請建聖廟，建明倫堂。又命各社創學校，延請
儒學之士來臺擔任教職，授以經史文章。天興、萬年二州，三年舉
辦一試，考策論並取進者入太學。[131]清治初期的官員臺廈道周昌、
知府蔣毓英，於 1684 年（康熙二十三年）倡修原寧南坊的府學。[132]
儒學多培育科考人才，通過入學考試者即成為生員，與科舉制度關
係密切。各府、廳、縣儒學之設置有雙重意義：一象徵行政地位的
肯定，一則有直接促進該地區文風的推展與社會轉型。由儒學之建
立顯示臺南地區的文風開展居臺之首，同時也促進此地社會的轉
型。[133]儒學作為最高的官學教育機構，其教育工作的推行，必涉及
朝廷興學的動機、對學校功能的期許，及其所欲達到的目標等，這

---

[131]　「二十年春正月，聖廟成，經率文武行釋菜之禮，環泮宮而觀者數千人，雍雍
　　　穆穆，皆有禮讓之風焉。命各社設學校，延中土通儒以教子弟。」連橫，《臺
　　　灣通史‧教育志》臺灣文獻叢刊第 128 種（臺北：臺灣銀行經濟研究室，1962），
　　　頁 39。

[132]　高拱乾主編，《臺灣府志》臺灣文獻叢刊第 65 種（臺北：臺灣銀行經濟研究室，
　　　1960），頁 32。

[133]　趙文榮，〈清代臺南地區文教的發展與仕紳階級的形成〉《臺南文化》新 50
　　　期，2001 年 3 月，頁 12-14。

些內涵即所謂「儒學」教育宗旨。[134]而府學、縣儒學,及書院、社學、義學等文教機構紛紛於各地設立,對教化的工作有推波助瀾的效用。其中書院在臺灣清治時期由移墾社會邁向文治社會的過程中,肩負培育地方人才的功能。臺灣清治時期各地書院共約有四十五所,其性質介於官學與鄉學之間。清治前期書院的性質多類似義學,如 1683 年(康熙二十二年)施琅於臺灣府治(今臺南市)首建西定坊書院,1690 年(康熙二十九年)蔣毓英建鎮北坊書院等,皆是義學性質。直到 1704 年(康熙四十三年)建立了「崇文書院」,才較具書院的實質。

　　書院的經費來源,多由紳商捐置田產支應,或由官方捐其廉俸供給,大抵民間捐助者佔七成,官捐爲三成。例如:海東書院之經費來源有田租、田底租、圓稅、店稅、魚塭租及典契價、官撥銀兩貸放生息,以及民捐銀兩交由商生息等皆作爲擴充經費之用。[135]而書院最高的教學領導者稱爲「掌教」,又稱爲「山長」、「院長」。[136]十九世紀中期臺灣在地文人擔任各地書院山長的數量漸增,呈現

134　林孟輝,〈清代臺灣「儒學」的教育宗旨析論〉,《孔孟月刊》37 卷 8 期,頁 5。
135　莊金德,《清代臺灣教育資料彙編》第三冊,頁 723。蔣鏞勒立〈海東書院膏伙經費捐輸碑記〉:「照得海東書院為全臺文人薈萃之區,必須加意振興。無如經費不敷,膏伙時形支絀。道光七年科考期內,經本司道諭令代口提調前署臺防同知呂丞設法勸捐,共先得鳳山縣童生曾炤等番銀四千二佰圓整,交臺灣縣發商生息,由前署廳呂丞勒石曉示在案。」
136　丁紹儀,《東瀛識略》提及:「院有掌教曰山長。乾隆三十年,以延師訓課而以山長稱之,名義未協,奉諭應稱院長;然沿襲已久,卒未能改。」丁紹儀,《東瀛識略》臺灣文獻叢刊第 2 種(臺北:臺灣銀行經濟研究室,1957),頁 29。

他們參與推廣各地文風的情形。[137]如白沙書院的山長除前幾任爲遊宦官員所主掌以外，自道光末年多由在地文人擔任，包括施士洁以及彰化陳肇興、彰化鹿港丁壽泉、蔡德芳、蔡壽星等人。[138]在地文人至各地書院任教，將所學回饋給莘莘學子，爲臺灣培養更多的知識菁英，也拓展了書院的影響面。就書院講學而言，臺灣早期書院大多設在儒學成立之後，介於官學與書房間，以補儒學的不足。施瓊芳於 1845 年(道光二十五年)中進士，施士洁則於 1877 年(光緒三年)及第，兩人中進士的時間相隔三十二年。施瓊芳與施士洁皆擔任過海東書院山長，提拔無數後進，對於文風的提倡多有助益。

臺灣從 1687 年(康熙二十六年)府學生員每次錄取名額爲 20 名，至 1858 年(咸豐八年)文生員增爲 43 名。顯現當時社會經濟或文化教育方面已蓬勃發展，亟需開科考、立學官。在地文人曾爲科舉學額的議題，撰寫了相關的紀錄，如施瓊芳〈臺郡加廣學額中額志略〉約撰寫於 1858 年（咸豐八年），內容即是詳述臺南擴增學額的過程。1687 年（康熙二十六年）由張雲翼所奏請的「鄉舉」名額初始僅有一名，到 1735 年（雍正十三年）增一名，1806 年（嘉慶十一年）林保以臺紳捍衛海防有功，復奏增一名，而後又有兩次增額的機會。施瓊芳提到志書因未增修，時間稍久將逐漸隱晦，所以特別記錄廣學額的事件。雖然這樣的書寫呈現地方人士對教育的重視，但文中提到「在國家獎義從優，兼寓育才之意；而草茅進身有

---

[137] 有關臺灣在地文人擔任書院講席的情形，請參見林淑慧，《臺灣清治時期散文的文化軌跡》（臺北：國立編譯館、臺灣學生書局，2007 年 11 月），頁 181-186。

[138] 林文龍，〈彰化白沙書院興廢考〉，《臺灣史蹟叢論》(下冊)，1987 年 9 月，國彰出版社，頁 6。

籍，益虔效忠之忱。」[139]如此的論述正透露出清廷藉由犒賞協助官方者，而以「廣額加恩」的方式，另外擴加廩生、增生的名額；而此種籠絡士子的手法，具體強化了政教合一的功能。士人與地方官僚體系結合，透過科舉制度落實爲一種普遍的社會與文化價值標準，並以儒生的制度化，抬高成爲傳統社會價值的所在。

　　就文人應試層面而言，臺灣士子赴鄉試之前常閱讀一些參考書。爲滿足市場需要，官方或民間都刊刻了許多參考讀物，內容多選錄科舉考試中具代表性的範文。施士洁〈臺澎海東書院課選序〉一文，即是爲臺灣文士所編科舉制藝範本題庫，此文依照年代紀錄海東書院的沿革，再論及編輯制藝範本的背景。海東書院於 1720年（康熙五十九年）創建，到了道光、咸豐年間，巡道兼督學徐清惠提倡背誦經書或賦詩，以培養相切磋的風氣，又因教學的需要而有編輯課藝刻本的需求。然而，至光緒年間，卻未有相關課選類文集的編印，這正是唐景崧編纂《臺澎海東書院課選》一書的目的。當時文人認爲臺灣地處偏遠的邊陲，難以和古代哲人親近連結，而編纂課選或許是實踐推廣文教理念的行動。施士洁認爲書院教育的養成重視「文以載道」，強調學問與修養兼具。他又具體說明：「今人分舉業與理義之學爲二事，且謂舉業有妨於理學；甚而目之曰『敲門甎』，一離場屋，即鄙棄而不屑爲。不知制藝代聖賢立言，非但如今之講家，支支節節，強立一二句書旨，定一間架，妄以聖賢理義相湊泊，大抵爲時文立柱穿插起見；其於聖賢立言本意，何翅千

---

[139]　施瓊芳，《石蘭山館遺稿·臺郡加廣學額中額志略》，頁 1-2。

里？」[140]他特別釐清當時一般人分科舉與理義的學問為二件事，或以為舉業妨礙理學，甚至將科舉當作「敲門甎」，一離場屋即鄙棄不用。卻不知制藝是代聖賢立言，並非以支微末節呈現，或是以己意妄自詮釋，而離聖賢的本意甚遠。又引朱子談做學問的方法，應該避免先入為主的偏見，產生自以為是的觀點；求學只有平心靜氣思索，才能明曉古聖先賢的本意。施士洁主張讀書寫作即是要熟讀經傳，從中吸取養分，再自身實踐、體會，如此下筆為文，必然產生架構精實穩當，而能傳世的作品。

臺灣清治時期官方選刻的制藝包含：雍正年間巡臺御史兼學政夏之芳輯刊的《海天玉尺編》初集、二集[141]，乾隆年間張湄編纂《珊枝集》、嘉慶年間楊開鼎所編《梯瀛集》，道光年間徐宗幹編的《東瀛試牘》，以及光緒年間唐景崧編的《臺灣海東書院課選》[142]等。這些承續輯錄課藝習作的風俗，其編纂的目的都是用來檢閱士子的程度，並觀摩作品、互相較量，亦兼具啟發、開導民智的社會功能。施士洁於清治末期受唐景崧的聘請，主講於海東書院。當時課藝是由他主持選文，再交給翁景藩校訂後出版。施士洁藉由選取範文，以作為學校教學之用的教材，這些選文亦具有文學典律（canon）的作用。[143]官員為了指導科舉習文的教學需求，或為了達到學子觀摩

---

[140] 施士洁，《後蘇龕合集‧臺澎海東書院課選序》，頁 355。

[141] 夏之芳，〈海天玉尺編二集序〉，收錄於劉良璧：《重修福建臺灣府志》，頁 534。

[142] 此書已佚失。

[143] 所謂「典律」或「正典」原指標準書目，早期多為教父用來指稱經由教會所接納，且內容具有基督教信仰準則的作品；後來廣泛地運用於可供後人作為行為、

的效果，常將制舉之文集結出版。[144]舉例而言，1851 年（咸豐元年）徐宗幹為《瀛洲校士錄》所撰〈序〉文，[145]說明其欲檢閱士子的程度，並觀摩作品、互相較量，兼具啟發、開導民智的社會功能。典律的取捨必含有價值取向，包含著特定的國家觀、社會觀、種族觀、文學觀等。臺灣清治時期刻工難求，有關詩文作品的刊印亦少見，除了掌有權力的官員，方較有輯錄作品出版的機會，這使得散文的保存與流傳受到限制。然而隨著清治時期臺灣在地文人實際參與書院的教學，並編修教材的機會漸增，呈顯菁英階層參與知識建構的過程，以及儒學論述的相關性。

（二）儒教儀式的再現

統治者熟知儒家文化對政治與社會的廣泛影響，故以祭孔作為官方祭祀制度，如此具有結合「道統」與「治統」之作用，亦呈現

道德、信仰、主體建立的準則。若將此定義運用於文學範圍來討論，可指一種普遍可以接受，具有一定程度的權威性與公信力的閱讀標準。學校用的文學教材(Guillory)，包括被研讀的文學作品以及文學史或文學概論等，所提到並推薦的作品、作家，有時亦具有與文學典律的作用。許經田，〈典律、共同論述與多元社會〉，陳東榮、陳長房主編：《典律與文學教學》，頁 23-24。

[144] 臺灣分館藏有《瀛洲校士錄》第三集上卷，封面載有「咸豐辛亥夏鐫，海東書院藏版」。目錄共七頁，最末行刊「授業吳敦禮校授業吳敦禮校」木記。鈐「守屋善兵衛氏在臺記念寄附」、「臺灣總督府圖書館藏」、「臺灣省立臺北圖書館藏書」、「臺灣省立臺北圖書館藏書章」朱印四方，分成上卷論文 27 篇，下卷詩賦 91 首。

[145] 他提到編纂的目的：「校士即以牖民，觀風所以訓俗，制治清濁之原，實在於此。必黜浮崇實，勿任期真贋混淆，而又有以鼓舞而振厲之，庶幾其勃然興乎！」徐宗幹：《斯未信齋文編》（臺北：臺灣銀行經濟研究室，1960 年），臺灣文獻叢刊 87 種，頁 120-121。

有關權力與信仰交互滲透的現象。[146]綜觀臺灣清治時期的文化發展，基本上是屬於漢字、儒教的文化圈，從儒家文化傳統的深層結構中，儀式與教化的影響力不容小覷。如何形塑儒家文化圈的過程，臺灣清治時期古典散文的記載常透露大量訊息。除了官方的文獻所記載行禮如儀、聲容壯觀的春秋大祭、或祭孔等典禮外，文人所撰的實用文，也透露民間儒教儀式的多面向。尤其朱子學流行於閩南，對文人階層的價值觀影響甚深。臺灣清治時期方志曾記載：「孔、孟之後，朱子可謂有益於斯文，厥功偉矣。」[147]朱子學於清代受到帝王的推崇，時有復興之勢。施瓊芳〈豀西社祀朱子祝文〉則紀錄民間文人祭祀朱熹的儀典，並讚頌朱子集儒學大成的貢獻。[148]儒學教化以通經為主，一方面在學習的過程中，鼓勵士人為學要立志成聖賢；另一方面在教育制度上建立了「廟學制」，即於學堂中設立儒門聖賢的牌位，學習的過程中非常重視祭祀。如此的教化制度不僅由儒家經典獲得倫理道德的知識，更在對具人格神身分的「聖師」的膜拜中，加強具體的道德踐履活動。

---

[146] 如以皇權與孔廟的關係為例，傳統社會中的孔廟作為一種祭祀制度，即是位於道統與治統之間。孔廟為道統的制度化，但其制度化卻需統治者的支援與認可，故孔廟為傳統社會裡文化力量與政治力量的匯聚之處。參見黃進興，〈道統與治統之間：從明嘉靖九年(1530)孔廟改制談起〉，《歷史語言研究所集刊》61期，1990年，頁917-941。黃進興，〈作為宗教的儒教：一個比較宗教的初步探討〉，《亞洲研究》23期(香港：珠海書院亞洲研究中心，1997年7月)，頁184-223。

[147] 劉良璧主編，《重修福建臺灣府志》臺灣文獻叢刊第74種（臺北：臺灣銀行經濟研究室，1961）頁9。

[148] 施瓊芳，《石蘭山館遺稿‧豀西社祀朱子祝文》，頁1。

　　此外，施瓊芳於〈祝文昌朱子合祝文〉中，更聯繫朱子崇拜與文昌信仰，將儒學與功名相結合。[149]文昌星神原爲司命的功用，後被附會爲庇祐士子科考高中，文昌信仰遂與科舉考試相聯繫。至於民間有關文昌信仰的儀式，如二月初三爲文昌帝的誕辰祭日，秀才、舉人、書房教師，以及一般士子，皆於此日照例齊聚文昌廟，以牛和其他水果爲供物，舉行三獻禮的祭典。平日各書房也都供奉孔子或文昌帝，視他們爲「文學神」並每日祭拜，誕辰祭日則又特別舉辦祭典。[150]另一篇〈谿西社文昌祠修竣祝文〉，則提到修葺文昌祠後，以馨香祭品誠心祭拜的祝文。文中所言：「俾文明大啟」、「庶科第奮興」[151]則蘊涵了文昌祠作爲知識分子信仰中心，同時也是文教活動場所的意義。透過結合儒教與文昌祠的宗教儀式，有助於文明與知識的傳播；民間俗世的價值觀，也寄託於追求功名的內在心理企求。有關士子對科舉功名的企求，又見於施瓊芳〈虎岫東樓中秋祭魁星祝詞〉一文，從恭祭魁星「永壽千秋」[152]等祝詞中，流露知識分子藉由祭魁星的儀式，表現熱衷於功名的意識。魁星又名魁星爺、大魁夫子、大魁星君，爲讀書士子的守護神。北斗星的第一至第四顆星爲魁，其餘三星爲杓。有些人考試時，於座右貼上魁星像，或於懷裡揣上泥塑小魁星，以求神明保佑、文運亨通。自古以來，稱狀元及第爲「大魁天下」，因此讀書士子都奉祀魁星，冀求

---

[149] 施瓊芳，《石蘭山館遺稿・祝文昌朱子合祝文》，頁 3。

[150] 鈴木清一郎著、馮作民譯，《臺灣舊慣習俗信仰》（臺北：眾文圖書，1994 年 5 月），頁 473-474。

[151] 施瓊芳，《石蘭山館遺稿・谿西社文昌祠修竣祝文》，頁 16。

[152] 施瓊芳，《石蘭山館遺稿・虎岫東樓中秋祭魁星祝詞》，頁 3。

科試及第。[153]傳統社會祭拜魁星的儀式，多於節日中以供奉香果、備妥酒肴，由塾師領導弟子向魁星設祭行禮。施士洁〈五文昌圖贊（集葩經句）〉一文，為仿《詩經》的四言句法，以禮讚五文昌[154]。古代讀書人雖自稱為孔子的信徒，同時卻也崇拜文昌等神明。五文昌指的是文昌帝君、文衡帝君（關公）、孚佑帝君（呂洞賓）、魁星和朱衣等五位。許多士人常藉由俗世對功名的嚮往，而於各級學校、或公共場合從事推廣儒教義理的儀式。

　　儒教在民間的傳播方式，是經由若干的教化儀式，使教理易於通曉而普及，進而影響一般民眾的認知。漢字文化圈中常有敬字信仰的習俗，施瓊芳〈奎樓送字紙外海祝文〉即是有關送字紙儀式的祝文，不論是「乙爐所化，剔蠹搜蟲」或是「聖師手澤，藝苑珍崇」[155]等各種文字形式的字紙，皆是送字紙儀式中的材料。方志中亦有敬字信仰具體實踐的記錄，如《噶瑪蘭志略》提到宜蘭文昌宮左旁築有敬字亭，並成立惜字會，[156]《鳳山縣采訪冊》也提到：「花裝送聖蹟入海，是日眾紳齊到，與祭者數百人，恭送出城，董事預備

153　柯培元，《噶瑪蘭志略》（臺北：臺灣銀行經濟研究室，臺灣文獻叢刊第 92 種，1961）頁 109。

154　施士洁，《後蘇龕合集・五文昌圖贊(集葩經句)》，頁 400-401。

155　施瓊芳，《石蘭山館遺稿・奎樓送字紙外海祝文》，頁 3。

156　此書記載：「催丁搜覓，洗淨焚化。每年以二月三日文昌帝君誕辰，通屬士庶齊集宮中，演劇設筵，結綵張燈，推年長者為主祭，配以蒼頡神位，三獻禮畢，即奉蒼頡牌於綵亭，將一年所焚字灰，裝以巨匣，凡啟蒙諸童子皆具衣冠，與衿者護送至北門外渡船頭，然後裝入小船，用綵旗鼓吹，沉之大海而回。」柯培元，《噶瑪蘭志略》（臺北：臺灣銀行經濟研究室，臺灣文獻叢刊第 92 種，1961）頁 109。

酒餚數十席以應客。」[157]日治時期片岡巖《臺灣風俗志》也記錄臺灣各鄉鎮街庄共同出錢，每區僱一個老人，專門負責在大街小巷撿拾掉在地上的字紙，包括報紙、廣告紙或印著字的紙，再倒入廟前或街頭巷角的「字紙爐」內焚燒，這種字紙爐是專為焚化字紙而建的，一段時間後即把爐內的紙灰取出丟進大海。[158]可見送字紙儀式風俗流傳已久。

清官方統治階層以為文昌信仰有助於科舉制度的推行，並具有攏絡士人的功能，故將文昌帝君納入國家祀典中。後來更結合敬字信仰，於文昌帝君誕辰祭畢後盛大舉行送字灰儀式。惜字紙的觀念，源於古人認為文字可使人知古識今。文昌帝君為主宰文章的神祇，所以文昌帝君與敬惜字紙的勸善信仰，往往相連合　起。施瓊芳與施士洁所撰有關朱子的實用文，即呈顯了以文士的視角再現儒教儀式的書寫。

三、社會參與的論述

（一）社會救濟

清廷統治臺灣初期較無溺女事件，到了道光、咸豐年間因經濟的壓力，再加上「重男輕女」的觀念，而使此惡習逐漸浮現。施瓊芳〈育嬰堂給示呈詞---為石君時榮作〉寫作年代為 1854 年(咸豐四年)，作者鑒於地方曾有溺女的事件發生，又因養育幼嬰所費不貲，

---

[157] 盧德嘉，《鳳山縣采訪冊》（臺北：臺灣銀行經濟研究室，臺灣文獻叢刊第 73 種，1960）頁 158-159。

[158] 片岡巖著、陳金田譯，《臺灣風俗志》第三集第一章〈愛惜文字〉，與伊能嘉矩《臺灣文化志》第六章第四節皆提到敬字信仰。

故呈請籌措長期經營育嬰堂的費用。當時臺南育嬰堂位於縣治外新街，臺灣縣士紳石時榮自捐家屋充作設立育嬰堂的建物，並捐五千圓生息作爲育嬰堂後續的經費來源。後來另勸紳商捐助，共募集款數千元。[159]此文開首即呈現論述的關鍵，所謂：「溺女心殘，僉呈懇禁；育嬰費浩，請示勸捐事。」[160]在消極呈請官方禁止「溺女」社會陋習的同時，也積極於民間勸導籌建育嬰堂事宜。除懲戒違法者外，更須官方施行仁政，士人共襄義舉始能移風易俗。他又以臺灣縣士紳石時榮的創舉爲例，強調將行善的理念具體實踐於籌建育嬰堂的行動，以達到抛磚引玉的功效。所謂「欲籌經久之資，必藉眾擎之力。」即是欲累積源遠流長的經費，必須依賴匯集眾人的力量方能達成。

施瓊芳更詳細列出以雙管齊下的方法：「嚴故殺子孫之律，狼暴永祛；隆任卹閭黨之褒，鳩貲易集。」不僅呈請嚴格執行禁殺女嬰的懲誡律法；更於鄉里擴大褒獎儀式，以鼓勵響應贊助育嬰堂的居民，號召更多人參與資金的募集。如此賞罰並行的兩面論述，強化施行後的效果，流露地方人士的殷切期望。從抨擊溺女惡習的人道關懷角度，映襯勸捐育嬰堂籌建的實踐意義。再以士紳石時榮的義舉爲典範，建議官方應積極實施以懲戒與褒獎的方式，達到社會教化的效果。施瓊芳於文中提到「禁溺而法森三尺」或「勸捐而利

---

[159] 何健民，《臺灣省通志稿》卷三社會篇(臺北：臺灣省文獻會，1960 年 6 月)，頁 54。

[160] 此篇引文出自施瓊芳，《石蘭山館遺稿》(臺北：龍文出版社，1992 年 3 月)，頁 103-104。

溥一言」[161]，皆是藉由尊重生命價值的論述，不僅蘊含匡正民間「重男輕女」觀念的企圖，並且具有呼籲大眾投入社會救濟的教化作用。參看施瓊芳另一篇駢體文〈募建育嬰堂啓〉[162]，則呈現他以同理心想像溺亡女子魂魄的淒清，且以文學加強烘托人道關懷的論述效果，更彰顯育嬰堂籌建的必要性。

　　施瓊芳另一類紀錄社會參與的文章，爲有關交通建設的論述。如〈茅港尾北陂車橋募引〉，呈現了臺灣地理景觀的特殊性，記述臺灣的河流多爲東西向，且一遇陣雨則流水急漲，致使南北往來交通受到阻礙，於是「車橋」成爲重要的公共設施。爲了利於民眾商貨往來，茅港尾[163]往常是以「竹」搭建成橋，修建的經費是依賴地方養殖魚類的水塭獲利來補足。然而「塭無常贏之利，而竹有速朽之虞。」一旦大雨導致河水急漲、竹橋毀壞之時，則有船夫乘此危難，藉著運送行人渡溪以謀取利益、魚肉鄉民。況且茅港尾之北，物產豐饒。若遇交通受阻，則貨物需繞道海域以達郡城，非常耗時費財。於是施瓊芳以：「行遠莫如車，經久莫如石。」強調興建耐久橋的重要性，並撰文勸募倡捐修築鞏固的石橋。[164]此文所描繪茅港尾港的地理位置，依中央研究院建置的「臺灣歷史文化地圖系統」中，1831-1860 年臺灣港口分佈的主題圖，所記載茅港尾大約位於

---

[161]　施瓊芳，《石蘭山館遺稿・育嬰堂給示呈詞　甲寅秋為石君時榮作》，頁 17。

[162]　施瓊芳，《石蘭山館遺稿・募建育嬰堂啟》，頁 20。

[163]　周鍾瑄主編，《諸羅縣志》「茅尾港（海汉・往郡大路，有橋，商船到此載五穀、糖、菁貨物。港水入至二太爺莊止）」臺灣文獻叢刊 141 種（臺北：臺灣銀行經濟研究室，1962），頁 16。

[164]　施瓊芳，《石蘭山館遺稿・茅港尾北陂車橋募引》，頁 6。

嘉義南端往臺南府郡的要道上。臺灣的地理特徵為山高臨海，平原間則交錯著眾多溪流。「水」於是扮演著一關鍵性的角色，海港需仰賴水運以通貨物等商業活動，山區則需依靠水以灌溉作物。至於由山入海之間的平原溪河，則需注意修築水道以防水患。施瓊芳於〈臺郡募修北條水道序〉提及 1857 年及 1859 年的水患，導致「漂及棺骸」、「溺及嬰婦」的現象。甚至在水患之後散播的傳染性疾病為「無形之害」，更廣泛地影響居民健康。[165]他撰文肯定臺郡紳商義舉，並協力勸導眾人共為桑梓謀福，盡心宣揚完成北條水道修築工程的社會意義。

（二）移風易俗

　　牛是農民於耕作活動的過程中，相當重要的合作夥伴；所以在農業社會裡，禁食牛肉成為農民間約定俗成的律例。施瓊芳於〈戒用牛油燭論〉中，更進一步提出禁用牛油製成蠟燭的論述。他提及世人普遍知曉戒食牛肉的道理，卻不知道同時也應倡導戒用牛油的概念，所謂「牛肉污人，牛油瀆神」，使用牛油的人則罪加數等。製造牛油燭並加以販賣的人，只貪圖其間利益而忘卻害處；使用牛油燭以供奉祀的行為，亦是求福卻得禍，反而使廟宇內光明的聖地增添黑魔障。作者更援引蘇軾〈書柳子厚〈牛賦〉後〉戒用牛油的例子：當年蘇軾被貶至海南島時，發現有人移載牛隻進入當地的黎母嶺，運送過程中若遇到大風航行不順，無數的牛常渴死、餓死或擠壓而死。又加上該地的習俗是當人生病時不吃藥，卻殺牛來禱告以遠離疾病，富有的人甚至殺十幾頭牛。且因黎母嶺盛產沈水香，

----

[165]　施瓊芳，《石蘭山館遺稿‧臺郡募修北條水道序　代》，頁6。

所以外地的人常以牛和黎人交換沈水香。蘇軾於寫給僧人道賛的信中提到：若以沉水香供佛，則有更多的牛隻權充作交換的物品，而使此舉如同「燒牛肉般」，造成更多的牛隻成為祭品。施瓊芳舉蘇軾此文，來強化論證若常以牛油作為燃燒的媒材，則牛亦遭受悲慘的命運。[166]他於文末更積極主張於寺廟祭拜時，應以其他材料替代，如「柏油、樹蠟」，建議應以植物提煉油、以樹臘作為燃燒的材料。如此「以有物可代之方」理念的提出，是為戒用牛油移風易俗的論述，提供更具建設性的意見。

關於飲食文化的論述，施瓊芳〈慎節飲食說〉一文，開首破題總敘禍從口出，病從口入的道理。他認為人生未必得嚐盡各種食物的滋味，更重要的是必須懂得「節制」之理，否則將如酗酒之徒，胸腑為酒精所腐蝕。又如銀杏雖為藥膳，但食用過多則易造成腹脹，致使食物原本滋養身體的功能，轉為傷害身體的媒介。作者進而提出「用藥」應注意每種藥物都有相生相剋之理，在服用良藥的情況下，可能會引發身體的其他病變，更何況誤食流傳於社會的劣質藥品將有嚴重後果。倘若不知節制、隨意用藥，可想而知將帶給身體很大的傷害。結語再強調災難的發生必有其因果關聯，節制才是仁人最佳的處世之道。[167]傳統儒家經典強調節制意欲的概念，如《論語·學而》：「君子食無求飽，居無求安。」透過節制自我欲望，以彰顯君子自我修為的理念。又如《論語·鄉黨》：「肉雖多，不使勝食氣。唯酒無量，不及亂。」孔子認為食肉量勿超過米飯，而

---

166 施瓊芳，《石蘭山館遺稿·戒用牛油燭論》，頁 2。

167 施瓊芳，《石蘭山館遺稿·慎節飲食說》，頁 16。

酒量則隨個人體質斟酌，但不可至神昏智亂。關於儒學經典強調「節制飲食」的觀點，其實多合乎健康養生之道。人若貪食厚味、暴飲暴食，必傷腸胃而導致食物積滯，胃痛、嘔吐、瀉腹等反應將隨之而來，對身體健康造成不利的影響。施瓊芳透過節制飲食的概念，引伸至藥膳的食用必須適時適量，除了勸誡改變世人節制飲食、用藥的觀念外，更希望大眾能理解節制以求仁的深刻意涵。

施瓊芳另一篇有關移風易俗論述，〈擬韋宏嗣戒博奕論－代吳上舍敦人作刊入東瀛試牘〉，內容論及勸誡世人戒掉賭博的惡習。他提及玩骰子與下棋，皆是孔教聖道所欲嚴懲的惡習，然而臺灣一地賭博風氣漸行，甚至及於士人。起初僅於宴會時偶爾為之，到後來竟日以繼夜地賭博。社會風氣淪喪，甚至對賭博感到厭倦、退卻者，則被稱為懦夫、迂士，於是棋局爭競竟如考場，紛紛在投注籌碼中汲取利益。施瓊芳雖列舉「費褘博弈而不廢公事」、「王粲旁觀棋局而更勝前局」，但他也對此作出評價：「智雖過人，終難為訓。」更何況才智不及費褘、王粲的人。並舉管仲、莊賈二賢臣，都能立律禁止博弈以導正民情，進而期許當政者亦能效仿古之大臣，對於導正博奕之社會風氣能夠有所作為。也期許士人君子必須努力學業，勿違背知識分子經世濟民的重責大任。此因在博弈的過程中，將無法學習取得深謀遠慮的策略；並期勉各位賢能之士，捨棄毫無益處的玩樂，則國家才能穩定發展。[168]早期臺灣方志多記載臺灣賭博風俗盛行的情況，如 1720 年（康熙 59）纂修的《臺灣縣

----

[168] 施瓊芳，《石蘭山館遺稿・擬韋宏嗣戒博奕論　代吳上舍敦人作刊入東瀛試牘》，頁 23。

志‧藝文志》收錄季麒光〈禁賭博示〉一文，言明賭博導致傾家蕩
產、危害社會秩序的嚴重性，編者於文後更表明收錄此文的目的在
於：「取其有關於臺地民生之病，故特志之。」[169]而 1752 年（乾隆
17）王必昌纂修的《重修臺灣縣志‧風土志》亦記載了賭博風俗：
「賭博之具不一，長幼皆知習之。市井無賴，每蹲踞街巷以相角逐；
負則窮無所歸，有流入於竊匪者。邇年來官為嚴禁，賭風稍戢。」[170]。
從社會學的角度而言，賭博產生於大眾的生產活動發展到一定程
度，當生活不再只是鎮日為了溫飽而奔走，才有剩餘物質移轉成財
物的可能性。從心理學的角度而言，賭博可分為：「正常範圍內的
賭博」與「偏差行為的賭博」兩種。[171]偏差行為的賭博，指的是人
無法控制自己對賭博的熱忱，而陷入「強迫性行為」的情況，既使
傾家蕩產仍會沈迷其中，而成為「病態賭博」（Pathological
Gambling）。[172]如施瓊芳文中所指出的「夜以繼日，倦者即為懦夫；
樂必與人，卻之則為迂士。」他批評社會上扭曲的價值觀，並勸誡
世人應避免沈溺於此惡習。

---

[169] 陳文達主編，《臺灣縣志》臺灣文獻叢刊第 103 種（臺北：臺灣銀行經濟研究
　　室，1961）頁 237。

[170] 王必昌，《重修臺灣縣志》臺灣文獻叢刊第 113 種（臺北：臺灣銀行經濟研究
　　室，1961）頁 402-403。

[171] Robert C. Carson, James N. Butcher 著、游恆山譯，《變態心理學》（臺北：五
　　南，2001.5）頁 337-340。

[172] 李美苓，《論賭博行為之應罰性》國立臺北大學法律專業研究所碩士論文，
　　2006.6，頁 28-34。

四、地方信仰的論述

（一）家族記憶與祭祀書寫

　　研究臺灣漢人社會的人類學家，常會涉獵有關家族、宗教、風水與祖先崇拜的問題。[173]傳統漢人的祭祀型態包括「祖先祭祀」及「神明崇拜」兩個系統。施瓊芳〈祖塋重修告竣賽土神文〉一文，即是重修祖墳的工程完畢之後所撰寫的文章。內容首先稱頌土神維護桑梓平安的功勞，以使工程能順遂進行。為了酬謝土神的庇佑，故依古禮準備豐富的牲禮來祭拜；期望土神接受其虔誠的祝禱，並能繼續護佑大眾。[174]此篇不僅呈現重修祖墳的祖先祭祀型態，也觸及土地公神明信仰。另一篇〈先府君墳塋修竣敬告祭文〉則是施瓊芳於重修父親墳墓的工程結束後，撰寫祭文敬告先祖。內容敘述墳塋以堅固的建材與精良的技術重修完成，後世將永懷先祖的恩澤。先祖辛勤渡海來臺，從家徒四壁、篳路藍縷的清苦生活，逐漸累積財富，才使後世能順遂發展。所以不敢忘卻祖先舊德，必當謹記遺訓，並以謹慎的態度來完成此次重修祖墳的任務，希望祖先能庇佑後代生活福祿無窮。[175]他又於〈太高祖暨妣氏連太叔祖德沛公墳塋修竣祭告文〉一文，提到「凡屬宗傳，尤懷慎重」，因祭祀祖先為綿延長久代代相傳的要事，故後代應當抱持慎重的態度面對。所謂「垂為宗風，裕我後嗣」，描述祖先經過辛勤開墾耕拓，始將福祿

---

[173] 王崧興，〈臺灣漢人社會研究的反思〉《國立臺灣大學考古人類學刊》卷47，1991.12，頁4。

[174] 施瓊芳，《石蘭山館遺稿‧祖塋重修告竣賽土神文》，頁17。

[175] 施瓊芳，《石蘭山館遺稿‧先府君墳塋修竣敬告祭文》，頁19。

流傳給後世。此篇祭告文宣稱感念時光飛逝、物換星移,「家祠」
與「祖墳」皆需後人以恭謹之心,來加以修補維護。施瓊芳的祖父
施邦切,來臺經商,由安平登陸,在米街(即今臺南市民族路、成
功路之間的新美街)開設米店,常往來西岑與臺南之間。父施菁華,
又名泰岩,為國學生,始移臺灣府治(今臺南市)大西門外的南河
(現在西區和平街)定居。[176]施瓊芳這些實用性的散文,流露作者
對家族的記憶,並蘊含祭祀書寫的文化意涵。

　　隨著土著地緣組織的形成,臺灣漢人移民社會的親屬團體－宗
族,也開始茁壯發展。早期漢人移民臺灣大多只打算暫時居留,對
於祖先的崇拜,往往是由在臺灣的宗族成員聚資派人攜往中國原籍
祭祖,但經過一段長時間的定居後,逐漸感到回原籍祭祖的不便,
而且在臺灣的宗族成員也繁衍不少,其中有能力和功名者,逐倡導
建祠堂、設公業。[177]而本地寺廟神的信仰形成跨越祖籍人群的祭祀
圈,宗族的活動則由前期以返唐山祭祖之方式漸變為在臺立祠獨立
奉祀。由宗族或寺廟組織的演變,可確定「土著化」的軌跡。[178]一
些同姓血緣聚落的存在,反映出臺南地區當時移墾社會的特質。舉
凡土地的開墾、水利的興築與水源的保護,同族聚居的力量團結是

---

[176]　參閱盧嘉興,〈開臺唯一父子進士施瓊芳與施士洁〉(《臺灣研究彙集》(一)),
　　　頁30;王甘菊,〈臺南米街父子進士〉(《聯合報》,1992年12月28日17
　　　版);《施氏世界》創刊號(彰化:世界施氏宗親總會發行,1984年10月),
　　　頁20。

[177]　陳其南,《傳統制度與社會意識的結構:歷史與人類學的探索》(臺北:允晨
　　　文化,1998.1),頁174。

[178]　陳其南,《家族與社會:臺灣與中國社會研究的基礎理念》(臺北:聯經,1990),
　　　頁91。

必要的，因此宗族力量的凝聚及發揚，可以保護其生命財產等權益，而保護土地及水源的過程中也促成宗族的團結與發展。[179]此外，於「民族」的認同方面，每個人生下來就共同擁有歷史與文化資產，將人的存在固著在某些特徵上，並由此知所歸屬。歸屬的是一個「家」，這個家可以是一個國家、地方、鄰里，也可以是一個族群的懷抱。在那裡一個人生於斯、長於斯，或者只是某種名義上的，他的身體、感情、心裡都受到它的支撐與形塑，不論他怎麼變，遷移到多遠的地方，它總是在那裡；而且總是有源源不絕的養分，從那種基本的屬性中流出。[180]祭祖先的家族（或宗族）成為以血緣為組成原則的主要團體，施瓊芳有關祭祖修祖墳的論述，不僅是一種家族記憶，亦表達對於家族這個團體文化的認同感。

施士洁〈重修岑江家廟碑記〉一文中，分述重修家廟的幾項難處：例如一是後世子孫長時間在異鄉當官或從商，雖然有飲水思源、緬懷故土之情，但是回鄉的路途道阻且長，錦衣還鄉的日子難以預期；二是家族親長老成凋謝，青壯一輩又缺乏德高望重且願意承擔大任者，於是重修家廟一事停滯難行。三是乙未割臺後，強鄰環伺，社會紛亂不已，無暇他顧。此文為施士洁攜眷內渡，受故鄉耆老委託相勸重修家廟一事，因而有此碑記的撰寫。[181]社會的基礎是建基

179 趙文榮，〈試論清代臺南地區宗族組織的發展（1683～1895）〉《南瀛文化》改版第一輯，2002年1月，頁200-204。
180 哈羅德‧伊薩克（Harold R. Isaacs）著，鄧伯宸譯，《族群》，立緒出版社，2004年11月，頁269。
181 施士洁，〈重修岑江家廟碑記〉《後蘇龕合集》臺灣文獻叢刊第215種(臺北：臺灣銀行經濟研究室，1965)。

於倫理的家族制度，祖先崇拜則為其具體而根本的呈現；人的「角色」必須首先定位在其家族中，家族實際上包含現世的人和過世的祖先，祖先崇拜是兩者之間堅固的鎖鍊，現世的人也必須有繼承的子嗣，以確認自己將來成為被祭祀的祖先，並使眾多祖先一直受到祭祀。倫理是社會關係的基礎，並提供了行為的規範，果報觀念是確認規範被執行的保證。祖先崇拜與神靈信仰的具體行為是「祭祀」，祭祀乃因而成為人與其祖先及神靈溝通而建立的關係網絡的主要手段。[182]施士洁於日治初期撰寫此重修家廟碑記，更增添對世事的感懷。此文所提到家廟為祭祀先祖的所在，並保存家族衣冠文物，使世代子孫可藉以緬懷祖先的論述，也牽繫了個人與家族的關聯。

（二）藥王廟與海神

　　從遠古到今日，人類的每個文化幾乎都有一套信仰體系，其中又包括了戒律、儀式與教義。宗教更是一體分享的經驗，是能把人與其他人連成一體的共同資產。[183]施瓊芳〈代募修郡內藥王廟小引〉一文，論及臺南當地民間信仰的概況。他認為臺灣土地肥沃，移民辛勤開墾的結果，使生活逐漸安定，臺南城內的大大小小廟宇也日益興建。然而，祀奉藥王的廟，僅有一間位在港口的小廟。1720 年

---

[182] 神靈信仰系統包涵了「社會化」的自然神（天神地祇）以及由人轉化而來的「人神」，「神」可因人的功德而成，「仙」則需靠修煉而致。呂理政：《天、人、社會：試論中國傳統的宇宙認知模型》（臺北：中央研究院民族所，1990），頁 216-219。

[183] 哈羅德‧伊薩克（Harold R. Isaacs）著，鄧伯宸譯：《族群》，立緒出版社，2004 年 11 月，頁 216。

（康熙59年）陳文達主編《臺灣縣志》記載藥王廟興建的沿革爲：
「康熙五十七年道標千總姚廣建。」[184]可見臺南藥王廟興建於1718
年（康熙57年）由姚廣所倡建。1752年（乾隆17年）王必昌主編
《重修臺灣縣志》則記載此廟於1764（乾隆29年）曾改建，1838
年（道光十八年）又重修，並詳細說明臺南藥王廟的從祀情形。[185]歷
史上與醫學用藥及養生有關的人物，常成爲膜拜的對象。此外，1807
年（嘉慶12年）謝金鑾主編的《續修臺灣縣志》另提及藥王廟所處
的位置：「藥王廟：在西定坊北勢街尾（祀藥王韋慈藏。康熙五十
七年，道標千總姚廣建）」。[186]這些清治時期的志書不僅記載了藥
王廟的沿革歷史及地點，並呈現此廟所祀奉的主神並非神農氏，而
是韋慈藏。[187]從碑文參看有關《臺灣南部碑文集成》收錄〈重修藥
王廟碑記〉提到：自從北勢街建立的初始，即塑祀藥王大帝，作爲
保障境內民眾平安的守護神。早期祭祀藥王是以店舖充作廟廊，但
當地民眾因感屢受藥王庇祐，所以於1764年（乾隆29年）民眾公

---

[184] 陳文達主編《臺灣縣志》臺灣文獻叢刊第103種（臺北：臺灣銀行經濟研究室，
1962），頁211。

[185] 「東廡則僦貸季、天師岐伯、鬼臾區、伯高、俞跗、少師、桐君、太乙雷公、
馬師皇、伊尹、神應王扁鵲、倉公淳于意、張機十三人；西廡則華陀、王叔和、
皇甫謐、抱朴子葛洪、巢元方、真人孫思邈、藥王韋慈藏、啟元子王冰、錢乙、
朱肱、李杲、劉完素、朱彥修十四人。」王必昌主編：《重修臺灣縣志》臺灣
文獻叢刊第113種（臺北：臺灣銀行經濟研究室，1961），頁177。

[186] 薛志亮、謝金鑾主編：《續修臺灣縣志》臺灣文獻叢刊第140種（臺北：臺灣
銀行經濟研究室，1962），頁65。

[187] 許丙丁，〈藥王廟〉《臺南文化》新二期（臺南：臺南市文獻委員會，1976.12），
頁62-63。

開爰議:「糾題捐金,卜其吉地,重建廟宇,以酬藥王庇祐之德也。」[188]此碑文又特別說明廟宇因靠近海疆,年久定然損壞。1824 年(道光四年)蒙各郊舖及本地民眾,捐助資金加以重修。這篇由在地民眾於 1838 年(道光十八年)所合刻的碑文,交代了臺南藥王廟興建沿革的來龍去脈,也呈現居民實際參與籌資建廟的詳情。

施瓊芳以雅麗的文筆,於〈代募修郡內藥王廟小引〉言及前人興建藥王廟的動機:「臺當開闢之初,瘴雨蠻烟,動輒為屬。昔人建此祠以勾神庥,良非無意。而歲久弗修,日就頹圮。」[189]他描述臺灣開闢拓墾初期,瘴氣雨霧而潮濕,致使癘疫橫行,所以居民建廟以乞求神明的恩澤與庇護。瘴癘之氣是臺灣拓墾初期所面臨的環境挑戰,[190]當論及臺灣氣候與瘴的關係時,學者的研究成果指出,十九世紀臺灣的瘴癘可以透過人為的治理而逐漸消除。[191]但另一方面,文獻中對漢人「水土不服」的書寫,表達在接觸異地後的印象及恐懼心理。「瘴癘開發論」則賦予漢人侵奪原住民土地的道德性

---

[188] 陳瑞興勒石〈重修藥王廟碑記〉收錄於黃典權主編《臺灣南部碑文集成》(臺北:臺灣銀行經濟研究室,1966),臺灣文獻叢刊第 218 種,頁 259。碑勒於臺南市西區藥王廟右畔牆壁,高 141 公分,寬 65 公分,花崗岩。

[189] 施瓊芳,《石蘭山館遺稿・代募修郡內藥王廟小引》,頁 7。

[190] 《諸羅縣志》將臺灣的「瘴」分為兩類:「南、北淡水均屬瘴鄉。南淡水之瘴,作寒熱,號跳發狂。治之得法,病後加謹,即愈矣。北淡水之瘴,瘠黝而黃,脾泄為痞、為鼓脹。蓋陰氣過盛,山嵐海霧鬱蒸,中之也深。又或睡起醉眠,感風而發,故治多不起。」周鍾瑄主編,《諸羅縣志》臺灣文獻叢刊第 141 種(臺北:臺灣銀行經濟研究室,1962)頁 292-293。

[191] 劉翠溶,〈漢人拓墾與聚落之形成:臺灣環境變遷之起始〉,收於劉翠溶、伊懋可主編,《積漸所至:中國環境史論文集》(臺北:中央研究院經濟研究所),頁 314-338。

及合法性，甚而推衍出一套拓墾史的迷思。[192]臺灣文獻常記載瘴氣對臺灣民眾或官兵的影響，施瓊芳此文則是書寫居民建立藥王祠以求庇佑，然而經百餘年廟宇日就傾頹，亟需籌募資金以進行重新整修的工作。施瓊芳於是爲文號召地方仕紳，勿吝於踴躍捐金，期望藉此能增添居民的仁壽。這些有關藥王廟的論述，透露居民對環境的自我調適，並透過宗教信仰作爲心靈的寄託。

　　施士洁〈臺郡海神廟募啓(代潘邑侯作)〉一文亦提及臺灣廟宇林立的社會背景，並爲臺南缺乏祭祀海神的廟宇而呈請籌建。1874（同治13）年臺灣發生牡丹社事件，日本軍艦入侵臺灣琅嶠港（約今日恆春）。清帝國派遣沈葆楨與福建布政使潘霨，前往臺灣督辦海防事務。施士洁於文中提及當時調兵遣將的過程，海上輪船往來如織，都必須在期限內趕至臺灣。然而臺灣鹿耳門與七鯤身等地古稱天險，沙岸地形使得船隻泊岸過程困難重重；加上夏秋之間，海潮風浪難以預測。施士洁更引舉臺灣諺語：「四月廿六，海涌開目」[193]，即是說四月廿六日起，海面風浪會變大且難以預測。他認爲沈葆楨與潘霨兩位官員能順利進港，無非是經過神靈庇佑，所以應立祀尊奉海神。又考察典籍中海神接受冊封的歷程，並提及廣東一帶海神信仰的祭祀活動相當興盛，臺灣與廣東相近卻無海神祀典。於是施士洁爲文請求沈葆楨能上奏准請爲海神建祠敕號，編入奉祀正

----

192 簡炯仁，〈「臺灣是瘴癘之地」—一個漢人的觀點〉《臺灣風物》（臺北：臺灣風物雜誌社）46卷4期，頁32、36。

193 徐福全，《福全臺諺語典》：「氣象諺。四月二十六日為臺南縣北門鄉南鯤鯓代天府一年一度大祭典日（李府千歲聖誕），是日海面會起風浪。」（臺北：徐福全，1998）頁164。

典，以順應民情並感念海神庇佑。[194]施士洁另一篇〈臺灣北港增修朝天宮碑記〉，則是於 1912（大正 1）年北港朝天宮重修落成，地方仕紳請施士洁爲文紀念。[195]從康熙年間僧人接奉湄洲朝天閣香火至笨港一地，主祀天后。當時笨港九個村莊人士虔誠奉祀媽祖，直到日治時期「北港朝天宮」香火不絕。廟宇經過數次整修，愈拓愈宏，美輪美奐冠於全島。二百年來，海內外公卿大夫及平民百姓相繼前往瞻拜，香火日盛一日。施士洁接著敘述媽祖成神的事蹟，以及從宋代以後歷朝冊封的過程。甚至提及先祖靖海侯施琅渡海平臺之時，曾受媽祖庇佑而順利完成任務。而臺灣清治時期時常發生民變，媽祖常能庇佑清朝順利平定臺灣民變；乙未割臺滄桑變異後，朝天宮廟宇未隨改朝換代而有所更替，甚至增修儀式典禮。可見臺灣人對於舊朝事物，仍有其堅守傳承而不願變易之處。他記錄朝天宮在 1852（咸豐 2）、1894（光緒 20）年間曾聚集民間財力進行整修，然而捐款的盛況都未如 1912（大正 1）之多，此次募捐共收七萬九千餘金，神蹟靈驗的傳說亦強化了民眾的信仰。

施士洁有關海神廟與朝天宮的文章，敘述沿岸地區與海有關的傳統民間信仰的特色，呈現當時險峻的航海環境中，在茫茫大海因有神助而能順利航行。然而，朝天宮一文提到：「**吾先靖海侯襄壯公平臺時，尤護神之助順**」，作者受到媽祖傳說流衍的影響，這樣的敘事使帝國攻取臺灣的行動如有神助，更增添施琅跨海率兵征伐的合理性。如此從官方屢降詔敕加封或致祭，天妃已不只是海上往

194　施士洁，《後蘇龕合集‧臺郡海神廟募啟(代潘邑侯作)》，頁 357。

195　施士洁，《後蘇龕合集‧臺灣北港增修朝天宮碑記》，頁 372-373。

來顛危所凝聚的集體信仰，同時也易為官方正祀化所含納收編。又如另一篇海神廟的文章提到：「沈、潘二公之舉，正當夏秋之交，天險如彼，而神之效順如此。」即使時間延續到清治末期牡丹社事件以後，文人的散文話語中，依舊特別著重於神明護持官員的敘事，而非庇佑一般大眾，此又是海神信仰與助戰傳說因敘事而有了更緊密結合的顯例。

（三）義民祠

清治時期民變紛起，其中，1786 年（乾隆 51 年）林爽文事件全臺響應，清兵僅能固守臺南府城。1787 年（乾隆 52 年）8 月清廷派大學士福康安統率十萬大軍來臺鎮壓，而保住清帝國在臺灣的政權。林爽文事件後，為祭拜協助福康安大軍鎮壓漳、泉兩籍起事者而戰死的「義民」，故興建「義民祠」。施瓊芳《石蘭山館遺稿‧為三郊春祭義民祠文》中[196]，以「忠魂耿耿」形容配合官方平定民變的「義民」，此種觀點仍不脫傳統儒生的論述。又言臺南祭祀「旌義祠」的英靈，彷如為《詩三百》中的〈國風〉招魂。文中詳敘以祭品行禮如儀的細節，所謂「記艱難共事之時」則是保存爭戰的集體記憶，而「官命與祭」更呈現將他們納入國家祀典系統中，以強化褒揚協力統治者。

此文提到臺南義民祠的興建沿革為「始建於乾隆庚戌」、「繼修於嘉慶丙寅」，若參照同時代相關的碑文可得到背景資料的映證。第一個相關的碑文為臺灣知府楊廷理於 1790 年（乾隆 55 年）七月所撰〈義民祠記〉，此碑原存於臺南市中區忠義路義民祠，高 260

---

[196] 施瓊芳，《石蘭山館遺稿‧為三郊募官修葺義民祠疏》，頁 23。

公分，寬 148 公分，爲花崗岩的石材。作者楊廷理號召「凡臺屬泉、粵莊、番社之民」[197]齊來協助官方，可見當時義民祠所祭祀的族群甚多。另一個碑文爲〈重建義民祠碑記〉，由知縣薛志亮於 1806年（嘉慶十一年）八月所撰。此碑的地點存於現在的臺南市中區民族路二段 212 號赤嵌樓，碑高 166.5 公分，橫 69.5 公分。[198]碑文提及因 1805 年（嘉慶十年）蔡牽事件而有更多的「義民」傷亡，故有重修義民祠的需求。從碑文所敘述：「倡始捐建重修，邑人士咸踴躍樂輸」，得知義民祠重修的經費，是合官方與民間共同勸募而成。

　　義民祠祀奉的對象雖多元，然大體上以客家族群爲主，故長久以來，義民廟成爲客家人的信仰中心。十八世紀中葉到十九世紀末葉，來臺官吏利用漢人開拓新土地的需求，分化不同族群以鞏固國家的統治利益。客家族群從乾隆末年能夠合法渡臺後，因朱一貴等事件的前車之鑑，深知想要在多族群的臺灣立足，必須與官方取得更密切的合作，才能確保在臺地位與產業的安全。個體由於必須依賴族群或宗族力量以保護基本的生存，而與其利益完全結合，連帶的使他們的集體認同和效忠對象超越了國家。族群或宗族無論是在社會行動或利益的分配上，都被迫要整合成一個完整的社會單位。因此乾隆末年之後，對客家族群而言，成爲義民不再只是避免在民變事件中爲求全身而退的消極手段，而是有意識地提昇本身族群地

---

[197] 此碑原勒於臺南市中區忠義路義民祠，戰後移存市立歷史館。此碑篆額「皇清」，浮雕龍紋甚麗。楊廷理〈義民祠記〉收錄於黃典權主編《臺灣南部碑文集成》，頁 147-148。

[198] 薛志亮〈重建義民祠碑記〉，《臺灣南部碑文集成》，頁 186-187。此碑篆額「皇清」，浮雕龍紋。此碑全文曾收錄於謝金鑾《續修臺灣縣志‧藝文志》。

位，和競爭社會經濟資源的積極途徑。[199]施瓊芳〈為三郊春祭義民祠文〉記錄定期祭祀的儀式，保存了居民的集體記憶，並呈現宗教為鞏固社群生活的象徵性文化。

五、結語

十九世紀臺灣在地文人的散文，常描繪社會面貌，並為當時知識份子文化視野的表達形式。其中，臺南文人施瓊芳與施士洁為十九世紀頗具代表性的知識菁英，故本文以此兩人的散文為詮釋的核心。施瓊芳與施士洁所撰有關書院教育與文昌信仰的實用文，如增廣學額的事件，施士洁記海東書院的沿革與編選科舉制藝範本的過程。又有聯繫朱子崇拜與文昌信仰，後來更結合敬字信仰，於文昌帝君誕辰祭畢後盛大舉行送字灰儀式，這些書寫皆呈顯以文士的視角再現儒教儀式。

在參與社會救濟的活動方面：施瓊芳倡議以賞罰並行的方式，強化禁止溺嬰的論述。在修造石橋與築修水道的提倡募捐方面，亦可見施瓊芳關懷民瘼的人道之情。於移風易俗方面：施瓊芳的散文中提到戒用牛油、慎節飲食、戒博奕三方面的論述。施氏父子的散文，透過重修祖墳、家廟後，敬告先祖時的祭祀儀式醞釀而生。這些實用性的散文，流露作者對家族的記憶，並蘊含祭祀書寫的文化意涵。施瓊芳散文中有關藥王廟的議題，顯露居民對環境的自我調

---

[199] 蔡采秀，〈以順稱義：論客家族群在清代臺灣成為義民的歷史過程〉，《臺灣史研究》（臺北：中央研究院臺灣史研究所籌備處）11卷1期，2004年6月，頁1-28。

適，並透過宗教信仰作為心靈的寄託。施士洁有關海神廟與朝天宮的文章，著重於神明護持官員的敘事，而非庇佑一般大眾，可見海神信仰與助戰傳說因敘事而更緊密結合。施瓊芳有關義民祠的散文中，詳敘以祭品行禮如儀的細節，更呈現將他們納入國家祀典系統中，以強化褒揚協力統治者。文中所提到臺南文昌閣、藥王廟義民祠等興建沿革，若參照同時代相關的碑文可得到背景資料的映證。

當筆者至施氏家廟與施氏宗親會參觀，發現這間位於臺南市海安路二段 79 巷 32 號的建築，不僅收藏保存宗族資料，並與當地文史工作室合作舉辦文化活動，具有將古蹟活化的意義。此外，這些散文所提到的許多文化空間，雖然有些遺址已難尋，有些至今仍古風依然，但皆曾先後存在於南臺灣的土地上。本節以《石蘭山館遺稿》、《後蘇龕文集》為文本，參照臺灣史、民俗學、文化研究等領域的研究成果，並結合田野訪談後人，期望藉由詮釋在地文人古典散文中的風俗論述，能有助於深化南臺灣歷史文化的教學與研究。

第三章　歷史記憶的建構

　　記載史事的文獻常透過現在的詮釋觀點，以解讀並建構歷史記憶。雖然臺北儒學機構設置較晚，但倖存的文獻呈現出以陳維英為核心的大龍峒文教圈，及其學術系譜的特色，有助於後人理解清治時期儒學傳承的脈絡及影響。又因受到開港後外來現代教育理念的衝擊，而使得文教發展有所嬗變。這些有關教育的文獻，多是建構臺灣文教史記憶的素材。至於二十世紀初期臺灣在地文人，歷經上世紀末紛雜的戰局，以及風起雲湧的武裝抗日，常透過書寫表達深沉的感懷，也流露知識份子文化論述的內在意識。如洪棄生的戰記散文藉由人物塑造與情節鋪陳，呈現戰爭敘事的特色。其中關於「割臺」世變記憶的書寫，重現這段臺灣歷史上極具代表性的戰爭，及其遺留在民眾內心的創傷。當時文人面對社會動盪與政權更替，也藉由散文表達特殊時代的境遇。例如彰化文人吳德功的散文題材多元，身為地方士紳且長期關注社會救濟，多流露知識份子在世變下的處世觀與因應之道。故以吳德功散文為探討核心，同時結合其他史料文獻，爬梳並詮釋其作品中的歷史記憶與文化論述特色。

第一節　傳承與嬗變：文獻所呈現清治時期臺北文教發展的記憶

一、前言

　　有關清治時期的臺北文教發展史，因文獻及史料零星且散佚，投入研究者亦有限，故仍有一些學術空白。本文以臺北文人為主軸，先爬梳臺灣清治時期方志文獻，如《淡水廳志》、《淡水廳志稿》等專收錄北部的史料，再參考《臺灣教育碑記》、《臺北市志》等戰後的文獻彙編資料，或應用清代宮中檔奏摺等檔案資料，以理解當時的外緣環境。又參考郁永河《裨海紀遊》、唐贊袞《臺陽見聞錄》、馬偕"From Far Formosa"等文人於臺灣各處旅遊的見聞紀錄，以及劉銘傳《劉壯肅公奏議》、李春生《主津新集》等文人的個人論著。一方面運用這些文本及史料，同時也藉由訪談文人後代，以蒐集一手資料。如參考〈先曾叔祖維英公事蹟〉、〈大龍峒耆宿座談會紀錄〉等生平經歷的紀錄，或訪問中央研究院曹永和院士，得見曹家珍藏的家族資料、族譜，以及曹敬的手稿，以探討知識份子於臺北的文教活動情形。並閱讀相關的思想史論著，作為探討當時文人文教思想特色的參考。

　　回顧目前研究成果，有關十九世紀中期臺北文教的關鍵人物，如淡北文人陳維英的前行研究，包括陳培漢〈先曾叔祖維英公事蹟〉(1953)、王國璠〈淡北詩論〉(1970)、溫振華〈清代後期臺北盆地士人階層的成長〉(1989)、周宗賢〈大龍峒陳悅記小史〉(1993)、謝志賜《道咸同時期淡水廳文人及其詩文研究－以鄭用錫、陳維英、林

占梅爲對象》(1993)、黃美娥〈清代臺北地區文壇初探〉(2002)、楊添發《陳維英及其文學研究》（2006）等論文，皆曾論及陳維英的生平事蹟。然而，有關陳維英如何參與清治臺北地區文教活動，及其師承關係等方面的議題，至今仍未有脈絡化的整理與研究，故本節特別針對這些議題，進行釐清與爬梳。

爲理解臺北清治時期文教發展的特質，本節擬著手分析早期諸羅縣、淡水廳文教環境，以及儒學思想於民間轉化的情形爲何？清治中期在地文人逐漸崛起，多將儒家經世的理念，呈現於文化參與的實際活動中。而陳維英及其門生與大龍峒地區爲核心的文教圈，如何影響臺北的文教發展？同時，歸納科舉文人社群有哪些學術著述成果，及其在臺北學術史上有何意義？1859 年（咸豐 9）陸續開放通商口岸，英國及各國的傳教士開始進入臺灣，在傳統儒學教育環境中，逐步設立新式學校。究竟淡水縣時期臺北如何與近代文明接觸，又激發出哪些現代教育改革理念與實踐？自加拿大來臺傳教的馬偕，於 1872 年（同治 11）抵達淡水後，又如何將他的教育思想加以實踐？劉銘傳擔任臺灣首任巡撫期間，所實施的新政中又有哪些是文教的改革？本文嘗試從方志或文人手稿的斷簡殘編，及零星的家族資料、文人後代的訪談探尋細微的交流痕跡；並爬梳早期文獻與文人的論述，以期建構臺北清治時期的文教發展及學術思想的脈絡。

二、儒學文教機構的設立及其理念

臺北清治時期的文教環境，與文教機構、政經措施與科舉制度等外緣條件的關係密切。本文先從文教機構的設立與儒學思想的傳

承兩方面，分述諸羅縣、淡水廳時期的文教環境。

（一）儒學文教機構的設立

　　臺灣先設置臺灣府及臺灣縣、鳳山縣、諸羅縣，臺北即隸屬諸羅縣範圍。[1]朱一貴事件之後增設了淡水廳，[2]當時淡水廳的範圍約為今日的基隆市、臺北縣市、桃園縣、新竹縣市、苗栗縣及臺中縣大甲溪以北。臺北清治時期的政治經濟與文教發展，有相當的關聯性。就清代臺灣的教育制度而言，多是直接遵行清廷的教育法令，酌以配合臺灣的客觀環境而制訂。[3]到了 18 世紀後半期臺北的經濟活動日益熱絡，漢人大量移墾後，著重水利設施的修建、街莊聚落組織也逐漸形成，在商業繁榮的情況下促進了此地的文教發展。早在鄭氏時期臺南府城已有傳統儒學文教機構，先以臺南府城為濫觴，後來各地陸續出現府儒學、縣儒學、書院，以及社學、義學、私塾等。北部文教機構的設置較晚，於 1817 年（嘉慶 22）竹塹始設儒學，翌年開考；且直到 1879 年（光緒 5）才有淡水縣學，1880 年（光緒 6）官方終於成立臺北府學儒學。[4]淡水廳最早成立的明志

---

[1]　蔣毓英主編：《臺灣府志》（臺北：臺灣省文獻會，1993 年 6 月），頁 105。

[2]　陳培桂主編：《淡水廳志》（臺北：臺灣銀行經濟研究室，1963 年 8 月），頁 23。

[3]　清廷地方教育的行政系統，以提督學政為首，下設提調官；提調官之下，按府、州、縣、廳，各有不同執掌：府設教授，州設提督學政，而在縣、廳方面則有教諭。另在教授、提督學政、教諭底下，分設訓導若干人，作為基層的文教人員。高拱乾主編：《臺灣府志》頁 53；劉良璧：《重修臺灣府志》，頁 349；余文儀主編：《續修臺灣府志》，頁 177。

[4]　有關臺灣清治時期考選的資料或研究，可參閱莊金德：《清代臺灣教育史料彙編》（臺中：臺灣省文獻會，1973 年）；楊紹旦：《清代考選制度》（臺北：考選部，1991 年）。

書院，初爲義學，後擴建爲書院。又於 1781 年（乾隆 46）移建至
竹塹，原書院所在地即成爲義塾。[5]臺北最早的書院首推文甲書院，
位於艋舺西南方，爲 1837 年（道光 17）淡水廳同知婁雲所議建。
1843 年（道光 23）同知曹謹續成，閩浙總督劉韻珂來臺巡視，至淡
北時駐節在艋舺，應仕紳之請，文甲書院遂易名爲「學海書院」，
並由淡水同知曹士桂出任書院院長。另外，由於學海書院草創日淺，
規制不整，大龍峒仕紳陳遜言在 1848 年（道光 28）捐充料館 62 間，
曠地 1 處，年繳銀 300 圓，自捐租息作爲書院的資金。[6]1864 年（同
治 3）陳維英擔任院長，呈現在地文人爲學海書院投入諸多心力。[7]
許多在地士紳階級的經濟活動逐漸熱絡，對文教也有更進一步的資
助，因而提供學術發展的物質基礎。民眾將子弟送至官方或民間所
辦的文教機構，有些則延聘文人至私塾或學堂來教育子弟。

　　直到清末臺北設府且附屬淡水縣，1879 年（光緒 5）才有淡水
縣學，1880 年（光緒 6）始有臺北府儒學機構的出現。當時由地方
官員設立之書院共計兩所，爲「登瀛書院」及「明道書院」。「登
瀛書院」於 1880 年（光緒 6）由臺北府知府陳星聚於府後街考棚內
辦，屬臺北府管轄；「明道書院」於 1893 年（光緒 19）由布政使
唐景崧建於臺北府考棚右側，屬臺灣巡撫管理。此時官方設立之教
育機關，除前所述有府、廳、縣學之外，亦有義學之設立；然臺灣
約自 1880 年之後，民間設立私塾的風氣普遍，取代官辦延請教師指

---

[5] 臺灣銀行經濟研究室編：《臺灣教育碑記》（臺北：臺灣銀行經濟研究室，1959
年 10 月），臺灣文獻叢刊 54 種，頁 26、59。
[6] 陳培桂：《淡水廳志》，頁 140。
[7] 陳培桂：《淡水廳志》，頁 139；〈志餘〉，頁 451。

導閭里貧困子弟的義學。

（二）儒學思想的傳承

欲探究臺北清治時期的儒學思想，可從方志、文獻資料中加以爬梳。方志記錄了臺北的發展軌跡，且因編纂者多為官員或文士，故可見清廷治臺政策及實行教化之論點。[8]除了 17 世紀一些荷蘭、西班牙治臺時期所留下的檔案文獻，保存平埔聚落的相關資訊外，周鍾瑄主編《諸羅縣志》、余文儀主編《續修臺灣府志》、陳培桂主編《淡水廳志》等方志中，曾載錄凱達格蘭族（Ketagalan）中的麻少翁社（士林）、內北投社（北投）、奇武卒社（大稻埕）、雷裡社（東園）、里末社（板橋）等相關資料。[9]這些史學著述不僅記錄各社的社名，更是文人書寫有關早期居住於臺北民眾的活動，及其風俗文化特色的學術著作。至於來臺官員公牘、文稿、筆記的彙錄，或文人的文集、遊記等文獻，多表達出對政教風俗的議論與見解，或對時局的觀察與態度。如《裨海紀遊》為郁永河於 1697 年（康熙 36）到北投採硫的遊記，書中詳載臺灣風土民情及作者之政論。1722 年（康熙 61）因處理朱一貴事件而來臺的首任巡臺御史黃叔璥，於所著《臺海使槎錄》中亦表達他對臺灣政教的觀察，也呈現對平埔族、漢移民社會面貌及文化特色的見解。由於這些遊宦文人來臺任官或踏察，故其著作中多流露出經世致用的實學思想。

8　有關方志教化作用的論述，可參閱章學誠：《文史通義》（臺北：漢聲影印吳興劉氏嘉業堂刊本，1973 年），頁 308。

9　臺灣文獻中對於平埔族聚落的名稱多有出入，凱達格蘭族（Ketagalan）各社約處今地理位置可參考張耀錡：《臺灣平埔族社名研究》（臺北：南天出版社，2003 年 5 月），頁 64-77。

　　早期臺灣的方志多由官方主修，但淡水廳北部竹塹文人鄭用錫
及鄭用鑑等人共同編纂的《淡水廳志稿》，則具有私家記錄地方史
事的價值。此部著作爲臺灣北部文人合作的學術成果，呈現當時在
地科舉社群的文化觀察。《淡水廳志稿》不僅記錄了淡水廳的文教
發展，書中的一篇〈風俗〉，更描繪了北臺當時的文化變遷幅度頗
大的情形。[10]《淡水廳志稿》書中記載平埔族受到當時漢文教的衝
擊，許多早期方志所載平埔族風俗已多「耳所未聞，目所未覩」，
顯現在此學術環境下，北部平埔族聚落語言與文化失落的情形。此
部《淡水廳志稿》後來多由 1871 年（同治 10）陳培桂編纂《淡水
廳志》所採摘、抄錄。[11]道光中期清廷令各廳縣設局採訪，鄭用錫
奉派採錄淡水廳志的工作時，曾廣加蒐羅資料，對於早期的史料多
參酌舊文，或從文獻中考證、或採錄街談巷聞，重加考訂。「其間
信者錄之，疑者闕之，不敢濫爲掇拾，然言之無文，不過據事直書，
略有頭緒，惟俟兼總其成者取裁而厘正之。」[12]可見其據事直書的
採錄原則，並成爲北部早期史學著述上的代表作，也呈顯出在地文
人的史學觀。

　　清初來臺的官員多以文教爲宦績，具有教化民眾的使命感。《淡
水廳志》曾細加描述於 1840 年（道光 20）任淡水同知的曹謹，在
臺灣宣講及獎勵儒學的事蹟。[13]曹謹在任內以親身宣講《聖諭廣

10　鄭用錫：《淡水廳志稿》（南投市：臺灣省文獻委員會，1998 年），頁 161-162。

11　《淡水廳志》記載：「鄭志稿，開闢榛蕪，功甚不小，山川條例，因襲初稿，
　　節其序例，不沒采輯之苦心焉。」陳培桂：《淡水廳志》，頁 306。

12　鄭用錫：《淡水廳志稿》，凡例，頁 1。

13　陳培桂：《淡水廳志》，頁 261。

訓》、刊印《孝經》、《小學》等經典書籍等教材，以及物質上的獎勵，為教化工作付出不少心力。又以個人的薪俸捐助為學海書院續建的資金，故《淡水廳志》讚許「寒士多賴以成業者」，呈現遊宦官員關注文教機構成立的影響層面。清代之政教措施，時而以官方諭告之方式，以化民成俗；時而利用祭祀信仰，取信於百姓。一方面藉行政體系之建立，及著重武備等政策，以鞏固統治勢力；另一方面，則以士人推展文教，藉此化民成俗、收服人心。清廷以教化為順利統治之途徑，然儒士塾師則利用官方提供之資源，以實踐儒學之教育理想。〈新建明志書院碑〉為 1764 年（乾隆 29）閩浙總督楊廷璋所撰。此碑以對比的手法，先醜化荷人佔據臺灣為「虎狼之窟宅」，後又為鄭氏所統治；直至清廷統治之時才興建書院，一變為「樂土」，並「易戰攻以禮樂，化甲冑為詩書」。這些修辭，呈顯了儒家的教化觀，流露惟有推行傳統的儒學教育，才有可能化野蠻為文明的漢族中心思維。

此外，臺北市現存的碑文，亦透露儒學思想於民間轉化及影響的情形。如 1820 年 4 月（嘉慶 25）於士林芝蘭街建立的「敬字亭碑誌」。士林芝蘭街敬字亭，又稱惜字亭、敬聖亭或聖蹟亭，本為焚化字紙之處，又具昔日重視文化、珍惜字紙的象徵空間。碑文中記載此地並祀文昌、魁星與倉頡諸神，則是民間將儒學思想功利化的表現。清官方統治階層以為文昌信仰有助於科舉制度的推行，並具有籠絡士人的功能，故於嘉慶中期將文昌帝君納入國家祀典中。[14]

---

[14] 《史記・天官書》以北斗之上的六星合稱文昌宮。文昌星神原為司命的功用，後被附會為四川梓潼神庇祐士子科考高中，從此文昌信仰與科舉考試聯繫。至

後來更結合敬字信仰，文昌宮裡也奉祀倉頡神位並築「敬字亭」，且撿拾字紙焚於敬字亭，收集字灰之後，於文昌帝君誕辰祭畢後恭送入海的儀式。從碑文中亦可見儒家的仁人濟眾思想，顯現在落實育嬰堂、養濟院等社會救濟的情形。1870 年（同治 9）淡水同知陳培桂勒立〈艋舺新建育嬰堂碑記〉，敘述創建淡北育嬰堂的經過，並記該堂格局與規模。從「官紳倡捐合建」可見當時動員社會力量參與社會福利工作的建設，亦呈現在地士人參與育嬰堂的創設的社會救濟意義及人道關懷的具體實踐。

三、在地文人的文教參與

（一）在地文人的崛起

臺灣清治時期私塾普遍，屬民間私學性質。那時代臺灣的塾師，多在家裡或廟裡開設私塾，用河洛語、客語教漢文。眾多著名義學如：淡水廳芝蘭一堡（今士林）芝山巖、文昌祠，亦具提振地方文化及移風易俗之貢獻。臺灣書院的特殊性在於以書院為名、義學為實，為教育貧寒子弟的義學式書院。[15]同治年間陳維英於大龍峒保安宮內所設樹人書院，實際僅相當於義學。[16]至於民間的「學堂」，又稱「私塾」、「書房」，是由士人設帳授徒的基礎教育，淡水廳

今日臺灣仍可見文昌廟常有考生及親友將准考證置於神桌上，祈求考試順利的儀式活動。〔漢〕司馬遷撰、〔南朝宋〕裴駰集解、〔唐〕司馬貞索隱、〔唐〕張守節正義：《新校本史記》（臺北：鼎文書局，1979 年），頁 1293。

[15] 周元文：《重修臺灣府志》，頁 33。

[16] 溫振華：《清代臺北盆地經濟社會的演變》，臺灣師範大學歷史研究所碩士論文（1978 年 6 月），頁 152。

北部即有許多在地文人所設的學堂。清代臺北的學堂設立較普遍是從道、咸年間以後；而設學堂地點，則以大龍峒、艋舺為多，顯現出當時文風較盛的地點。[17]《臺北文物》曾登載 1953 年 5 月 11 日所舉辦的〈大龍峒耆宿座談會〉紀錄，談及大龍峒文風興盛的情形，[18]除大龍峒外，艋舺、大稻埕、芝蘭（士林）亦有若干科舉士人產生，這些文人社群皆促進了臺北的文教發展。

許多閩粵沿海移民於 19 世紀以前即揹「公媽牌」來臺，族譜也記載開臺祖攜帶父母骨骸來臺的事例，顯示這些移民來臺時即有定居的打算。[19]清治後期在地士人或於學府任教、或擔任幕僚、或編纂方志，參與基層政教事務之機會漸增。在淡水同知陳培桂主編的《淡水廳志》中，即可見當時如張書紳等在地文人參與採訪工作，從這些參與基層事務的現象來看，落根、長成於臺灣的在地文人，已漸漸形成對本地的文化認同。這些包括舉人、廩生及生員的科舉社群，將儒家經世的理念，呈現在說解儒家傳統典籍、編纂地方志書，或參與籌建社會救濟機構等文化活動中。

（二）陳維英與大龍峒文教圈的形成

大龍峒為淡北文藪，素有「五步一秀才，十步一舉人」的美稱。在學校的建置方面，如孔廟、樹人書院及民間的私塾，為士子就學

17　賴子清：〈清代北臺之考選〉《臺北文獻》直字第 9-10 期（1969 年 12 月），頁 172-183；第 11-12 期（1970 年 6 月），頁 43-61。

18　臺北市文獻會：〈大龍峒耆宿座談會紀錄〉，《臺北文物》第 2 卷第 2 期，（1953 年 8 月），頁 70。

19　盛清沂：〈國學文獻館藏臺灣族譜所見本島開闢史料〉，《臺灣地區開闢史料學術座談會》（臺北：聯經，1985 年），頁 27-28。

之所；再加上以陳維英爲首的文人社群，長期於此地傳授所學，皆
是形成大龍峒文風鼎盛的原因。臺灣清治時期一些家族於社會轉型
中不僅具有民間領導階層的樞紐地位，且在文教的推廣上亦深具文
化意義。影響清代臺北文教發展的家族，以大龍峒陳家爲代表，家
族中的陳維英（1811-1869）更是領導臺北文教的關鍵人物。其父親
陳遜言以「悅記」爲商號，經營船頭行料館生意，積財致富後遷徙
至「港仔墘」，並於 1807 年（嘉慶 12）興築大厝「悅記祖宅」，[20]
今享有「老師府」之美譽，亦可見陳維英於大龍峒作育英才、宏揚
文風的影響。富豪郊商多有鼓勵弟子參與文教活動以晉身士紳階層
的傾向，使得清代臺灣商人子弟的文人，較有餘裕從事學術活動。
陳維英家族即是在此經濟背景下求學，日後對臺北文教的發展有莫
大的影響。

　　1859 年（咸豐 9）陳維英中舉，後任教於學海書院，張夢丁、
陳樹藍、潘成清、連日春等人，皆爲其從業弟子。並倡建樹人書院，
以具有義學性質的書院，於鄉里間推廣文教。[21]陳維英早在 1847 年
（道光 27）就遵照其父陳遜言遺囑，呈充三千餘金產業，計房屋六
十餘間，曠地一片，年收租息銀三百餘金，捐作艋舺學海書院膏膳。
此捐助書院的嘉行，引起官府注意，1851 年（咸豐 1）陳維英得徐
宗幹之賞識，獲選爲「孝廉方正」。[22]陳氏家族自陳維英長兄陳維
藻成爲 1825 年（道光 5）舉人後，陳維英及族人陳樹藍亦分別於 1859

---

[20]　「悅記祖宅」位於今臺北市延平北路 4 段 231 號，前埕立舉人旗竿。
[21]　臺北市文獻會：〈大龍峒耆宿座談會紀錄〉，頁 70。
[22]　陳培漢：〈先曾叔祖維英公事蹟〉，《臺北文物》第 2 卷第 2 期（1953 年 8 月），
　　　頁 92-93。

年（咸豐9）、1873年（同治12）中舉。陳氏家族中除3人中舉外，族人取中生員的更高達15人。[23]陳維英任教仰山、學海書院長達30年，繼承了其師新竹文人鄭用鑑教育英才的志業。[24]

　　若就臺灣清治時期在地文人的背景身分來看，多數文人擁有科舉功名，即文學創作群與科舉社群幾乎是重疊的。[25]如陳氏家族中的子弟姪，包括陳維藻(維英長兄)的子嗣陳鵾升、陳鶴升、陳鸝升，陳維藜（維英二兄）的子嗣陳鵤升，陳維菁（維英三兄）次子陳鶯升，陳維英的子嗣陳鴉升、陳鳶升等人多有科舉功名。[26]這些參與科考而獲有功名的家族士子，再加上門生如張書紳等舉人，李逢時及眾多具有生員資格的門生，使淡北的集體文學活動更加熱絡，亦壯大此地學術的氣勢。這些參與淡北文教的重要塾師，有助於淡北學術風氣的推廣。

　　陳維英自設學堂以教授門徒，受惠於此的門生亦多參與協助推動淡北文風。其中，曹敬與黃敬則為陳維英的兩位得意門生，兩人一生多奉獻於臺北文教圈，對當地文教的推展功不可沒，故有「淡北二敬」的稱號。曹敬（1817-1859）為清道光年間第一名錄取的秀才後，又於1847年（道光27）31歲時，由當時的學政彭蘊章取錄

23　吳槐：〈龍峒閒見雜錄〉，《臺北文物》第2卷第2期，（1953年8月），頁58-59。

24　張德南：〈學界山斗鄭用鑑〉，《臺北文獻》直字第93期（1990年9月），頁131-140。

25　施懿琳：《清代臺灣詩所反映的漢人社會》（臺灣師範大學國文研究所博士論文，1991年6月），頁208。

26　陳培漢：〈先曾叔祖維英公事蹟〉，《臺北文物》，頁92-93；賴子清：〈清代北臺之考選〉（下），《臺北文獻》直字第11-12期（1970年6月），頁43-61。

爲一等一名，正式成爲增生。曹敬與另一位在天妃宮（今關渡宮）設塾的黃敬，平日講學特重品德，並以敦行爲本，於「二敬」門下受教者不知凡幾，可謂教育英才無數。[27]陳維英的門生曹敬受到其師的器重，不僅平時擔任此學堂的塾師，當陳維英長期外出期間，更全權委託曹敬代理教職。如另一位舉人張書紳也曾受曹敬的指點，張博雲秀才等人亦是曹敬的門生。[28]陳維英於 1849 年（道光 29）至噶瑪蘭（今宜蘭縣）仰山書院擔任山長期間，在港仔墘的學生全委由曹敬代爲教育。大稻埕舉人陳霞林名義上是陳維英的及門高弟，實際上多受過曹敬的教導。[29]

以陳維英爲核心的大龍峒文教圈，涵括了舉人張書紳、生員陳樹藍等人，又延續至張希袞等再傳弟子。「老帥府」學術系譜的形成，有助於儒學思想系統的傳承，同時也是促進大龍峒文風鼎盛的因素。例如，陳維英的門生中，舉人張書紳爲當年臺北著名文士，他擅長爲詩，但因刻意抒懷，有時呈現斧鑿痕跡。陳維英曾批評其作品爲：「無病呻吟，非壽徵也，戒之，戒之」。書紳接受指教，幾年後，「所作面目一新，毅然有經世之志。」他於 1864 年（同治3）通過鄉試成爲舉人，以教職候選。但因不習慣官宦仕場，於是託

---

[27] 　陳培桂：《淡水廳志》，頁 451；王一剛：〈陳迂谷與曹敬〉，《臺北文物》，第 9 卷第 2 期、3 期（1960 年 11 月），頁 31。

[28] 　蔣秀純：〈士林區耆老座談會紀錄〉，《臺北文獻》直字第 77 期（1986 年 9 月），頁 19-20。

[29] 　有關曹敬的事蹟，多為訪問曹家後代曹永和院士所得。林淑慧：〈臺灣清治中期淡北文人曹敬及其手稿的詮釋〉，《臺北文獻》第 152 期（2005 年 6 月），頁 59-94。

言親老歸養。1870 年（同治 9）淡水同知陳培桂修《淡水廳志》，聘耆老碩學 25 人為採訪，張書紳也參與此次北臺大規模的田野調查，戮力保存地方史事、文獻，並以此作為學術上的重要志業。《淡水廳志》完成後，並因其貢獻甚多心力，而備受肯定與獎勵。[30]1867 年（同治 6）時，張書紳擔任艋舺學海書院董事，接續教育傳承的工作。[31]

其他重要弟子如陳霞林，年少即跟從大龍峒陳維英學習，博覽群書，所作詩文，皆結構精嚴，且具有宋儒的風格。[32]1854 年（咸豐 4）淡水同知丁曰健因欣賞其才華，拔擢為廳試第一，1856 年（咸豐 6）援捐例授內閣中書。士林文人求教於陳維英的又有生員潘成清，不僅博覽諸經，詩及古文造詣尤佳。陳維英的族姪亦多成為大龍峒文教圈的重要成員，如陳樹藍年幼即成為縣學的附生，1873 年（同治 12）通過科舉，平時皆居大龍峒大厝內垂帷造士，門下多通達之人。[33]陳樹藍的學生張希袞，其先祖由士林移居大稻埕普願街，同治間以優等進學。大龍峒另有位文人張夢丁，為清同治 4 年鄉試副榜，少從陳維英學習。平生孝親敦友，可說是幹練濟世的人才，曾有官員欣賞其高風亮節，屢上請為幕後策手，皆加以辭謝婉拒就任。夢丁詩文俱佳，善將高深學養化於平易文字，著有〈易解〉多篇，可惜今書稿已亡佚。[34]有關陳維英師生學術的傳承，請參閱圖

30　陳培桂：《淡水廳志》，頁 7；244。

31　陳培桂：《淡水廳志》，頁 141。

32　連橫：《臺灣詩乘》卷四，臺灣文獻叢刊本，頁 190。

33　賴子清：〈清代北臺之考選〉（下），《臺北文獻》，頁 55。

34　陳培桂：《淡水廳志》，頁 244。

3-1「陳維英師承關係圖舉隅」。

圖 3-1 陳維英師承關係圖舉隅

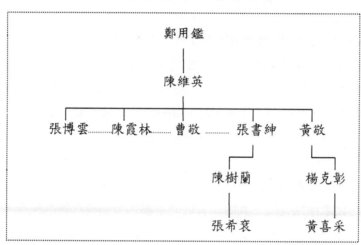

資料來源：王月鏡主修、曾廼碩總纂，《臺北市志‧人物志》（臺北：臺
　　　　　北市文獻會，1991），頁 4-25；林淑慧，〈臺灣清治中期淡
　　　　　北文人曹敬及其手稿的詮釋〉，《臺北文獻》，152 期，2005.6，
　　　　　頁 59-94。

　　陳維英除掌教仰山書院、學海書院，明志書院外，一生注重禮
義，尊重師長。少時，曾拜新竹的鄭用鑑為師，尊師之誠，極為難
得。同治四年鄭用鑑去世，陳維英悲慟不已，率其門生送一黃絹楷
書的輓聯，所列舉這些門生的姓名，包括：舉人張書紳、陳霞林等
8 人，李逢時等貢生共 4 人，廩生如潘永清、楊克彰、陳樹藍等 56
人，名單幾網羅北臺地區著名文士。陳維英的門生多由參加科考而

取得功名,他堪稱爲北臺灣文人的泰斗,亦可見老師府對傳統教育的影響層面。陳維英於劍潭之濱,有一書房名爲太古巢,爲當時文人雅士唱和交遊的處所,亦是當時臺北文風薈萃之地,呈現師生之間交流的情形。

(三)文人學術著述的面向

臺灣清治時期刻書不易,學術著作刊刻出版的數量極爲有限,有些學術著作是因方志藝文志的採錄而留存。但方志編纂者在收錄著作之際,常感到「代遠年湮,傳聞各異;而且屢遭兵燹,諸多剝蝕。不獨仕宦寓賢,其文多磨滅而不傳,即此邦之奇人傑士,其著作亦罕有存者。」故不免發出「將欲網羅放失,搜輯舊聞,以勒爲成書,不期難哉!」的深切感嘆。[35]陳維英的門生眾多,然目前留存的文獻極爲有限。其中,曹敬的手稿因受到後代善加保存,[36]今存四書中的《大學》要旨歸納成一大圖表的手稿,此手稿紙質已極脆弱,約略可見載有「格物、致知、誠意、正心、修身、齊家、治國、平天下」八條目,下半則畫有「心圖」等資料。此掛圖下半載有:「難收易放者心也,故再輯心圖。」此圖右方列有太和元氣,左右方列有五行厲氣等條目,下則以操存、省察爲歸旨。推測應是類似於今日的教學掛圖,作爲當時學堂內塾師講解古籍內涵之用。

陳維英的另一位高足黃敬亦多有學術成就,而黃敬的弟子楊克彰,與再傳弟子黃喜彩之間則呈現學術傳承的脈絡。黃敬,淡水干

35　周璽總纂:《彰化縣志》,頁391。

36　楊雲萍:〈士林先哲傳記資料初輯〉,《民俗臺灣》,第1卷第6期(1941年12月),頁3。

豆莊人，《淡水廳志》記載：「黃敬，課徒不計財帛，但來從學者，諄誨不倦。著有《易經理解》。」1854 年（咸豐 4）受推舉為歲貢。1859 年（咸豐 9）授福清縣學教諭，託言母老，辭謝不就任。後於關渡天后宮設社塾，先後肄業者數百人，北臺文學因之日盛，鄉里因感佩其德行，尊呼為「關渡先生」。黃敬為人謹飭，一言一行皆載於日記，至老不倦。有易學著述三種及《觀潮齋詩》一卷，惜均未刊行。[37]

黃敬的弟子楊克彰，佳臘莊（今臺北市東園街附近）人。少年即跟黃敬學習，1875 年（光緒 1）中貢生，於料館口燕山宗祠執教數年，基隆舉人江呈輝、苗栗舉人謝維岳、艋舺黃喜彩，皆為其門下子弟。後掌學海、登瀛兩書院，歷任臺南府學訓導、苗栗縣學教諭。1890 年（光緒 16）12 月，赴任為苗栗知縣。著《周易管窺》，惜亦未刊行。[38]其弟子黃喜彩，幼年即跟隨楊克彰學習諸經。當清治末年，海外列強覬覦臺灣，而清廷卻不知警戒，文武百官耽溺聲樂；卻仰天長嘆言：「天下有事，當以此身濟天下，豈老一儒哉！」於是著力鑽研經世之學。[39]這些在地文人的著述與教學，構成了十九世紀後半葉的臺北文教發展的記憶。

有關此時期淡北文人的學術著述，又如艋舺人林耀鋒，字子穎，號星彩，又號敦巖，1850 年（道光 30）歲貢生。他對於易學思想，有獨到見解，著有《觀象指南》、《易說》諸書，可惜並未付印出

---

[37]　陳培桂：《淡水廳志》，頁 451。

[38]　賴子清：〈清代北臺之考選〉（下），《臺北文獻》，頁 46。

[39]　王月鏡主修、曾迺碩總纂：《臺北市志》卷九《人物志》（臺北：臺北市文獻會，1991 年），頁 19-20。

版。另如陳維英族侄陳樹藍,字春綠,號植柳,為淡北地區濂洛思
想研究的翹楚。晚年採記宋代儒者言行為《傳心錄》,未竟而卒,
另有《望海閣詩文集》,惜未傳於世。[40]

　　以《周易》的研究而言,臺灣於清治時期道咸同光年間,淡水
廳易學研究風氣較為蓬勃。當時易學的發展,就研究者居處地來說,
分為兩大學派:一以新竹為中心,另一以臺北為中心。[41]新竹研究
易學的文人如鄭用鑑,他於 1825 年(道光 5)通過貢生選拔,成為
北臺首位拔元。次年,參加禮部覆試,取錄二等第七名,以教職選
用,遂於明志書院課業授徒,三十年間作育英才無數,陳維英即為
其弟子。其學術多表現於鑽研經史,不僅曾助族兄鄭用錫編〈淡水
廳志稿〉,並撰有《易經圖解》、《易經易說》及《靜遠堂詩文鈔》
等。鄭用鑑於《易經圖解》中,主張不須拘泥於朱子對《易經》的
見解,[42]他認為程頤《易傳》與朱熹《先天圖說》學說路徑雖不同,
但仍有其相通之處,可見其研讀《易經》不主一說,主張義理、象
數融會貫通的為學態度。

　　臺北的易學研究則如「淡北二敬」皆曾潛沈於易學的探索。士
林文人曹敬則曾輯錄《周易》的相關資料,此份現存的學術手稿鈔

40　王月鏡主修、曾廼碩總纂:《臺北市志》,頁 24-25。

41　新竹易學始於竹塹樹林頭莊的王士俊,為竹塹早期著名墾首王世傑的五世孫,
　　曾著《易解》、及《周易折中衍義》。鄭用錫、用鑑即為王士俊的門生,皆擅
　　長《周易》,鄭用鑑更有《易經圖解易讀》的專門著作,惜今已不傳。連橫:
　　《臺灣通史 文苑列傳》,頁 978;《臺灣通史‧鄉賢列傳》,頁 968;蔡淵洯:
　　〈清代臺灣的學術發展〉,《第一屆臺灣本土文化學術研討會論文集》(臺北:
　　臺灣師範大學文學院、人文教育中心,1995 年 4 月),頁 558。

42　鄭用鑑:《靜遠堂詩文鈔》,頁 62。

本，內容以易學卦序為主。此手稿鈔本多是輯錄漢魏象數易系統的資料，包括有關〈易學歌謠〉、各式〈易學圖〉、〈易學卦序〉及〈易學雜論〉。[43]《易》卦形式結構與內在規律及義理，主要反映在「卦序」及「占辭」的安排上。《易經》作者透過此種特殊的形式結構，以表達其天道觀、社會觀與人生觀。其中〈易學歌謠〉具有使學子將上下經卦名次序、取象等朗朗上口、便於記憶的效果。而各種〈易學圖〉則是以圖表形式，來傳達象徵符號間的關係，及蘊含的內在義理。曹敬易學手稿鈔本，綱目包羅萬象，於臺灣文獻史上自具有特殊的意義。曹敬或許受到父親曹元勳好言命理易學、或當時知識社群學術風潮的影響，故詳細以硃砂及墨色相間工整抄錄，匯集成易學象數派的筆記手稿，並整理成數種圖表。就史料意義與學術發展而言，學術類的資料大多難以流傳。[44]當時在地文人的讀書筆記，往往只有抄本形式在社群間少量流傳，可惜這些抄本現多亡佚不存。此手稿能完整保存至今，為十九世紀中葉臺灣在地文人的學養，留下了珍貴的資料。

　　另一位在天妃宮（今關渡宮）設塾的陳維英弟子黃敬，平日講學特重品德，並以敦行為本。[45]安溪舉人盧春選於淡北開館，黃敬

---

[43] 此易學手稿目前藏於中研院曹永和院士珍藏曹敬手稿。林淑慧：〈臺灣清治中期淡北文人曹敬及其手稿的詮釋〉，《臺北文獻》，第 152 期（2005 年 6 月），頁 59-94。

[44] 學術研究須長期的知識累積、深厚的學術傳統與豐富的藏書與之配合，較可能有創新性的學術研究成果出現。臺灣在清治時期學術基礎始剛積累，而府縣儒學與書院藏書始終不足，私人藏書亦少，影響學術研究的展開。蔡淵洯：〈清代臺灣的學術發展〉，頁 553-566。

[45] 陳培桂：《淡水廳志》，頁 451。

隨其習《周易》，常反覆鑽研而多有進境，並撰《易經義類存編》二卷、《易義總論》及《古今占法》各一卷等有關《周易》的著作，惜未刊行。其今存《易經義類存編》序提到：他主張易學編纂的說解要遵照本意，各卦爻的意義，應與人事相印證。此書除了歸納整理前人的研究之外，並含有作者個人見識，所以他希望這樣長久思索的心得能夠傳示給後代，並能夠應用於兼通經史的學術層面。[46]黃敬此書闡微摘隱，博求諸儒的異同，參用鄭玄、王弼、及程朱的說法，解釋義理，同時以人事來證明學說，容易使人理解。他認為「六爻之義本一理，曰聖之旨本一貫」，進士丁壽泉評此作「所見甚有是處」。黃敬研習《易經》採旁通史學的方法，也透顯其學術著作的特色。淡水廳楊克彰曾從其師黃敬習《周易》，平日多有所獲，後將學習成果撰成《周易管窺》一書。

　　《周易》在經學上的位階高，大體因其時代早，並與儒家學說相關，具有指導人生方向的高深哲理，故受到知識社群所重視。《易》包括卦畫、卦名、卦義、卦序、卦爻辭的用字與占辭的配置等方面，當非專為卜筮而作；然易學在民間學術上，又與道教有關，多偏向實用易學系統。有關易學的學術著作得以於臺灣清治時期流傳，易學研究得以受到文人的青睞，不僅因為此領域在傳統學術上具有哲理意義，同時移民社會重祭祀、算命的風尚亦有推波助瀾的效果。

---

[46] 《易經義類存編》序曰：「該編之所解者，悉遵本義。主乎象占，以卜筮還之，而於各卦之義，各爻之義，復采古來人事相類之與為證明，或係前人，或由己見，皆敬小窗閒坐所讀，苦無端倪，欲以課虛責實，庶幾得所持守，誌而不忘耳。卷帙既成，不忍恝然廢棄，爰顏之曰《義類存編》。以示子弟姪輩，俾之便習此經，因以兼通諸史，不無稍有裨益。」連橫：《臺灣通史》，頁984-988。

四、文教改革理念的引入

　　臺灣於 1858 年（咸豐 9）以後開放淡水及臺南作爲通商口岸，各國的傳教士進入臺灣，逐漸在傳統儒學教育環境下設立多所新式學校。新式教育與傳統漢文人的學術研究領域有所不同，卻使臺灣受到現代學術思想衝擊。此節先以馬偕作爲探討的實例，他曾對清治時期的臺灣教育體制，有所觀察與體悟，認爲受到科舉制度的影響，臺灣的學生必須透過考試獲致較高的社會地位。然而，實際獲得功名者卻僅是少數，多數學生更在準備科考的艱辛過程中，造成身體健康的損害。對於私塾的教育目的與內容，馬偕則認爲學生反覆背誦經典內容，卻無法理解其中的意義，阻礙學生的思考與創作能力。[47]此時期臺北以馬偕牧師於 1882 年（光緒 8）成立的「牛津學堂」及 1884 年（光緒 10）設立的「淡水女學堂」最具特色，爲傳統儒學養成系統帶來變化。馬偕來臺初期，透過寶順洋行老闆杜特的介紹，因而結識了李春生，從 1872 年（同治 11）的初次見面，到 1875 年（光緒 1）大龍峒禮拜堂的落成，他對傳教的貢獻不遺餘力，不僅供應了禮拜堂全年度的費用。[48]李春生於 14 歲時便受洗爲基督教徒，對於神學也有所理解，故與馬偕多有互動。

　　馬偕於 1872 年（同治 11）4 月創設淡水教會，1873 年（同治 12）至 1876 年（光緒 2）陸續輔導大龍峒等地建立 12 所教會；1877

---

[47] Mackay, George L., "*From Far Formosa*", Original edition published by Oliphant Anderson and Ferrier Edinburgh and London, 1896. Taipei SMC Publishing Inc, 2002, pp.116-117.

[48] 李明輝等合編：《李春生著作集》（臺北：南天，2004 年），頁 221-263。

年（光緒 3）又至艋舺，1878 年（光緒 4）至 1880 年（光緒 6）則
至新竹等地設立教會，其數目共已達 20 所。然而馬偕建立教會的過
程並不順利，臺灣雖已開放通商口岸，但島內無論鄉紳、平民自幼
接受儒學思想，生活習性亦普遍遵照傳統而行，對基督教帶來的西
方宗教及相關科學文明，大多先抱持遠離抗拒的態度。當時艋舺官
吏下令：「若以家屋或地產貸與外國傳教師或賣給外國教師者，一
律處以嚴罰」[49]，馬偕曾歷經官吏民眾驅逐、破壞臨時搭建之教堂
等待遇，直至 1879 年（光緒 5）排拒活動才逐漸緩和。[50]他於 1882
年（光緒 8）於淡水設立「牛津學堂」，此「理學堂大書院」由外
國傳教士擔任教員。除教授神學外，亦傳授白話字、漢語，及自然
學科，包括：天文、地理、生物、數學、解剖、衛生，並有音樂和
體育課，同時安排實習課程，派遣學生至鄉村傳道。校內教學制度
沒有固定的學分或學年，但已安排固定的上下課時間。馬偕引進西
方學術培育系統，得到官員及民眾對西方文化的注意。1884 年（光
緒 10）馬偕再度設立「淡水女學堂」，培育女性傳教士，使女性也
能在接受訓練後擔任傳教者的角色。「淡水女學堂」開設的第一個
學期，有 80 名左右的女學生參加，所授的課程則與「牛津學堂」相
近。兩所西式教育設施的建立，開啟臺灣現代教育重視硬體設備的
階段；而馬偕引入的西方學術知識及教育方式，影響臺灣理解西方
學術思想及教育體制。他培訓傳教士採取男女並重、隨時隨地施教

---

[49]　獻東：〈馬偕博士與艋舺的傳道〉，《臺北文物》第 5 卷第 2 期、3 期（1957
年），頁 107。

[50]　陳壬癸：〈馬偕博士與臺灣〉，《臺灣文獻》第 33 卷第 2 期（1982 年），頁
113。

的教育方式。他曾帶領學生至基隆港採集生物，一部分在船上調理共食，一部分做標本帶回研究。有時在淡水河坐船，逆流而上，向學生說明河川地質；或共登大屯山，實地說明火山及岩石。或在行路時，對路邊植物予以分析；或於夜間賞星，向學生說明天文知識等。[51]教會學校除教導聖經及教義外，同時也引進物理、化學、歷史、地理、動植物、天文、數學、醫學、及音樂等多元的知識，學校並收藏有書籍、地圖、地球儀、圖畫、顯微鏡、雙眼照相機、磁石、萬花筒等。[52]可見對學生的訓練，與傳統學術培育方式有所不同。

馬偕以為，要使傳統士人信服基督教教義並認同西方學術有其可行之處，就必須先將西方的知識系統引入至臺灣教育；假以時日，使西方學術初步受到臺北知識份子的注目，並感受迥異於傳統儒學學術系統之西方知識理念。然而，實際執行時，發現臺北的知識階層即使接觸西方學術文化後，普遍無法立即轉變固有思想，所以教會教學內容及方式未能持續大幅擴張。不過，在教育理念方面，馬偕帶來了西方文化的思維，為臺灣教育打開新的一頁，他曾在日記講過一段話：利用整天的時間來誘導學生體驗與背誦相反的方法，如推理、藉著思索來瞭解等。[53]這與傳統的教育有很大不同，他希望以思考、積極、主動、理解的學習方式，來取代背誦、不求甚解的記憶層面，以期最終能夠提升學生的辨證、分析能力，並培養獨

---

[51]　陳玉棻：〈馬偕博士與臺灣〉，頁 114。

[52]　Mackay, George L. *"From Far Formosa"*, pp.288-289.

[53]　馬偕博士日記：1874 年 11 月 13 日。取自真理大學典藏數位化計劃「馬偕與牛津學堂」：http://mackay.au.edu.tw/bbs/frame.asp。

立自主的思考能力。馬偕以西方教育模式教導本土傳教士，提供結合社會實用性的教育方式，使得教會教育與臺灣社會有所連結。

　　另一位嘗試文教改革的人為劉銘傳，他在臺灣實施各種新政時，得力於一些臺灣當地文人的協助。李春生便是其中受重用的文人之一，他除了基本的地方建設外，也參與了不少新政制度的執行，如擔任臺北府土地清丈委員、與林維源共同創立蠶桑局於觀音山，以及任命為臺灣鐵路敷設委員等，皆可看出李春生與劉銘傳之間互動的關係。1885 年（光緒 11）臺灣建省後，劉銘傳被任命為首任巡撫。從《劉壯肅公奏議》所大量載錄臺灣清治末期洋務運動的各種變革，可看出劉銘傳的施政理念。其中關於文教改革的措施，主要實踐於 1887 年（光緒 13）在臺灣所試辦的新式教育，其目的是為養成通達實務之人才。

　　當時創立的新式學堂，計有西學堂、電報學堂及番學堂三種。[54]在「西學堂」的創設方面，唐贊袞《臺陽見聞錄・西學堂》曾提到設立西學堂的始因：「臺灣為海疆衝要之區，通商籌防，在在皆關交涉。祇以一隅孤陋，各國語言文字輒未知所講求。初因繙繹取材內地，重洋遙隔，往往要挾多端，月薪率至百餘金，尚非精通西學者。因思聘延教習，就地育才。」[55]當時臺灣與海外通商日漸頻繁，1862 年（同治 1）北京設立同文館，引進西方槍礮船械技術的新式

54　本欲再設立「日學堂」，然清光緒 16（1890）年，劉銘傳因與社會士紳日漸齟
　　齬，新政推行困難，奏請開缺，請辭臺灣巡撫一職，故未能設立。張汝南監修：
　　《臺灣省通志》（臺北：臺灣省文獻委員會，1970 年 6 月），頁 69。

55　唐贊袞著：《臺陽見聞錄》（臺北：臺灣銀行經濟研究室，1958 年 10 月），
　　臺灣文獻叢刊第 30 種，頁 88-89。

教育。故劉銘傳考量臺灣為通商籌防之區，應規劃培育精通西學的翻譯人才。起初劉銘傳向官紳要求捐資，本欲先甄選二十餘人，再從中培育一至二位可造之才；然當時臺灣士紳間對西學有聽聞，一時各地俊秀接踵而來，甄選不易。西學堂在 1887 年（光緒 13）3 月創立，直屬巡撫，初設於臺北大稻埕六館街；1890 年（光緒 16），移至臺北城內登瀛書院之西鄰。學科的規劃為：「於西學餘閑，兼課中國經史文字，既使內外通貫，亦以嫻其禮法，不致盡蹈外洋習氣，至墮偏詖。」[56]在西學課程中亦教以經學藝文，仍相當著重學生對傳統漢學的熟悉度。在師資上，以留學外國經歷之張爾城（或作午城）為總監，丹麥人轄治臣（Hating）及英國人布茂林（Pumolin）擔任外國語文的教授，另聘有助教二人，均係留學生。教漢文者，則有國內知名學者三、四人。在學校人事費用上，外國教習月支洋幣 350 元，漢教席月各支洋幣 50 元，學生所需的生活費用及外洋圖書等項，皆以公費據實開支。在考選制度上，每季委員會同洋教習考校學生一次，評判學生的各別差等，分行獎戒；若有不堪造就者，則隨時撤退補更。在學校的未來規劃上，本來劉銘傳「擬漸近以圖算測量製造之學，冀各學生砥礪研磨，日臻有用。而臺地現辦機器製造、煤礦鐵路，將來亦不患任使無才。」[57]但實際執行後，因 1891 年（光緒 17）邵友濂接任巡撫，緊縮臺政，該學堂終被裁撤。西學堂從開辦至裁撤，雖僅四年，然在當時仍可說是學制的創舉。

---

[56] 劉銘傳：〈臺設西學堂招選生徒延聘西師立案摺〉，《劉壯肅公奏議》（臺北：臺灣銀行經濟研究室，1958 年 10 月），頁 297。

[57] 劉銘傳：〈臺設西學堂招選生徒延聘西師立案摺〉，《劉壯肅公奏議》，頁 298。

此外，臺北另有「電報學堂」的籌設，此學堂創立於 1890 年（光緒 16），校址設在臺北電報總局內。主要招收對象爲西學堂學生，主要辦學目的爲引進西方電信技術，養成司報生及製造員等。然開辦未及一年，即爲邵友濂裁撤。在原住民的文教措施方面，則設有「番學堂」，除既有的「番社義學」外，亦請各撫墾局積極興設「番學堂」。1890 年(光緒 16)臺北設立「番學堂」，招收原住民中資質慧敏的子弟入學，開辦第一年招收 20 名，次年再收 10 名，以作爲培養人才之用。至 1892 年(光緒 18)，初次畢業成績優越者，依特準生員例給予「番秀才」的頭銜，以示獎勵。然此項措施至邵友濂繼任臺灣巡撫後，亦遭廢除。綜觀劉銘傳因興辦眾多新事業，時有資金及人才短缺的現象，在諸多政策未能互相配套的情形下，新政對於文教發展的影響有限，但亦爲臺北文教改革史上的具體實踐。

五、結語

清治時期的方志蘊含臺北文教發展的素材，也呈現北部平埔聚落的文化變遷幅度頗大的情形。除了官方的儒學之外，學海書院以及私塾更是民間籌建的文教傳播場所。臺北市現存的「敬字亭碑誌」記載此地並祀文昌、魁星與倉頡諸神，則是民間將儒學思想功利化的表現。在地文人的崛起多集中於清治中期，其中大龍峒的陳維英更是領導臺北文教的關鍵人物。因爲其自設學堂以教授門徒，受惠於此的門生亦多參與協助推動淡北文風。以此爲核心形成的大龍峒學術圈涵括了舉人張書紳、生員陳樹藍等人，又延續至張希袞等再傳弟子。同治年間陳維英於大龍峒保安宮內設立樹人書院，雖僅相當於義學，但有助於儒學思想系統的傳承，更促進大龍峒文風鼎盛

的風氣。再者，艋舺、大稻埕、士林於清治後期亦有若干科舉士人產生，這些文人社群促成了文教圈的逐漸形成，甚至在當時有許多在地文人參與採訪工作並編修成《淡水廳志》。臺灣於清治時期道咸同光年間，曹敬曾輯錄《周易》的相關資料，存於其學術手稿鈔本，以易學卦序爲主，多輯錄漢魏象數易系統的資料。且黃敬研習《易經》採旁通史學的方法，可見當時淡水廳易學研究風氣蓬勃。

　　至於馬偕牧師於 1882 年（光緒 8）設立的「牛津學堂」及 1884 年（光緒 10）「淡水女學堂」爲臺北儒學養成系統帶來變化。1887 年（光緒 13）劉銘傳在臺灣創立新式學堂，計有西學堂、電報學堂及番學堂，以養成通達實務之人才。此外，李春生等知識分子爲新舊時代交替人物，有關其文教改革等啓蒙思想，本書將另於第五章第一節再詳加詮釋。本節先歸納臺北清治時期文教機構的設立情形，與儒學等學術思想的發展脈絡。再分析清治中期在地文人多爲科舉社群，不論於參與編纂志書或推廣文教等方面，多對臺北的文教圈有所貢獻。最後呈現清治末期的臺北受到西方文化的激盪，使傳承自儒學爲主的文教發展特性，因外來思想傳入而產生嬗變的情形。藉由爬梳現存零星的資料，以建構 1895-1945 年臺北文教發展的歷史記憶。

第二節　戰爭記憶的再現：
洪棄生戰記書寫的文化論述

一、前言

　　二十世紀初期臺灣在地文人，歷經上世紀末紛雜的戰局，以及風起雲湧的武裝抗日，身心受到多重的衝擊。他們透過書寫，表達撫今追昔的感懷，也流露知識份子文化論述的內在意識。其中，洪棄生的著作量頗豐，且其作品的敘事蘊含記憶的再現。洪繻（1866-1928），字棄生，鹿港人。洪繻幼年時即致力於科舉，文采斐然。年二十，留心於經世之學，曾參與抗日活動，後隱居鹿港。日人慕其名，幾度想要請他任職，都不得要領。日治初期臺灣人剪髮辮，改窄袖短衣時，洪棄生仍蓄辮髮，穿著寬袖長袍，拿著大蒲扇，行走於鹿港街。當日警強制剪去洪棄生的辮子之際，他寫下幾首悲痛斷髮的詩，又以不修不理的造型，成為特立獨行的人物。1922 年（大正 11）秋，他帶著次子洪炎秋遊中國，足跡遍及南北各地，回到鹿港後潛心著述。他曾廣泛涉獵經史百家、四書五經，也有古今時事、經濟變化、地理古籍等的閱讀經驗；乙未割臺後，則在沈痛中投注於歷史的研究。1928 年（昭和 3）繫獄，出獄不久即去世。洪繻精擅駢、散文以及古、近體詩，著有《披晞集》、《寄鶴齋集》、《寄鶴齋詩話》、《中西戰記》、《中東戰記》、《瀛海偕亡記》、《八州遊記》等。目前有關洪棄生的研究多探討生平及詩作，包含家世經歷、學養等的考證，版本考校的議題，或以作品的美感詮釋為主；論析洪棄生散文的深層文化意涵，或涉及散文主題類型的論文則較

少見。洪棄生的散文著作，皆以敘事的方式蘊合作者的歷史記憶。《中西戰紀》作於 1905 年（明治 38），以記錄 1884 年（光緒 10）清法戰爭之經過。另一部《中東戰紀》則作於 1906 年（明治 39），以記錄 1895 年（光緒 21）清日甲午戰爭的經過爲主；《瀛海偕亡記》則記錄武裝抗日的情形。[58]本節以洪棄生《中西戰記》、《中東戰記》、《瀛海偕亡記》這三部著作爲分析文本，探討史傳散文如何呈現且建構人類歷史中的創傷？日治前期又如何藉由史傳散文的方式，表達他對「割臺」世變的見解？擬藉由詮釋戰記的文化論述，呈現戰記作品中有關敘事與記憶的文化意涵。

二、人物形象塑造策略

致力於戰記書寫的文人洪棄生，於書中塑造多位人物形象。《中西戰紀》先描寫清法戰爭的背景，劉璈守臺南、孫開華守滬尾、劉銘傳自領重兵守基隆。劉銘傳向朝廷呼籲：臺灣一地兵力單薄、弛援困絕，且法軍將領孤拔圖謀大舉侵臺，乞求清廷增兵加派軍艦等援助，但當時軍援未曾至臺。8 月 13 日黎明清法交戰，雙方互有死傷。洪棄生記錄戰事的過程中，多刻畫將領馮子材生動的形象。如馮子材準備力守，然法軍砲火猛烈急劇，亟欲轟垮清軍士氣，子材於是號令諸將：「有退者皆誅之！」並於各路設置關卡，攔截擊殺逃兵，自己更手刃逃卒數十人，以示威信。後來法軍進逼城牆，甚

---

[58] 《中西戰紀》在 1929（昭和 4）年經鹿港信昌社印刷，由莊垂勝發行。《中東戰紀》與《瀛海偕亡記》同在 1922（大正 11）年於北京出版。程玉凰，《洪棄生及其作品考述》（臺北：國史館，1997 年 5 月），頁 297。

至有越入城牆者，情勢岌岌可危。子材年近七旬，仍著短衣草鞋，手持兵矛，率領兩子相榮、相華，呼嘯躍出長牆與敵搏戰。子材此一行為，激起全員的士氣，紛紛開啓柵門共同加入奮戰。埋伏關外的鄉勇，聽聞子材親自上陣，亦上陣狙擊。法軍激戰二日後彈盡援絕，清軍奮戰追擊迫使法軍敗逃且傷亡數千。[59]此時劉銘傳因滬尾軍情告急而下令退軍，銘傳的部屬多勸其「分軍往援」，甚至告誡他「此雖彈丸，棄之，長敵氣而喪國威，駭觀聽！且敵餒矣，將士俱不願退；奈何棄之！」劉銘傳卻置之不理，導致法軍見基隆無兵駐守，便進軍駐紮侵入民房，致使全臺譁然且傳言「劉銘傳通敵賣雞籠」。那時臺北知府陳星聚亟欲招募民勇，收復基隆；劉璈亦據軍情通告左宗棠，左宗棠卻歸罪於劉銘傳下屬李彤恩誤報「滬尾危急」。劉銘傳極力為下屬與自身立場抗辯，而與陳星聚、劉璈等人產生嫌隙。原本錯估形勢，退兵而大失軍心的劉銘傳，卻由於 8 月 20 日在滬尾與法軍交戰的勝利，而立下退基隆守滬尾之功勞。[60]當時澎湖島尚未失守，但劉銘傳僅坐守臺北府而不願出兵作戰。清國屢次催促劉銘傳收復基隆，然而劉銘傳卻反向清國求索軍援。劉銘傳於去函李鴻章的信件上說道：「中國各顧各防，置臺島於不問；即有兵來，亦難裝運。將來大局越壞，非到不能收拾之際不知轉圜。吾師尚須維持全局，早日設法挽回，或可轉危為安。」[61]當時清國不僅得面對南面法軍的侵擾，朝鮮復有新黨亂事致使日本出兵朝

---

[59] 洪棄生，《中西戰紀》，頁 75-76。

[60] 洪棄生，《中西戰紀》，頁 70-71。

[61] 臺灣銀行經濟研究室編，《法軍侵臺檔》（臺北：臺灣銀行經濟研究室，1964 年 3 月），頁 155。

鮮，清國倍感壓力，兵力的調遣可謂牽一髮而動全身。[62]洪棄生刻畫劉銘傳在清法戰爭過程中的行動，批判他面對法軍的態度，透顯其解讀人物形象的視角。

《中東戰紀》亦描寫清軍將領奮勇征戰的形象，如1894年（光緒20）8月清日兩軍僵持於旅順外海，其間由於葉志超一項調度失策，致使清軍陷入危急。將領左寶貴隨即察覺情勢危急，前軍卻又在緊迫之時退兵；左寶貴引以為恥，並認為此舉「失地損國威」，故欲率己軍力戰。後敵軍紛至，大砲如雨，左寶貴說道：「此吾死所也！」隨即親自站立城頭指揮將士，槍彈砲丸簌簌而過，左寶貴皆無躲避。僵持久後，一身連中彈砲，墜城下而死。此役折損清軍數位將領，在大將戰死後，兵士無力回天，只能舉白旗與日軍議降，也導致日軍得以長驅直入。[63]藉由葉志超的戰略不當，以及左寶貴的力抗敵軍，呈顯洪棄生的批判位置。

洪棄生又塑造《瀛海偕亡記》中抗日人物的形象，突顯關鍵人物行動的意義。例如在地文人方面：描寫苗栗縣生員吳湯興成為統領關防時，聚集鄉人立下盟約與誓言。鄉人多與吳湯興同屬粵籍，不願歸屬日人，故各自準備器械、糧食而跟從吳湯興。吳湯興則為鄉人「作義勇衣，樹義旂，置親兵，列營號，出則擁護而行，其意義壯甚。」如此的敘事，呈現這位住在銅鑼灣的三十六歲秀才，如何以具體行動影響村民的情形。此外，關於文人與敵軍衝鋒出陣的記錄，則以三十八歲的徐驤、二十二歲的姜紹祖為代表。洪棄生形

---

[62]　洪棄生，《中西戰紀》，頁72。
[63]　洪棄生，《中西戰紀》，頁87。

容：「徐、姜成隊即行，結髮束袴，肩長槍，腰短槍，佩百子彈丸袋，游奕往來，以殺敵致果爲事，人不知其爲書生也。」他又描繪姜紹祖、徐驤等人英勇應敵的情形，如姜紹祖在十八尖山的戰役中被日軍圍攻，欲與日軍奮戰卻被義民勸阻，直到軍隊槍彈盡絕後，日軍才一擁而上。紹祖等七十餘人皆被擒獲，當日軍欲逼供揪出首領時，紹祖乃自絕而亡。[64]此外，洪棄生又描繪徐驤善用地理環境謀略的一面，當徐驤面對眾多日軍時，避入叢林且「誡無妄發槍」，等日軍圍攻甚久，失去耐性時，再善用分進合擊的策略，前後包夾，遂迫使日軍退兵。[65]徐驤爲苗栗頭份人，姜紹祖爲新竹北埔人，皆爲粵籍，也是苗栗縣庠生，這些在地書生投入武裝抗日的行列，頗具特殊意義。同時，作者也刻劃另種不同類型在地文人的表現，如宜蘭城的老舉人李望洋，曾約各鋪戶，日日候迎日軍的個人行徑。洪棄生於書中提到臺灣科舉文人未有迎日軍者，施士浩、許南英等人均襄助劉永福，但惟有李望洋「刓無廉隅，不去亦不陷。」當全臺未有剪髮時，李望洋首先剪髮變服，躬迎日軍。宜蘭人笑他，則曰：『我以老頭皮易蘭城生命也。』但他實際的媚敵行爲，時時遭宜蘭人所輕視。[66]藉由李望洋與殖民者無條件妥協的相關敘事，寄託作者對人物的褒貶以及世變中的處世觀。另一類人物如鹿港武進士許肇清，與武生許夢元率練勇赴援八卦山，未戰而急於奔回，隨後便內渡。作者又藉由這些武生臨敵而退的行爲，與徐驤、姜紹組

---

[64] 洪棄生，《瀛海偕亡記》（臺北：臺灣銀行經濟研究室，1959 年），臺灣文獻叢刊 59 種，頁 10。

[65] 洪棄生，《瀛海偕亡記》，頁 10。

[66] 洪棄生，《瀛海偕亡記》，頁 21-22。

等書生投入武裝抗日的形象形成強烈的對比。[67]而被唐景崧電召回臺中的鄉紳林朝棟，因參與處理施九緞事件而封官銜，也曾至雞籠協助劉銘傳防範法國。當他帶隊歸來時說道：『我戰而朝廷不我賞，我遯而日本不我仇，我何為乎？』後來接到電報卻不回應，對清廷已不再言聽計從。[68]各類型戰記文學的敘事，正呈顯了人物在不同情境下的生命抉擇。

《瀛海偕亡記》又舉出柯鐵、陳發、簡大獅等人為例，刻劃民間參與抵抗活動的領導人物。為了突顯人物的行事風格，先描繪日本治臺時期嚴法執行搜索軍器的情況下，民眾只好私加埋藏，柯鐵則取出這些沉封的兵器並整修損毀。又細敘其別號「鐵虎」得名的經過：「年少趫捷，行林木間如飛，倏東倏西，其來閃屍，槍無定處，故能以一人獨驅敵五百餘人。」[69]呈現其年輕時身手矯健的情形。簡義歸順後，柯鐵仍在大坪頂抗日，並參與著名的「雲林事件」。[70]洪棄生敘述柯鐵這位大坪頂庄人，父祖累代為「匪魁」，原以從事製紙為業的人物，因參與抵抗活動而於民間受到眾人的尊敬。清治時期臺灣的抗官事件，可能並非純為掠奪的匪魁，而是與一般民

---

[67] 洪棄生，《瀛海偕亡記》，頁 14。

[68] 洪棄生，《瀛海偕亡記》，頁 4。棟軍的發展在劉銘傳主政期間達到最高峰，1892 年（光緒十八）逐漸沒落。一者劉銘傳黯然離職，再者棟軍是隨地募集，故來源複雜。加上成軍日久，官權紳權互相角力與影響，棟軍漸營伍廢弛、紀律不嚴。沈景鴻等編輯，《清宮月摺檔臺灣史料》（臺北：故宮博物院，1994 年），頁 5670、5679。

[69] 洪棄生，《瀛海偕亡記》，頁 24-25。

[70] 洪棄生，《瀛海偕亡記》，頁 24-25。

眾有關的社會領導者。[71]乙未割臺後，社會動盪不安，當時的人對於「土匪」的看法亦呈現分歧，顯示臺灣社會的領導階層與地方豪強往往具有密切的關係。

此書又提到關於民間起事者陳發的敘事，此人攻入雲林縣斗六街後，令兵士不得侵略民宅，並向兵士宣告：倭寇侵略帶來一連串的苦難，假使我們亦侵略民宅，則與倭寇有何不同？後來陳發引領兵士，攻進北斗，本欲乘勝追擊曾被他擒拿的小野氏，卻中槍身亡。當日傍晚，眾兵士進入北斗街後，先撲滅因戰爭而起的火災，再呼籲民眾開門，入民戶後僅取水而飲。洪棄生據此認為自從大坪起事後，唯有陳發所帶領的軍隊勢如破竹，連取三個重要據點。此因陳發不僅有勇有謀，亦善於審辨形勢優劣，且深得眾兵士認同。當陳發死後，全軍解散歸去大坪，後繼者徒剩烏合之眾，不再出現如此優秀的將才。[72]從這一段敘事，呈現作者以為陳發對民眾所面臨的苦難感同身受，故以具有說服力的宣告，號令兵士不得擾民；取得據點之後，兵士甚至協助地方恢復平靜。故在陳發死後，洪棄生感嘆後繼乏人，而致軍心潰散。另一位民間的領導者簡大獅（1869-1900），漳籍宜蘭人，乙未事變時年26歲，曾散盡家財，募勇千人起而抗日，出沒於金包里堡與大屯山之間。1896年（明治29）元旦與陳秋菊、許紹文等欲率部眾圍攻臺北城，在日本增派軍力後即遭壓制，抗日份子或內渡中國，或逃往深山進行游擊戰。簡大獅則陸

---

[71] 翁佳音，《臺灣漢人武裝抗日史研究－一八九五－一九〇二》（臺北：國立臺灣大學出版委員會，1986年），頁149。

[72] 洪棄生，《瀛海偕亡記》，頁31-32。

續與日軍交鋒,然皆失利;加上兒玉、後藤總督採取誘降策略,簡
大獅便於 1898 年(明治 31)9 月歸降,12 月內渡,1900 年(明治
33)被清官遣送返臺並處死刑。《瀛海偕亡記》記錄當簡大獅具有
地方勢力時,日本將其「奉若驕子」。但是當他又從事抵抗活動,
遭臺灣總督府追緝走避廈門後,舊部屬也跟從他遷居到同安。遺憾
的是結局卻令作者扼腕不已:

> 後二年,日兵會清官,拿回處死,外國羣非清國不能保全國
> 事犯,辱![73]

洪棄生敘述簡大獅的遭遇,句末並憤慨地以簡潔有力的「辱」字,
來表達內心的傷痛,呈現處於殖民地下的悲嘆。

《瀛海偕亡記》除了記載在地士人的事蹟外,另描繪一些清國
官員克難應敵的情形。例如胡嘉猷為淡水縣吏,當聽聞日兵入侵,
即緊閉竹林並登上砲臺發槍,但遭日兵藐視且聚而環攻。胡嘉猷於
是率數十人死拒,日兵攀竹跳而入時,他又率數人躍而殺敵;接著
又取出舊砲,卻因無砲彈而以鐵丸、鐵釘楺入而發,敵方雖駭散,
然仍不退兵。[74]此外,為刻劃人物的形象,有時則以對話突顯其特
色。如當有人勸苗栗頭份徐驤作戰時勿衝鋒陷陣時,他則嘆息回應:
『此地不守,臺灣亡矣!我不願生還中原也!』[75]特別是在戰況危

---

[73] 洪棄生,《瀛海偕亡記》,頁 43。

[74] 洪棄生,《瀛海偕亡記》,頁 6。

[75] 洪棄生,《瀛海偕亡記》,頁 17。

急,各方軍隊皆不敢外出探視軍情時,僅有徐驤願意率領二十九人、行視城內外,並夜宿城外。有人問他是否擔憂眷屬的安危?他義氣凜然地回答道:『有天道,臺灣不亡,吾眷可得也;臺灣亡,遑問家乎?』[76]藉由徐驤的這些話語,正與逃遁離去或藉機搜刮資源的官吏,形成強烈對比。此外,作者又提到日本士人白井子澄,為臺灣總督桂太郎的友朋,於臺灣旅遊時喜與文人交結,得知臺灣疾苦,亦洞曉利害。作者記錄他告知臺灣長官的話語:『深山窮谷,耕鑿之民,勝之不武,不勝招僇,撫之善。』[77]此時,總督及民政長官已經發現不可繼續與民兵僵持、對峙,故接納白井子澄的建議,改採撫順的策略。

三、情節的編排與敘事心理

史傳散文的書寫,可視為國家民族歷史的建構。就如同歷史的書寫,是歷史學者整理分析文獻資料後,所建構的史觀;史傳散文的史觀,也呈現特定的人所詮釋及敘事的觀點(narrated interpretation)。一如戰爭紀念博物館以照片、文物、模擬歷史場景的模型等再現戰爭歷史記憶。[78]史傳散文的敘事者亦運用人物形象的塑造、戰爭情節的編排等,以建構其歷史論述。透過各種情境與氣氛的模擬,重構歷史場景,使讀者有身入其境的感受,並視其為「事件」的再現,以引發哀悼之情。

---

[76] 洪棄生,《瀛海偕亡記》,頁 12。

[77] 洪棄生,《瀛海偕亡記》,頁 44。

[78] 陳佳立,〈生命中不可再現之痛:論戰爭紀念博物館之展示與敘事策略〉,《博物館學季刊》第 21 卷第 1 期(2007 年),頁 46。

　　《中西戰紀》提及清法戰爭的相關情節，如法國於 1874 年取得越南宗主權後，逐步加強對越南的控制。到了 1884 年越南成為法國的保護國，清國、法國之間情勢日益對立；同年 6 月諒山軍事衝突後談判決裂，法軍開始轉向臺灣探尋港道，清國命劉銘傳督導臺灣防務，8 月 13 日清法兩國在臺灣基隆、滬尾發生戰爭。《瀛海偕亡記》則記錄割臺事件，如 1895 年 4 月 20 日唐景崧希望張之洞能聯合疆臣，電告駐外公使轉商各國政府從公剖斷清國割讓臺灣一事。21 日又再向總理衙門表示「民不服者，其約可廢」，這個提議的靈感來自於張之洞在 4 月 20 日發給總理衙門的電文中，曾引述法國欽差使臣王之春的來電：「西人公論，以普法之戰，普索法之阿勒撒士（Alsace）及樂阿來邪（Lorraine）二省，法不得不應。唯引西例，凡勒佔鄰土，必視百姓從違，普不能駁；至今二省德、法兩籍相參，財產皆民自立，華可援近案商倭……」[79]利用列強牽制日本的主張，為張之洞的外交策略，他更進一步提出利用「百姓從違」來做為抵拒日本的理由。另一方面，唐景崧亦曾會見英國代理領事金璋（L. C. Hopkins），目的是委請金璋交涉在臺英商 Francis Cass 和 Count A. Butter，希望將政府的不動產賣給 Laptaik Cass & Co.和 A. Buttler & Co.，但最終金璋加以拒絕。4 月 27 日唐景崧代奏紳民的「血書」曾明白援引所謂「國際法」中「割地須問居民能順從與否？」的概念以為己助，這些世界局勢借鑑與國際法規的引舉，即

---

[79]　張之洞，《張文襄公全集》。卷 77（電奏 5），〈致總署〉（3 月 26 日亥刻發）。

可能來自王之春所提示的普法戰爭前例。[80]如此以當地居民的意願作爲不接受日本統治的理由，可謂具有突破性的見解。

　　敘事強調「自我」與「社會結構」之間錯綜複雜的關係，特別是「自我」與「語言」之間的關連。敘事心理學與論述分析、修辭分析等，皆視語言爲建構真實的工具，特別是經驗性自我的真實。唯有透過特殊的語言、歷史與社會結構，自我的經驗才具有意義。因此，敘事心理的研究便著重於構成自我的語言與敘事，以及此類敘事對於個人和社會的啓示及影響。敘事文學，並非將任何社會結構和秩序強加在人類行動和生活中，而是將已經在文化層次運作的人類實際行動，更加以外顯地象徵化。[81]洪棄生藉由《瀛海偕亡記》的書寫，透露其敘事的心理深層動機。此書的〈序〉蘊含作者的寫作意圖，先批評清廷「割臺」政策的不當，且發出憤慨之言：「自古國之將亡，必先棄民。棄民者民亦棄之，棄民斯棄地。」〈序〉中並提到記錄這段集體記憶的可貴之處，當時「天下皆以蕞爾一島，俯首帖耳，屈服外國淫威之下矣！」世人卻沒料想到即使臺灣民主國總統唐景崧、提督劉永福皆離去後，民眾仍奮力血戰長達五年多。他擔憂這段歷史將淹沒不傳，所謂「糜無盡英毅之軀于礮火刀戚之中，而無名無功。」所以藉由「此吾人所當汲汲表襮者也。」爲世變下的種種人物事蹟留下文字記錄。他並感嘆當時國際間若有人接濟，則可能局勢大有不同；又舉比利時自荷蘭統治下獨立等事蹟，

80　吳密察，〈1895 年「臺灣民主國」的成立經過〉，張炎憲等編，《臺灣史論文精選》(臺北：玉山社，1981 年)，頁 21-26。

81　Michele L. Crossley 著，朱儀羚等譯，《敘事心理與研究》(嘉義：濤石文化，2004 年)，頁 70。

及法蘭西割二州給德國的策略，藉此表達各國因應危急時求取生存
的權宜之計。洪棄生惋歎李鴻章漠視臺灣的重要地位，更感慨清廷
對於臺灣不能有脣亡齒寒之感[82]，這些敘事也反映作者對於當時臺
灣的處境未能廣泛使各國知曉，島民的意見也未能及時傳達給世人
的悲憤心情。

　　《瀛海偕亡記》亦記載需大量經費的敘事，如清舉人施菼富有
文譽，聲氣廣，曾以清丈田畝違逆彰化縣令的意旨，又因施九緞事
件而株連，爲劉銘傳奏革廩生通緝，後來協助勸說林維源，而使其
捐資四百萬。當時全臺富室，另可籌到數百萬，應可募得談判籌碼。
可惜的是清廷徵詢兩廣總督李鴻章的意見，他認爲臺灣不能守，所
以決議棄臺。[83]《瀛海偕亡記》記錄了日軍侵臺初期的景況：

> 日軍到輒散，去輒聚；勤殺則不懼，招誘則不信。治之無術，
> 日本政府遂有退還臺灣之意。清廷方拮据籌償遼東，無力更
> 贖臺灣。[84]

洪棄生以此敘事突顯臺灣民眾抵抗的張力，無奈清廷仍以經費拮据
爲由而棄臺。至於吳湯興向新竹富家勒索繳納一年租稅輸軍，不從
則以軍法從事，致使新竹人大譁。[85]雲林地區應募民兵者，多爲綠
林亡命之徒；然而此時府庫罄懸，每月奉給彰化城練勇四百尚且不

----

[82]　洪棄生，《瀛海偕亡記》，頁 1-2。

[83]　洪棄生，《瀛海偕亡記》，頁 39-40。

[84]　洪棄生，《瀛海偕亡記》，頁 39。

[85]　洪棄生，《瀛海偕亡記》，頁 7。

足,且雲林是貧瘠之地,毫無歲收,由此可見經費在此場戰役中扮演關鍵性的角色。[86]不僅與日談判須大筆經費挹注,許多亡命之徒或民眾,也因糧餉而願意加入軍隊;若無此誘因,則招撫兵源不足,就難以與日軍相抗衡。在戰術的執行上,日軍亦展現有條理的策略與陣勢,如:日軍將油桶排列街中,堆積木柴於城邊,並將油澆淋於民宅,擬以火攻的計謀擾亂臺灣民兵。反觀臺灣民兵則成員混雜,無法面對實際的戰爭情勢。一旦遇到日軍埋伏,即作鳥獸散;或者雖陷入苦戰,但卻因無救援而致失敗。[87]藉由洪棄生的戰爭敘事,略可感受當時抗日的臺灣民兵,缺乏根本的經濟後盾,所以無法以充足的糧餉以招募正規兵源;此外,在戰爭謀略的執行成效,臺灣與訓練精良的日本軍隊落差甚大。

　　洪棄生在書寫過程中,亦暗示人事不和為抗日失敗的原因。他提到帶兵的諸位統領如吳鵬年、李惟義、譚發祥、徐學人等人,除卻「吳書生盛氣,誓死為國」,其餘「多浮流品」,故在行軍過程,時常產生言語不和的情況。再加上當時日本又新增二萬大兵至臺灣,實為戰爭的勝敗埋下伏筆。洪棄生更進一步描寫,日本新增二萬兵力後銳不可擋,兵分三路分擊苗栗一帶臺灣民兵。他認為臺灣民兵假若能夠「明哨埃,設暗伏,即敗猶可成軍。」但是,此時大多臺灣軍隊已如一盤散沙,遇敵時或戰或逃,甚至面對敵軍敗逃潰兵時,也不敢與之作戰。偶爾亦有例外的情形,如在作戰過程中,存在著與日軍奮戰的臺灣軍隊。洪棄生記錄了關於「七星軍」的敘

---

[86]　洪棄生,《瀛海偕亡記》,頁11。
[87]　洪棄生,《瀛海偕亡記》,頁10。

事,他提到統領王德標屯兵大肚溪溪南,面對日軍二百餘隊兵力,奮勇作戰,且取得優勢,但卻因援兵不至而無法乘勝追擊。日軍在臺中與彰化間,由於受此阻礙乃改道涉大肚溪上游,經大肚山葫蘆墩等地,再南進彰化。當日軍完成開闢行軍路線後,隨即加強兵力,多路分進欲南下攻取彰化。王德標雖於大肚溪奮勇駐守,仍舊無法與之抗衡,而負傷遁逃村莊。駐守彰化八卦山的吳湯興等人,亦在日軍的砲火下喪生。[88]

洪棄生描寫日治初期的武裝抗日事件,不只是爲後世留存見證史料,且流露作者的敘事心理。此書先紀錄日軍入侵北部的情況,當時,日兵原僅至雞籠,不敢逕自前進。後來德商畢狄蘭以書告事實,又特別紀錄鹿港宰顯榮「操官話,告日軍以省城倥傯狀。」致使日將水野遵告知樺山資紀,在且喜且疑中,派遣三百騎兵前來探查。接著,又敘寫日本大批軍隊紛至的傷痛記憶:

> 至則占民房,掠雞牛,搜軍器。民之移家者,擔簽躡屬,扶老攜幼,累重載舟,紛紛蔽海而浮;妓女勾婦,亦有去者。風雲慘淡,日暮則道路無人;有聞扣戶聲,則闔室皇皇,相驚以番兵來矣。其駭異之情如此![89]

這段描寫割讓初期的亂象,生動且沉重。洪棄生所載斗六大坪頂地區的抗日事件,是以柯鐵爲首的民兵,就山區爲據點,與日軍

---

[88] 洪棄生,《瀛海偕亡記》,頁 13-14。

[89] 洪棄生,《瀛海偕亡記》,頁 4-5。

進行游擊戰。由於柯鐵熟習山區地形，且槍法精善，致使日軍在大坪頂地區久攻不下，甚至折損不少兵將。洪棄生以鮮明的筆法描繪大坪頂地區所進行的游擊戰，他提及日軍雖有猛烈的砲火，但在山區無法辨明民兵位置，故僅能「望山壑深黝處轟之，砲震山谷，林木簌簌下。」察覺無人後，再繼續前行。日軍以砲火攻擊的策略，不斷地暴露所處位置，所以臺灣民兵能輕易地設下埋伏。當日軍踏入陷阱後，臺灣民兵「四山鳴砲齊起」、「或隔溪壑呼譟以驚之」，四面八方所響起的槍砲、吶喊聲，使得日軍隊形大亂，「于是中槍者、躓者、踣者、顛者，俯前墜者、仰後絓者、奔散者、有被牽入林木中慘殺哀鳴者。」日軍在此役中，折損數百將兵，故急電臺北請求總督增兵。洪棄生進而提及此地區的日本軍隊，每次登山焚燬民屋，但謊報上級是在進行掃盪土匪的工作。然而，事實卻是不見敵人，而以回報殺山下人為戰功。洪棄生所言及的「殺山下人為功」，《臺灣總督府警察沿革誌》有相關的記載：雲林支廳長松村雄之進親率日軍出擊「濫稱雲林轄內素無良民，任意斷言順良村落為土匪，旋即加以燒毀」，共燒毀四千二百九十五戶民家，無數居民慘遭殺害。[90]日軍此舉，造成更多流離失所的臺灣民眾投入柯鐵抗日隊伍的行動。

洪棄生亦提及埔裏社地區的戰況，駐守當地的臺灣民兵將領李林基、施慕等人，欲圍困北港坑之日軍並斷絕日軍糧食。然而，在圍困日軍七日後，臺灣民兵亦感疲倦，於是相繼歸散。洪棄生描寫

----

[90] 臺灣總督府編，《臺灣總督府警察沿革誌》（臺北：臺灣總督府，1938 年） 第二編，上冊，頁 412-416。

被圍困的日軍，經歷七日苦楚：「羣臥泥塗中，上無蔽、下無藉，警無以眠、食無以炊、水無以飲，見走獸、聞啼鳥則疑敵至，見山頭樹色疑人影；形容黧稿，遍體瘴濕，相對如鬼。」[91]當日軍脫險後，加上援軍趕至，故隨即圍殺李林基、施慕等統領，焚燬村莊，埔裏社於是陷入凋殘破敗的景象。這些生動的文字，體現戰爭進行時，士兵在生理、心理上所歷經的極大煎熬。作者以如此的敘事策略，呈顯對戰爭歷史記憶的詮釋。

四、作者的敘事位置

敘事作為一種書寫「概念」，常滲透在各種文類之中。因敘事的相關研究日益增多，此概念的應用層面也日漸延仲、挪移與衍化。對於敘事文本之結構、時間、視角、意象，與可能存在之「填補空間」等層面中所包含的基本問題，可從語義之分析、文化意涵之揭破、深層思維之透視、敘事文本之細讀、歷史脈絡之清理等取徑上，仔細爬梳。[92]洪棄生運用史傳散文以建構歷史論述，或再現史實，並以移情手法來形塑體驗式文本經驗。

從《中西戰紀》可見洪棄生對中國十九世紀後期衰敗的分析與批評；《中東戰紀》則探討甲午戰敗的前因後果。[93]他在《中西戰

---

[91] 洪棄生，《瀛海偕亡記》，頁 36-37。

[92] 王璦玲，〈導言：有關「明清敘事理論與敘事文學」研究之開展－從近年敘事學研究之新趨談起〉，《中國文哲研究通訊》第 17 卷第 3 期（2007 年 9 月），頁 120。

[93] 洪銘水，〈洪棄生的「觀風」與「戰紀」〉，《臺灣文學散論－傳統與現代》（臺北：文津，1999 年 12 月），頁 58。

紀》的自序中，回顧中西歷史時期的對照，言及西方列強擴張的野心。[94]並認爲南洋的藩屬落入列強之手，是清廷門戶洞開的前奏，事關國家的存亡。清廷漠視法國侵略越南，致使法軍得寸進尺進攻廣西。雖幸被老將馮子才擊敗，卻由於李鴻章媾和的態度，錯失乘勝追擊法軍的良機。加上清法戰爭所牽涉的人物如李鴻章、劉銘傳、唐景崧、劉永福等人，後來皆與臺灣歷史命運息息相關，洪棄生認爲必須爲此段歷史留下記錄，此即爲他撰寫清法戰爭事件的動機與使命感。

　　這些有關戰況的敘事，呈現作者是處在極力讚揚誓死抵抗人物的敘事位置。洪棄生在《中西戰紀》裡提到：清法戰爭的過程中，李鴻章始終抱持議和的態度，雖然屢次遭受法人爲難，卻不主張征戰，甚至厭惡討論戰事。李鴻章在同治年間，因普法之戰辦理天津教案得名，並受推崇爲外交家，而常主導外交事務；至於劉銘傳雖爲清國資深的將領，卻附和李鴻章的意見。[95]洪棄生提及李鴻章劉銘傳等人於清末朝政所扮演的關鍵角色，但對於這些掌握權力卻又無所作爲的主事者常以嚴厲的批判視野檢驗。

　　當清國軍隊於越南的戰況節節勝利之時，李鴻章卻欲堅持先前與法國簽訂的和約，並電奏前軍「越戰，閩臺危！」且呼籲退兵。然而當時閩地有左宗棠楚軍駐守，閩軍恨不得與法軍再戰復仇；臺灣一地則有法軍駐守基隆，但戰況顯示法軍並無進攻的企圖。法軍雖封鎖臺灣海域，但福建的商船仍舊無懼地來往海上。當時，臺灣

94　洪棄生：《中西戰紀‧自序》(南投：臺灣省文獻委員會，1993 年)，頁 43-45。
95　洪棄生：《中西戰紀》，頁 64。

人民怨恨劉銘傳不進兵攻打駐守基隆的法軍，而清國戰況居於優勢時，李鴻章卻上奏：「不乘勝回師，恐全局敗壞！」於是朝廷下令各路撤兵，致使陣前將士扼腕。輿論直指李鴻章賣國：「捐壯士無限之軀、傾國家無窮之帑，再捷不進，而棄全越與敵和款，奈軍民何！奈中外交侮何！」而後，清法兩國各自退兵。且清國朝政授劉永福南澳鎮總兵、授唐景崧臺灣道，授劉銘傳臺灣巡撫。與法軍談和的結果，致使清國失去西南地區的所有屬國。[96]清法之間的戰局，到此雖已落幕，但洪棄生認為種種處理過程，展現清國對外政策消極、苟和的態度。

　　對於清末所採取的外交政策，洪棄生在《中西戰紀》的批判視角延續至《中東戰紀》一書。他於《中東戰紀・自序》感嘆清末對外的戰役連連失敗，且分析為：「不籌制勝之策於先，復不圖制敵之事於後。臨變傖囊，渙若搏沙；隨時拉答，隨處補苴。」認為清國主事者面對戰爭時，總未能做好萬全的準備，且在人事方面，更直截地提出李鴻章決策的謬誤之處。他認為李鴻章在清日甲午戰爭的過程中，「望和」、「待和」、「求和」的態度是導致清國失敗的主要原因，且「法令不明，賞罰不信，舉措不當」為李鴻章的根本缺失。[97]從描寫清法戰爭過程的《中西戰紀》，洪棄生已對李鴻章議和態度的不滿；至描繪清日甲午戰爭的《中東戰紀》，直接點名李鴻章的謬誤與缺失，並不斷地表達對清末掌權者的批判。不過，在 E.Garnot 所撰《法軍侵臺始末》則提到：「儘管法國軍隊在諒山

---

[96]　洪棄生：《中西戰紀》，頁 78-79。

[97]　洪棄生：《中東戰紀・自序》(南投：臺灣省文獻委員會，1993 年)，頁 79-80。

受到挫敗，中國卻不得不從事談判。朝鮮最近發生的事變使得總理衙門無暇他顧，可是米穀的封鎖尤其產生了它的效果。饑饉會使中國北方各省發生叛亂，此外，中國政府又無法支付軍餉。中國政府發見他的財政已經涸竭，而募集國際債款又無希望；因此，他非在短時間內恢復和平不可。」[98]這段論述顯示李鴻章表面上避戰、保守，然因當時中國的種種危機，他的決策也受到客觀因素的侷限，這些資料提供後人研究李鴻章的思考面向。

詮釋是關於一個對象的語言行動（an action of language about interpreting an object）。歷史，不必然是過去的事件，但一定是主體意願呈現，與被動記錄出新的語言論述的成果。詮釋學的論述使過去呈現出來，但「過去」實際上是在詮釋行動的進行後，才成為一個現場的存在對象。[99]當臺灣民主國的軍隊開始搶劫民房時，旅居臺北城內的外籍人士或仕紳商人，感到自己的生命財產受到嚴重威脅，進而商議派人至基隆引日本軍進入臺北城。辜顯榮居中扮演重要的角色，他引領日本軍隊在「無血入城」的情況下，進駐臺北城。[100]洪棄生特別紀錄辜顯榮告知日軍臺北城的情況，透露了作者的敘事位置，表達不能認同辜顯榮作風的價值判斷。

洪棄生又描寫日軍初進彰化城的情景，日軍入城後遇人則殺，士兵不設營帳而散住民宅，砲臺等軍器擱置滿街，裹鐵的馬蹄行走

---

[98] E.Garnot，黎烈文譯，《法軍侵臺始末》（臺北：臺灣銀行經濟研究室，1960年10月），臺灣文獻叢刊第73種，頁106。

[99] 黃筱慧：〈論述之詮釋行動理論中的時間與敘事〉，《哲學與文化》第35卷第1期（2008年1月），頁74-78。

[100] 戴寶村主編：《臺灣歷史的鏡與窗》，頁102。

時，發出「閣閣」響音。[101]他分析日治時期民眾抵抗的複雜原因，提到：日軍初至臺灣時，路上不見行人，亦不見炊食的煙霧，市街一片沈寂。日軍放肆地進行殺戮淫暴行爲後，民眾轉而輕視日軍，甚至「相指詬不以人類目」。他並提到日治初期，「軍政施則憲兵可殺人，民政施則警察可殺人。」雖然優秀的統領憲兵長官，能夠約束軍隊、憲兵，禁止士兵放縱的暴行；只可惜這些長官，究竟僅是少數。[102]日軍在 1895 年 11 月進入臺南城後，宣稱全島平定，並於 1896 年 3 月廢軍政，行民政。但洪棄生認爲軍政之憲兵，與民政之警察，皆可妄自殺害臺灣人民。由此可見，洪棄生對日軍初至臺灣，軍隊縱肆的行爲、社會紛亂的景象等，留下深刻的印象；進而分析日軍這些行爲，致使臺灣人民埋下對日本殖民政府怨忿不滿的因子，故日治初期臺人武裝抗日事件，紛起於全臺各地。洪棄生又提到：日本惟有民政長官水野遵「老成有漢學」，並對臺灣人民採取懷柔的政策，所以一旦日人欺侮、剝奪臺人權利時，水野遵往往能懲罰、斥責這些日人。這樣的政策，原本可以安頓內外，使日人順利接收、統治臺灣。然而，日治初期軍人掌權，認爲水野遵所採取的政策過於軟弱、老朽，故不久水野遵即離開民政長官一職。軍人當權所採取的高壓統治策略，使得臺灣人民「弱者吞聲、強者走險」，故臺灣陸續發生多起抗日事件。[103]這些皆是洪棄生在親身體驗乙未割臺期間的歷史情境後，對於日軍在臺所實行的統治策略、

---

[101] 洪棄生：《瀛海偕亡記》，頁 14。

[102] 洪棄生：《瀛海偕亡記》，頁 23。

[103] 洪棄生：《瀛海偕亡記》，頁 23。

手段，藉由敘事方式表達歷史記憶與批判。

　　《瀛海偕亡記》又記錄數年之後退據山林抗日的散兵民勇，於日人的懷柔政策下逐漸卸除心防。故 1901 年 4 月，日本官吏設下騙局，即所謂「大掃除」一事：日本政府在各地方官、區、各公所設約宴飲，款待臺灣北、中、南各地歸順的人民。就席前，預計槍殺者給予配戴紅花，其餘則配戴白花。未入席，日軍即圍起阬殺。亂槍中，僅有斗六張呂良以藏匿的短槍回擊，擊殺一軍一警。僥倖生存者，多爲平時以財利賄賂日人者。[104]日人之所以能成功弭平抗日事件，主要原因除了抗日份子陷處於不平等的政治、社會經濟環境外，兒玉、後藤總督所採取的誘降策略也是重要原因。日人勸降之目的並非與抗日份子講和，而是進行「左手勸歸順，右手不緩搜捕」之兩面手法。故誘降、歸順後，接踵而來即清算、討伐等行動。[105]綜觀洪棄生對於戰爭的分析，由於深感切膚之痛，故具有主觀意識；另一方面，則由於敘事富有感染力，所以能突顯呈現歷史敘事的特色。

五、結語

　　紀錄戰爭的史傳散文，除了書寫與戰爭主題相關的歷史，更具有凝聚民族意識的功能，並提供一個令讀者憑弔與反思的場域。歷史是一套關於過去的論述，而非過去本身，面對已經發生的事件，史傳散文的敘事無法再現或還原過去。因此如何詮釋與再現歷史事

---

[104]　洪棄生：《瀛海偕亡記》，頁 44。
[105]　翁佳音：《臺灣漢人武裝抗日史研究－一八九五－一九〇二》，頁 97。

件，便成為史傳散文所要面對的重要課題。因戰爭所造成的巨大災
難，已超越傳統美學與語言所能再現與詮釋的範圍，成為生命中無
法再現的傷痛，而必須以新的再現與詮釋，來建構歷史記憶。據估
計臺灣住民於乙未抗日游擊戰中，死者總數超過一萬四千人以上，
而日軍戰死者則有兩百七十八人。在激烈的抗日過程中，島上的住
民開始摒棄過往「原鄉」、「同宗」、「族群」的門戶之見，而有
了「臺灣人」意識的萌芽。[106]慘烈的戰爭記憶，深刻烙印在人民心
中，洪棄生亦無法忘懷這段令他極為傷痛的歷程，他選擇用史傳散
文的方式，紀錄此歷史事件。

　　本節擇取在殖民地臺灣以遺民自居的洪棄生，在具文類意識的
情況下，以散文的文學型態，建構戰爭的記憶。透過分析洪棄生「戰
記」系列細膩的敘事筆法，再現抗日事件的諸多歷史情境。並分別
從「中西、中東戰記」的敘事位置、《瀛海偕亡記》人物形象塑造
策略、「戰記」歷史記憶與敘事心理加以分析。洪棄生的文史學養
與親身經歷的感受，對於牽涉臺灣歷史命運的戰爭與事件，多有個
人的見解。史傳散文的書寫，可視為國家民族歷史的建構。《瀛海
偕亡記》書寫民間參與抵抗活動的領導人物，並記載在地士人的事
蹟，及描繪一些清國官員克難應敵的情形。這些剖析日治初期的武
裝抗日事件，透露作者敘事的心理深層動機；他在割臺的數年後撰
寫戰記系列，能體認到戰爭的殘酷，並呈現他藉由文字所建構的歷
史記憶。

---

[106] 戴寶村主編：《臺灣歷史的鏡與窗》，頁 103。

第三節　世變下的歷史記憶：　吳德功散文的文化論述

一、前言

　　對於跨越十九到二十世紀的臺灣文人而言，面對社會動盪與政權更替，常激起內心多重的感慨。他們將因應時局遽變以及歷史文化的思考，寫成一篇篇各具特色的散文。其中彰化文人吳德功（1850-1924）的散文作品，顯現傳統士紳與歷史脈絡對話的痕跡，在臺灣古典文學史上頗具意義。尤其清治末期到日治初期社會變遷的幅度大，知識份子在此歷史世變之際，散文書寫受各種思潮的激盪，並與文化多有交鋒的情形。

　　本文以吳德功為探討對象，其一是因他的散文作品數量頗多，包括史傳散文《戴案紀略》、《施案紀略》、《讓臺記》三部書，一冊《觀光日記》，以及收錄於《瑞桃齋文稿》的七十六篇古文，並編有《彰化節孝冊》[107]。此外，日治初期臺灣總督府所編纂的《揚文會策議》中，又收錄吳德功的三篇議論文。[108]吳德功的作品不僅

---

[107] 有關吳德功的著作中收錄於【臺灣文獻叢刊】的有《戴施兩案紀略》（第 47
　　種），《讓臺記》（合於《割臺三記》第 57 種），《觀光日記》（合於《臺灣
　　遊記》第 89 種）、《彰化節孝冊》（第 108 種）。臺灣省文獻會將《戴案紀略》、
　　《施案紀略》、《讓臺記》、《觀光日記》、《瑞桃齋文稿》、《瑞桃齋詩話》、
　　《瑞桃齋詩稿》以及《彰化節孝冊》共八種作品彙編為【吳德功先生全集】，
　　於 1992 年 5 月出版。

[108] 國立臺灣圖書館藏有臺灣總督府編《揚文會策議》原刊本，並攝有微捲可供研
　　究者調閱。

跨越清治時期與日治時期，題材亦顯多元，他的散文多流露知識份子在特殊時代的境遇與因應對策。其二，因吳德功的在地士紳身分，與清廷、日本官方皆建立特殊的關係網絡；又由於他終身關注彰化的社會救濟，在當地的影響力不容小覷，可作爲探討文人如何參與社會教化的案例。

回顧相關議題的研究成果，如施懿琳〈由反抗到傾斜－日治時期彰化文人吳德功身分認同之分析〉一文，即以相應的了解去詮釋、解讀吳德功及其作品。從探討吳德功於清治時期的現實關懷、割臺之際的遺民之思、到日治時期認同轉移的深層因素等層面，分析他於殖民統治下採取歌頌式政治認同的原因，並堅持漢文化認同的實際作爲。川路祥代《殖民地臺灣文化統合與臺灣傳統儒學社會》第四章則以吳德功的話語來重建臺灣傳統儒學社會，探討日本近代社會與臺灣傳統社會的差異；並研究在此時空範圍所產生的互動關係以及衝突矛盾，企圖描寫臺灣所產生的「多元性儒學社會」之具體面貌。[109]至於有關探討吳德功儒學思想的論文，如林慶彰〈吳德功《瑞桃齋文稿》所反映的儒學思想〉討論的焦點置於分析古文中論朱陸異同、孔教意義與忠孝節義等儒學思想。此外，第一屆、第二屆「臺灣儒學國際學術研討會」亦提供研究臺灣儒學的參考。又如一些針對吳德功的詩、詩話、儒學思想、認同問題等主題的論文，

---

[109] 施懿琳：〈由反抗到傾斜－日治時期彰化文人吳德功身分認同之分析〉，《中國學術年刊》18 卷（1997 年 3 月），頁 317-344；又收錄於《從沈光文到賴和－臺灣古典文學的發展與特色》（高雄：春暉出版社，2000 年）。川路祥代，〈殖民地臺灣文化統合與臺灣傳統儒學社會〉，臺南：成功大學中文所博士論文，2002 年 6 月，頁 93-119。

也積累一些具體的研究成果。[110]雖然學界已探討吳德功的文學作品、文學批評，以及日治時期殖民者以儒教統合的問題；但是關於吳德功的數本史傳散文集，或是因揚文會的召開而撰寫三篇有關社會文化策議，以及《瑞桃齋文稿》所收錄各篇散文中的文化論述，猶有一些議題值得再探究。若欲評價吳德功的散文於臺灣古典文學史上的意義，則不能忽略這些在世變中所產生的諸多作品。

　　文人對於清治時期的民變、乙未割臺的戰亂，到日治初期總督府的殖民統治，這段所謂社會動盪之際的「世變」多有論述。同時，世界也進入新、舊時代交替的「世紀之交」階段，臺灣文人亦多能意識到這前所未有的變化，這樣的意識是來自於現代性（modernity）、本土性（nativity）與殖民性（coloniality）衝擊所導致的精神感應。[111]為瞭解吳德功於世變下的散文書寫與文化對話的情形，故分別從褒貶民變人物的教化論述，以及從割臺到武裝抗日的詮釋觀點，探討清治時期《戴案紀略》、《施案紀略》到乙未割臺的《讓臺記》等史傳散文反映了哪些思想特徵？而日治初期所撰

---

[110]　林慶彰，〈吳德功《瑞桃齋文稿》所反映的儒學思想〉，收於東海大學中文系編《明清時期的臺灣傳統文學論文集》（臺北：文津出版社，2002 年 10 月）。李知灝，〈吳德功《瑞桃齋詩話》研究〉，嘉義：中正大學中文所碩士論文，2003 年 6 月。宋鼎宗主編，《第一屆臺灣儒學國際學術研討會論文集》，臺南：成功大學中文系，1997 年 4 月。廖美玉主編，《第二屆臺灣儒學國際學術研討會論文集》，臺南：成功大學中文系，1999 年 4 月。

[111]　〔法〕伊夫・瓦岱（Yves Vadé）演講，田慶生譯，《文學與現代性》（北京：北京大學出版社，2001），頁 6。黃美娥：〈差異/交混、對話/對譯—日治時期臺灣傳統文人的身體經驗與新國民想像（1895-1937），《中國文哲研究集刊》28 期，2006 年 3 月，頁 81。

寫的《觀光日記》,又呈現傳統文人參觀殖民政府的現代化成果展示時,有何現代性的體驗?至於吳德功所撰有關揚文會的〈策議〉、《彰化節孝冊》及墨筆書寫的《瑞桃齋文稿》,其多元的題材中蘊含了作者哪些文化論述?故本節擬以吳德功散文為主軸,同時結合其他史料文獻,爬梳並詮釋吳德功散文之文化論述的特色。

二、史傳散文所反映的思想特徵

吳德功,字汝能,號立軒。世居彰化,授業於吳子超及柯承暉、陳肇興、蔡醒甫等先生。他於 1874 年(同治 13)補廩生,1894 年(光緒 22)成為貢生。[112]吳德功一生對史傳文學的書寫用心甚深,《瑞桃齋文稿》中所錄的〈擬進臺灣通誌表〉,曾自言清治時期編纂《臺灣通誌》的過程及要旨:

> 爰是徵求俗諺,擇取新聞,博訪遺編,搜尋故帙。名山大川之勝,人物風土之宜,瞭如指掌;吏治沿革所關,戰守兵燹所係,爽若列眉。綱為舉、目為張,歷歷可指;條已分、縷已晰,井井可觀。[113]

吳德功於 1891 年(光緒 17)設臺灣通志局之時,受聘主修《彰化縣志》。1894 年(光緒 20)原已完成《採訪冊》,可惜此書初稿後

---

[112] 楊緒賢:〈吳德功與磺溪吳氏家譜〉,《臺灣文獻》28 卷 3 期,1977 年 9 月,頁 114-126。

[113] 吳德功:《瑞桃齋文稿》(南投:臺灣省文獻委員會,1992 年 5 月),頁 166-167。

來因乙未之役而散佚無遺。[114]此篇散文呈現清治後期纂修《臺灣通誌》所具搜尋古書、輯佚舊籍的功能，以及吳德功等實際負責編纂的文人，藉由採錄各地俗諺、傳說而保存許多臺灣文學史料的貢獻。清治末期官員曾推舉若干采訪委員，吳德功因善長史學，而獲聘撰寫有關戴潮春事件與施九緞事件的部分，後來這兩份稿件在甲午戰後倖得留存，於是得以單獨出版。吳德功除了參與清治時期官修史書之外，另於《讓臺記》書寫日治初期的史事。以下即就此三部書籍，分析這些史傳散文所反映的思想特徵。

（一）褒貶清末民變人物的教化論述

臺灣清治時期古典散文的發展過程中，論史類爲散文的主要體裁之一；而爲瞭解這些民變的背景，需將事件置於歷史脈絡(historical context)中，始能窺見事件發生的情境。如藍鼎元《平臺紀略》、《東征集》與黃叔璥《臺海使槎錄》皆於朱一貴事件後，來臺參與許多實務政策的制定及觀察民變的記錄。之後，曾任臺灣海防同知、臺灣知府及噶瑪蘭通判的楊廷理，所著《東瀛記事》則記錄發生於 1786 年(乾隆 51)的林爽文事件。[115]至於書寫有關 1862 年(同治 1)的戴潮春事件，則有林豪《東瀛紀事》、吳德功《戴案紀略》、以及蔡青筠《戴案紀略》等。這些史傳散文皆以民變爲題材，且多透顯世變下的教化論述。其中，吳德功在《戴案紀略・序言》中提到戴潮春案前後長達三年，「北至大甲，南至嘉義，地方盜賊

---

[114] 他在此文篇末提到：「清光緒十九年臺撫劉銘傳採訪全臺通誌，僕亦在采訪委員之列，提調官陳文騄命擬此表。」吳德功：《瑞桃齋文稿》，頁 167。

[115] 姚瑩《東槎紀略》曾描述陳周全事件，姚瑩：〈陳周全之亂〉，收於《東槎紀略》(臺北：臺灣銀行經濟研究室，1960 年 9 月)，臺灣文獻叢刊 83 種，頁 117-126。

蜂起，官軍南、北、中三路進勦，始克蕩平，其害較烈於林爽文。」
[116]吳德功這部日治初期完稿的長篇論述，可謂爲史傳文學的餘緒。

檢閱這些臺灣清治時期的民變書寫，多責難起事民眾爲亂臣賊
子，吳德功《戴案紀略》對民變人物的評價亦呈現其褒貶論述：

> 戴逆在揀東，一小姓耳。因倡舉會盟，能使群賊蟻附，破城
> 戕官，殆亦天使之應刧運歟！……戴逆外強中乾，假圖南郡，
> 以避晟之焰。又行耤田之禮，不啻沐猴而冠耳。然到處鼓動
> 豪猾，逢人以將軍相贈，至嘉義地方，又得陳弄、嚴辦之助，
> 其勢遂洶湧而不可遏也。[117]

此處稱參與起事的民眾爲「群賊」，又稱戴潮春爲「戴逆」，並以
「沐猴而冠」諷刺他效法古代帝王爲勸農事而親耕田地的行爲，批
評他如何蠱惑大眾。然而，若重新檢視權力運作下的深層意義，必
將質疑文人刻板印象的論述方式，並評估中央與邊陲菁英的關係。[118]
另觀戴潮春事件的發生與清廷駐臺官僚腐化，重稅、貪污、規費等
對人民剝削壓榨嚴重而造成民怨。但支配者不思行政改革之道，卻

---

[116] 吳德功：《戴施兩案紀略》（臺北：臺灣銀行經濟研究室，1959 年 6 月），臺
灣文獻叢刊第 47 種，頁 1。

[117] 吳德功：《戴施兩案紀略》，頁 18。

[118] 如流行於民間的〈新編戴萬生作反歌〉，傳達出民間文人視戴潮春如漢籍書中
的英雄。連慧珠：《萬生反─十九世紀後期臺灣民間文化之歷史觀察》（東海大
學歷史研究所碩士論文，1995 年 6 月），頁 99；羅士傑：〈試探清代漢人地方
菁英與地方社會─以同治年間戴潮春事件為中心〉，《臺灣史蹟》38 期，2001
年 6 月，頁 159-160。

派兵鎮壓反抗者而激起人民更多的不滿。另觀福佬歌謠〈辛丑一歌詩〉未視「戴案」中的人是亂臣賊子，而以「大哥」稱呼他；又稱羅冠英為「羅仔賊」，與吳德功等文人在書中以羅冠英為「義民首領」的觀點，顯然有所出入。對於有關女性的論述，亦呈現其教化觀。如嚴辦、陳弄、廖談等人的妻子皆縱橫於戰場，卻為吳德功視為「狼子狼心，殺人如草。其臨敵也，身為人先，不必炮火。」認為這種行徑異於傳統婦女角色，故以「人妖」的貶抑形容詞稱之。[119]如此對人物的論述，與民間歌謠〈辛丑一歌詩〉中言陳弄的妻子「無毛招」、嚴辦的妻子「大腳甚」、廖談的妻子蔡邁娘、鄭大紀的妻子謝秀娘等人，多以驍勇善戰的英雌的手法，迥然不同。[120]從一些民間立場的資料與菁英階層的書寫相比較，顯現敘事者對歷史事件的認知方式多有差異，這也透露出科舉仕紳不認同民變起事人物的做法，並藉此類史傳散文教化民眾勿犯上作亂的寓意。

　　除了貶抑民變起事人物之外，吳德功同時也極力褒揚戴案忠烈人士的作為。《戴案紀略》除了運用許多留存的大量官方檔案，也採錄《陶村詩稿》以及丁曰健《治臺必告錄》所記斗六等處殉難人員的文獻。並且特錄在營病故人員、殉難陣亡兵勇名冊，顯現出作

---

[119] 吳德功：《戴施兩案紀略》，頁55。

[120] 日治初期文學家賴和於1926-1927年採錄一位遊吟耆老所得的〈辛丑一歌詩〉。到了1936年(昭和十一年)賴和這份田野採集的舊稿，由宮安中修正，以談唱者楊清池之名，發表於《臺灣新文學》雜誌上。內容以閩南語寫成的民間歌謠，為清治末期於地方傳唱的唸唱歌謠。楊清池：〈辛丑一歌詩〉(二)，《臺灣新文學》第一卷第九號，1936年，頁63。此首唸唱歌謠以鄉村百姓的角度理解戴案的始末，多蘊含傳說、軼事，並以個人詮釋以重現此一歷史事件。

者將這些陣亡人士納入「昭忠祠」的教化用意。又如《瑞桃齋文稿》收錄有關戴萬生事件的〈陳吉生傳〉，即是描寫被陳弄所拘執的陳吉生的事蹟。陳吉生因同姓而被拔擢爲幕僚，他令嘉義人縋城而出以表降，去除對方防備之心；又擅發軍情僞報，而使敵方驚懼棄甲曳兵而走。後雖爲陳弄陣營所縛，但即使遭人以鞋擊頭，或「用熱銅片遍燒其身，血肉狼籍」的情況下，仍發出「一身自任，不供一人」[121]的豪氣語。像這樣用心策劃謀略，且在他人脅迫逼問下，不供出任何同謀的行徑，正是吳德功所極力褒揚的道德人物。三大民變中惟有戴潮春事件主角爲地方豪強，與前兩大事件主角爲邊緣人有較大的差異。吳德功《戴案紀略》透過敘事之外的評論，期望能使「忠臣義士」不致於與草木同腐，以傳達其褒善貶惡的史論觀點。此書仍沿襲方志對民變書寫偏向官方的立場，雖表達對此事件中罹難民眾的矜憫，但對於被「逼上梁山」的起事者，卻未能有相應的理解。[122]吳德功在書末又以論述的方式，呈現對不同類型人物的褒貶：

> 戴潮春以首禍而遺臭萬年，戴天定、戴松江以行誼稱，其嫂以節烈著，而流芳百世，此尤邪正並出於一門也。一雌一雄，一邪一正，雜生於干戈擾攘之中。……戎馬倥傯，忽有節婦禱雨，義婦罵賊，逆婦助夫爲虐，爲子報仇，以點綴其間，

----

[121] 吳德功：《瑞桃齋文稿》，頁 229-233。

[122] 施懿琳，〈由反抗到傾斜－日治時期彰化文人吳德功身分認同之分析〉，《中國學術年刊》18 期 1997 年 3 月，頁 319-322。

令人拍案叫奇。[123]

他透過大甲余節婦三次禱雨，感動蒼天而助軍的故事；或是彰化字
紙婦乘賊敗北開口笑罵而遭戮，並頌讚她們的作為。如此以首禍／
節烈、邪／正的對比方式，以及節婦／義婦／逆婦之別，強化了對
史傳人物的褒貶評價，並呈顯論述的教化效果。

　　《施案紀略》則是紀錄 1885 年（光緒 11）劉銘傳鑒於臺灣建
設經費不足，於是奏請設置清賦局丈量土地田賦以增加稅收。1887
年（光緒 13）李嘉堂接任彰化知縣，派丈員赴各堡丈量，多不計肥
瘠任意填寫，又趁機向百姓敲詐勒索，導致民怨四起。後來欲收取
清丈費用每甲兩圓，百姓於是抗領丈單，遂造成大規模的抗爭事件。
《施案紀略》開首即以「九緞，彰之二林上堡浸水莊人，耕作營生，
家頗饒，性獸戇，信鬼神，常仗劍破額作乩童狀。」[124]貶抑施九緞
的迷信憨戇的樣貌及藉神威以服眾的行為。作者另於書末附〈周莘
仲廣文遭難記〉一文，褒揚彰化教諭周廣文在施九緞事變時，冒險
出城議和的事蹟。為了從行動者的立場來詮釋政治反對運動的意
義，須從行動者的「目的－手段」的分析中，發掘出反對運動者背
後價值理念的系統。[125]施九緞事件則與劉銘傳洋務運動的措施，侵
犯了既有的私人利權，而引起受害人民對新政策的抗拒。臺灣民主
國的抗日之戰，有些領導士紳欲以臺灣種種物質條件引起國際干

---

[123] 吳德功：《戴施兩案紀略》，頁 55。

[124] 吳德功：《戴施兩案紀略》，頁 97。

[125] 翁仕杰：《臺灣民變的轉型》（臺北：自立晚報，1984 年 8 月），頁 45-46。

涉，以免自我家園的利益受損。然而後來眼見武裝抗日的慘烈失敗，所以等到戰事平定後，又接受日人的招撫懷柔，成爲日人統治臺灣的協力者，並以此換得家業的保護。

　　史傳散文常透過現在的詮釋觀點和需要，來重新解讀過去的歷史和記憶。[126]《施案紀略》也呈現吳德功與許多在地文人的應世觀相同，在未有新思想穩定社會力量之際，亦不得不擁護舊政權，以倫理鞏固傳統思惟。施九緞事件爲清賦引起地主抗爭的代表，亦爲官吏執行政策偏差所引發的民怨抗議。民間先張貼反對官方政策標語，再以索焚丈單爲訴求的圍城示威行動，此種與以往不同的抗議方式，顯示臺灣清治末期社會民情與時代的變遷。序言中提到：

> 惟九緞明係圍城三日，罪同叛逆，欲大書特書反字，何以成信史。又係清丈激成變端，若不曲筆，如公論何？此中詞語，頗費躊躇。故起筆大書圍城，繼以索焚丈單，明其非故作不軌也。[127]

　　吳德功此處的詮釋觀點，雖因身處傳統儒教社會，而受到傳統觀念的影響；但另一方面，他也將起事的原因歸咎於清丈政策的不

---

[126]　如懷特所說，歷史學家會藉由人物個性的塑造、主題的重複、聲音和觀點的變化、可供選擇的描寫策略等等寫作技巧，也就是「我們一般在小說或戲劇中的情節編織(emplotment)技巧，才能將歷史『記錄』下來」。懷特（White, Hayden）〈作爲文學虛構的歷史文本〉，收入張京媛編譯《新歷史主義與文學批評》(北京：北京大學，1993)，頁163-171。

[127]　吳德功：《戴施兩案紀略》，頁95。

公平，而非「故作不軌也」。《施案紀略》的要旨多在儆勵地方文
武官員，當刻刻以吏治、民生爲念，並藉武裝抗日發揮教化的功能，
具有鞏固統治政權的效果。

（二）從割臺到武裝抗日的詮釋觀點

日治初期完稿的《讓臺記》爲 1895 年(光緒 21)四月十四日中日
簽約，到九月二十七日的日本北白川宮親王卒於臺灣止，逐日記載
一百三十餘日民眾參與戰事的情形及史事。《讓臺記》呈現清廷甲
午戰敗而與日本簽定馬關條約，到「臺灣民主國」的匆匆成立，並
企圖聯絡英國、法國、俄國協助卻遭挫等當時臺灣所面臨的艱難處
境。唐景崧趁夜逃去後，「兵勇乘危搶掠，屍橫遍野，街人閉隘閘
爲守。」[128] 日軍進佔臺北後，彰化、臺南兩地的上層士紳與有力富
豪，協助劉永福籌畫防務、辦理團練及保甲。吳德功除了詳細紀錄
四月到九月在外援斷絕的情形下，對抗強盛日軍極爲不易的歷歷情
景，同時也痛心檢討抗日慘敗之因。如：抗日過程將領間常有不合，
導致軍隊節節敗退，並批判李烇與吳湯興互相攻訐的情形。[129] 在各
地局勢混亂之際，林文欽等人則主持彰化籌防局並領導練勇，而吳
德功與吳景韓、廩生周紹祖主持聯甲局。他並藉文來書寫自己參與
歷史的定位，文中言：

> 功時在局中，聞風令在地局首安頓，即請黎府各派勇百名鎮
> 壓之，卒令鴟喙不張；不然，先搶官租，後搶民租，弱肉強

---

[128] 吳德功：《讓臺記》，頁 40。
[129] 吳德功：《讓臺記》，頁 126。

食，其地方不堪設想焉。[130]

紀錄自己當時參與募練勇、捕盜賊，以維持彰化社會秩序的經過。就初期的戰事來看，除基隆、新竹、彰化、斗六與嘉義等城鎮有兩軍作正面迎戰外，一般仍以小街鎮、村落之巷戰和游擊戰居多，故日軍方有燒毀村莊之舉，這種現象一方面也顯示此役有濃厚的保衛鄉土之性格。[131]《讓臺記》末尾並描寫劉永福與官兵離臺後，安平混亂的情形：「紳民挈眷搭船，港口行李堆積如山，爹利士等號火輪俱各滿載。是時人心既亂，或夫妻異船，或新婚一夕即別，或父往而子不及隨，或箱篋遺失，或身無長物而行。每人船稅五、六金，哀哭之聲，人不忍聞。岸上之兵勇肆劫財物，自相爭殺，鋪戶均各閉門。」[132]於是安平的紳商與民眾會談後，決定由英德商牧師到二棧行請日軍大隊入城彈壓。

歷史學者常以客觀的證據為基礎，重新還原歷史情境；然而如果思考為何要研究歷史，或是以何種方法敘說歷史時，將發現史傳散文即是透過現在的詮釋觀點和需要，來重新解讀過去的歷史和記憶。《讓臺記》描繪官員潰敗竄逃的情形，也書寫一些奮勇與日軍抵抗的軍官與民眾的作為。吳德功記錄乙未割臺的歷史回憶，當在地士紳無法挽回割臺命運時，除了「官紳士庶痛哭呼天，飛章乞命，

---

[130] 吳德功：《讓臺記》，頁144。
[131] 翁佳音：〈臺灣漢人武裝抗日(1895~1902)的成員分析〉，《東海大學歷史學報》，1985.12，頁214。
[132] 吳德功：《讓臺記》，頁158。

老成烈士拊膺而嘆。」[133]的消極作爲之外,更書寫文人思考世變對人心的考驗,以及處在新政權統治下的因應之道。當時文武官員與富豪士紳多避難內渡,留臺者或隱匿不出,或轉而協助殖民政權維持秩序。從地方豪族悲憤臺灣的割讓,到各地首謀者與民眾的附和,多爲個別的、衝動的,尚未變成近代組織的民族運動。[134]自 1895至 1915 年的武裝抗日運動,由於交通條件、族群關係、政治意識等因素,使全島共同體未臻成型,因此反抗運動都是孤立性,即起即落的游擊對抗,容易被日本政府敉平。[135]亦即,臺灣的公共文化抗爭與被改造的過程裡,這些武裝革命都是在沒有充分的組織動員能力,也沒有明確的目標和周詳的計畫之下,就在各地點燃火花,而缺乏一種累積性或後續性的效果。[136]

《讓臺記》未細究清日談判的情形,如清廷奉派的李鴻章一意求快、態度輕率,而日方委派的首任臺灣總督兼接收大臣樺山資紀慎重其事形成對比。或如記錄對臺灣民主國策略的檢討,譬如期待他力與外援的介入,企圖訴諸第三國干涉,以改變馬關條約割臺條款構想的脆弱性與侷限性。又如其官制與名稱如清制,年號「永清」、國旗爲「藍地黃虎」均顯示仍陷於與清朝的關聯。[137]以今日的制度

---

[133] 吳德功:《讓臺記》,頁 119。

[134] 此因近代民族運動必須要有以下的前提:資本主義的發展與滲透、教育的普及、政治自由思想的發生。矢內原忠雄著,周憲文譯,《日本帝國主義下之臺灣》(臺北:帕米爾書店,1985),頁 175-186。

[135] 戴寶村:〈一九一五年武裝抗日事件的新視角〉,《臺灣史料研究》,1993.08.20,頁 24。

[136] 廖炳惠:《另類現代情》(臺北市:允晨文化,2001 年 5 月),頁 143-144。

[137] 臺灣民主國與 1898 年在菲律賓成立的「菲律賓共和國」,以及 1920 年在西伯

檢視,「臺灣民主國」其存續的時間極為短暫,未主張如個人權利
與選舉等基本觀念,只是設立總統府和相當於內閣的中央行政機構
及議院。[138]雖然《讓臺記》未能就史事的國際面向多加分析,但吳
德功重視撰史的功能,在舉家避難的創傷與日人治臺的世變下,終
於完成這段史傳書寫,也呈現民眾在世變中的感受。如:「日軍一
至,業戶頭人皆望風迎接,人心戰慄,各掛日本善良民白布條於胸
間,家家戶戶插日旗,日軍皆不加害;惟遇有帶軍裝者殺之。日軍
直入城安民,無人阻之。」[139]呈現出民眾在世變中的無奈與無助的
處境。除了日本殖民者的官方史書記錄此段史事之外,吳德功以私
人身分記錄對過往歷史文化的認知,也保留對於這段臺灣史的集體
記憶。他不僅痛心檢討官兵、士紳等人的功過,也詮釋武裝抗日的
侷限及悲壯性,更呈現吳德功政治認同心態轉折的歷史背景。

三、策議與遊記的文化視界

　　1895 年日軍侵臺後,各地武裝抵抗活動風起雲湧,軍方鎮壓造
成臺灣民眾慘烈的傷亡。[140]臺灣總督府從軍政時期過渡到民政時期
之際,為了制定殖民基層行政組織,故展開網羅具學識名望的臺人

　　　利亞成立的「遠東共和國」存續的時間極為短暫,其統治力與戰鬥力亦皆薄弱。
　　　黃昭堂,《臺灣民主國の研究》(東京:東京大學出版會),1972 年,頁 167-247。
[138] Harry J. Lamley, A Shot-lived Republic and War, 1895: Taiwan's Resistance
　　　Against Japan, *Taiwan in Modern Times*, John's University Press, 1974, p.303.
[139] 吳德功:《讓臺記》,頁 58。
[140] 1895 年日軍登陸到十月為止的五個月期間,被日軍所殺害的死亡人數約有一萬
　　　餘人。川崎三郎,《日清戰史》第七卷(東京:博文館,1897 年),頁 758。
　　　伊能嘉矩:《臺灣文化志》下卷(東京:刀江書院),頁 980。

的行動。先於 1896 年 10 月發布「臺灣紳章條規」，隔年 4 月又據
以頒授紳章予具科舉功名、或富學識、或資產豐厚的臺人，首次計
有 336 人獲得紳章。[141]臺灣第四任總督兒玉源太郎為了更進一步與
士紳有所互動，並展現初期殖民統治的成果，於是在 1900 年（明治
33）3 月 15 日，於臺北淡水館（前登瀛書院）舉辦「揚文會」。[142]
吳德功受邀參與此次大會，並撰寫三篇策議及一部遊記。在親歷武
裝抗日的紛亂局勢之後，吳德功發表何種論述？此節即就這些議論
性與記敘性散文，分析其文化視界。

（一）儒者之獻策論議

　　因武裝抗日的重挫，知識領導階層在面對日人治臺的世變之
際，需重新適應新的殖民處境。而就殖民政府而言，則在統治之初，
一方面採取武力鎮壓的手段威嚇反抗者；另一方面，又以懷柔收編
的策略，攏絡各地的菁英階層。揚文會的召開，即是總督府欲彙集
臺灣科舉之士，並進一步與這些傳統文人有所互動。早在於揚文會
召開之前，總督府即對外宣布：「徵求其平生所撰議論性文章，作
為治臺資料，並藉以振興文運而馴致同化。」[143]透露出殖民者表面

---

[141] 臺灣總督府臺灣史料編纂委員會編：《臺灣史料稿本》第十一卷(臺北：臺灣總
督府臺灣史料編纂委員會，1896 年 10 月 23 日)，頁 242-247；《臺灣史料稿本》
第十二卷（1897 年 5 月），頁 614。

[142] 兒玉源太郎命令各知事調查有資格者，計臺北縣下有三十七名，臺中縣下有 42
名，臺南縣下有 60 名，宜蘭廳下有 12 名，合共 151 名，屆時出席者約有 48%。
臺灣總督府：《臺灣總督府民政事務成績提要》第七編附錄。廖漢臣：〈揚文
會〉，《臺北文物》第 2 卷第 4 期，（1954 年 1 月），頁 77-82。

[143] 〈科舉俊秀の學士を會合し揚文會發會式を舉行す〉，《臺灣史料稿本》第十
七卷，1900 年 3 月 15 日，頁 108-125。臺灣總督府編：《揚文會策議》(臺北：

上以振興臺灣文風爲由,其延伸的目的更在藉由他們提供舊慣習俗的建言,以作爲殖民政府執行同化政策的參考。總督府並在邀請函上附三題論議,一是修保廟宇、二是旌表節孝、三是救濟賑恤,請受邀者針對此三項發表意見,會後又將這些文章彙集成《揚文會策議》出版。[144]吳德功也於此次徵文活動中,發表三篇策議。從這些策議中得見傳統文人的實際獻策,也透露出儒生的價值觀。

　　吳德功在〈修保廟宇(文廟、城隍廟、天后廟等類)議〉中,提到從泉、漳、粵等地來臺的移民信仰雖有不同,但是供奉保生大帝等臺灣各地廟宇因民眾與官員的重視,而能保存至今。[145]他闡釋廟宇對於安定民心、以及增加生產力等面向多有助益,又強調文廟對於文明社會之治安有積極的影響力。吳德功提到日本自江戶時代即有孔廟的建置,藉此倡言孔子之學是政教的指導原則,可見其言說仍不脫傳統儒士的立場。但若我們以今日眼光重新檢視深究宗教的建築與儀式,將發現背後蘊藏的社會意義。如:孔廟是爲了奉行朝廷教化政策,官方由上而下所推行的祭祀制度,展現權力與信仰的交互滲透。[146]統治者利用祭祀與宗教的儀式,以政教合一的方式

臺灣總督府,1901年),頁1-3。《觀光日記》也提到揚文會的目的在「搜羅臺疆俊傑之才,聿贊國家文明之化。」期望這些科舉文士能「臨會投文,俾得有奇共賞。」吳德功:《觀光日記》(臺北:臺灣銀行經濟研究室,1960年8月),臺灣文獻叢刊89種,頁167。

[144] 吳德功:《觀光日記》,頁167。

[145] 「眾人合建該地之人民自能維持而保護之,然亦恃長官不輕慢庶廟宇能保存耳。」臺灣總督府編:《揚文會策議》,頁20。

[146] 有關權力與信仰交互滲透現象之論述,如以皇權與孔廟的關係爲例,傳統社會中的孔廟作爲一種祭祀制度,即是位於道統與治統之間。孔廟爲儒家道統的制

影響民眾價值觀的形成。[147]又如官建媽祖廟則強調具有忠孝節義的教化功能，最常見的是將媽祖信仰藉由詔封天后的儀式，以加強統治政權的穩固性；亦藉由民間生成的神明，納入國家的統治機器裡。再者，如城隍爺本是民間所信仰的陰間司法官，然而在府縣的官治地點，設有府縣城隍，用以輔助司法統治。此外，關公則被褒揚成忠君的神祇，官設有祀典武廟，官僚必須定期朝拜，以作為教化的宣導。

　　吳德功又於〈旌表（節孝、孝子、節婦、忠婢、義僕）議〉一文，呈現他就清治時期主事忠義祠、節孝祠的籌建事宜，以及編纂《彰化節孝冊》過程中的採訪經驗提出若干具體的建議。另一篇有關社會救濟的策議為〈救濟賑恤（養濟院、育嬰堂、義倉、義塚、義井等類）議〉[148]，開首抒發他對世變後的感觸：

> 值此滄桑變後，播遷逃亡，斯民多辛苦顛連，目擊者為之傷心。他邑諸事之興廢未可知，而我彰則有舉有廢，有存有沒。功等雖抱悲憫之念、利濟之懷，而愛莫能助。茲幸承格下菲之采芟，條分縷晰而聊參末議。

度化，但其制度化卻需統治者的支援與認可，故孔廟為傳統社會裡文化力量與政治力量的匯聚之處。參見黃進興：〈道統與治統之間：從明嘉靖九年(1530)孔廟改制談起〉，《歷史語言研究所集刊》第 61 期（1990 年），頁 917-941。

[147] 甚至到日治時期載刊於 1910 年「臺灣舊慣調查會」的報告書中記有：「儒教是孔子及孟子所祖述的古代聖王教義，內容包括宗教、道德及政治，三者渾然融合成為一大教系。」即是將儒教定位為宗教。岡松參太郎，陳金田譯：《臺灣私法》第二卷(南投：臺灣省文獻委員會，1990 年)，頁 170。

[148] 臺灣總督府編：《揚文會策議》，頁 21-22。

全文先概述這些建物的沿革及功能，再分析改善之道。如養濟院方面：以彰化為例，清治時期收養痲瘋殘疾約四十餘人，只發給每名口糧一日一錢五厘，故難以度日。所以遇民間婚喪之事，痲瘋首領常向人索例費而使人生畏，到了日治時期總督府令各縣鳩集救濟資金，並禁止向外索費。而吳德功比較清治時期及日治時期社會救濟的措施後，更建議採取更積極的作法，提出培訓弱勢族群一技之長或輔導就業，以期能成為有用之人的具體建言。又如安平養濟堂，不僅收養孤貧，並設盲啞學校，以拓展社會救濟的影響力。臺灣清治時期官方與民間育嬰堂的設立，則是因各地為收養棄兒及孤兒，或家計貧窮難以哺育的嬰兒，並期望矯正溺女的惡習而設。吳德功曾承辦彰化育嬰堂十五年，收嬰五千口，他在〈辦理育嬰堂始末記附〉言：「見章程中多係具文而其獎賞甚多」，所以吳德功觀察陋規後，即細加思索改善之道及具體實踐之法，包括：列冊登記身份證明、收養女嬰之規、建議將女嬰契約改為三合票、廣募經費等。[149]

---

[149] 歸納此篇散文所論具體實踐之法，包括（1）列冊登記身份證明：育嬰堂中乳媼不知所育女子的父母姓名及住處，恐「將來必至亂宗」，於是建議列冊登記女子出生時間與父母資料。分發竹簽列號，以《千字文》為字母，每月15日點名，若有並給藥開眼，求聘時以此簽為憑。（2）收養女嬰之規：以往育嬰堂中週歲女嬰，即由堂丁挑離城尋覓收養人。然自晨至暮，一鄉賣過一鄉，常使女嬰在路途中餓死，故改為朔望女嬰齊集堂中以待人抱養。若殘疾之女嬰，則教授一技之長。（3）建議將女嬰契約改為三合票：抱養人、生父母、育嬰堂各有一紙存根，若盜賣作娼婢，通同作弊，則一體同罪。（4）廣募經費：吳德功自言：「每年功約先墊七八百元左右不等。」又得陳文騄、李嘉棠、林朝棟、林文欽、蔡德芳、丁壽泉等官員及士紳的捐獻，而得以維持長期的開銷。臺灣總督府編，《揚文會策議》，頁21-22。

日軍侵臺初期，吳德功又細述在戰亂中曾將兩百餘名幼兒發銀分配，或歸乳母承領，或令生母抱回；並通令各縣辦務署置命各區長按庄稽查，使女童不至孤苦無依的措施。接著論及：「按時值滄桑之變，如因貧苦賣女者，從寬辦理。承買之家亦屬失察，責令改為養媳，年二十以上者，為之擇配，不可終身為賤役。」[150]這些後續的安頓狀況，實踐了吳德功的人道關懷。此外，有關義塚、義渡、義井等公共設施的建議，亦呈現臺灣各地社會救濟的多重面向。

在揚文會召開之前，臺灣總督府於 1897 年 8 月開始到 1898 年之間，除了釐清土地的大小與利用狀況外，也順帶調查公共事業如義倉、義渡、育嬰堂、恤嫠局等救濟事業的歷史沿革與經營實態。這些調查成為日後「舊慣調查」的基礎之一。[151]總督府又在 1901 年制定了「臺灣舊慣調查會規則」，1903 年到 1919 年組成「臨時臺灣舊慣調查會」，以進行調查舊慣有關之工作。其中有關「救恤」等公共福利措施及政策的舊慣調查後，又將這些公共福利的事項納入「行政法」的範疇中。[152]日治初期臺灣各地戰事頻起，許多清治時期的救恤機構或廢棄、或未持續經營。有些機關所屬財產、房舍、土地還為地方官廳任意變賣，或被其他行政、軍事機關所佔用，致

---

[150] 臺灣總督府編：《揚文會策議》，頁 21。

[151] 大友昌子：《臺灣總督府文書目錄第五卷》〈清朝時代における臺灣地方經濟に関する調査報告書—『旧慣調查』前史として一〉(東京：臺灣總督府文書目錄編纂委員會，1998 年)，頁 342。

[152] 劉晏齊：《從救恤到社會事業—臺灣近代社會福利之建立》（國立臺灣大學法律學研究所碩士論文，2004 年），頁 61-67。

使原先接受救濟的貧苦民眾一時不知所依。[153]臺灣總督兒玉源太郎曾捐出俸給，並向當地人士勸募「義金」。[154]吳德功對於臺灣在改隸前的養濟院等機構的荒廢憂心，故這些救濟策議是在社會福利行政未穩固之際，向殖民政府所提出的具體建言。

（二）殖民統治下的參訪論述

吳德功受邀參與揚文會後，並將北上旅途所見、會議內容、總督府參訪行程，撰寫成《觀光日記》。他以日記形式再現這趟殖民政府刻意安排的參訪活動，這些觀光記憶多透顯空間與差異的敘事。[155]「觀光」是人們短暫離開工作與居住的場所，選取迎合其需要之目的地，做短暫性的停留並從事相關之活動。日本於明治維新以後實施現代化，吳德功以第一人稱的現場觀察，正展示日本於海外殖民地的經營策略與成果，更銘記了個人的現代性體驗。這些參觀行程，若重新依照類別歸納，呈現出軍事、警備、產業、醫學、通訊、教育、測量、法律等殖民的現代化概況。（參見表 3-2）

傳統社會的知識分子於這趟現代文明展示之旅後，在驚嘆之

---

[153] 例如林維源所捐獻設立的育嬰堂，仍繼續救濟瀕死嬰兒的事業，並配合日本的統治，進行種痘施療的事業。參見大友昌子：《臺灣總督府文書目錄第五卷》〈清朝時代における臺灣地方經濟に関する調查報告書─『旧慣調查』前史として─〉，頁 346-347。

[154] 李健鴻：《邊陲統制與倫理教化：臺灣社會救濟體制形成之研究(1683-1945)》（臺灣大學社會學研究所博士論文），頁 133-134。

[155] 研究旅行敘事的羅伯森（George Robertson）曾提到行李所聚集的記憶、影像、品味與物件將　銘記其回歸的所在，而書寫記載旅行活動的旅行敘事也「總已是空間與差異的敘事」。Robertson, George, *"As the world turns: introduction"* London & New York: Routledge, 1994. pp.1-6.

餘，更開啟文人的另類視角。吳德功觀察附表 3-2 所列現代化武器等硬體設備之外，同時形容陸軍軍營「其號令進退步伐，皆有紀律，洵為節制之師也。」又描繪騎兵軍營「桓桓糾糾，實一勁旅也。」而砲兵工廠「製造之敏捷，於此可見。」皆是書寫訓練有素的面向。至於有關通訊、生產的設施，如郵便局「見各口各人司事，甚有條理。」則展現硬體設備之外的人事管理與工作效率。至於樟栳製造所「聞機器製栳、煮烟，外國未經開設，皆由內地博士創始，功省利薄，真令人不可思議哉！」[156]則呈現對於殖民者在台北新興產業的研發、機構制度的建立，以及產業的經管理念，多有讚嘆。

在教育方面，特別記錄臺灣總督府的公醫教育為臺灣首例，芝山女學校為開女子教育風氣之先。此外，參觀衛生課時，則言「化學之理奧妙如許，格物之功，烏可廢哉！」[157]又言商品陳列所「揣其意無非欲開本島人之智慧也。」論述對眼前所見文明（civilization）與現代性（modernity）的看法，更是以「格物之功」轉為瞭解「化學」之理的翻譯挪用。這種將漢學經典中的思想，連結從西方移植的概念的行為具有時代意義。[158]他們參觀覆審法院聆聽正在審理中的抗日人士簡大獅案，當時會場有法官五人、通譯二人，並有檢察官紀錄口供。[159]吳德功的遊記中卻未觸及雖有這樣的法庭初具現代律法制度，但殖民地的法律規範卻未必是以公平正義為原則而制定

[156] 吳德功：《觀光日記》，頁 174-181。
[157] 吳德功：《觀光日記》，頁 176。
[158] 劉禾：《跨語際實踐：文學，民族文化與被譯介的現代性》（北京：三聯書店，2002 年 6 月），頁 53-55。
[159] 吳德功：《觀光日記》，頁 181。

相關的文化批判論述。

在與社會團體會談方面，則記錄參與「天足會」創會的筵席，並聆聽會長黃玉階與村上所宣導的理念：「婦人主中饋，相夫助子，躬親操作，若一纏足，則步履維艱，衛生有碍。」[160]呼籲會員開導玉成，使得全島痛除纏足的積弊。日治時期解纏足運動原先由士紳發起，後來各地漸由婦女倡導，例如彰化由區長楊吉臣、參事吳德功、吳汝祥等夫人發起組成「解纏足會」，並於 1914 年 11 月 25 日召開大會。[161]解纏足運動亦是總督府重大宣導與介入的政策之一，在這新身體形塑過程中，諸多臺灣士紳多具帶領作用。

揚文會後一些士紳以列名該會為榮，總督府將與會士紳的策議彙集為《臺灣揚文會策議》出版。[162]然而，現代化多是以日本人的利益為中心，當臺灣居民面對現代化時，內心多少透露出焦慮。十九世紀臺灣歷史轉型期有其複雜性與多重性，探究現代化是與殖民接觸交混而不均的認同結構，也就是在他人身上發現自我的矛盾結構息息相關。[163]吳德功這部《觀光日記》一方面採取旅行文學評論者普蕾特（Pratt）所謂的「觀察論述」（observational discourse），即遊記作者抽離現場，盡量不添加自己的觀感，以客觀科學的方式

---

[160] 吳德功：《觀光日記》，頁 181。

[161] 《臺灣日日新報》第五一八八號，大正 3 年 11 月 27 日。林淑慧（2004.6）：〈日治時期臺灣婦女解纏足運動及其文化意義〉，《國立中央圖書館臺灣分館館刊》第 10 卷第 2 期，頁 76-93。

[162] 文瀾：〈從「揚文會」談到「新學研究會」〉，《臺北文物》第 8 卷 4 期，（1960 年 4 月），頁 40。

[163] 廖炳惠：《回顧現代─後現代與後殖民論文集》（臺北：麥田出版社，1994 年 9 月），頁 162。

來記錄所見所聞。[164]另一方面也對現代化多有讚嘆，更在回程所吟詠的五律詩中表現儒者的心境，所謂：「大道千鈞挽，吾儒一線存」，顯示在現代化的衝擊下，仍堅持保有儒者的使命感。旅行促使他觀察被殖民都會現代化的強大勢力，同時也迫使他在這樣的殖民社會中，思考如何能繼續保有本土性等議題。

四、儒教的社會實踐與應世之道

身為一位科舉文人，吳德功是如何言說儒學？又如何因應日本殖民政策？以下即就兩方面來加以探討。

（一）儒教的社會實踐

就方法論而言，「儒教」包括「儒學」的學術體系，並具有「社會性教說」所發展的文化、思想體系。作為儒學傳播者的官僚士大夫，到儒學接受者的一般民眾，社會各階層都可安置在社會空間軸，各象限存在多層次、多面貌的儒學或儒教樣貌。[165]吳德功以策議方式表達社會救濟的意見外，另藉由幾篇散文呈現儒士社會實踐的情形。如〈續捐育嬰堂費序〉為消弭溺女惡習的論述，且為籌建育嬰堂的募款經費而作。他藉文章來呼籲尊重生命的價值，並響應具有

---

[164] Pratt, Mary Louise. "*Killed by Science: Travel Narrative and Ethnographic Writing .*" (Hong Kong: Hong Kong UP,1986), pp.197-229.

[165] 日本學者子安宣邦〈從當今日本探問「儒教」〉論文中，提倡從「話語」（discourse）角度來探討「儒學」的重要性。子安宣邦：〈從當今日本探問「儒教」〉，《第一屆臺灣儒學研究國際學術研討會論文集》上冊，（臺南：成功大學中文系，1997 年 4 月），頁 393-402。子安宣邦著、陳瑋芬譯：《東亞儒學：批判與方法》（臺北：臺灣大學出版中心，2004 年 6 月），頁 17。

社會救濟意義的善行；又言「捐題經費幾舌敝而唇焦。」[166]呈現出籌備龐大經費的艱辛歷程。另一篇〈善養所碑記〉不僅敘說臺灣移墾過程中弱勢階層的悲苦處境，並以今昔環境對比的方式，呈現重建的迫切性。昔日彰化武廟南方籌建的善養所，如今已成荒蕪之地，所以吳德功與族人吳澄善出資捐建，使其煥然一新。文中詳述善養所的功能，並言日治時期改爲「慈惠院」，又將數處田租充作收養孤貧的經費來源，以實際行動協助此慈善與祭祀事業的永續。[167]因社會福利有其「支出性格」，除非忽視這樣的事務將造成大規模的動亂，否則濟貧機構或賑恤災民的費用難以被列爲主要待處理事項。地方紳商參與社會救濟活動可以提升家族的聲望與地位，也可能增進商業經營的便利，亦是一種型態的投資。[168]

歷史的「偶然」改變了許多人的命運，當日治初期地方陷入一片混亂，吳德功逃難之餘，同時還延續關懷社會各角落裡的弱勢族群。他以門第資望爲當局所重，除曾任參事之外，並善於協調邑中大小事件，成爲鄉梓間具有名望的士紳。1922 年（大正 11）總督府

---

[166] 首段開門見山揭示全文主旨：「傾巢覆卵，猶戾天和；溺女殘生，大傷風化。但相沿積習，彼昏何知；而無告窮民，下情可憫。」吳德功，《瑞桃齋文稿》，頁 187-188。

[167] 吳德功形容善養所已變成「古木陰森，湫隘囂塵，病人一入其中，凶多吉少，儼乎與鬼為鄰。」夜晚經過這低下窄小而潮濕的地方，「毛髮為之聳然者久之。」後來又以實際行動言：「僕即將所中線東堡寶庄田租五十五石，大肚中堡龍目井庄田租六十二石，燕霧下堡陝西庄二甲五分、小租六十五石，充入慈惠院中，以收養孤貧。」吳德功：《瑞桃齋文稿》，頁 48-50。

[168] 林玉茹：《清代竹塹地區的在地商人及其活動網絡》（臺北：聯經，2000 年），頁 318-323。

史料編纂委員會成立，吳德功受聘爲「評議員」。1923 年（大正 12）日皇太子巡臺，吳德功與連雅堂等十五位臺灣人士，列名「學者」。又曾與吳汝祥、楊吉臣等人發起創設位於彰化街的彰化銀行，出任該行董事約近三十年之久，並經營煉瓦製造業、石材販賣業。也曾兼任臺灣舊慣調查會及臺中法院囑托，並受聘臺中農會第一回副長，彰化水道開設副長，以及臺灣總督府史料評定委員會評議委員。[169]這些職務呈現他不僅具有經濟上的資本，更擁有不少的文化資本。

吳德功也曾對節孝祠的興建及整修，投注心力。節孝祠是傳統儒教社會下的特殊產物，在臺灣清代傳統家庭婦女持節事孝的禮教觀仍爲社會所倚重，它代表舊世紀封建社會中的一種制約精神。彰化節孝祠始建於 1873 年（同治 12），由吳德功及白沙書院山長蔡德芳等倡建，1887 年（光緒 13）完工，供奉臺灣中部所調查的四百六十二位節孝婦女牌位。吳德功《彰化節孝冊序‧跋》提到：此書集縣誌、同治、光緒二案報准的節孝冊，書中言同治以前只限名門大家、或地方官特請，後改爲每十二年彙報一次。這篇寫於 1919（大正 8）的跋文，記錄節孝冊採錄過程的慎重其事。[170]1873 年（同治 12）與 1886 年（光緒 12）彰化舉行的「節孝」禮教活動，在層層

---

[169] 施懿琳、楊翠：《彰化縣文學發展史》彰化：彰化縣文化中心，1997 年。臺灣省文獻會，《重修臺灣省通志‧人物志》(南投：臺灣省文獻會，1998 年 6 月)，頁 465-466。〈彰銀總會〉，《漢文臺灣日日新報》1909 年 7 月 21 日，五版。

[170] 《彰化節孝冊序‧跋》又提到：「由其族紳耆及左右隣細查，果係清操自矢、白璧無瑕者，每名具族長紳耆出甘保結各二付，始能合格。造冊十三付後，各粘甘結二付，由各衙門上達北京，然後由北京批准，令各衙門存案，以垂永遠。自此寒門貧戶，皆得受旌表殊恩也。」吳德功，《彰化節孝冊》(臺北：臺灣銀行經濟研究室，1961 年 5 月)，【臺灣文獻叢刊】108 種，頁 166-167。

舉報的過程，及定期祭典儀式的舉行，亦看出當時中央官吏與地方
鄉紳的聯結活動。吳德功《彰化節孝冊・自序》：

> 夫以婦人之守節，吃盡辛苦於生前，宜享盛名於身後。乃其
> 間未經采訪、與草木同腐者，不知凡幾。即幸已蒙旌表，而
> 姓氏未泐諸貞珉，滄桑一變，老成凋謝，勢必星散無存。此
> 節孝名冊之刻，所由亟也。[171]

　　吳德功認為節孝婦女在生前含辛茹苦，應於身後享有盛名，且
其事蹟應永存入冊。《彰化節孝冊》定義「烈婦」是夫死殉亡者，
「節婦」是未過門聞夫死而守節至六年者，凡節婦或養公姑育子，
使夫祀不絕，故謂之「孝」。[172]臺灣清治時期社會在統治者提倡貞
節理想並在制度上相應的轉變，以及士大夫世界的鼓吹，貞節成為
官方、社會所支持的道德價值，並且廣泛的被時人所接受，許多方
志記載未守節的寡婦，不見容於鄉里社會，受到宗族黨里的貶抑。[173]
此書所收錄〈貞婦郭洪氏傳〉提到 1877 年（光緒 3）鹿港一洪姓少

---

[171] 吳德功：《彰化節孝冊》，頁 191。

[172] 吳德功：《彰化節孝冊》，頁 193。

[173] 對於明清時期貞節議題的研究，大多數學者認為明清時代的婦女，沒有自主性，
被要求嚴格遵守貞節的規範。又如在 Susan Mann 的論文分析，許多文人的上下
有序、男女有別，而清代學術上的經學發展影響了社會對婦女角色的看法。Susan
Mann 認為：「女性被稱為道德與穩定的守護者，她們被賦予維護家庭這神聖
地方的任務。」Susan Mann, "Grooming a Daughter for Marriage: Brides and Wives
in the Mid-Qing Period", In R. Watson and P. Ebrey, eds. *Marriage and Inequality
in Chinese Society.* (Berkeley: University of California Press, 1991), p.222。

女平日聆聽父親講授《列女傳》，後來洪女在未出嫁前即為夫殉死，吳德功描寫洪女出殯之日的盛況：「鹿港父老送諸途，衣冠濟濟，鼓樂喧嘩，極一時之盛也。」[174]如此的社會集體活動，已反映男尊女卑、父權社會的價值體系。在以忠君、貞節、孝順作為評價人物的標準，構築社會制約網絡的形成，多有助於鞏固殖民統治者的權威。在儒家道德論述的背後，存在著意圖支配他人，建構制式知識且排他性極強的真理意志。藉由知識體系與社會機構，來形成論述的主體位置與權力意志，使知識成為某種普同概念及合法的產物，以便創建效用及理性與懲戒的規訓。

日治初期選擇留居臺灣的士紳，多是以實踐儒教來面對因應日人治臺的局勢。從 1916 年（大正 5）臺灣總督府編纂的《臺灣列紳傳》，可見殖民者對吳德功的評價：

> 吳德功清朝貢生也。資性淳樸，學殖深遠，名聲冠於地方。明治三十年登庸參事，襲職到于今。忠誠悃篤，急公好義。邑中大小事件，人無不就謀，謀而莫不通。家產約二萬五千圓，亦是彰化名族也。明治三十年五月授紳章，年今六十七。[175]

吳德功原本辭拒協力殖民的立場，在日本當局多方羅致之下，逐漸鬆動。因有關彰化育嬰堂、忠義祠、節孝祠之籌建，皆由吳氏

---

174 吳德功：《彰化節孝冊》，頁 198。
175 臺灣總督府編：《臺灣列紳傳》（臺北：臺灣日日新報社，1916 年 4 月），頁182。

主其事;日治時期他也因熱心公共事務,擔任參事並協助鄉民排解糾紛而累積其社會地位。他處在傳統文化與現代文化交會之際,面對當時民眾未能賦予儒學觀念系統新的生命,因而激起他從經典中重新發掘孔教的現代意義。他又在〈孔教論〉中指出:「時人多喜談新學,新學具有言論自由、男女平權、財用富足、國民自強、武備宜修等特質,而孔學所談實足以涵括之。」[176]他詮釋儒教思想原為符合實際生活,同時也是要求實踐的;並闡明儒家經世濟民、仁人濟眾的理念。以人權等新概念與孔教作結合,顯現他思考上的轉變。在政治的認同上,吳德功雖順應了日本殖民政權;但在文化的認同上,卻堅持儒學傳統道德的恆久性,並且進一步吸納現代性的文明觀。

(二)殖民社會的應世之道

1898 年(明治 31)將國語傳習所改制為公學校,為臺灣大規模開辦近代學校的濫觴。吳德功曾掛念學生入學受教的機會,故於是年為文建議臺中知縣村上義雄在各區設公學校後,也能在中部設師資培育的機構,他曾言:「時功請設師範學校,公韙其言,申請上憲創設,中部之俊秀者,得與其選。邑中民又欣欣然有喜色。」[177]1899

---

[176] 《臺灣文藝叢誌》第一年第一號,臺中:臺灣文社出版,1919 年 1 月。川路祥代曾論及孔教如何成為日臺雙方教化統治的協商資本,並透過 1919 年《臺灣文藝叢誌》所刊登的 22 篇〈孔教論〉,探討殖民地政權與傳統知識分子的互動關係。川路祥代,〈殖民地臺灣文化統合與臺灣傳統儒學社會〉,臺南:成功大學中文所博士論文,2002,第四章。川路祥代,〈1919 年日本殖民地臺灣之孔教論〉,《成大宗教與文化學報》第一期,2001 年 12 月,頁 1-32。

[177] 吳德功:《瑞桃齋文稿》,頁 138。

年（明治 32）臺灣總督府因臺中當時無適當建築物為由，將臺中師
範學校校址設於彰化文廟，並聘請吳德功任教漢文課程，故能再度
參與地方文化及教育事務之籌畫。[178]在日本嚴密的控制及現代化武
器的威逼利誘之下，初期武裝總督殖民政策的重點放在課稅，擴增
財稅來源，收編原住民的山林，將其土地收歸國有，積極推展現代
化經濟建設，以及貨物的流通。又為了懷柔和鎮壓臺灣人民，日治
初期教育政策，是以對於經濟成長和推展行政事務有用的訓練為
主。因此設立小學之外，也重視訓練小學師資的師範；又為了提高
農民與勞工的素質，也實施職業教育並培育醫生、律師。1914 年（大
正 3）吳德功又與林獻堂、辜顯榮、蔡蓮舫等人爭取設立臺中中學。
1915 年（大正 4）彰化地方人士成立「同志青年會」，吳德功曾擔
任教職。[179]他在〈彰化同志學問研究會論作文法〉言古文的源流一
文中，從唐宋八大家到明清的名家談起，到感嘆當今熟悉漢文者的
凋零。所謂：

> 方今漢文凌替，幾如晨星……本島滄桑變後，老成凋謝，能
> 嗜斯道者，亦如碩果之僅存。昨夜青年者學術研究會，惠然
> 而來者四五十人，內有教諭訓導，及國語醫學諸刻卒業者，
> 居半數以上，可謂能嚮學矣。……朝夕互相揣摩，自可挽狂

----

[178] 臺灣教育會編：《臺灣教育沿革誌》（復刻版）（臺北：南天書局，1995），
頁 609、624。

[179] 施懿琳：〈由反抗到傾斜－日治時期彰化文人吳德功身分認同之分析〉，《從
沈光文到賴和－臺灣古典文學的發展與特色》，頁 384。

瀾於既倒，斯文庶可不墜乎。[180]

吳德功因擔任教職，而得以將對古文存續的關懷，化爲實際傳授漢
文的行動。他於〈三跋中村櫻溪涉濤三集〉提到：

> 改隸以來，前時學者，經書束諸高閣，惟詩社盛開，南北中
> 騷壇樹幟，其見於新聞雜者，多詩章唱和，古文一道，則不
> 少概見。蓋古文必出經入史，寢饋於大家，而後斐然成章，
> 故非率於操觚者，所能測其涯涘。[181]

藉由評論中村櫻溪的文集，透露日治時期臺灣古典文學領域以
詩的創作爲主，作古文者漸稀。也點出古文與經史關係密切，非長
期熟讀經史、觀摩歷代大家，難以窺測此領域的堂奧。吳德功在現
代化的社會中，以維繫漢學爲終生職志，並對古典文學的傳承具有
使命感。故於 1917 年（大正 6）與黃臥松、吳上花、楊吉臣等人創
設「崇文社」，且任首屆社長，並參與崇文社第一至四期的徵文評
選。[182]

---

[180] 吳德功：《瑞桃齋文稿》，頁 161-164。

[181] 吳德功：《瑞桃齋文稿》，頁 122。

[182] 1917 年彰化地區的傳統文人創設崇文社，原取「崇文重道」之意，為日治時期
第一個成立的臺灣文社。1918 年正月黃臥松與賴和、吳貫世倡議徵文，召集了
吳德功等中南部文人士紳，並開始徵文。施懿琳，〈日治中晚期臺灣漢儒所面
臨的危機及其因應之道—以彰化「崇文社」為例〉，《從沈光文到賴和—臺灣
古典文學的發展與特色》，頁 112。

　　1919 年（大正 8）10 月《臺灣文藝叢誌》創刊號上，登載了「臺灣文社」設立的宗旨。此雜誌第一屆以〈孔教論〉為題公開徵文，吳德功亦為 46 位評議員之一。他所撰的〈孔教論〉中提到：「苟有利於國家者，必與時偕行，非所謂萬物並育而不相害，道並行而不相悖耶。何嘗無公德心也。」[183]此文中以孔教所蘊含的言論自由、男女平權、財用富足、國民自強、武備宜修等義旨與現代文明相對應之外，又以「公德心」呈現孔教有助於現代國民社會道德養成的面向。從「博文約禮之規」言儒家教義的平易近人，從「有教無類」言教育理念的普遍與永恆性，「博施濟眾之懷」言其終極目標具有成就眾人的能量。[184]皆是試圖以臺灣鄉紳的立場，成為傳統倫理道德與現代公民社會的認知差距的溝通者。吳德功處於十九到二十世紀之交，如立於「傳統－現代的連續體」（traditional-modern continuum），他既生活在傳統的世界裡，也生活在現代的世界中。類似這樣跨越時代人物所面臨價值的困窘，需要「移情能力」與「心靈的流動」，方需能解消「種族中心的困局」。[185]世變之下常產生「我是誰」的困擾，因為穩定個體認同的一套傳統價值，正於戰亂中耗損，即是後殖民理論家巴巴（Bhabha）所謂「曖昧認同」的來源。當時漢人社會觀照自身的認同典範，顯然還是多來自傳統的道

---

[183]　吳德功：《瑞桃齋文稿》，頁 12。

[184]　吳德功：《瑞桃齋文稿》，頁 12。

[185]　金耀基：《從傳統到現代》（臺北：時報文化出版公司，1996 年 9 月，三版），頁 117-121。

德教化。[186]吳德功將割臺及日軍侵臺時逃難的悲憤，移情關注於世變中家族成員的安危、龐大產業的維繫，或是關懷弱勢階層的社會救濟、鄉里間糾紛的協調，以及儒教價值的延續上。他以忠孝節義等儒教核心自處於臺灣的世變中，而略於主權變異的民族認同問題。

　　日治初期因家族實際利益、或因社會責任感而選擇留臺的士紳，常在詩文中表達割臺的處境與順服異族政權的不得已。華特·班雅明（Walter Benjamin）認為歷史不僅是思想史，而是經驗所構築的歷史，呈現的是面對過去、獨立存在的個人經驗。[187]當我們重新閱讀這些知識分子思索現代性的論述，更顯出時代的複雜意義。1898 年（明治 31）總督府針對臺灣人聚眾以武力攻擊日軍或官署的抗日模式，制定「匪徒刑罰令」，規定「不問目的為何，凡以暴行或脅迫為達成其目的而聚眾者」，即構成「匪徒罪」。[188]這種「污名化」政治反抗者，與強盜集團化為同一的政策，使得大部份的臺灣政治反抗者，在 1902 年（明治 35）之前被處死的「匪徒」中，約只有四分之一是經正式的司法程序。[189]在 1895-1902 年間日本以軍力壓制臺灣人反抗的階段，臺灣住民約有三萬兩千名，即超過當

186　方孝謙著：《殖民地臺灣的認同摸索》（臺北：巨流圖書公司，2001 年 6 月），頁 70-71。

187　邁可·史坦柏格（Michael P. Steinberg），陳家幸譯：〈現代性與歷史：談華特·班雅明〉，《回顧現代文化想像》（臺北：時報文化出版公司，1995 年 12 月），頁 134-135。

188　上內恆三郎：《臺灣刑事司法政策論》（臺北：臺灣日日新報社，1916 年），頁 176。

189　王泰升：〈日本殖民統治者的法律鎮壓與臺灣人的政治反抗文化〉，《月旦法學雜誌》116 期，2005 年 1 月，頁 123-138。

時臺灣總人口的百分之一,遭日本統治者殺害;且平均約每二十五名年輕臺灣男子,就有一名於抗日行動中身亡。[190]然而如此慘痛的犧牲,卻又見不到未來的希望,這在民眾的心靈中不免烙下傷痕。《瑞桃齋文稿》收錄〈放鳥〉一文書寫吳德功所養的一對玉燕,因習於安樂的生活,不願重返山林的故事。文中採問答體的方式,借此故事以托寓告誡眾人,不可縱欲享樂而失去自身的志向。而另一篇〈觀僵梅記〉則提到登彰化八卦山見古梅僻處山巖,昔日梅香芬芳,今日卻奄奄無生氣。吳德功於篇末慨嘆「孟子曰:知命者,不立乎巖牆之下,則凡明哲保身者,當奉為龜鑑,而斯梅猶其小焉者也。」[191]如此藉物抒情,亦透露出文人在困阨的險境之下,「明哲保身」可謂為不得已的處世之道。吳德功以儒家經世濟民、仁人濟眾的理念,順應了日本殖民政權,並吸納殖民現代性的文明;另一方面,也採取明哲保身的態度與殖民政府謹慎應對。

《瑞桃齋文稿》又收錄雜記類古文〈竹瓶記〉,亦是藉物托寓文人處境。此文描寫作者偶拾一竹節,後製為竹瓶以供觀賞,藉此申論人才需獲伯樂的賞識與提拔,始能發揮潛能的哲理。所謂:「今夫權奇倜儻之士,苟處在荒陬僻壤之間,難以表白於世;即罹處於通都大邑,苟非有人物色之,亦終與草木同腐。」[192]又以東漢蔡邕聽及梧桐木燃燒之音,知此木為製琴的良材,故從火堆中搶救製成焦尾的古琴。此文雖道出自古文人懷才不遇的感嘆,也暗含主事者

—————————————————

[190] 向山寬夫:《日本統治下における臺灣民族運動史》(東京:中央經濟研究所,1987年),頁288。

[191] 吳德功:《瑞桃齋文稿》,頁64-65。

[192] 吳德功:〈竹瓶記〉,《瑞桃齋文稿》,頁59。

宜積極發掘人才的內在意義。日治初期殖民政府利用保良局的參事、或編纂地方史書等機制來收納知識分子。吳德功除了曾任參事等職以外，1922 年（大正 11）總督府史料編纂委員會剛成立之際，亦受聘爲「評議員」。《漢文臺灣日日新報》記載 1906 年（明治 39）9 月 29 日後藤民政長官送別會時，吳德功與百餘位參事、士紳連袂北上參加盛會。[193] 這些士紳與殖民政府多相接觸，有時不免協力於當局政策。如吳德功任臺中師範學校教授囑託時，所撰〈祭征番討伐隊殉難人員文〉記錄臺中廳長枝德二及陸軍法院諸官紳，公祭「征番討伐隊」殉難人員的情景。[194] 此文爲枝廳長命吳德功所作，多仿屈原〈國殤〉的形式，但以統治者視角書寫原住民與日軍相戰的情況，「捐軀報國」等修辭更呈現以國民身體與國家機構相結合的宣傳。[195]《瑞桃齋文稿》又錄有一篇〈運動會記〉論及運動會的教育功能，並將傳統六藝與新式運動結合。文中提到：「競技既終，各領賞品，雍容揖讓而退。在場者，咸嘆觀止矣。雖有他技，不敢復請矣。嘗讀論語云：『射以觀德，其爭也君子。』實為運動會之蒿矢，況勇與智仁，為三達德，雖聖門亦重體育也。然則體操之事，豈尋常遊戲者哉！」[196] 闡釋孔學中的智仁勇與運動精神相應，申論體育的多重意義。日治時期臺灣總督府推行戒吸鴉片、解纏足、斷

193　〈全臺紳士來府〉，《臺灣日日新報》1906 年（明治三十九年）9 月 29 日 2 版。

194　吳德功：《瑞桃齋文稿》，頁 159-160。

195　近來有關身體與文化相關論述頗多，如 Bryan S. Turner, *The Body: Social Process and Culture Theory* (Newbury Park: Sage Publication, 1991)。

196　吳德功：《瑞桃齋文稿》，頁 167。

髮、改衣飾、受新式教育等,以傳統／現代,本土／文明的差異以形塑殖民地人民新的身體觀。[197]在這強勢的殖民政策下,吳德功為維護傳統道德而有所堅持,同時亦在許多殖民制度上有所屈服順應,並應用現代思想觀念重新詮釋儒教要義。

五、結語

　　清治末期到日治初期世局變動的現象,常激發在地文人撰寫各具風格的文化論述。這些或敘事或議論的散文,呈現知識份子對於臺灣史事的記載與評論,及對當時的政治、社會、及風俗的觀察與價值觀。在跨越十九到二十世紀的臺灣文人之中,彰化文人吳德功不僅參與當地的社會救濟,在鄉里的影響力不容小覷;其散文作品又橫跨世代,並流露文人在特殊時局的心境與因應。故本文以吳德功的散文為主軸,論析作者於各時期文學書寫與文化對話的情形:首先,分就褒貶清末民變人物的教化論述、從割臺到日軍侵臺的詮釋觀點,探析《戴案紀略》、《施案紀略》、《讓臺記》等史傳散文所反映的思想特徵。這些史傳散文多透過現在的詮釋觀點及需求,重新解讀過往歷史文化的認知,也保留了作者對臺灣史事的記憶。其次,探究吳德功策議與遊記的文化視界,試從儒生之獻策論議、殖民統治下的參訪論述,來分析日治初期《揚文會策議》中的三篇議論。接著,探討《觀光日記》所記載吳德功參與殖民政府刻意安排觀光活動的現代性體驗。現代化多是以日本人的利益為中

---

[197] 1911 年 3 月 31 日《漢文臺灣日日新報》載:臺灣總督府推行斷髮運動時,彰化吳德功等人有功於推展。

心，當吳德功面對現代化時，內心多少透露出焦慮。最後，從議論
散文中探究儒教的社會實踐與殖民社會的應世之道，吳德功闡釋儒
教思想原爲符合實際生活，同時也是要求社會實踐。他又因擔任教
職，而得以將對於古文存續的關懷，化爲實際傳授漢文的行動。吳
德功在這強勢的殖民政策下，採取明哲保身的態度與殖民政府相應
對，呈顯他的處世觀。

　　吳德功在 45 歲壯年前處在清治時期，中晚期則有 29 年的生涯
跨越到日治時期。身爲大家族成員及地方有名的士紳，在多方考量
與折衝調適之下，常有與執政當局合作的機會。當他於日治時期選
擇以明哲保身、闡揚儒家文化爲職志，其古典散文也呈現知識份子
對世變的觀察與見證。雖然到了 1895 年政權已異動，臺灣成爲日本
在東亞的殖民地；但跨越時代的文人的生命歷程卻是連續的，古典
散文的創作並不因日本統治而中斷。日治初期文人多以傳統漢文作
爲表達思想與溝通的工具，古典散文的內涵也因社會的變遷而呈現
多元的面貌。如李春生與洪棄生等人到日治時期仍藉由古文來傳達
理念，臺中士紳林獻堂則廣泛閱讀世界各國書籍，並以古典散文來
撰寫日記或在報刊發表到各國的旅遊見聞。甚至在日治初期的《臺
灣日日新報》等報刊的漢文欄上，多見文人以古典散文評論史事，
或剴切激昂的宣揚新思潮。有關十九世紀末與二十世紀初期在地文
人的散文，蘊含多元文化論述的學術價值，頗值得學界持續投入挖
掘與探索。

表 3-2：《觀光日記》參觀行程一覽表

類別	地點	參觀紀錄摘要	時間	頁數
軍事	陸軍軍營	肅嚴無譁……各手執隱倉鎗，腰帶炮子袋，以革帶繫刀，背佩獸皮製四方袋。	15 日下午	173
	騎兵軍營	其馬匹皆獨逸式，隊長號令，馬行如旋風馳驟，桓桓糾糾，實一勁旅也。。	15 日下午	173
	基隆觀戰艦	首尾安鋼線砲……艦中置大砲數十罇……時管帶官命海軍操演，如對敵狀，各演空鎗數十响。尋而二人假爲中傷跌下，命苦力縛繩抬起，軍醫隨時療治。忽見艦中大砲發數十响，烟滿艦中，不辨人物。旋又出魚雷一罇，入海以擊敵船也。	16 日上午	174
	砲兵工廠	內有砲具製造所、小銃製造所、銃砲製造所、目黑火藥製造所。又有鋸木料所。	20 日	180
警備	警察獄官學習所	所內洋樓一座，四面窗牖玻璃明亮。中分四室：舍監室、事務室、會計室、受付室。上有走馬樓，	17 日上午	174

		清潔異常。屋脊上高三、四尺，兩邊玻璃窗，以通空氣，且光明異常。		
	練習武藝所	所長令鈴木練習生等打拳，連環攀倒，撲地有聲。演數回，令操伏地繩、綑縛繩、非常繩、土匪綑縛繩等法。	17 日上午	174-175
	獄吏生、警察生練習所	獄吏生練習所中懸一匾，文曰「至誠」，兒玉爵帥手書也。警察生練習所中一匾，文曰「盡忠」，後藤民政局長親題也。	17 日	175
產業	製洋烟所、貯烟膏所、熬烟所	計製烟職工百餘人，可供全島人之吸，不亦簡而該哉。	17 日	175-176
	電火所	燈中數條白金線漸紅，而火即發矣。鐵管數枝：一分燃總督衙門，一分民政局衙門，一分測候所、衛生所等處也。	17 日	176
	衛生課	取民製下等烟膏化之，其水黑而不變；以官製之烟化以藥水，即變爲乳色。誠以官製之烟無毒物以雜之，吸者可以無病焉。	17 日	176
	商品陳列所	陳列水器、磁瓶、五金器皿、綢	19 日	178

		緞銃刀。無論會員及隨行，皆可入閱，揣其意無非欲開本島人之智慧也。		
	樟栳製造所	大鐵爐銅鼎六座，以煮本土之腦，每鼎二日夜，噴出水氣，可煮五、六千斤之腦。……裝淨栳，如製洋烟之式，真佳製也。	20 日	181
醫學	病院、時疫病室	民政局後藤諭會員歸去開導聰明子弟入醫學院。後又參觀上等病院、配藥室、死屍橫陳列室。	19 日	178
	公醫學校	自明治三十一年十一月開學，初次生徒二十名，將來卒業，必為本島醫學專門之名士。又有看護婦養成科十數名。	19 日	178
	天足會	與黃玉階與村上知事論述纏足的積弊。	20 日	181
通訊	郵便局	局面倣西洋式，甚壯大堅固。	19 日	179
	電信局	司電者各司其職。	19 日	179
教育	總督府國語學校	觀講堂卒業生演化學。陳內地、本島及地球全圖並各地分圖，引會員展玩以廣眼界。……又引觀生徒習課，試以國語，皆應對如響，可見平日校師之課程嚴密	20 日	179

		焉。再進東邊運動場，……頭戴鐵面具，腰圍皮革囊，數十人以行棍擊刺，如飛花滾雪，令人目不暇給。		
	芝山女學校	校中女弟子百餘人，有十八餘歲卒業生，擢爲女師。校長令弟子鼓琴唱歌，並寫漢文於烏板，各能誦說。不謂村落竟有此學校，視爲本島得風氣之先。	21日	181-182
測量	度量衡調查所	度有銅天尺、魯班尺、本島與西洋諸尺皆備。量……本島各縣之斗都備。衡……西洋諸衡連本島各縣諸衡，無所不備也。	20日	180
	測候所	地震器械凡地震一分，其機自動。壁上懸漢朝張衡侯風動地儀圖。	20日	180
法律	覆審法院	閱法堂上法官、通譯審問，檢察官紀錄口供。會員坐聽一時久告退。	20日	181

第四章　旅外記憶的跨界書寫

　　旅遊書寫呈現作者對空間移動的感知，以及離開家園至外地參訪的體驗紀錄，同時也因跨越疆界而觀察到異國文化。遊記作者因職務或旅遊動機的差別，常於字裡行間顯現不同於他人對異地的認知，有時也透露散文與觀察對象的權力關係，此類文獻皆呈現出文人內在複雜的文化意涵。本章透過蔡廷蘭《海南雜著》關於越南的記憶與論述、李春生與洪棄生旅遊書寫，以及林獻堂在其 1927 年日記及《環球遊記》中的世界文化觀摩之旅的記錄，呈顯出文人對異地的記憶及其敘事意義，並透露文化論述的特殊質性。當文人離開熟悉的土地，跨界到異地之際，爲一種「非常」的暫時生活樣態，並重新思索自己的位置。本章所提及的遊記中，透過文人旅遊記憶的跨界書寫，顯示出與異地的疏離，而這種疏離也反映所謂的文化差異。近代旅行符號學的研究更提到，眾人常透過旅行收集異國文化經驗，增加其在家鄉社區中象徵性的社會價值。以下各節探討不同文人背景、寫作動機、旅外場域等，影響旅遊書寫的因素，提供思考文獻所呈現論述的面向。

第一節　越南記憶與論述：
蔡廷蘭《海南雜著》的跨界之旅

一、前言

　　臺灣古典文學史上的數本遊記，多呈現文人對異地的記憶，並透露文化論述的特殊質性。清治時期從中國到臺灣的遊宦文人，如郁永河《裨海紀遊》、羅大春《臺灣海防並開山日記》、池志澂《全臺遊記》、胡傳《臺灣日記與稟啓》及蔣師轍《臺遊日記》等；或是在地文人蔡廷蘭《海南雜著》漂流至海外而撰寫的遊記作品，具有詳細記載日期、地點、活動的特徵，皆屬長篇的旅遊書寫。因遊記作者的不同職務或旅遊動機，常於字裡行間顯現敘事者對異地的認知，有時則透露與觀察對象的權力關係。近代旅行符號學的研究提到，眾人常透過旅行收集異國文化經驗，增加其在家鄉社區中象徵性的社會價值。[1]澎湖文人蔡廷蘭（1801-1859）由於遭遇颶風漂流至越南，而展開一段意外的旅程，這個偶然卻讓他得以做跨文化的觀察。他所撰寫的《海南雜著》成為十九世紀前期臺灣在地文人旅外遊記的代表作，今日也因此書的流傳，加深他在家鄉或異地的象徵性社會地位。

　　綜觀《海南雜著》的版本，自 1837（道光十七）年秋天起，短期之內接連有初刻一刷、初刻二刷和二刻一刷、二刻二刷等四個不

---

[1]　Culler, Jonathan. "The Semiotics of Tourism,"in Culler *Framing the Sign: Criticism and Its institutions.* Norman & London: U. of Oklahoma P., 1998. pp.153-167.

同版本的刊本問世。[2]臺灣、日本、俄羅斯、越南等地藏有若干刊本、抄本、排印本和翻譯本。1872（同治十一）年或1877（光緒三）年即已有俄文譯本：1878（光緒四）年又被譯成法文出版；20世紀末到21世紀初，更有日文、越文翻譯問世，此書成爲清治時期在地文人著作譯成多國語文的特例。[3]日本立教大學的後藤均平教授，於東洋史課程中以《海南雜著》作爲兩年的研習教材；並組織「《海南雜著》を讀む會」，將此書中的〈滄溟紀險〉、〈炎荒紀程〉加以翻譯、考訂、註釋，且將研讀成果〈蔡廷蘭《海南雜著》とその試訳〉，發表於《史苑》第54卷1號「東洋史特集號」（1993）。

目前有關蔡廷蘭的研究，多是探討其生平經歷，如幼年的求學、參與科舉考試、或是關懷澎湖賑災、編纂方志、赴江西任官等事蹟；以及家族背景、或於澎湖採錄蔡廷蘭傳說的考證等。有些論文則探究《海南雜著》的版本校勘，或直赴越南重新探察蔡廷蘭當初的行旅路徑。如陳益源教授對於有關蔡廷蘭的民間傳說，以及《海南雜著》的版本與譯本等研究，皆著力甚深，並將長期的研究成果集結成《蔡廷蘭及其「海南雜著」》（2006）專著問世。澎湖縣文化局出版的《開澎進士蔡廷蘭與「海南雜著」》一書也收錄陳益源、高啓進、陳英俊等人的研究成果。此外，澎湖縣立文化中心出版的期

2　《海南雜著》的版本有：（一）清刊本：包含初刻一刷本、初刻二刷本、二刻一刷本、二刻二刷本。其中的二刻二刷本，目前爲國立臺灣圖書館所蒐藏。（二）越南抄本：藏於越南河內的漢喃研究院圖書館，以工整楷書抄錄。陳益源，《蔡廷蘭及其海南雜著》（臺北：里仁書局，2006年8月），頁74-77。

3　陳益源：〈《海南雜著》的版本與譯本〉，《蔡廷蘭及其海南雜著》（臺北：里仁書局，2006.8），頁81-85。

刊所收錄多篇論文，亦有蔡廷蘭的相關研究。於學位論文方面，也
多論及蔡廷蘭的生平、交遊的情形，以及現存詩作的考證，並探究
其作品於文學史上的意義[4]。這些歷來的專著與論文，積累了有關蔡
廷蘭的研究成果。然而，就《海南雜著》而言，這部十九世紀前期
臺灣文人的旅外遊記，牽涉到文化的遷徙流動，以及文人跨界論述
的價值觀，若能以旅行文學的理論加以詮釋，當能對此書的研究另
闢蹊徑。

　　近年所見有關探討臺灣十七到十九世紀旅遊書寫的學位論文，
如 Teng, Emma Jinhua 的博士論文，以論析中國來臺遊宦或流寓文
人為主要對象，藉由十七到十九世紀陳第、藍鼎元、黃叔璥、池志
澂等人的旅遊書寫，作為比較文學與文化的詮釋文本，並探索遊宦
文人或官員的寫作策略。此論文後已改寫為專書*"Taiwan's imagined
geography: Chinese colonial travel writing and pictures, 1683-1895"*，
由哈佛大學出版社於 2004 年出版。[5]於探討清治時期旅遊書寫的學
位論文方面，亦有若干研究成果。相關的期刊論文，如〈臺灣清治
時期遊記的異地記憶與文化意涵〉（2004）、〈臺灣清治前期旅遊
書寫的文化義蘊〉（2005）等，皆為探討古典遊記的期刊論文。《中

---

[4]　葉連鵬《澎湖文學發展之研究》，中央大學中文所碩士論文，2000 年；洪惠鈴
　　《蔡廷蘭研究》，東海大學中文所碩士論文，2007 年

[5]　Teng, Emma Jinhua, *"Travel Writing and Colonial Collecting: Chinese Travel
　　Accounts of Taiwan from the Seventeenth through Nineteenth Centuries"*, a thesis
　　presented to the Department of East Asia Languages and Civilizations of Harvard
　　University for the degree of doctor of philosophy, Massachusetts: Harvard
　　University.1997. 此論文後來改寫為*"Taiwan's imagined geography: Chinese
　　colonial travel writing and pictures,1683-1895"*於 2004 年由哈佛大學出版社出版。

外文學》曾於 1997、1998 年的兩期旅遊專輯，收錄數篇評介近代、現代各國的旅遊書寫。[6]雖然以旅遊文學與文化的角度作為論述主軸，已有若干成果，但許多遊記的文學史及文化的意義仍尚待考掘。蔡廷蘭《海南雜著》的第一部分〈滄溟紀險〉多描繪海難過程及越南行旅的驚險，歷史學界多從海洋史的觀點研究有關海難議題，如：湯熙勇〈人道、外交與貿易之間：以朝鮮、琉球及越南救助清代中國海難船為中心〉（2003）等數篇論文可供參考。至於第二部分〈炎荒紀程〉與第三部分〈越南紀略〉則涉及越南的歷史、文化以及移民的流動、中越關係等議題，需以科際整合的方法，始能理解此遊記的文化意涵。

　　為探究《海南雜記》的多元面向與意涵，本節參考了早期有關越南的史料如：南朝宋范曄《後漢書・南蠻西南夷列傳》、元代黎崱《安南志略》，以及中央研究院許文堂、謝奇懿編《大南寔錄清越關係史料彙編》，或是《大南寔錄》部分史料。並瀏覽王錫祺編著《小方壺齋與地叢鈔三補編》中的〈越南風俗記〉、《越南漢文小說叢刊》（神話傳說類）等文獻叢書。且參照目前臺灣所見中越關係的研究，如鄭瑞明《清代越南的華僑》（1976）、朱雲影《中國文化對日韓越的影響》（1981），張秀民《中越關係史論文集》（1992），薩德賽《東南亞史》（2001），以及暨南大學東南亞研

6　相關的學位論文，如林淑慧「黃叔璥及其《臺海使槎錄》研究」（2000.5），後改寫為《臺灣文化采風》（2005）、陳虹如「郁永河《裨海紀遊》研究」（2000.6）、郭侑欣「憂鬱的亞熱帶：郁永河《裨海紀遊》中的臺灣圖像及其衍異」（2001.6）。期刊主題徵稿則有《中外文學》26：4(1997.9)、及 27：5(1998.10)的旅遊文學專輯。

究中心出版的梁錦文《越南簡史》（2003）等，探討人物、典籍與歷史的文獻，以作爲論述《海南雜著》中有關越南文化的參考。

　　本節以《海南雜著》爲主要研究文本，並參酌相關史料與旅行理論，探討蔡廷蘭當年因緣際會漂流到越南，在旅程中觀察了哪些自然景觀以及風土人情？他選擇以何種視角來觀看？書中所記錄有關越南的歷史與文化論述有何特殊質性？期望從探討旅行者與當地文化的接觸過程中，有助於進一步詮釋臺灣清治時期遊記文學與文化的內在意涵。

二、蔡廷蘭越南行旅

　　蔡廷蘭，字仲章，號廷蘭，諱崇文，諡郁園，學者稱秋園先生。又一號曰香祖，原本爲恩師周凱依其名所取之「字」，但因早已按照家族輩份取字「仲章」，遂以「香祖」爲號。1801年（嘉慶六年）8月20日生，1859年（咸豐九年）3月15日卒，享年五十九歲。[7]他於十三歲即中秀才，1832年（道光十二年）澎湖饑荒，周凱勘查賑災情形，蔡廷蘭上〈請急賑歌〉，詩歌中透露知識份子對民生的關懷，爲臺灣古典詩歌史上著名的作品。他曾擔任引心書院的主講，並於臺南崇文書院、澎湖文石書院任講席。蔡廷蘭科考登進士後，澎湖文人考中科舉的情形自此也更興盛。蔡廷蘭除在臺任教外，又於四十四歲分發至中國江西任知縣，四十九歲補峽江知縣，後歷官

---

[7]　陳益源：〈蔡廷蘭史料與澎湖「蔡進士」傳說〉，《蔡廷蘭及其海南雜著》（臺北：里仁書局，2006.8），頁2。

至同知。[8]

　　蔡廷蘭於 1835（道光十五）年秋赴福州省城應鄉試，時年三十五歲。考後由金門料羅灣乘船回澎湖的歸程中，遭風漂至越南，與風雨搏鬥歷十晝夜。後來他將漂流至越南的行旅事蹟及所見所聞，按日記載而成《海南雜著》。此書第一部分〈滄溟紀險〉，敘遭風歷險十晝夜抵越南的情景；第二部分〈炎荒紀程〉，按日記載於越南及歸途的經過；第三部分〈越南紀略〉，述越南史事及當地的典章衣飾與風土人情。以下即分別就歷險探奇的旅行記憶、越南古蹟與民間傳說兩方面加以論析。

（一）歷險探奇的旅行記憶

　　記憶開啓了旅行書寫，一般旅遊文本多語氣真摯。遊記作者對於旅程中的奇特景觀記憶深刻，常藉由冒險探奇以表現這趟旅程的不平凡；同時也發揮聯想力，吸引讀者的閱讀興趣。蔡廷蘭《海南雜著》的〈滄溟紀險〉多處描寫遭遇颶風的經歷，文中鋪敘展開驚險的情節，如：「叫嘯怒號，訇哮澎湃，飛沫漫空，淋淋作雨下，濕人頂踵，毛骨生寒，眾相視無顏色。忽然一聲巨浪，撼船頭如崩崖墜石，舟沒入水，半瞬始起。」[9]在水傾盆直瀉艙底的狀態下，蔡

---

[8]　林豪：《澎湖廳志》（臺北：臺灣銀行經濟研究室，1963.6），臺灣文獻叢刊 164 種，頁 237-239。

[9]　蔡廷蘭：《海南雜著》（臺北：臺灣銀行經濟研究室，1959.6），臺灣文獻叢刊 42 種，頁 2。因臺灣文獻叢刊較為流通、普及，故本論文所引版本頁碼皆以此版本（簡稱《文叢本》）為主。並參考國立臺灣圖書館（原中央圖書館臺灣分館）所藏二刻二刷（簡稱《二刻本》），以及陳益源教授《海南雜著》的新校本（簡稱《新校本》，收錄於《開澎進士蔡廷蘭與海南雜著》，澎湖：澎湖縣文化局，2005.10，頁 141-176）。

廷蘭表現臨危不亂的處事態度，例如於淹仆之間，由其弟手中接住繩索束腰；而當眾人嗷啕大慟時，他鎮定地對船主說：『哭無益，速砍大桅！』[10]於是船桅折墜入水中，船身暫時穩住。就因他們及時的反應，而使災難不致更惡化；又藉由船夫「搖首咋舌」的發言，以加深此趟海洋航行危機四伏的地理形勢：「中一港甚窄，船非乘潮不得進，觸石立沉……海底皆暗礁、暗線……港道迂迴，老漁尚不稔識，一抵觸，齏粉矣！」[11]透過長期在水上生活的老漁夫之言，更能呈顯此趟旅行所冒的風險。同時，蔡廷蘭也自敘幼時常往返澎湖海域，但從未遇到像此次「萬死一生」的奇險災難。當時的海上旅程，因航海設備及技術的侷限，多充滿著不可預知的危險。

　　蔡廷蘭所遭遇的海難事件，於越南阮朝國史館編《聖宗實錄》，明命十六年（1835）冬十月綱目下有簡要的記述：

> 清福建商船一艘，往商臺灣府，因風漂泊于廣義洋分。省臣照風難例，給與錢、米以聞。船內有搭客廩生蔡廷香，特加恩增給錢五十緡、米二十方，俟便遣之回國。[12]

「蔡廷香」即蔡廷蘭，為避越南嘉隆皇帝（明命父皇）母親之許名

----

[10]　蔡廷蘭：《海南雜著》，頁2。

[11]　蔡廷蘭：《海南雜著》，頁3-4。

[12]　語見《大南寔錄》正編第二紀，卷160。原文並收入許文堂、謝奇懿編《大南實錄清越關係史料彙編》（中央研究院東南亞區域研究計畫，2000.11），頁173-174。

蘭的諱，故將其名廷蘭、字香祖合稱為「廷香」。[13]《海南雜著》
記錄蔡廷蘭於越南所受的特別待遇，歸納如下：

（1）明命國王資助旅費：考量蔡廷蘭盤纏罄盡，除經該省給發錢、
米外，又加恩增賞錢五十貫（每貫六十文）、米二十方（每方約四
斗），以利長途旅程所需。

（2）破例核准由陸路返國：一般依往例，凡船遇風抵越南者，若為
文武官屬及紳衿，俱配官船護送回國，商民方有從陸路回者。官船
送回須候翌年春暖風和，甚至須至五月和風季節方能成行。但蔡廷
蘭向前來勸說他行海路的使者表明心意：「余以急歸奉母為言，操
管往復，自辰及未，求益堅。」[14]使者知曉其堅定意志後，才轉為
代中請由陸路返鄉，最後終於獲得官方的核准。

（3）阮朝沿途官吏之禮遇：戶部特地行文各省，要求於廷蘭到省之
日，必給路照關文，資助路費及糧食，並派一員隊官，帶兵二十名
護送。廷蘭在旅程中經過十一省和首都富春城，沿途總督、布政、
按察多熱忱接待。

　　蔡廷蘭除了書寫海上的歷險之外，在陸地風景的描繪方面，也
呈顯於越南探奇的特殊經驗。他因急於啟程返臺，申請以陸路為回
程路線，而得以有機會觀看越南的自然及人文風俗。在第一部分〈炎
荒紀程〉中，以西南「荒莽非人境」、「景象淒絕」[15]等書寫，呈
現異地荒涼的自然景觀。另外某些地區雖有落英繽紛可供悠閒欣

13　陳益源：〈蔡廷蘭史料與澎湖「蔡進士」傳說〉，《蔡廷蘭及其海南雜著》，
　　頁 7。
14　蔡廷蘭：《海南雜著》，頁 9。
15　蔡廷蘭：《海南雜著》，頁 12。

賞，但處在「高勢嶢巖，石級鱗疊，若千丈雲梯」[16]的陸路景緻下，常得面臨險惡地勢的挑戰，許多路段甚至需旁人扶掖相助，始能汗流浹背徐徐而行。他不僅記錄異地風景，也將當初從海口往廣義省途中，所見波羅蜜、禾稻、修竹、甘蕉、檳榔等熱帶產物，及沿途景觀與家鄉的景物比對，故言「風景絕類臺灣。」[17]以景物相互參照的方式來稍解思鄉之情。此外，書中所載越南「七姊妹洞」的蜘蛛精傳說，或是「鬼門關」的諺語，以及「袒衣捫蝨」等風俗，皆透露於越南探奇的特殊性。

在旅行的心境方面，多記錄蔡廷蘭情緒的起伏及內在心境的映照，如一方面描繪因遇及危險而感到恐懼驚慌，但隨即思考對策而加以因應。另一方面，當他窮愁抑鬱之時，忽聞從陸路回鄉的申請已通過，忍不住「余病若失，躍起詰之」[18]。思及將與剛結識的友人分別時，又忍不住「掩淚揖別」、「迴思越南諸官及流寓諸君殷殷之意，未嘗不感極欲涕」[19]，則又情緒波動不已。《海南雜著》記敘了作者鬱悶悵結的心情，但得知由陸路歸鄉的申請核准時，又如衝出樊籠的鶴鳥般欣喜自由。每逢節慶時刻情緒更易起伏，如蔡廷蘭看到越南當地傳統習俗：「是日除夕，人家換桃符、放爆竹，如中國送臘迎年故事。余感時思親，與家弟終夜零涕，不能成寐。」[20]此種描寫不僅是情節的再現，也是人的心理、情感過程的再現，

---

[16] 蔡廷蘭：《海南雜著》，頁 12。

[17] 蔡廷蘭：《海南雜著》，頁 7。

[18] 蔡廷蘭：《海南雜著》，頁 10。

[19] 蔡廷蘭：《海南雜著》，頁 23-24。

[20] 蔡廷蘭：《海南雜著》，頁 13。

景物與人相互交流的描繪。又如元旦時：「序慶履端，辰徵首祚，丁街亥市，番舞夷歌，歡聲動地」[21]以及元宵節慶：「客舍主人張燈聚讌慶元宵，余心益悲。」[22]在燈會的熱鬧氣氛中，更感到身處他鄉的孤寂。

　　蔡廷蘭在〈滄溟紀險〉篇末言及自己「忠信愚忱」的性格，遇到旅途中的顛危險難，內心不免於恐懼；但也因對家中母親的掛念，轉為化解旅途中種種困阻的動力。他形容道：「心怦怦然，展念老母，終焉不孝，尚敢自望生全，亦聽命於天已爾。乃竟不死，以至於斯。不知天將厚造於余，而先使流落遐荒、窮愁拂鬱，因以擴見聞於海外之國，未可知耶？然亦幸矣。」[23]蔡廷蘭因緣際會漂流到越南，卻能在眾人的協助下，循陸路而回。當時清廷只開放越南從陸路定點入貢，嚴禁兩國從事海路貿易，越南國王亟思突破現況，屢次想藉護送難民返籍，尋求擴大貿易的機會。清代漂到越南沿海地區的中國難船，起碼超過六十二件[24]，但能把海難經驗詳實記錄

21　蔡廷蘭：《海南雜著》，頁 13。

22　蔡廷蘭：《海南雜著》，頁 15-16。

23　蔡廷蘭：《海南雜著》，頁 4。

24　詳參湯熙勇：〈人道、外交與貿易之間—以朝鮮、琉球及越南救助清代中國海難船為中心〉一文，言及：「中國海難船及人員漂到越南，越南官府提供人道的協助，但也視其為一種擴大貿易的機會，藉著護送中國難船回返時，在護送船中，帶有所謂『壓艙貨物』，要求清政府同意其在廣東出售，類似此種舉措之例子，不勝枚舉，這也就是越南官府試圖勸服蔡廷蘭接受安排由海路返回中國之內在原因。」第九屆中國海洋發展史學術研討會論文，臺北：中央研究院中山人文社會科學研究所、故宮博物院、臺灣史研究所籌備處主辦，2003 年 3 月 12-14 日。

下來的,惟有蔡廷蘭的〈滄溟紀險〉。他詳細記錄此趟意外旅程的時間及參觀地點,呈現跨界的具體樣貌。(參見表 4-1:蔡廷蘭旅遊行程表)歷來海難事件中,蔡廷蘭並非惟一具有「文武官屬及紳衿」身份者,然而只有他為陸路采風留下第一手資料,也因至「海外之國」而拓展了見聞,《海南雜著》更增添其在臺灣古典文學史上的地位。

　　此趟長途旅行雖然是意料之外,卻得到越南官方及民間物質的資助,與眾人精神上的鼓勵。當 1836(道光十六)年蔡廷蘭拜會諒平巡撫陳文恂時,原不知蔡氏未居任何官職,僅為一名廩生。因當時明命國王崇尚儒術,故多以禮對待外來的儒士。因蔡廷蘭為周凱的學生,周凱是越南三位地方要員的故友,再加上蔡廷蘭詩文素養佳,故備受禮遇。[25]十九世紀上半葉長距離旅行,多受經費所侷限。尤其蔡氏雖非官方身分,仍因漢文化薰陶下的科舉文化資本的影響而受益。劉鴻翔為《海南雜著》作序時提到:「國王雅重儒術,其國文武大小吏員皆曰:『不圖今日得見天朝文士!』」[26]蔡廷蘭在旅途中的異國空間裡,也被當地民眾觀看,呈顯雙方文化接觸的交互作用。他於 1849(道光 29)年任峽江縣知縣時,林則徐卸雲貴總督,次年三月回到福州。蔡廷蘭曾寄《海南雜著》向林則徐請教,後來林氏作〈蔡香祖大令寄示《海南雜著》,讀竟率題〉六首七絕。[27]其中第一首提到:「君家濱海習風濤,涉險歸來氣亦豪;天許鴻

----

[25]　蔡主賓:《蔡廷蘭傳》(南投:臺灣省文獻委員會,1998.12),頁 55-60。
[26]　蔡廷蘭:《海南雜著》〈劉序〉,頁 5。
[27]　林則徐《雲左山房詩抄》卷八收錄〈蔡香祖大令寄示《海南雜著》,讀竟率題〉六首七絕。參見楊國禎:〈林則徐與臺灣〉,《臺灣研究集刊》85(2004):84-85。

文傳域外，驚魂才定亟拈毫。」以及第二首「大化遙沾古越裳，未通華語解文章；天朝才士來增重，嚮答詩筒侑客觴。」描寫蔡廷蘭漂流至越南涉險探奇的經歷，以及與當地文士唱和的情形。至於詩中記敘「卻金仍自返空囊」，更是讚賞蔡廷蘭在行旅過程中，婉拒官員或文士的諸多饋贈，所呈現出廉潔自愛的情操。

　　旅行是跨越空間與時間的經驗書寫，過程中有時會將其他文化再現，或以距離的方式重新想像。舉例而言，清治時期來臺的文人，通常先透過方志資料，建構對異地的認知，如郁永河、藍鼎元、黃叔璥、蔣師轍、池志澂等人，皆於書中提到閱讀古文獻影響他們書寫臺灣的面向；同時，也因親身經歷的不同，而寫成各具特色的旅遊筆記。個人旅行經歷受到閱讀他人作品、以及聆聽相關見聞的影響。觀看的眼睛並不是天生具有的，對異地風土的認知，有如社會文化的累積過程，經過許多人共同參與、互相影響而來。周凱曾評此書：「挨日記事，即景寓奇，本李習之《來南錄》、歸熙甫《壬戌記程》，而尤覺鬱茂，所遇異也。寫景處，半自柳柳州『山水記』得來。」[28] 蔡廷蘭得到一些境外遊記書寫所啟發，同時也受柳宗元等人山水遊記的影響，著重於觀人文、寫奇景。〈越南紀略〉在空間的形塑上，呈現出作者對越南人文地理的概念，如：「然廷蘭竊觀越南形勢，其王城固而有備，憑山阻海，得地利可自雄，南北一帶如長繩，五千餘里皆歸統轄，可無爭并之虞，實為外藩傑國。所慮鞭長不及，民情澆薄無常耳。」[29] 蔡廷蘭對於越南地理形勢的變

28　蔡廷蘭：《海南雜著》，頁 29。
29　蔡廷蘭：《海南雜著》，頁 34。

化，是以治安管理爲主要考量，並表現出統治階層的敘事觀點。

（二）越南傳說與諺語的民間記憶

蔡廷蘭不僅紀錄回憶當時與官員、文人相互唱和的諸多情景，更特別的是收錄一些早期越南傳說、諺語，而呈現口傳文學的民間記憶。「傳說」爲民間文學的文類之一，通常指的是描寫歷史時代與歷史人物，具有紀念性的功能；傳說也具有鮮明的地方性，如地名或特產傳說等。此書第二部分爲〈炎荒紀程〉，收錄有關鼎峙於海中的「三臺山」的紀錄：「俗傳昔有七蜘蛛巢其中，幻作好女爲祟，後爲佛所除，今稱七姊妹洞，高出地二丈許，望之屹然。」[30]作者簡要書寫「七姊妹洞」的蜘蛛精傳說，此屬於動物幻化爲人的民間傳說類型。他所記錄數則越南早期的地名傳說，使得《海南雜著》具有保存民間口傳文學的價值。他又曾於 2 月 16 日途經「鬼門關」時，採錄一則諺語：「鬼門關，十人去，一人還。」[31]並記錄與此相關的民間傳說：「俗傳有鬼市，過午則群鬼出關貿易，人犯之輒病。」[32]作者在此關下感到「陰風襲肌」，反映陰涼潮濕的氣候、多瘴氣的自然環境，並描繪鬼群聚集此地貿易的傳說情境。

越南古早歷史與「同仁社二女廟」的傳說，呈現有關越南古早歷史的集體記憶。蔡廷蘭紀錄道：

> 至同仁社，觀二女廟（東漢光武中，女子徵側、徵貳反，馬

---

[30] 蔡廷蘭：《海南雜著》，頁 11。
[31] 蔡廷蘭：《海南雜著》，頁 19。
[32] 蔡廷蘭：《海南雜著》，頁 19-20。

援來平，二女死於月德江。其屍流回富良江，土人為立廟宇）。
返宿如琛園中，興懷憑弔，吟答終宵；覺觀覽之餘，別深寄
託。[33]

徵側、徵貳姊妹本姓駱，徵是別姓，為交阯麊冷縣駱將之女。此事
件起因於漢交阯太守蘇定橫徵暴斂，朱鳶縣（東安縣）雒侯子詩索
撰寫〈古今為政論〉諷喻時政，得罪蘇定而被誅。詩索的妻子徵側、
以及其妹徵貳，為交州雒降（今文江縣）人。因此率眾起義反抗，
攻占州治，南海、九真、日南、合浦皆應之，又略定嶺南大小城池
65座，自立為王。東漢光武帝下旨征討兩年始平定。此傳說即以徵
側、徵貳亡於月德江，遺骸漂流到富良江畔，當地人士建「二女廟」
祭拜為背景。越南人哀慕徵女王，於福祿縣喝江社立祠奉祀，並訂
每年農曆二月初六為二徵女王節以為紀念。

　　此外，〈炎荒紀程〉記錄另一個傳說為蔡廷蘭於鬼門關的見聞：
「關側有伏波將軍廟，甚靈異（凡使臣往來，必詣廟進香）；廟前
皆薏苡（即馬援當時所餌，能勝瘴氣、解水毒，人呼乾坤草；余摭
取盈橐）。」[34]伏波將軍即為馬援，蔡廷蘭也入境隨俗，在鬼門關
旁一座供奉馬援的伏波將軍廟前，取「乾坤草」服用以對抗瘴氣，
並解除水毒的侵擾。他不僅記載有關馬援的民間傳說，又於〈越南
紀略〉提到馬援的歷史事蹟：「光武時，女子徵側、徵貳反，馬援

---

[33]　蔡廷蘭：《海南雜著》，頁19。
[34]　蔡廷蘭：《海南雜著》，頁20。

討平之，立銅柱為界。」[35]另觀范曄《後漢書‧馬援列傳》引《廣
州記》提到：「援到交趾，立銅柱，為漢之極界也。」[36]《海南雜
著》以漢為中心論述馬援的官宦生涯，或「立銅柱於交趾」守疆域
交界的具體事蹟；而越南民間則以神奇草等傳說，將歷史上的馬援
將軍予以神化。這些民間傳說也象徵越南人面對瘴氣或水中含毒的
環境，如何以野生植物來調整身體機能，或是以宗教信仰來作為適
應自然環境的心靈寄託等文化意義。

　　《海南雜著》另一個結合諺語與傳說的例子，為描寫到越南貿
易的船隻「冬到、夏還」的情景：

> 俗云：『孔雀徙，唐船來；蘇和鳴（昔有一繼母所生子名蘇和
> ，以事逃安南不返。次年，母遣繼子往尋之；繼子至安南，
> 訪弟無音耗，不敢歸，病死，魂化為鳥，四處呼蘇和，唐船
> 將回，悲鳴尤甚，因名蘇和鳥。今此鳥甚多，其聲宛然蘇和
> 也），唐船返』。[37]

蘇和鳥的傳說為人變鳥的母題類型。此段傳說之後又接著提到：「數
年來，官禁肉桂、生糖等貨，不准私販出口，定官價採買，歸王家
商販；又增商船稅例。以此中國船益稀少，十減五、六，民甚苦之。」
[38]呈現蔡廷蘭在採錄民間文學素材之餘，也關心官方限制民間出口

---

[35]　蔡廷蘭：《海南雜著》，頁31。
[36]　范曄：《新校本後漢書‧馬援列傳》（臺北：鼎文書局，1991），頁840。
[37]　蔡廷蘭：《海南雜著》，頁39。
[38]　蔡廷蘭：《海南雜著》，頁40。

貿易或增高商船稅金等情形。

　　旅行書寫常吸引世界各地民眾的閱讀興趣，及研究者的關注。蔡廷蘭所描繪的越南傳說，蘊含了底層民眾的記憶，也再現異地事物，因而能引起讀者的閱讀興趣。周凱曾如此評論：「寫外藩，據事直書，而夷情自見。抑揚處皆得體。」[39]早在漂流越南之前，蔡廷蘭於 1829-1832（道光九至十二）年間，曾協助蔣鏞纂修《澎湖續編》而有編纂志書的實務。從《澎湖續編》中的〈天文紀〉、〈官師紀〉、〈人物紀〉、〈藝文紀〉等，多載錄他所參考的文獻及田野調查的成果。他與澎湖文人合作記錄一些官員的列傳、踏訪島民，描繪出節孝、節烈等傳統價值觀下的人物形象。《海南雜著》為蔡廷蘭於以往的田野調查基礎上，結合史志撰寫的舊經驗，再現實地觀察十九世紀上半葉北越社會。

三、遊記中的歷史與風俗論述

　　蔡廷蘭《海南雜著》是一部駁雜的旅遊筆記書，日本立教大學後藤均平教授與讀書會成員，於翻譯並注釋此書的前兩章時提到：「〈滄溟紀險〉可作為江戶期海難史研究者取材的史料，〈炎荒紀程〉可供十九世紀前半的清國文士於越南行旅事蹟的研究文本。」[40]此外，第三部分〈越南紀略〉則是作者歸納古籍中有關越南的史料，並呈現書寫者的歷史文化論述。在此，作者先敘及越南的「社群文

---

[39]　蔡廷蘭：《海南雜著》，頁 41。

[40]　（日）後藤均平、《海南雜著》を讀む會：〈蔡廷蘭《海南雜著》とその試訳〉，《史苑》54：1（1993.12）：82（日本：立教大學史學會）。

化」，如：貴族儀節、官制法令、祭祀、軍事、民間規約、婚姻風
俗等。在「技術文化」方面，則有：衣飾官服、耕作、物產、建築、
貿易等。在「表達文化」方面，記載音樂、戲劇、舞蹈，最後論及
地理形勢。這些文化各層面的簡要記錄，若以「論述」的概念來分
析其旅行見聞，將發現在某些特定的觀念、語彙及各種再現的形式
中，都具有一致的論述對應印記（discursive register）。論述主要關
切的是分析再現的形式、再現如何被構築出來、再現包含了什麼設
想－如種族或中心主義，以及再現投射出什麼樣的意識形態等。[41]為
分析《海南雜著》文化論述的意涵，以下分成歷史論述、風俗論述
兩層面來加以探討：

（一）歷史論述

　　蔡廷蘭於《海南雜著・越南紀略》的章節中，藉由編綴越南從
古至今的歷史文化，形成以漢族中心意識建構而成的越南史論述。
在現代史學理論研究中，「歷史敘述」(historical narrative)日益受到
學界的關注，史書作者如何通過對史料作出有判斷的選擇和安排，
成為歷史敘述理論研究的核心。歷史敘述筆法已從分析性的文字組
織轉變為描述性的，史家功能的概念亦從科學的轉變為文學的。[42]可
見這種轉變已注意到歷史的意義是史書透過作者的意識，而流露出

----

[41]　Robert J. C. Young 著，周素鳳、陳巨擘譯：《後殖民主義－歷史的導引》（臺
　　　北：巨流圖書有限公司、國立編譯館，2006 年 1 月），頁 395-399。

[42]　有關西方歷史敘述理論的研究情況，可參考陳新：〈論二十世紀西方歷史敘述
　　　研究的兩個階段〉，《思與言》37：1（1999.3）：1-22（臺北：中央研究院）；
　　　周樑楷：〈歷史敘述與近代英國史學傳統的轉變〉，《興大歷史學報》8（1998.6）：
　　　271-285（臺中：中興大學歷史系）。

史家的敘述觀點；同時也因著重在歷史以何種方式呈現，所以歷史書寫活動更成爲討論重點，與文學的關係甚爲密切。蔡廷蘭於閱讀歷史古籍文獻後，摘錄羅列秦、漢、南朝、唐、五代、宋、元、明到清的中越關係；敘及近代的史事時，則不侷限於文獻的記載。作者自言：

> 史冊所載，斑斑可考，何敢贅述。廷蘭聞諸道路者皆近事，不能詳考其實，與所目觀者，姑書之以供海外之談。[43]

所以他於書中標示資料的出處爲「據流寓越南者言」，希冀采錄流寓越南的華人口述歷史，以補充文獻上所載近代史事，並期能與傳統史冊相互參照。

觀〈越南紀略〉所記錄的民變事件，因篇幅所限，未能呈現事件發生的複雜背景原因。有關徵側、徵貳的事件，范曄《後漢書》所記：「交阯女子徵側及其妹徵貳反……詩索妻，甚雄勇。交阯太守蘇定以法繩之，側忿，故反。」[44]《海南雜著》未詳細敘述因交阯太守蘇定爲政貪暴而引起民眾武裝反抗，以及各地越人紛紛呼應的經過。蔡廷蘭雖列舉數起所謂「相繼爲亂」的事件，但若探究其中一件「黎利復亂」的原委，可知民變事件的背後牽涉到治理政策的問題。此事起因於 1407 年（明永樂五年）中國派文官治理越南，當時曾舉行人口調查，並行徵兵制及課徵重稅，又由於許多不合理

43　蔡廷蘭：《海南雜著》，頁 32。

44　范曄：《新校本後漢書·南蠻西南夷列傳》，頁 2836。

的措施而激發了越南的民族主義。1418 年黎利領導軍隊抵抗，並採取游擊策略，十年後佔領河內，驅逐中國軍隊與文官。[45]蔡廷蘭因長期處於儒家文化圈中，在書寫這些複雜歷史事件之際，難以跳脫傳統漢文化中心意識的歷史敘事手法，文中所透露的觀點也常為統治者用來處理民變的修辭。

再從十八世紀後半葉的越南史來觀察，越南中部西山地區的阮氏三兄弟揭起反叛大旗，當時阮文岳自稱為「西山王」。然而蔡廷蘭於〈越南紀略〉中，主要以嘉隆皇帝為正統，不僅詳加描述「粵人海寇」何獻文如何協助嘉隆帝擊退阮文岳，又紀錄因感念何獻文的及時鼎力協助而「厚視唐人」。[46]相對的，描繪阮文岳時則以輕蔑的口吻，評論這位「西山王」的形象：

> 西山賊光中，自入山後，誘制生番，聚黨寇掠，仍稱西山王，
> 子孫相襲(有景盛、寶興[47]諸偽年號)。又有一種蛇鬼番，乃白
> 苗種類，居山中，生育浩繁，一蛇鬼王治之，時群出殺人為
> 害。[48]

此處所謂「白苗」，為越南的少數族群。越南苗族可分為黑苗、花苗、白苗、紅苗，及漢苗五個支系。苗族婦女的服裝色調及飾品，在支系與支系間，有相當程度的區別，因此苗族支系是依據服裝顏

---

[45]　D. R. SarDesai 著、蔡百銓譯：《東南亞史》，頁 63-65。

[46]　蔡廷蘭：《海南雜著》，頁 32-33。

[47]　「興」，《文叢本》作「典」字，誤。《二刻本》、《新校本》作「興」字。

[48]　蔡廷蘭：《海南雜著》，頁 34。

色的差異而有不同的稱呼。然而，〈越南紀略〉卻以傳統書寫模式
「僞年號」、「蛇鬼番」等污名化的修辭，透露其正統觀下的族群
偏見；同時，也呈現對嘉隆帝與西山王相關歷史敘事的對比手法。

《海南雜著》紀錄旅途所見漢文化傳播異地的情況，也從歷史
文獻上歸納越人在祭孔、科舉制度、官制，甚至服飾、戲劇、音樂、
舞蹈等內容或表演方式，受到漢文化影響的程度。「莒子無歸，然
問俗採風亦吾儒事業，始舉其顯而易見者約略紀之」[49]中國統治越
南將近一千年，後來又有朝貢關係，其目的非著重於土地的拓展，
而是「天朝」聲威的宣揚。古代越南的官方語文就是漢文（語），
因此越南歷史上許多重要著作如《大越史記全書》，都是以漢文書
寫成的。[50]越南的史學古籍受到春秋、通鑑、綱目的影響，著重褒
貶勸戒的書法，以及春秋別內外、辨華夷的精神。〈越南風俗記〉
又提及：「越人文章不甚講究，而最重詩賦。皆古音古節有唐人風
韻，雖市井中亦多有能詩者，而於史學尤深。至於《三國志》，雖
婦人女子無不稔熟；書法純學王趙，制藝多讀明文。」[51]越南早期
的史書《安南志略》，作者黎崱於〈自序〉中提到：「庸表天朝德
化所被，統一無外，而南越其有惓惓向慕朝廷之心，亦可概見于此
者。」[52]《安南志略》的紀元都是採用中國朝代的年號，作者視越

---

[49]　〔清〕王錫祺：〈越南風俗記〉《小方壺齋輿地叢鈔（三）補編》（瀋陽：遼
　　　海出版社，2005），頁 870。

[50]　梁錦文：《越南簡史》（南投：暨大東南亞研究中心，2003），頁 6。

[51]　〔清〕王錫祺：〈越南風俗記〉，頁 870。

[52]　〔元〕黎崱著，武尚清點校：《安南志略》（北京：中華書局，2000.6），頁
　　　11-12。

南爲中國的一部分，並採取中國的角度看越南的歷史。蔡廷蘭《海
南雜著》也多從漢籍史冊或華僑口中聽聞越南史事，雖有保存史事
的功能，仍以「他者」的眼光，敘述越南歷史發展的脈絡。十九世
紀中越關係發展密切，嘉隆恢復十五世紀黎聖宗師法中國模式制定
的帝國政府，皇帝與六部部長組成樞密院，六部分別管轄吏、戶、
禮、兵、刑、工。嘉隆也恢復依據儒家學說的科舉考試，頒布一套
基於中國法學原則的法典。[53]1819（嘉隆十八）年嘉隆王駕崩，太
子瞻繼位，越史稱聖祖，改元明命，亦是一位崇尙漢文化的君王。[54]
蔡廷蘭於明命朝漂流至越南，正親身體驗當時漢文化影響下的越南
體制。

　　爲瞭解遊記的內在意涵，需關注敘事者的修辭、背景、職業、
權力、資源及其限制，才不致於將文化與歷史的差異性抹煞。[55]《海
南雜著》其學術價值與文學成就，有助於我們了解 19 世紀三〇年代
越南的風土人情。然而，一位當代越南學者曾婉拒爲澎湖縣文化局
出版的《開澎進士蔡廷蘭與「海南雜著」》寫序，他認爲：「我們
不應該寫，因爲蔡進士站在中原的角度來評價〈越南紀略〉。如果
在越南出版，一定不可能拿到允許證。如果書出版了，我們一定碰
到不少困難。請您向澎湖朋友轉告。……請原諒！」[56]歷史敘事觀

---

[53] D. R. SarDesai 著、蔡百銓譯：《東南亞史》，頁 127-130。

[54] 石寶蔣鏞校對，《越南華僑志》（臺北：華僑志編纂委員會，1958），頁 20。

[55] 廖炳惠，〈異國記憶與另類現代性：試探吳濁流的《南京雜感》〉，收錄於《另
類現代情》（臺北：允晨文化，2000），頁 11-12。

[56] 收錄於高啟進、陳益源、陳英俊合著：《開澎進士蔡廷蘭與「海南雜著」》（澎
湖：澎湖縣文化局，2005.10），頁 6。

點的不同，常造成詮釋的差異性。以往認爲是田野觀察所得的客觀
紀錄，實際上卻多呈現出主觀的文化詮釋。旅行文學提供薩依德所
稱的「想像地理」（imaginative geography）－締建區分「我土」（our
land）與「蠻邦」（"barbarian land"）的疆界。若從越南文化的主體
性來看，中國直接統治越南是從西元前 111 年到西元 939 年，再從
1407 年到 1428 年，其間曾經發生許多起義事件。越南的民族主義，
即是在該國抵抗中國支配的歷史搖籃裡滋養的。[57]

　　早期以中國爲中心的冊封體制，是由中華帝國強加在東亞世界
的國際政治關係之中所呈現的具體形式。因而，這種冊封體制，便
隨著中國各王朝的鼎革、勢力的盛衰，而有數次分裂、瓦解，乃至
於重編的現象。東亞世界除了以冊封體制爲主軸的政治圈外，還包
括相互重疊的文化圈、交易圈、交通圈等，以及包含整合這一切，
構成一個整體的歷史世界。[58]中越兩國因地理位置、歷史、文化、
語言文字等各方面的接觸而關係密切，越南帝王曾長期以儒學爲其
「國教」，儒學的影響極爲深遠。官化制度與儒家價值，協助越南
精英豎起權威之牆，鞏固其於農民社會的勢力與經濟地位。越南人
雖然不滿中國統治，但仍吸收中國文化的一些特徵、民事與道德法
律、儒家的官僚組織、文官科舉考試制度，以及皇帝的機制。越南
華化影響的主要是上層社會階級，農民仍傳承著越南的習俗，如咀

---

[57] 嘉隆帝的「南越」卻意指「南部的越地」，而這實際上是主張對其古王國擁有
支配權。Benedict Anderson, *Imagined Communities: Reflections on the Origin and
Spread of Nationalism*, New York: Verso, 1991), pp.157-158.

[58] 曹永和：〈環中國海域交流史上的臺灣和日本〉，《臺灣早期歷史研究續集》
（臺北：聯經出版，2000.10），頁 2。

嚼檳榔，並且保持崇拜祖靈及村莊神祇等泛靈信仰。[59]《海南雜著》
呈現作者對越南士人階層與鄉里間的觀察，漢喃研究院的鄭克孟
（Trinh Khac Manh）曾為漢越雙語版的《海南雜著》題序：「在越
南歷史方面，我們很珍惜並高度評價作者的記載，其中，有很多東
西值得參考、研究；不過也應該指出的是，由於時間短促，材料缺
乏，所以難免有些地方的描寫不盡符合事實，需要改正。在越南文
化方面，特別是風俗習慣方面，作者寫得很詳盡，很細緻，這對越
南文化研究界頗有裨益。」[60]此外，杜正勝於〈觀光與人格〉所言：
「〈越南紀略〉也稱得上是初步的民族誌，對越南有某種程度的了
解。臺灣人之著述外國歷史民族文化者，這可能是第一部了。」[61]在
早期臺灣文人旅外遊記難得一見的情況下，蔡廷蘭《海南雜著》此
部文筆流暢的作品，不論就臺灣文學史或文化史而言都頗具代表性。

（二）風俗論述

顧炎武等許多清朝儒者的遊記不再強調旅行休閒活動成分，旅
行的目的與紀錄甚且轉為對中國土地的考察研究。這些文字不可避
免地牽涉對非漢族群及文化的觀看、瞭解與呈現，也往往反射作者
的身份和文化認同。[62]蔡廷蘭於《海南雜著》中，多呈現傳統文人
體驗陌生地的特殊性，以及旅行者書寫差異性的內在潛意識。日本
後藤均平教授發表於 1993 年 12 月《史苑》的論文中提到：〈炎荒

---

[59] D. R. SarDesai 著、蔡百銓譯：《東南亞史》，頁 299-300。

[60] 〈鄭克孟序〉收錄於陳益源：《蔡廷蘭及其〈海南雜著〉》，頁 IX。

[61] 語見杜正勝〈觀光與人格〉一文，載於 1996.12.9《自由時報》第 34 版之《自由副刊》。

[62] 胡曉真：〈旅行、獵奇與考古〉，《中國文哲研究集刊》29（2006.9）：47-48。

紀程〉標題中的「炎荒」為「南方化外之地」，呈現古代中華知識份子的差別意識。[63]蔡廷蘭於《炎荒紀程》刻意強調自己所處之地的「蠻荒」景象：

> 平原曠野，或數十里斷絕人煙，蕪穢藏奸盜，行人戒備。客舍多以蠱藥害人；置牛肉中同啖，則不可救。[64]

> 荒墟野徑，榛莽縱橫，勁茅高丈餘，萋萋滿目，絕少人家；或空山幽谷，蠶叢未闢，人跡不經，常患奸匪。又有石山，崢嶸突屼，聳入重霄。煙瘴封埋，竟日不散。……溪水所經，兩旁林木交陰，不漏天光。虺蝎藏踞，腥穢落溪中，故水上最毒。行人自裹糗糧，滴水不敢入口。[65]

此兩段書寫以時間先後為敘述順序，使景物呈現流動狀態，並再現探險過程。不僅記錄可能遭受盜賊以蠱藥置於牛肉而害人的危險，又兩次提及在此受到「奸盜」、「奸匪」干擾而影響行程。此外，處在瘴氣迷漫的山谷、森林中，又有毒水溪的威脅，皆呈現自然環境的潛藏危機。研究旅行敘事的學者伊斯蘭（Syed Manzurul Islam）認為旅行者透過表達「差異論述」（Discourse of Difference）以凸顯自己到達異地：旅行者可能長途艱苦跋涉到達某偏遠之地，但是

63　後藤均平、《海南雜著》を讀む會：〈蔡廷蘭《海南雜著》とその試訳〉，頁81。

64　蔡廷蘭，《海南雜著》，頁16。

65　蔡廷蘭：《海南雜著》，頁20。

唯有藉著表達論述中的差異,他/她才能宣稱跨越了疆界。例如李維史托(Glaude Levi-Strauss)便列舉組成當地自然環境的一系列成份品質,如:「污穢、混沌、雜亂、擁擠;廢墟、茅舍、泥濘、灰塵;糞便、尿、體液、分泌物、流膿的瘡……」以宣稱他到達印度加爾喀達。[66]蔡廷蘭的越南之旅,一方面紀錄沿途各地文人與官員以漢詩相唱和的人文景象,另一方面也提供給讀者窺伺探險之奇的想像空間,並藉由作者眼中「煙瘴封埋」的「蠻荒」之地,而突顯文人跨越疆域的特殊性。

《海南雜著・越南紀略》也描繪作者於行旅途中所觀察到的風俗,如:男子偏好穿著黑衣紅褲,戴著形如覆釜的篛笠,見人則脫笠低頭叉手行禮等。文中記錄道:

> 又嘗細驗其民情,雖漢裔居多,而雜彝獠[67]舊習,詭隨輕吝,殊不可親。男子遊賭安閒,室中坐食,家事聽其妻。好著黑衣紅袴,戴篛笠(形如覆釜),見人則脫其笠,以低頭叉手為敬。衣服至敝不澣,蟣蝨常滿,捫置口中嚼之,謂吸自家生氣(貴賤皆然;官臨民,亦解衣捫蝨,不為怪)。[68]

此段所載「詭隨輕吝,殊不可親」、「遊賭安閒」、「衣服至敝不澣,蟣蝨常滿」等多非讚揚之語。作者描述當時越南人解衣捫蝨,

---

66   Islam, Syed Manzurul. *"The Ethics of Travel from Marco Polo to Kafka."* Manchester New York: Manchester UP, 1996, pp.67-69.

67   「獠」,《文叢本》作「燎」字,誤。《二刻本》、《新校本》作「獠」字。

68   蔡廷蘭:《海南雜著》,頁37。

與抓蟣虱置口中嚼食以吸自家生氣的習慣，藉此書寫來宣稱他跨越了疆界。此句中的「不為怪」附語，顯現這個地方風俗在越南頗為普遍；然而，當蔡廷蘭有一天因避雨而拜訪何姓巡撫時，卻見到不同的反應。〈炎荒紀程〉寫道：「時公方袒衣捫蝨，見客至，斂衣，遽怒鞭書吏二十。余以書進曰：『某來未失禮，何遽見辱』？公齋顏起謝曰：『渠不先通報，致老夫倉皇不能為禮，一時唐突，幸勿罪』！」[69]此位越南官員認為在外來文士面前「袒衣捫蝨」是種「失禮」的行為。官員這樣的想法，多是受到儒家教化影響價值觀。

　　就現存之漢喃文獻來看，越南民間風俗文獻的編纂，從內容到方式多受到儒家思想的影響。這些文獻對風俗的評論，與儒家道德背道而馳的風俗，往往被視為淫俗、腐俗；或俗例條約及獎懲規定往往根據儒家的道德觀念制定，孝等道德要素備受重視，它們往往被視為集體規約文本的重心。[70]柯立福（Clifford）在《書寫文化》（*Writing Culture*, 1986）一書的導論中，描述當代文化人類學者全新的觀點和文本論述的模式：他們視文化為嚴謹競逐的符碼與再現等要素所組成。文章形塑與修辭的重心，有意凸顯文化闡釋蘊涵人為建構臆造的特性。此舉自然會崩裂瓦解原先威權透明的表意模式，也讓我們洞悉人類學歷史書寫的窘境；事實上，人類學一向就

---

[69]　蔡廷蘭：《海南雜著》，頁 14-15。

[70]　阮蘇蘭，〈記載越南民間風俗的相關漢喃文獻略考〉，收錄《第六屆國際青年學者漢學會議論文集－民間文學與漢學研究》（臺北：萬卷樓圖書公司，2008），頁 341。

游移深陷於文化的創造而非文化再現的情境中。[71]旅行文本傳統目的旨在教育啓迪，藉採擷訪地的素材，短暫滿足讀者眷戀外邦，或編織異域「風采」或勾起「浪漫」思緒。例如：於《海南雜著》中，在諒山見一老婦人彈奏狀如月琴的嘴琴，又見「二女子炫妝出度曲，互唱低吟，餘音淒咽。每一曲終，輒對語喃喃，不可曉。又能作婆舞，進退輕盈，嬌轉欲墜。眾擲以金錢，則秋波流睇，含笑嫣然。」對於「嘴琴」、唱曲、舞蹈以及不可曉的喃喃異族言語，作者感受到「異方之俗，亦別具一娑種風情」，增加了旅行中所見事物的神秘感，至於「能唱中國歌曲者，尤人所豔好。」[72]則呈現表達文化受漢族影響的情形。

　　蔡廷蘭停留期間，正當越南的最後王朝－阮朝（1802-1883）阮福映（嘉隆帝）、阮福晈（明命帝）獨尊儒學之際。〈越南紀略〉提到「今國王敬事天朝，深明治體，尤通書史(頒刻自製詩文集)，崇儒術(大官多用科甲)，事母以孝聞」[73]可見明命朝深受儒家薰染的情形，並以儒教價值思維具體融於治理政策之中。蔡廷蘭又說：「而法度悉遵中國(如設官、校士、書文、律例，與中國無異)。」[74]、「其內外文職，品級名號，皆倣天朝官制」[75]《大南寔錄》中的〈世祖

71　Clifford, James. *Introduction. Writing Culture: The Poetics and Politics of Ethnography*. Eds. James Clifford and George E. Marcus. Berkeley: Uof California P, 1986, p2.

72　蔡廷蘭：《海南雜著》，頁 39。

73　蔡廷蘭：《海南雜著》，頁 34。

74　蔡廷蘭：《海南雜著》，頁 34。

75　蔡廷蘭：《海南雜著》，頁 35。

實錄〉、〈聖祖仁皇帝實錄〉處處可見記載諸臣奏請設立儒學講堂規程、獎勵入學與經史編纂，以及會試試法包括經傳義、詩、文、賦等措施。蔡廷蘭的遊記時而流露漢族中心的文化意識，他觀察到：「閱兒童所誦四子書、經史、古文、詩賦，與中國同，皆寫本。」[76] 當時從事公職必須通過以儒家經典為主的科舉考試，每年舉行省級考試一次，每三年舉行區域與全國性的考試一次。由於菁英的社會與經濟地位，越南到十九世紀一直是個文官支配的儒教國家。科舉考試培養一群受過教育的菁英，鼓舞向高層級效忠，促成規範良好的文官官僚組織，這一切導致相當穩定的社會、政治、行政秩序。在另一方面，這些因素也使其他行業的人民產生一種屈尊俯就的態度，以及一種從過去尋求先例以解決目前與未來問題的趨勢。

《海南雜著》記載蔡廷蘭每到一處拜訪官吏，常與他們頻繁唱和詩文。雖然許多詩文未收錄於此書中，但有些官員向蔡廷蘭「索題楹帖」[77]，反映以漢文同文的教化影響。遊記反映出當時的經世思想潮流，及作者所觀察的風土，透露出個人的文化論述。蔡廷蘭受到越南地方官的殷勤招待，故有感而發地描寫到：

> 廷蘭以風濤之厄，身履異域，雖譯語不能盡詳，幸遇同鄉流寓者眾，得隨地訪聞其事；益知我聲教所被，能使窮荒海壤，喁喁向化，中外一家，贈資得歸鄉土；何莫非聖天子高厚之

76　蔡廷蘭：《海南雜著》，頁9。
77　蔡廷蘭，《海南雜著》，頁17。

成生哉！[78]

流寓者指閩南華僑。蔡廷蘭以文士身分，雖然言語不通，但以漢文書寫卻能與知識份子筆談無礙，可見漢字文化圈及其意識型態影響範疇的遼闊。[79]此即呈現儒學於境外發展的情況，以及教化影響的普及程度，甚至讓他能籌得回臺資金。從文廟的歷史透露當年越南儒學化的程度，今日儒學對越南的影響不是透過政治制度，而是藉由家庭倫理、生活習慣及宗教信仰來表達。這種看不見的影響往往是最不容易被政治力量或是西方的文化所控制或消滅。[80]從《海南雜著》的風俗論述，呈現蔡廷蘭旅行過程中的文化想像是在具體、以及歷史的脈絡之中，彼此互相透過旅行、翻譯跟互動的方式，種種文化實踐的差距下而開展的。

四、結語

　　旅行書寫中所透顯的族群文化價值觀，多受過去的經驗與個性所形塑。家庭背景、學習與生長的社會環境全體的累積，影響每個人觀看之眼的角度。藉由觀看，我們將自己置身於週遭的世界中；

---

[78]　蔡廷蘭：《海南雜著》，頁41。

[79]　漢文化與越南表達文化的關聯性，包括越南祀關羽之俗，以及城隍信仰等亦多受影響。如：「黎懿宗永佑六年（1740）六月，定武廟祀制……又立別廟，祀漢關公。」《欽定越史通鑑綱目》第七冊，卷三十八（臺北：中央圖書館，1969），頁3475。同書又提到景興二十二年（1761）：「秋七月，賜開國功臣黎來從祀關公廟。……以表精忠。」第八冊，卷四十二，頁3715-3716。

[80]　朱榮貴：〈從河內文廟的從祀看儒學對越南的影響〉，收錄於蕭新煌主編《東南亞的變貌》（臺北：中央研究院東南亞區域研究計畫，2000.10），頁187-189。

用語文解釋這個世界，但語言永遠無法還原這個事實，我們的知識和信仰會影響觀看事物的方式。[81]1835-1836（道光 15-16）年的一段意外旅程，讓蔡廷蘭見識到越南的自然景觀及人文風俗。他所撰的《海南雜著》牽涉到跨越疆界的書寫，而成為清治時期臺灣在地文人著作譯成多國語文的特例；今日也因此書的流傳，加深作者在家鄉或異地的象徵性社會地位。本節從兩大面向對其人其作加以詮釋：首先探討蔡廷蘭越南行旅的異地記憶，分從歷險探奇的旅行記憶、越南傳說與諺語的民間記憶兩方面來論析。蔡廷蘭對於旅程中的奇特景觀記憶深刻，常藉由冒險探奇以表現這趟旅程的不平凡，並記錄個人旅行心境的轉變。他在越南遇到許多閩、粵的移民，並從以漢語交談的居民口中了解越南的習俗；也見到越南境內幾處與中國有關的古蹟，並聽聞地方的傳說。這些越南傳說，蘊含了底層民眾的記憶，也再現異地的多種事物，因而能引起讀者的閱讀興趣。旅行書寫得以完成，是憑藉作者特定主體位置，故參酌相關史料與旅行文學理論，以探究此部旅外遊記所牽涉到的文化遷徙流動，並呈現在地文人的價值觀。蔡廷蘭因記錄越南民間傳說，而顯示出官方與民間不盡相同的視角。

其次，又從歷史論述、風俗論述兩層面，分析《海南雜著》文化論述的內在意義。旅行是跨越空間與時間的經驗書寫，過程中有時會將其他文化作刻板的再現，或以距離的方式來重新想像。例如〈越南紀略〉藉由編綴史籍與田野訪查所記錄的越南歷史文化，呈

---

[81] 〔英〕約翰‧伯格 (John Bergor)：《觀看的方式》（臺北：麥田出版社，2005.10），頁 10-11。

現出以漢族中心意識建構而成的越南史論述。書中一些觀察記錄與社會史形成參照景觀，提供蒐藏記憶與歷史感知的書寫策略。《海南雜著》不僅紀錄漢文化的傳播成果，以及儒家文化圈的教化情形，蔡廷蘭在旅途的異國空間裡，也被當地民眾觀看，在相互的觀看中呈顯其差異性。作者於凝視自我與他者之間，透露出文人對異地的記憶以及文化論述的特殊質性。蔡廷蘭曾有編纂《澎湖續編》的田野調查經驗，所以他一方面紀錄越南的歷史傳說，觀察當地越南文化特色；另一方面，卻因描寫異民族對古典詩文的學習與孺慕之情，不自覺流露漢文化的優越感。這兩種複雜的情緒交織而成，成為帝國論述與紀錄文化流動的書寫風格。這部十九世紀旅外遊記在文化想像之餘，也因翻譯在地文人的踏查記錄而與國際對話。同時，也提供發掘更多古典散文內在意涵的機緣，而激發研究者探索臺灣古典文學史豐盈面向的可能性。

表 4-1 蔡廷蘭旅遊行程表

旅遊日期	參觀地點	經過行程	《文叢本》頁數
1835（道光 15 年）10 月 13-16 日	茱芹汛（廣義省）	途經潞潤、緊板	5-6
1835 道光 15 年 10 月 17-22 日	廣義省	途經潞潤市、虬蒙城。22 日回船	6-8

1835 道光 15 年 10 月 26 日至 12 月 27 日	廣義省城 （俗稱惠安）	途經惠安庸、三臺山、七姊妹洞、隘嶺、海山關	8-12
1835 道光 15 年底 12 月 30 日除夕	富春，俗稱順化城		13
1836 道光 16 年 1 月初 7 至 11 日	廣治省	先由陸路候廣治省；陳親舉家送溪邊，溪行二日。途經迎賀	14-15
1836 道光 16 年 1 月 13-20 日	廣平省城（俗稱洞海）	途經（助市）崙、洊市、固崙、橫山嶺、中固、河華府	15-16
1836 道光 16 年 1 月 20 日	河靜省		16
1836 道光 16 年 1 月 22 日	乂安省		16
1836 道光 16 年 1 月 26 日	清華省		17
1836 道光 16 年	寧平省（俗稱平創）	途經飛鳳山、里仁府、常信府	17-18

1月29日至2月5日			
1836 道光16年 2月6-11日	河內省（即古東京）	觀黎氏故宮、渡洱河江、閱天使館，至同仁社，觀二女廟；途經慈山府	18-19
1836 道光16年 2月11日～16日	北寧省城	途經諒江府、芹營屯、桄榔屯、鬼門關、伏波將軍廟、五臺	19-20
1836 道光16年 2月17日～29日	諒山省城	至飛來山、觀二青洞、三青洞、大青洞、文廟；途經駈驢庸、文淵州、由隘	20-23

3月初5入中國

1836 道光16年3月初6日	寧明州（廣西省）	途經領文、望虛。初10抵太平府城	24
1836 道光16年3月初11～21日	南寧府城（廣西省）	經永淳縣、橫州城、滋塘巖、至灘頭汛，謁伏波將軍廟、暮泊貴縣城下	24-25
1836	廣西省	經潯州府、平南縣	25

道光 16 年 3 月 22 日		城	
1836 道光 16 年 3 月 24～26 日	廣西省	經籐縣、洗馬灘、 梧州府城、封川縣 城、暮達德慶州城	25
1836 道光 16 年 3 月 27～28 日	廣東省	經肇慶府城、三水 縣城、佛山鎮	25
1836 道光 16 年 3 月 29～4 月 12 日	廣東省	抵廣東省城（五羊 城）、觀音山、博 羅縣城、龍川縣城	26-27
1836 道光 16 年 4 月 13～20 日	廣東省、福建 省	三河壩、大埔縣城 （潮州府）、永定 縣（汀州府）、南 靖縣（漳州府）、 廈門	28-29

資料來源：

1、此表依時間先後，將蔡廷蘭《海南雜著》所載旅程重新整理成表格方式，
並佐加文叢本頁碼出處。

2、有關蔡廷蘭越南行旅的路線，蔡丁進已繪成〈蔡廷蘭越南行跡地圖〉（收
錄於高啓進、陳益源、陳英俊合著《開澎進士蔡廷蘭與「海南雜著」》，澎湖：
澎湖縣文化局，頁 13），可供參考。

第二節　敘事與記憶：李春生與洪棄生旅遊書寫的文化論述

一、前言

　　十九世紀世界各地的遊記，多是殖民時期的文化產品，若干具社經地位的參訪者，在遊山玩水、觥籌交錯之間，也記錄了與不同階層人士接觸後的文化省思。遊記歸屬於散文的次文類（sub-genre），由於書寫的空間是在社會關係中產生或形成其概念，故透露空間本質的權力與象徵意涵。後殖民理論家艾德華・薩依德（Edward W. Said）曾提到：「文化產品不能撇清它們與政治的關係以及世俗關連（worldly affiliations）」。[82]旅遊書寫呈現作者對空間移動的感知，以及離開家園至外地參訪的體驗紀錄；同時，也因跨越疆界而得以觀察異國文化。探討產生這些遊記的論述，有助於理解知識份子於異地思索的面向；而藉由旅外文化的觀察，能進一步釐析作者跨界後的錯綜心理情緒。

　　就十九世紀末臺灣的文化場域而言，仕紳階層及在地文人在清、日政權轉移後，至異地旅遊內心多有深刻感受。當時的富商李春生，於日本殖民臺灣的第二年接受總督等人的邀請，赴日參訪遊覽兩個多月。回臺後，便將此跨界之旅的經驗，撰寫成《東遊六十四日隨筆》。遊記的內容不僅是他個人私密的回憶而已，也含括他

---

[82] Said. W. Edward（艾德華・薩依德），蔡源林譯：《文化與帝國主義》（臺北：立緒文化，2003），頁 41-49。

與政商界的交流、對文化差異的觀察。這些經過內心思索並沉澱後
的思考，轉化成行動力，藉由報刊媒體公共領域空間的刊載，而得
以傳播至知識份子階層。如此一部旅遊書寫，爲日治之初臺人到日
本參訪的代表性遊記，牽涉到跨界的移動所引發的文化觀察以及認
同議題。至於二十世紀初期臺灣在地文人，歷經上世紀末紛雜的戰
局，以及風起雲湧的武裝抗日，身心受到多重的衝擊。他們透過旅
遊書寫，表達撫今追昔的感懷，也流露知識份子文化論述的內在意
識。如著作量頗豐的鹿港文人洪棄生，在《八州遊記》中蘊含閱讀
與旅遊的敘事文化記憶。本節擬以這兩位文人爲例，探討李春生的
日本旅遊與洪棄生的中國旅行書寫，記錄了哪些跨界經驗的再現？
他們各自的旅遊緣起與書寫動機爲何？這些書寫又蘊含何種敘事心
理？遊記中如何呈現異地空間記憶與敘事參照系統？他們又是如何
書寫日本與中國的文化論述？例如李春生如何透過遊記表達對日本
文明與風俗的評價？而洪棄生如何體驗想像中的中國以及現況的批
判？這些旅遊論述是否呈現帝國領導階層所希望強化文明的日本，
統治落後臺灣的合理性？抑或是呈現文化的複雜面向？而其敘事與
認同的心理狀態又爲何？期望藉由本節的分析能呈現兩人作品中有
關敘事與記憶的文化意涵。李春生及洪棄生遊記呈顯作者文化論述
的特色，更蘊含文化交疊現象在日治時期的特殊呈現，頗值得細加
爬梳、詮釋。

二、跨界經驗的再現

（一）旅遊緣起與書寫的動機

旅行是指從一個地方到另一個地區的移動，出發前已經去過當

地的旅行者所提供的線索,或是同行皆激發旅遊中的互動,引發出不同的體驗,使旅行經驗更加錯綜立體。[83]1896 年 2 月李春生因日本治臺首任總督樺山資紀,以及少將角田秀松等人邀請,而攜親友八人赴日遊覽。回臺後,李春生將 2 月 24 日啓程至 4 月 26 日返臺的見聞,撰寫爲《東遊六十四日隨筆》,並自 1896 年 6 月起陸續發表於《臺灣新報》;後來重新整理著作時,另由福州美華書局刊印成單行本出版。此遊記內容呈現李春生對異地的回憶,包括實際觀察日本現代化的臨場感受,及各種風俗見聞的論述,記錄作者首次遠赴日本印象之旅的點點滴滴。李春生於清末雖擔任過買辦,但未有旅遊異國的機會,曾言:「僕雖自有生以來,身未越國門,然於中外圖書報紙,購閱頗詳。」[84]他對世界的觀感,多來自於廣泛閱讀。李春生此次離開臺灣、走出書房,跨越到日本的疆界,除了觀看風景之外,更直接與日本社會週遭對話。

在旅遊活動的過程中,風景形塑可說是一種文化媒介的過程。從最初對於自然地景的實質感受,到藉由文字、圖片對個別風景的觀看,最後更加以抽象化、結構化,形成整體自然風景的觀看,呈現由具體至抽象、個別至整體的創造過程。[85]通常觀看的眼睛受經驗與個性所影響,過去的經驗包括家庭背景、學習與生長的社會環

------

83 廖炳惠:〈旅行、記憶與認同〉,《當代》175(2002.3),頁 86-89。

84 李春生:《東遊六十四日隨筆》(臺北:南天書局,2004 年 8 月),頁 174。本文所引頁碼皆以此新校本為主。此版本參考「福州美華書局活版」,重新排版而成。

85 蘇碩斌:〈觀光/被觀光:日治臺灣旅遊活動的社會學考察〉,《臺灣社會學刊》36(2006.6)(臺北:臺灣社會學社),頁 184。

境全體的累積。遊記作者的旅行經歷即是受到個人的回憶、閱讀他人相關文本、或聆聽見聞的影響，並以記憶與閱讀交互指涉的方式，去參照所見與所讀的異同。李春生於日治初期到東京的參觀筆記，有多處讚歎當地景觀的描寫，如：「地靈人傑、外觀如斯，則國中之風土人物，亦槪可想見矣！」或是有關溫度的書寫：「視其東京之當寒而無寒者，豈真所謂蓬萊果仙境哉？」[86]文中頻用典故，以蓬萊果仙等誇飾的修辭形容身處奇境的感受，或是：「曾經滄海，除卻巫山」、「子都之姣，有目共賞。」[87]、「黃粱夢境，或悞入桃源」[88]桃花源意象的理想國度，透露作者應用閱讀古籍的典故，以美化日本的風貌。又爲了加強所見所聞的可信度以及寫實性，故強調「後之東遊者，當不以我言爲謬」等說詞。李春生曾形容於沿路上所見日本的自然景觀及人文風光爲：「天然可愛，修潔離奇」，並讚嘆數百千年古跡，無絲毫崩塌廢墜、荒蕪衰頹的現象。他特別留意日本人將奇花異草、怪石靈泉移至戶外，並多加肯定如此「以公天下」的行徑。[89]早在遊日之前，他曾聽聞有關日本景觀的訊息，但「此等風光山水，實逾描寫傳聞者」，記錄了他親臨現場後始對當地風景又有另一層新的體驗。

　　然而，李春生心裡明白，這趟旅程絕非純粹度假式的休閒活動，而是蘊含了官方處心積慮對他的拉攏，以及對這位頗具代表性仕紳的未來期許。遊記中明確載錄了日本總督樺山資紀的訓勉「此次遲

---

[86]　李春生：《東遊六十四日隨筆》，頁 170。

[87]　李春生：《東遊六十四日隨筆》，頁 170。

[88]　李春生：《東遊六十四日隨筆》，頁 174。

[89]　李春生：《東遊六十四日隨筆》，頁 174。

遲其行者，蓋欲君等，同飽眼福，俾異日返臺，悉將此時，遊歷情境，轉佈島民，未始不無稍補治臺開化之一著也。」[90]，此書亦透露作者對殖民者統治策略的頓悟：「予至是，使晤公之處心積慮，無一不爲大局計。」[91]廣島離京，鐵道兼程，不過僅需二晝夜。日本總督等人邀請李春生遊日，具有希冀他回臺後廣加宣揚其見聞，以發揮啓蒙「開化」臺人的功能。李春生轉佈於日本的所見所聞，不僅完成爲日宣揚現代化思想的任務，也因而維護本身的既得利益，拓展人際關係與社交網絡。這部旅遊書寫後來公開發表於傳播媒體《臺灣新報》上。但是另一方面，他在當時文化場域所抒發的遊歷感懷，非片面爲日本現代化的建設大費脣舌，而是於字裡行間透露跨界旅遊之後個人的深沉感受。

　　李春生是一位兼具新舊學涵養的傳統文人，由於基督教的宗教信仰與所從事的商業活動，使其思想的面向具有特殊性。《東遊六十四日隨筆》的底稿爲李春生的日記，他通常於晚餐後或就寢前寫日記，有時亦於空閒之際提筆，這些隨筆呈顯其內在思維。李春生遊記中的「再現」，包括表意實踐與象徵系統。透過象徵系統，意義被生產出來，而這些意義將其定位爲主體。再現生產了意義，透過再現，可對自己的生活經驗，以及「自己是誰」、「自己可能變成什麼」等問題有所理解。論述與再現系統建構了某些位置，在這些位置上，或爲自己定位，或就其立場發言，而媒體即是提供認同

90　李春生：《東遊六十四日隨筆》，頁 19。
91　李春生：《東遊六十四日隨筆》，頁 174。

資訊的一種管道。[92]李春生將遊記投稿於日人發行的『臺灣新報』上，此報與『臺灣日報』皆爲 1898 年發行的《臺灣日日新報》的前身。於此日治初期的傳播媒體上發表，李春生的遊記於臺灣文化場域上當具有其影響意義。

另一位於日治時期發表長篇遊記的在地文人洪棄生，在 1922年秋天五十七歲時計畫到中國旅遊。詳細規劃的旅程是從臺灣出發至江蘇上海、南京、安徽，然後到江西廬山、湖北漢口、湖南岳陽樓，北至河南開封，東至山東曲阜，後至北京而折返天津、上海、浙江、福建，行遍八州，歷經十省。洪棄生《八州遊記》中的八州之名，即《禹貢》青、徐、冀、荊、揚、兗、豫七州，加入《舜典》分載幽州，故爲八州。9 月 6 日，洪棄生由次子洪炎秋的陪同下，從彰化出發北上，12 日始從基隆乘船出海。旅遊所採取的路線，與本地或跨國網絡及友朋的協調幫助，皆使旅遊者在公共形象上有正面意義；且從交通工具、資金、旅行社群等的考量，展現出旅行概念的調整與互動關係。[93]洪炎秋在旅程中除了陪伴其父遊覽之外，還擔任北京話翻譯的角色，對此趟專訪助益甚多。在計畫至中國的旅程時，洪棄生曾事先請教上海的詩友，包括倪軼池、陳白沙、王澹然等人，詢問從江蘇至安徽、江西、湖南北上的路程細節，[94]呈現他對此次旅遊的重視與細心規劃。旅遊各地時，隨著區域地形的不同，交通工具亦隨之轉換，包括肩輿、轎子、馬車、腕車、摩托

92　Kathryn Woodward 等著，林文琪譯：《認同與差異》（臺北：韋伯文化，2006），頁 24-25。

93　廖炳惠：〈旅行、記憶與認同〉，《當代》第 57 卷（2002 年 3 月），頁 87。

94　洪棄生：《八州遊記》（南投：臺灣省文獻委員會，1993 年)，頁 15。

車、小帆、火車、火舟等。如從彰化到臺北基隆搭乘火車,自基隆
到上海則乘輪船。又如從江蘇上海經安徽至江西、湖北、湖南的洞
庭湖五省,採水行;自湖南北上到湖北漢口則改陸行,乘平漢鐵路
到河南鄭州,改隴海鐵路往西至洛陽,再東行至江蘇徐州,轉換津
浦鐵路北上,經山東省到河北省天津,至北京、長城八達嶺。從北
京返天津,則改為海行,沿山東南返,經江蘇、浙江、福建,最後
返回臺灣。

　　若就廣義旅遊的動機而言,出外遊歷的原因雖然各有差異,包
括高度的自我實踐,個人的利益;或為了政治性的、意識型態的、
智慧性的本質,甚至於經濟的利益。這些旅遊的因素之所以會不同,
通常取決於不同社會的環境,以及所反映的經濟和政治層面。[95]洪
棄生此趟到中國八州,是籌備已久的旅程,更是一種自我挑戰、自
我實踐。他從臺灣出發的跨界旅遊,是將平面的經典閱讀化為具體
的考察;這些遠距離的想像空間,如今都成了長途跋涉下的場景。
洪棄生於 1917 年時即開始整理自己的詩文作品,出版《寄鶴齋詩
矕》、《寄鶴齋文矕》稿,以便赴中國時得以分贈詩友。他計劃藉
由此次到中國的機會,將著作交付當地出版,此行動透顯旅行兼顧
個人的利益以及經濟層面。同時,處在日本殖民地之下到中國旅遊,
亦具有政治層面的意義。

　　洪棄生於 1923 年 1 月 17 日自中國歸臺後,將隨行日記與詩作,
重新加以整理增補而成《八州遊記》與《八州詩草》。《八州詩草》

---

[95]　Mary W. Helms 1988 *"Ulysses' Sail: an ethnographic odyssey of power, knowledge, and geographical"*, New Jersey: Princeton University Press.p.67.

所載寫作時間,是從 1922 年 7 月至 1927 年 12 月 21 日,可見洪棄生歸臺後的晚年,全心撰寫遊記與記遊之詩,並且陸續發表在《臺灣詩薈》。此二書內容,展現洪棄生博學強識的學養,他自己提到:「一路遊跡所及,無論勝地僻壤,寫風景外,必一一窮其歷史。」[96]並且認為旅遊如同讀書、看畫,不細心則無法體會其中趣味;不知民俗風情、地理形勢,則僅能隨聲附和、毫無己見。[97]所以洪棄生每到一地,都細心考證歷史背景、人物典故。《八州遊記》內容無論觀光名勝或是鄉野僻壤,常必需窮究其歷史;且必與經史子集相互考證古今遺蹟,期望比前人所記錄得詳細。他也注意山水風土的變遷,且考校精詳;同時區別地同名異,或地異名同者。[98]這些實地紀錄之外的考證工作,更加深此書的學術性與價值。

(二)空間記憶與敘事參照

　　旅行是空間的移動,空間移動展現於文學書寫之中,因而透顯出創作者新的空間記憶。固定的生活模式與安定的世界,雖使生活受到保障,卻也因此少有新世界的出現;相對的,人若離開安穩的居所,暴露於外界劇烈的改變中,將易於察覺周遭世界的異質性,而必須改變自身的對應方式,因此與外在世界產生緊張關係,也呈現了新的世界觀。[99]空間與其他社會文化現象或要素,必須共同一起運作而不可分,尤其是與人的活動密切相關。空間的存在是建立

---

[96]　洪棄生:《八州遊記‧凡例》,頁 1。

[97]　洪棄生:《八州遊記》,頁 13。

[98]　洪棄生:《八州遊記‧凡例》,頁 1。

[99]　川合康三:〈由空間移動視點探討陶淵明的「歸去來兮辭并序」〉,臺北:漢學研究中心等主辦,空間移動之文化詮釋國際學術研討會,2008.3.26-28,頁 1。

在對於人的客觀性及主觀性活動的描述上，空間也由人體（空間）所構成。[100]李春生於《東遊六十四日隨筆》提到他初抵日本時，一下船即見岸旁輪船魚貫而列，船上鮮豔的旌旗，人員整齊華麗的服裝，都是為了迎接樺山資紀總督一行人。這樣的景象使他感到震撼，甚至以「令人生怖」一詞，來形容內心的驚懼。[101]此外，他又描述於停驂處、駐蹕所「都麗莊嚴，令人觸目生畏」[102]的感受。李春生在參觀東京的監獄後，提及監獄建築間隔繁多，樓層巍峨有如巨室大戶。從臺灣到東京的空間移動，而得以見到日本人的活動與空間所形構的氛圍，或是實質具體的規訓空間，皆透露出空間所呈顯的權力與意義。

遊記中的敘事常有意或無意流露作者的認同，如李春生《東遊六十四日隨筆》即呈現他在日本殖民初期認同轉移的心境。旅行書寫是旅行者空間移動的觀察筆記，尤其到原本陌生的環境去旅行，形成個人心路歷程的轉變。認同是關係取向（relational）的；而差異則是由與他者相關的象徵記號（symbolic marking）所建立。如在衣妝的象徵方面，李春生一行人至日本參觀時，當地村童看到車輛經過，即譏笑他們為「唱唱保」，也就是「豬尾奴」之意。李春生雖形容這些村童「頑梗殊甚，棄世清國妝者，勢如仇讎」[103]，但也因長辮而遭取笑的親身遭遇，激發他發表感嘆的話語：「可以人而不知變通從權，自甘固執陋俗，苟且偷安，至於喪師辱國，割地求

---

[100] 黃應貴編：《空間、力與社會》（臺北：中研院民族所，1998.6），頁 2-3。

[101] 李春生：《東遊六十四日隨筆》，頁 171。

[102] 李春生：《東遊六十四日隨筆》，頁 179。

[103] 李春生：《東遊六十四日隨筆》，頁 171。

和，而累數百兆生民，共玷『唱唱保』之臭名。」李春生等人因當時官方的關注，預先調派警力臨場照護，才免於「投磚擲石之辱」。這些記錄，真實反映一個殖民地知識分子不堪的經驗，也鋪陳了後續對個人行動的轉變。這趟旅遊，促使他下定決心斷辮改妝，遊記中詳細提到：

> 素喜西制，嘗慕改妝笑鬘，以為利便，奈格於清俗，不肯權變為憾。今者，國既喪師獻款，身為棄地遺民，此次東遊，沿途頻遭無賴羣擲石詆罵之苦，因是決意斷辮改妝，以為出門方便之計。[104]

此處清楚表達受限於清朝留辮習俗，遺憾無法彈性改變身體外貌。現今遭遇被清國所棄的世變，而決意改妝。李春生於斷髮之際，毫無留戀舊有妝扮的心情，與傳統文人對於斷髮的不捨而滿腹哀傷，形成兩種迥異的狀況。他並形容華人「自甘固執陋俗，苟且偷安」的性格，即是注意身體與國民性的相關，書中又描寫孫子將祖父改妝這件事視為榮耀，所以同行的親友大多樂於效法，而且毫無受迫勉強。這樣的態度，與傳統文人斷髮時苦痛的感受，迥然不同。日治初期臺灣社會中、上流階層紛紛響應斷髮運動時，亦有部分仕紳對斷髮運動感到消極排斥，或顯現感傷無奈，或加以諷刺批評，甚至組織護辮團體以相對抗。如臺北生員王采甫、鹿港生員洪棄生等，

---

[104] 李春生：《東遊六十四日隨筆》，頁 175。

皆在詩作中表達對於斷髮運動的哀痛。[105]臺灣總督府於 1915 年（大正四年）4 月，於頒布的保甲規約內附加厲行斷髮事項，如有不從政策，則以保甲法處分。但反對斷髮者以舊士紳為主，他們的心境各殊，有的單純對辮髮懷抱深厚的感情，有些則是反對一切新變革的保守者，有的則以辮髮作為民族認同的依據，有些則作為效忠舊朝的象徵。[106]李春生曾於遊記中言：「自是雖知身非歐西族類，然英俠之氣，勃然流露，已非昔時屏弱傴僂之比。」[107]認為外貌能呈顯身體的強健，同時也呈現不同的國民性；如此有關身體的論述，多觸及民族認同問題的思考。

再就國旗的象徵而言，李春生提到觀賞魔術表演，只見表演者唸咒作勢，掌上變出「清國龍旗一面」。後又稽首作勢，掌上的龍旗消失，變成許多「細小雜色旗幟」魚貫而出。再重新催咒作法，變成「大日本國旗一面」。在觀賞後他感嘆道：

> 日人之忠心愛國者，區區幻術，亦莫不藏神寓意；其視夫躬
> 膺節鉞，坐鎮巖疆，大敵當前，不戰自潰者，真術人之不如
> 也。[108]

---

[105] 洪棄生曾閉門不出，以逃避被迫剪髮。因他是中部的知名文人，日本警察為防止他人效法這種抗拒行為，故私進其宅強加剪斷髮辮。洪棄生的〈痛斷髮〉一詩，流露出悲傷的心情。後來他留殘辮、不修剪、著青衫以抵抗，此種外在形象在當時社會頗為特殊。

[106] 吳文星：《日治時期臺灣的社會領導階層》（臺北：五南，2008.5），頁 238-240。

[107] 李春生：《東遊六十四日隨筆》，頁 179。

[108] 李春生：《東遊六十四日隨筆》，頁 190。

國旗是國族象徵的一種標誌，從清國旗、幻化爲四分五裂的細小旗幟，到「大日本」國旗的變換，彷如殖民者的更迭。李春生認爲日本民族主義者甚至連變魔術時，都不忘以國旗寄託寓意；比起清國軍心渙散、不需戰役即潰敗的情形，形成強烈對照。

敘事心理學視語言爲建構真實的工具，特別是有關自我真實的經驗，以及自我概念常與語言、敘事、他者、時間及道德等有所聯繫。只有透過特殊的語言、歷史與社會結構，自我的經驗才具有意義。因此，敘事心理學的主要目的，就是去研究那些構成自我的語言和敘事，以及此類敘事對於個人和社會的啓示與影響。[109]當日本孩童譏笑李春生等人爲「唱唱保」時，他才驚覺自己以「豬尾奴」的形象，呈現在他者眼中。經由旅行的空間位移，帶來一種眼光的轉移或眼界的開闊，這樣的經驗，影響到日後旅遊活動及回臺生涯規劃。旅行的過程中，常因旅行者與他者的頻繁互動而產生新的自我，界線的位移，使相應的自我形象也隨之轉變。[110]李春生於旅日期間，下定決心斷髮及改妝的敘事中，呈現欲轉變的自我形象。從這些旅行敘事中，觀察到透過生活中自己與他人的語言表達，而能理解自我如何存在，以及自我怎麼被敘說，甚至影響到建構自我認同的方法。

李春生旅遊敘事的參照，又如三月二十六日當他與日本友人乘車遊歷淺草，經過劇場時聽聞所搬演的劇目爲日本與清國水陸戰鬥

---

[109] Michele L. Crossley 著，朱儀羚等譯：《敘事心理與研究：自我、創傷與意義的建構》（嘉義：濤石文化，2004.8），頁 14、70。

[110] 劉苑如：〈涉遠與歸返─法顯求法的行旅與傳記敘述研究〉，空間移動之文化詮釋國際學術研討會，臺北：漢學研究中心等主辦，2008.3.26-28，頁 26。

的主題。他雖早就從日報所載的詳細內容，得知這些潰敗的訊息；
但當他想像戲劇的內容，仍不免發出「新恩雖厚，舊義難忘。」的
深沉感嘆。李春生雖「忝為棄地遺民」，且自願改妝入籍，但在面
對這些慘目傷心的景象時，縱使別人感到興高采烈欲一睹為快，唯
獨他「不忍躬親一視」[111]。這些敘事呈現他對清國的情感認同難以
抹滅，透露他在遭逢清國遺棄後的頹喪心情，及其無可奈何之處。
李春生於遊記中多處批判清國施政的不當，或是華人的社會與文
化，如此殷切求好的情境，也是遺民悲憤心情的表現。研究旅行敘
事的學者范登阿比利（Georges Van Den Abbeele）指出：「回歸點
即出發點。兩者間既相同重覆，卻又在相同重複中產生差異，旅行
本身便為這種『迂迴』（detour）所建構。」[112]李春生於日本觀察文
化差異的現象後，雖然對現代化有所嚮往，但有關人倫關係及價值
觀依然崇尚傳統儒學德目。就空間而言，經歷兩個多月的旅遊，又
重返臺灣的土地上；而文化的認同上，也是一種回歸儒學禮教的現
象。敘事是使一個新的脈絡結構展演過去，將過去變成一個存在，
再將此存在放到現場。當一次敘事完成後，即是透過詮釋論述，連
接現在與過去的行動。文本是一個由書寫固定下來的論述，論述的
詮釋，需要敘事的階段。[113]洪棄生這些遊記跨越各州的空間甚大，
所以空間的敘事亦各有不同。他實地考察而使得古書中的地景，不
再是文字資料，也不只是盤據於腦海中的想像。《八州遊記》所引

───────────────

[111] 李春生：《東遊六十四日隨筆》，頁 204。
[112] Van Den Abbeele, Georges. *Travels as Metaphor from Montaigne to Rousseau.* Minneapolis & Oxford: U of Minnesota P, 1992, pp.14-15.
[113] 黃筱慧：〈論述之詮釋行動理論中的時間與敘事〉，《哲學與文化》，頁 74-78。

上古史籍或地理書的地景描寫，也因時代的跨度大，所以常於遊記
中以古今對照、今昔比較的方式呈現景物的特殊性。他曾描寫登虎
邱山時，有感於「康熙、乾隆、嘉慶時代，山上樓閣寺觀，金碧霞
綺，塘中畫舫燈船，珠翠波連」；但是到道光末已不如以往，今日
又較前更荒廢。雖然如此，作者認為此地的天然湖光山色依舊不改，
聞名而往的遊客，仍絡繹不絕。[114]又如小倉山房即袁枚隨園的舊址，
道光末年遊客仍可見到庭園；然而，「今已毀成平地，僅存遺址於
荒煙蔓草間，惟墓道未沒耳。」[115]他主張這些文學史上的文人故居，
應設立一亭作為紀念，也流露他重視文化古蹟的理念。

　　洪棄生的《八州遊記》與徐霞客《徐霞客遊記》雖同為地理考
察，但觀看的重點不同。徐霞客詳盡記載各地山川、水流、風俗、
人情，並涉及當地各種產業發展，但整體而言較偏重以科學的視域
進行考察。例如徐霞客記錄洞穴時，能仔細觀察洞穴的位置、大小、
深淺、結構、質地等，區分溶洞或非溶洞，並對碗井、天地等岩溶
現象予以科學命名。甚至，否定自《禹貢》以來「岷江為長江正源」
之說。[116]洪棄生則以旅遊映證、補充古書的地理記錄，或糾正書面
資料之誤。他認為古墓上同樣稱為「西塞山」，但唐張志和〈漁歌〉
所謂「西塞山前白鷺飛」與劉夢得〈西塞山懷古〉所形容的背景是
不同的地方。經由他考證劉禹錫的詩是「金陵西塞山」，並特別指

---

[114] 洪棄生：《八州遊記》，頁 7。

[115] 洪棄生：《八州遊記》，頁 50。

[116] 姚振黎：〈《徐霞客遊記》及其科學精神探究〉，《常州工學院學報》第 16
卷第 3 期（2003 年 8 月），頁 44。

出「注劉詩者亦誤引武昌之西塞，皆非也。」[117]洪棄生區隔湖北太冶東面的長江邊，與另一在江蘇南京附近的山名，以顯出他的地理考證功夫。每當洪棄生記錄一處旅遊景點時，多援引與該地相關的數本古籍，加上自己觀察的體驗，對古籍內容進行考證。又如洪棄生對黃石磯景點的考察，他先提到南朝宋文人鮑明遠〈登大雷岸與妹書〉曾言及：「東顧五洲之隔，西眺九派之分」，據此洪棄生認為由於五洲與黃石磯相連，故皆在雷池之東；《且水經注》亦提到：「一水東通大雷」，更加證明他的推論正確。然而，《水經注圖》卻將黃石磯置於雷池之西，洪棄生便判斷其中存有謬誤，乃「作圖者之失也！」由此可見，洪棄生不僅由地理志書中尋求地名沿革典故，更佐以著名文人作品集、古今圖籍、一一考察旅途中親身經歷的景點。

在記錄旅行見聞時，則採取參照的手法，將臺灣與中國相對應。例如：當小輪船自太古碼頭登陸，海關前有堆積如山的行李，驗關者為英人與華人，檢查的制度頗為寬大，約略環視後即放行。洪棄生見他人行李貨物甚多，竟無一徵稅，與當時的臺灣比較起來極為疏略。[118]藉由出入海關口的見聞，以比較在日本殖民下的臺灣稅賦制度與中國的差異性。又如上海往蘇州的途中須經崑山縣，時正值秋天收穫期，當地水利雖然充足但土地卻不肥沃，禾稻乾枯，洪棄生又以「一望遠遜於臺灣」，作為相比較的基點。[119]尤其當他至鄭

---

[117] 洪棄生：《八州遊記》，頁 93。

[118] 洪棄生：《八州遊記》，頁 4。

[119] 洪棄生：《八州遊記》，頁 5-6。

州「東里書院」時，原欣喜於有實地訪查的機會：「余一路見一坊
一碑一門牆，無不下車視，至此乃大喜」。但後來四顧張望仍見不
到坊與祠，他欲入孔子廟瞻仰，卻只能以「空空如」、「家徒四壁」
等修辭來形容這殘垣斷壁的景象。至於見到狹小的廟地左右皆逼近
民家，無法容納兩廡泮宮，他又發出感嘆：

> 東牆左一室有高區，大署「聚學」二字，室外數碑，均頌美
> 教官辭，入其室，剃頭匠在焉，其深止三步耳，出外視，則
> 附近人家門碑，皆署文廟街，路皆崎嶇，無一磚石，風起土
> 飛，噫嘻怪矣，街不成街，而廟則胡廟，何鄭州之荒至於此
> 極，反甚今日臺灣也。[120]

作者對這些空間的敘事，呈顯孔廟的衰頹與文廟街落寞的景象。當
時臺灣在日本殖民同化政策下，漢文的維繫雖面臨危機，但古蹟卻
得到一定的維護。這些實地參觀文化建築的敘事，透露他尋找儒教
文明的失落感。

有些景觀對照較不含價值判斷，如描寫北沙河「河身較闊，舊
時尤利運河，遊行至此，始見村家結棚演戲，如臺灣村景。」[121]只
單純將類似的景物加以聯想。他又描寫「臺灣形勢，臺北對福州，
臺南對廈門，而臺中正對泉州。泉州自東北以迄西南，起惠安縣之
崇武、獺窟、蚶江、深滬，舟楫如林，清時最頻往來於鹿港，各地

[120] 洪棄生：《八州遊記》，頁137-138。
[121] 洪棄生：《八州遊記》，頁187-186。

民物，前此皆以臺灣爲尾閭。今則破釜沉舟，景象蕭條矣。」[122]以
中國對照臺灣的港口位置，尤關注於他的故鄉鹿港，並呈顯今昔貿
易變遷的情形。至於到蘇州車站時，則認爲驛亭「高大整飭，殊勝
於臺灣」，他並提到此車站有懸橋、隧道、座椅舒適、男女分輛，
故提出其價值判斷，認爲這些皆「可謂文明」。[123]他又描寫臺灣東
部海岸山脈多高似插天，而江南的山地皆覆平地；他本以爲江南的
山爲小，但當見了三臺洞卻「登臨不盡，則似小而非小焉。」[124]如
此的空間敘事，則呈現他實地考察後的臨場感，並挑戰以往的刻板
印象。

　　空間記憶也呈現在異地飲食文化的對照書寫方面，如洪棄生提
到有關品酒的觀感，「臺灣自設官榷，已少佳釀，今屬官酤，可云
無酒，其洋酒則皆日本僞造，尤不堪飲。」洪棄生接受招待時不慣
英國濃冽香辣的酒，宴席上的主人知道他喜好華酒後，就取出天津
製五加皮、玫瑰、高粱酒，這些看似與臺灣二、三十年前種類相同，
但實更爲醇厚。至於螃蟹在蘇州酒樓見積蟹正多，反小於臺灣。臺
灣之蟳蚺亦蟹類，能滋補養生，爲天下所稀。所以他特別舉歷代曾
著迷於蟹的人物[125]，作爲形容螃蟹美味爲「世有尤物，洵足移情」

---

[122] 洪棄生：《八州遊記》，頁 324。

[123] 洪棄生：《八州遊記》，頁 6。

[124] 洪棄生：《八州遊記》，頁 39。

[125] 古籍記載畢卓曾謂人曰：「得酒滿數百斛船，四時甘味置兩頭，右手持酒杯，
左手持蟹螯，拍浮酒船中，便足了一生矣。」房玄齡等撰：《新校本晉書》卷
四十九〈畢卓列傳〉（臺北：鼎文書局，1975 年），頁 1381。

的註腳。[126]這些皆是因空間移動的記憶而產生味覺的對比敘事。至於在社會風俗的書寫方面，洪棄生原聽聞人言，泰山一路多乞丐，但當他實地遊覽卻見不到一丐，只見到兒童追隨乞討的情形。他批評日本人的遊記所言不實：「日本人遊記言孔氏守孔廟，過門輒索銀，近有江蘇人，記孔廟中得遊客之錢，作顏、曾、冉、閔四姓分攤。余遊孔林、孔廟，歷問守者多人，不獨無孔姓，亦並無顏冉四姓，即守林廟之雜姓，亦導客出入，隨客取給，不曾強索如俗僧，然則人言亦烏可信哉？」[127]記錄下親身的旅遊經歷，具有翻轉前人遊記空間記憶的實質效果。

《八州遊記》除了廣引古籍所載地景之外，更描繪有關現代化的建築。如洪棄生見到慈善會各院多有「宏大無比」的建築，其次為貧民工廠、學校、機器廠、新報館壯觀的規模，皆使他有很深的感觸。[128]書中又提到位於漢口各國租界的情形：英租界最繁盛、法國次之，另有德、俄、日租界等。並記錄舊建築改為美術學校、師範學校，東邊為吳縣醫院、工業學校，西齋改為圖書館的狀況。[129]藉由書寫這些建築物的沿革，展示出中國現代化的變遷軌跡。他也因於旅途中所見現代化的建築而發出感嘆：「蘆林村中，洋樓纍纍，且多蓄泉水，占地之長且數里，腹地名山，亦界外洋，何國中之無人也，噫！」[130]在觀摩外籍人士引進蓄水設備後，反思人才應更投

---

[126] 洪棄生：《八州遊記》，頁 104。

[127] 洪棄生：《八州遊記》，頁 229。

[128] 洪棄生：《八州遊記》，頁 103。

[129] 洪棄生：《八州遊記》，頁 13-14。

[130] 洪棄生：《八州遊記》，頁 76。

入於國內民生建設的議題。此外,他並將對現代化的關注,表現在
北京環境變遷的描寫上。從以往自北京參加會試回來的人,「皆稱
北京道路積穢,溝渠不通,糞土如山,臭氣熏人,風起則飛塵蔽空,
雪下而凝冰成塊。」但洪棄生親自到此地旅遊時卻不以爲然,他寫
到北京馬路雖然較上海租界爲寬闊,「左右通往來車馬,中通徒步
行人,路平如砥,塡以細石,日日水車四灑,糞車四出,無積穢,
亦無塵坌矣。火車環其三面,腕車馳於四境。」[131]透露他欲改變世
人對北京印象的寫作企圖。「蓋中國不變,則因循不已,欲變則往
往具絕大電速力類。」[132]他認爲中國常由於惰性而因循苟且,但若
能深加省思則具有龐大的改革空間。

三、遊記的文化論述

(一)日本文明與風俗論述

在旅遊文學中,作者常描述到國外所見的文化差異,也呈現異
民族之間價值觀的不同。李春生在遊記中,常敍及他於日本旅遊時
與現代文明接觸時所見所感。就文明的嚮往而言,除了殖民者自我
的宣告外,被殖民者於參觀殖民者展示國威後的書寫,也有助於編
織帝國宏大景觀的論述。例如於法治人權方面,李春生提及參觀日
本眾議院的情形,記錄眾議院外觀巍峨寬廣,甚至以阿房宮相比擬。
他又進一步描寫貴族院與眾議院之分別,理解到這樣的政治體制是
參考西方制度,在眾議院內分上、下二層,下層乃舉辦會議、諸事

---

[131] 洪棄生:《八州遊記》,頁 238-239。
[132] 洪棄生:《八州遊記》,頁 238-239。

之處，上層則供民眾旁聽。民眾旁聽必須安靜鎮定而無喧嘩，否則將被警吏斥責；且欲旁聽者，必須申請號碼牌以茲憑證，才能入院旁聽。李春生並描述眾議院中包括餐廳、廁所、茶點處、休息室等皆有條不紊，而貴族院則爲王室成員出入的地方，其內部設置精巧，與眾議院相比又是另一種局面[133]。這些井然有序、遵守規範的社會情景書寫，透露出李春生對於日本政治體制的認知。

李春生也描述參觀博物院的經過，提到此西式風格的建築物中，鉅細靡遺地蒐羅稀有珍貴的典藏品，分門別類陳列了奇異的動物標本。[134]他認爲日本人宏觀的視野，及潛心積慮的企圖，在此處表露無遺。[135]李春生亦曾遊覽日本公家活版印書院，描寫從印書室、刷票所、鑄字廠、鍍版屋、釘書廳等種種精巧絕倫的器具。他並提到日本公司汽廠機局，原本都由西方人管理，後來日本人逐漸學會後，西人便相繼辭去職務。此類書寫，呈現日本現代化的歷程中，如何善用資源，及其用心經營的成果；且透過展示與觀看的關係，蘊藏著殖民者「進步主義」的想法。觀覽者在審視展覽之後，常產生比較與競爭的心理活動，藉由競爭以追求進步，始能順利邁向現代文明的進程。理性秩序與知識架構雖體現了現代性精神，卻也造

---

[133] 李春生：《東遊六十四日隨筆》，頁179。

[134] 日本於1895年以前，即曾設立多種類型的博物館，如帝國京都博物館、帝國奈良博物館、東京教育博物館、人類學博物館、美術館等，從中可見其分類展示的多樣面貌。關秀夫，《日本博物館學入門》（東京：雄山閣出版，1997.4），頁110、236。

[135] 李春生：《東遊六十四日隨筆》，頁183。

成差異化。[136]這些差異使李春生體認到臺灣與殖民國間所存在的落差，進而思考如何形塑自我。

在現代城市的旅遊中，城市文化景觀對旅行者的吸引力，已從權威性的古蹟、神廟、宮殿，轉向體驗性和參與性的都市現代生活。以觀賞、飲食和娛樂等行為主體的旅遊方式，旅行者的視角著重於行動與體驗，以參與性的娛樂代替敬畏性的瞻仰，城市內在的商業化與世俗化場景，吸引旅遊者的好奇心與滿足感。這種轉變，或許是隨著現代化過程中大眾、通俗文化而產生。大眾文化的特色，呈現工業化方式大量生產、複製消費性文化商品的模式。[137]李春生在旅行的過程中，曾觀覽都會消費文化的虎戲園。他原本感到相當驚駭，但當他見到馴獸師與老虎間的驚險互動，則不免讚嘆馴獸師過人的膽識。李春生對大象形貌的細膩描寫，呈現他對於罕見動物感到十分好奇。然而，曾受儒學思想影響的李春生，卻想起「勤有功，戲無益。」的警語，並反省自己不應帶領兒孫輩前來觀覽這類的表演。觀覽的目的應在於增長見識，使資質中等者有所感召，勉勵自己繼續努力；資質中等以下者，亦當勸誡自己不能淪落無知者；資質駑鈍者，亦得以勉勵自我，不流於糊塗度日。李春生面對新奇的展演，一方面感受到其中的視覺刺激與驚奇的效果，同時卻又回顧先哲的訓誡，省思自身的行為。在這通俗文化的展演空間裡，李春生肯定大眾文化的產業功能，也反映儒者對現代化休閒消費的態度。

---

[136] 呂紹理：《展示臺灣：權力、空間與殖民統治的形象表述》（臺北：麥田，2005.10），頁391、396。

[137] 謝元魯：《旅遊文化學》（北京：北京大學，2007.4），頁73-74。

在學校教育方面，李春生記錄所參觀的學校環境整潔幽雅，並有寬敞的草地提供學生遊玩休憩；且算學、比例等各類課程的安排，皆有條不紊，使學生得以系統化接受課程教育[138]。而就學校教育的普及來看，從明治、大正到昭和年間，出現許多新設立的各級學校：大學、高等學校、專門學校、實業專門學校和師範學校等。學校、教職員及學生的數量都呈現逐年增加，呈現當時日本的新興學校正蓬勃發展的趨勢，[139]也顯示出日本在教育層面所投入的心力。在遊覽帝國大學校時，李春生描述了學校空間規劃的完善，佈置設計多以西式建築爲主。而「工料考成所」更使他感到印象深刻，這些靈巧神妙的器物教具，具有提供給教授、學生增長見識的實際用途，其目的爲造就人才並促進國家富強。[140]此外，他參觀日本的教會女學校時，不只注意到學校的西式建築，且留意來自國外的教師多具虔誠信仰，於日本奉獻一生、作育英才的情形。他又在參觀貴族女學校時，觀察他們在語言方面的課程有：英文、漢學、德文、法文，另有算學、繪圖、琴棋書畫、刺繡裁縫等課程。而學院中的教師學經歷亦頗爲可觀，不乏留學旅外多年的教師，返回日本教授外語。[141]這些記錄呈現日本現代化學校專業的課程規劃，以及因才施教的辦學特色。

李春生認爲辦理郵政一事也與教育有關，他評論郵務在日本能

---

[138] 李春生：《東遊六十四日隨筆》，頁 182。

[139] 有關日本各級學校設立的情形，請參見石川松太郎，《日本教育史》（東京：玉川大學出版部，1997.4），頁 195-202。

[140] 李春生：《東遊六十四日隨筆》，頁 192。

[141] 李春生：《東遊六十四日隨筆》，頁 206-209。

夠迅速推展，是因日本的教育推廣成效卓越，無論男女貴賤多能識字，人與人的相處重視交誼，崇尚道義，雖然住居僅有咫尺之遠，仍然會郵寄書信，聯絡情感。反觀中華，知書識字的人寥寥無幾，寫作書信者更是稀少，所以中國無法順遂推行郵務。[142]這些關於國民識字率的論述，亦呈現對其文明化的嚮往。李春生又特別注意到日本人好學的精神，他觀察到許多中年男女，在晚間回家的路上，往往攜帶裝著書籍的布包。這些人原來是認為自幼學淺，須再加強學習各方知識，以填補前所未學；其中包括已作嫁人婦者，仍孜孜矻矻地努力學習。[143]日本在現代化之後，教育更為普及，接受新知的管道亦更為多元，終身教育則是啟蒙民眾的主要途徑之一。而在東京大量湧入外國人的前提之下，「出國留學」成為當時的一股風潮[144]，雖然僅限於家世背景良好的人，卻也呈現了日本教育國際化的一頁。當李春生回臺以後，每見各地設立學校時，經常捐贈高額經費。例如：大正二、三（1913-1914）年捐予大稻埕公學校 4000圓日幣；大正四（1915）年贊助 6000 圓給初設立的臺中中學校等，另外李春生亦曾贊襄私立臺灣商工學校、淡水中學校、淡水女學校等，金額皆在千圓以上。[145]這些回臺後的捐助行為，呈現他實踐對教育的關懷與重視。

　　再就風俗的論述而言，李春生在參觀東京監獄後，留神細察計算監獄中的囚犯僅有十數餘輩，而且穿著服裝與常人無異，「面色

---

[142] 李春生：《東遊六十四日隨筆》，頁 200。

[143] 李春生：《東遊六十四日隨筆》，頁 210。

[144] 李春生：《東遊六十四日隨筆》，頁 195。

[145] 陳俊宏：《長春源流》（臺北：吳三連臺灣史料基金會，1990），頁 24。

光滑，想係無及於苦楚者。」他進而感嘆東京地理涵蓋範圍廣大，更是世界各地人口匯集之處，想必會衍生不少社會問題；然而在牢獄之中，卻僅見數十名囚犯，可見「平日風厚俗美」。[146]如此讚嘆東京平日風俗淳厚的話語，顯示他過度美化當時社會風氣。他曾在《臺灣新報》發表日本行乞現象的評論，先敘述從廣島到東京沿路幾乎未見行乞之人，就算在熱鬧的市集上也未發現乞丐衝突或搶地盤的景象，而強盜跟偷竊的情形更是「幾乎絕無僅有」。同時讚賞了日本的民情敦厚，治安的良好已達「道不拾遺，則其他鑽穴鼠偷，亦幾不禁而絕矣」[147]的境界，並認為可能因有效禁止賭博和鴉片的影響，而造就現在的景象。

李春生提到直至四月二日，日人為他設席祖餞時，才首次聽見樓外咿咿作叫化聲。席後，前往吉原遊閣觀覽時，特別描寫了此煙花之地的景象。他提到街市遍佈勾欄，欄內的雛妓幼婦，淡妝濃抹席地而坐。甚至形容此地妓女數量多至數千，「只怕客各銷金，不區郎為何物。」不禁為這些女子感到憂心，且感嘆世風竟到如此地步。此時，禮密臣出面緩頰說道：「天下之大，到處都有酒地花天，如歐美等地，雖稱服化之國仍是如此。所以必須大興善教，潛移默化挽回良知，否則自身難保，又何暇顧及他人？」李春生亦同意禮密臣的說法，但更希望官方能發揮力量積極整頓，社會風俗才不致流於頹喪。[148]從這段描寫，可見李春生在禮教、善良風俗的維繫方

146 　李春生：《東遊六十四日隨筆》，頁 189。

147 　李春生：《東遊六十四日隨筆》，頁 193。

148 　李春生：《東遊六十四日隨筆》，頁 211。

面，有其堅持的理念，才會對此社會現象提出針砭，這也是《東遊六十四日隨筆》少數的批判性話語，其最終的目的仍在於提倡道德教化的重要性。他對於殖民國的想像，原僅依靠少數相關的日本書籍建構形塑；但透過旅遊書寫，得以發現想像與現實之間，存在著極大的差距。例如他又描寫當地另有一種貧童跟隨遊客叫化行乞疑惑爲何這些貧童不在街道行乞，而偏偏在這煙花之地徘徊，故認爲這勢必是好事者刻意安排，以諷寓遊客勸其捐資行善，勿揮金買淫。他甚至認爲：「噫！豈日東眞仙境哉？不丐則己，丐則個個聖人！」[149]他巧妙將貧童行乞的現象，轉化爲提倡道德教化的論述，甚至尊喻乞丐爲聖人以拉抬日本地位。如此主觀的論述策略，呈現模糊對殖民國的風俗批判。

在旅行的過程中，常常是一種自我和他人再現的心理機制，經由比較、參考與對照別人的文化社會而顯現出人我之差別。[150]李春生到東京時即發現日本是秩序的，而華人社會的環境衛生、公共行政卻多呈現不穩定的狀態；在日本時空之下的迴映鏡景中顯得特別突兀，人我關係因此有另一種重新呈現。他雖跨越疆界，渡海來到日本，但這個旅遊地卻是殖民者的疆域。他在遊記中對於種種文化差異的比較，不免受時代情境的影響，差異比較的過程中，常對本土政治、經濟、社會種種文化現象產生批評的距離，以及不同的觀點，並顯現其文化批判的位置。許多官方的殖民書寫常誇耀統治成就，呈現優越感、自我中心等閉塞無知的結果；李春生的遊記雖與

---

[149] 李春生：《東遊六十四日隨筆》，頁212。
[150] 廖炳惠：〈旅行、記憶與認同〉，《當代》175（2002.3），頁86-89。

這些殖民者的見解不同,但因旅行會發展出比較國際觀(comparative cosmopolitism),透過都會間的比較會發現自己的不足或缺點。[151]遊記中所謂的文化批判,即是對不同文化差異提供借鏡,對自己的文化採用批判性的眼光加以反省。李春生有關禮教的文化差異,令他更感到人我之別。此外,以憤慨的口吻,批判清國消極的治理態度,同時也檢視臺灣與日本於現代化程度的差異。

(二)中國想像與現實批判

遊記所呈現旅遊的層次,與遊歷者的動機、探查者的個人特質,或是直接的地理經驗有關。而這些旅遊書寫的背後,亦呈現作者空間移動距離的政教意識。敘事學是關於敘事的科學,「敘事」是指在時間與因果關係上意義有著聯繫的一系列事件的符號再現。敘事文本是敘述代言人用一種特定的媒介,諸如語言、形象、聲音、建築藝術,或其混和的媒介敘述故事的文本。[152]洪棄生在《八州遊記》的〈凡例〉中提到:「記者之遊,仍如讀書,處處與經史子集,參互考證,以核古今名蹟,然必出以簡括,不敢如《水經注》之泛涉,遊騎無歸,或有所詳,必前人所未及。」[153]從作者的撰述要旨中,得知此書非普通記遊,與採取與隨興式旅遊書寫截然不同。他在書

---

[151] 廖炳惠:〈旅行、記憶與認同〉,《當代》175 期(2002 年 3 月),頁 90-91。

[152] 古希臘的柏拉圖曾把「純敘事」與「模仿」,作為相互對立的兩個類別,加以界定;亞理斯多德以「敘事」為基點,將柏拉圖的兩個類別融為一體,從而提出以媒介、對象與方式為參照的三分法,由是奠定了西方文藝理論中長達兩千多年以「模仿」為核心的古典敘事理論傳統。王瓊玲,〈導言:有關「明清敘事理論與敘事文學」研究之開展—從近年敘事學研究之新趨談起〉,《中國文哲研究通訊》第 17 卷第 3 期(2007 年 9 月),頁 113-114。

[153] 洪棄生:《八州遊記·凡例》,頁 1。

中引經據典,以旅遊書寫與古籍相對話,使讀者走入歷史地理的情境中。這些古籍包括地理書如:《水經》及《水經注》;經史如:《禹貢》、《春秋》、《春秋傳》、《史記》、《史記正義》、《漢書》、《明史》等。翻閱全書統計引用次數最多的是《水經注》,其次是《史記正義》、《漢書》。(參見表 4-2:洪棄生《瀛海偕亡記》所引古籍舉隅)從這些統計數字可看出洪棄生對於地理書的重視,並留意經史中所提到地理沿革的紀錄。旅遊前勢必熟讀古書,才能建構這部旅遊記憶書寫。

除了引用古籍以外,洪棄生也關心中國近代的時事,有些甚至是回臺後才書寫的補記。此外,他在〈凡例〉中亦特別注意中國山川風土的變遷之處,並詳加記錄地景地貌的演變過程。有關這些地名歷史的沿革,他言及其中的考證過程,多取自於無數典籍之間的融會貫通,進而認為可藉旅遊體驗讀書的訣竅與樂趣。[154]他也憑藉閱讀經典的記憶,一一訪求中國古蹟,「雖荒煙蕪草亦不厭」[155],只求一睹過往閱讀經驗中的想像情景。在〈凡例〉末特別註明:「是記須與連君雅堂之撰參看。」[156]因洪、連二人記錄的旅遊地點可互補不足之處,若能互相參照閱讀,則更呈現文人眼下中國地理景觀的特色。洪棄生透過對旅遊的記憶,除了建構他對中國空間的想像之外,並書寫至旅遊之地的文化批判。尤其對於儒學在各地發展的興衰,有深刻的感觸。當他旅遊至位於盧山五老峰南麓(今江西九

---

[154] 洪棄生:《八州遊記‧凡例》,頁2。
[155] 洪棄生:《八州遊記‧凡例》,頁2。
[156] 洪棄生:《八州遊記‧凡例》,頁2。

江市）的白鹿洞書院時，除了詳述此書院創建的沿革情形外，更爲
這個文化場域的沒落，寫下個人感懷：

> 旁有朱子祠，自清末迄民國，道德不講，悉廢爲農林場，遊
> 者皆言其荒蕪可嘆也。如黃龍潭各處多置農林場，剝奪及山
> 僧，蓋民國患貧，效顰東西洋，其弊至此。[157]

南宋理學興盛，朱熹出任南康（今星子縣）太守時重建書院，並親
自講學，確定了書院的辦學規條和宗旨。朱熹邀請理學家呂祖謙、
陸九淵等人至院參訪講學，在實施種種振興書院的措施後，名聲逐
漸遠播。日後雖有各地人士來此求學，但隨著清末廢除科舉，書院
於 1903 年正式停辦，1910 年白鹿洞書院改爲江西高等林業學堂。
洪棄生對於白鹿洞書院的認知，應不只是一座古建築，而是承載了
儒學的發展與文化的傳承。

　　洪棄生藉由參觀古蹟時，激起歷史人物的評價。如遊記中明白
表達對武則天的觀感：「武照淫惡，百倍胡靈，竟得靦然祔廟，不
受沈河之誅，是亦天道之不可知者矣。」現今學界對武則天在歷史
上的功過有褒有貶，然洪棄生立於傳統禮教的立場，認爲武則天應
有負面的懲誡。[158]洪棄生也提到平定吳三桂之初，清康熙皇帝提倡

---

[157]　洪棄生：《八州遊記》，頁 79-80。白鹿洞原爲唐代詩人李渤、李涉兄弟隱居
　　　讀書的地方，李渤當時養白鹿自娛，後來他出任江州刺史，於此修樓建亭，取
　　　名爲白鹿洞。五代十國南唐時局動盪，漸有人於此隱居讀書。宋初九江人在廢
　　　墟上建起白鹿洞書院，後毀於兵火，曾荒廢百年。
[158]　洪棄生：《八州遊記》，頁 152。

文學、偃武修文的情形,並加以評論:「於是開一朝太平之業,視
民國鹵莽滅裂,鄙夷道德,所謂夷狄之有君,不如諸夏之亡也,論
者猶以建虜斥有清豈平情歟?」[159]這些批評文教及道德風氣的言
論,呈現他評價歷史人物不以是否具有漢族血統為標準,而以參與
倡導儒教作為褒貶的參考。

　　除了評論歷史人物之外,洪棄生也關心近代政治、經濟的議題。
例如在近代政治上,他聽聞前年曹段起釁,「此地兵變,民家被焚
掠,損失數百萬,至今始漸回復,中華擁兵之害,可勝恨哉!」[160]犀
利批評軍閥擁兵自重,且在這人煙稠密的地方發動戰爭,對民眾身
家財產造成莫大的影響。又提到張作霖的兒子張學良在馬廠開戰,
因當時直軍分攻其後路,並將青縣站口軌路掘斷,此時北上列車,
「適為奉軍叱退,回至此遂翻車,死傷無數,阻兵之禍之烈,不止
一端,為戎首者,可勝誅哉?」[161]他嚴厲批判領軍作戰的策略,實是
遺害世人。他又寫到歸臺後的隔年三月二十日,所發生的臨城截車
擄掠事變,居民平時即常為擄人勒贖之事所苦,但軍警卻不加以治
理。當京漢同盟罷業時,被吳佩孚所逐的工人,糾合法國回華失業
的役夫及退伍軍人,及外地二千餘人附集豹子谷,截斷北上火車並
劫財物,更擄走華人百餘、英美二三十位當人質。官軍雖然包圍此
地卻不敢深入巢穴,又加上田督軍行事苟且,處理此事拖延甚久,
最後竟遵從對方的要求,將編有軍器的匪徒作為官軍,除放出西方

---

[159] 洪棄生:《八州遊記》,〈附錄 櫪兒在京遊景山筆記〉,頁 245。

[160] 洪棄生:《八州遊記》,頁 234。

[161] 洪棄生:《八州遊記》,頁 236-237。

人外，「華人悉任其作勒贖私產，紀綱於是掃地，武夫為政之害，至於此極，蓋彼亦匪類也。」[162]洪棄生如此批判官方無擔當的作為，透露他除了經由閱讀而作有史評之外，並對近代社會的民生疾苦有人道的關懷。

在經濟的認知上，他蒐集廣智廠各國進出口比較表的資料，如瑞士一國土地十四萬四千方里，人口六百萬，進出口商務七百七十兆。中國土地三千八百萬方里，人口四億，進出口商務七百兆。英三島僅百萬方里，而商務為中國的六、七倍，他藉數據以檢視中國經濟政策的得失：

> 余謂中國素以農為本，商工業之不如他，所不待言。至於出
> 入之數，要非即為盛衰之數，中國人口眾多，自出自銷，不
> 必售出國外，為當此競爭之世，不能閉關而治。此後非急起
> 直追，則滄危日甚，國計民生，必有窮戲不堪之患耳。[163]

洪棄生認為不能以中國自古發展農業為主作藉口，而忽略國際貿易的政策應隨時代而調整。主張不應閉關自守，需積極加速改善的腳步，觀摩各國經濟策略，以改善民眾生活作為施政的最終目標。

洪棄生不以捕捉美感的旅遊文學書寫方式，亦專不以觸景生情、融情於景的書寫來尋幽探勝、寄情山水；也不是因遭到貶謫貨流放、或迫於戰亂而顛沛流離才書寫。他是以記錄時序、方位、名

---

[162] 洪棄生：《八州遊記》，頁 183-184。
[163] 洪棄生：《八州遊記》，頁 207。

稱、色彩、氣候、山川、景物、歷史等的實感,作爲遊記的表現方式。晚年費了許多心力,長途跋涉到中國各地旅遊,其內心蘊藏著爲自己潛沉的生活作一些改變的渴求。長期浸淫於古籍的他,在完成此趟有計畫的探險之後,終於能完成這本融合旅遊記憶與文化批判的著作。

四、結語

遠離家園到異地旅遊,是一種改變日常生活方式的體驗活動,且有時因文化的衝擊而重新更動舊有的觀念。本節先從旅遊書寫的緣起與傳播概況,論及李春生與洪棄生如何再現此次的跨界經驗。李春生於 1896 年 2 月清、日政權轉移後,至殖民主國度旅遊的記錄,呈顯其文化論述的特色。他透過殖民者的話語,意識到自身將扮演著「轉佈島民」的傳媒角色,以宣揚殖民母國的進步與文明。回臺後,將旅程見聞撰寫爲《東遊六十四日隨筆》,並自 1896 年 6 月起發表於日人刊行的大眾傳播媒體《臺灣新報》,所以在臺灣文化場域當具有特殊意義。而洪棄生則在歷經日本殖民的時代鉅變,產生了悲憤憂患的感受,於 1922 年秋天透過旅遊體驗文獻典籍所載的實際場景。比較這兩部遊記的背景:李春生的旅遊行程,皆是殖民政府的刻意安排,從遊記中所載錄參觀各式產業及機構,多呈現對現代文明的關注。此行的目的,除了參訪日本政要之外,另有爲延齡、延禧、延昆孫子三人,及親友輩之子弟李解紛、李源頭、陳培炳親友子弟三人,共計安排六位學童至日本入學[164]。李春生本人不諳日

---

[164] 李春生:《東遊六十四日隨筆》,頁 53。

語，卻親自帶其孫輩遠赴日本探詢就學相關事宜，呈顯他對後代子孫接受現代化教育的期勉。而洪棄生則早有旅遊中國的心願，此次旅行乃經長期計議，行前花費許多心力作準備工作，並由其子洪炎秋陪伴並擔任北京話翻譯的角色。

　　日治時期臺灣在地文人的遊記中，多呈現作者旅遊的空間記憶。若以《東遊六十四日隨筆》與《八州遊記》來比較，李春生是到日本東京參訪，而洪棄生則到中國旅行。從兩書所載內容看來，李春生跨越疆界，實地到東京參觀橫濱碼頭、活水池等公共設施，也參觀了寫真樓（照相館）、時計樓（鐘錶行）、博物館、戲院、美術院等休閒場所，以及第四回內國勸業博覽會。在國營事業的部分，則是於公家活版印書院、製紙廠、織絨局、日本銀行、郵政總局、電報局、電話局、灰場、棉紗製造廠、水利電氣局、造幣廠等參觀考察。行政機關方面，參觀了貴族院、眾議院、法院、牢獄、宮內省、帝居；而學校則包含：帝國大學校、教會女學校、貴族女學校院等。而洪棄生所參觀行程依類別歸納，則呈現出自然景觀如：黃石磯、西塞山等山川、河流；人文景觀如：白鹿洞書院、東里書院、孔子廟等古蹟；現代化景觀則如：蘇州車站、機器廠、新報館、醫院、圖書館，以及各國租界情形。兩者相較之下，李春生所參觀的空間類別較具現代性，機構單位的範疇也較廣泛。當李春生受邀參訪魚雷局，並親身經歷魚雷發射、演練的震撼；又到造船廠觀覽其間巨大的機具規模，對現代化機器的精巧絕倫發出驚嘆。洪棄生則將旅遊書寫的重點置於自然與人文景觀方面，在遍覽山川景色與各地古蹟之餘，不僅考證景觀的典故以及比較今昔的變化，並緬懷典籍閱讀經驗裡想像的中國。

　　就空間記憶而言，李春生此次跨界的經驗，是透過從臺灣到東京的移動空間書寫的再現，親身體驗到日本人的活動與空間所形構的氛圍；且其實質具體規訓空間的描繪，透露出空間所呈顯的權力與意義。與李春生不同的是，洪棄生的八州之遊，雖然也是一趟自我挑戰、自我實踐的歷程，但這樣旅遊的最終目的，是使抽象的經典閱讀轉化成實際的感受；原本相隔千里的想像空間，透過實際到達現場，得以親自體驗當地的風土民情。在旅行敘事參照方面，李春生主要藉由衣妝與國旗之象徵記號，及遊記書寫中的敘事心理轉移。當日本孩童譏笑李春生等人爲「唱唱保」時，他才驚覺自己以「豬尾奴」的形象，呈現在他者眼中。於是在旅日期間決心斷髮及改妝，表現亟欲改變自我形象的意圖。又如李春生認爲日本民族主義者甚至連變魔術時，都不忘以國旗寄託寓意；比起清國軍心渙散、不需戰役即潰敗的情形，形成強烈對照。至於洪棄生則每到一地，都細心考證歷史背景、人物典故，且必與經史子集相互考證，並注意山水風土的變遷。這些考校精詳，區別地與名異同的寫作模式，皆加深了此書的學術價值。

　　在遊記的文化論述方面，探究李春生對日本文明的嚮往以及風俗的論述，並分析洪棄生對中國的想像與現實批判。李春生遊記中曾對臺日兩地進行比較，論述中亦呈現所遭遇的文化衝擊和省思。他書寫西方政治體制、博物院展覽、學校教育等方面的觀覽心得，顯現了對於現代文明的憧憬與嚮往。透過觀覽的過程，也進一步地理解、建構自我的形貌，而他對日本文化與禮俗的觀感，多呈現較爲傳統的禮教觀。有關日本社會現象的評述，則因他閱歷未深，故有過度揄揚而不切實際之處，須由旁人點醒始能理解日本的風俗禮

教。李春生跨越疆界到日本所書寫的遊記,更流露他經歷不同政權轉移後的心境。而洪棄生書寫的《八州遊記》所引上古史籍或地理書的地景描寫,因時代的跨度大,所以常於遊記中以古今對照、今昔比較的方式呈現景物的特殊性。本節除探討洪棄生對旅遊的動機與閱讀經驗外,又從遊記中建構他對中國的想像;更從空間敘事與實地考察,詮釋他至旅遊之地的文化批判。這些批評文教及道德風氣的言論,呈現他評價歷史人物不以是否具有漢族血統為論述的標準,而是以倡導儒教作為褒貶的參考。除了評論歷史人物之外,洪棄生不僅涉獵漢籍文獻,也關心近代政治、經濟的議題;雖然他的評論未必客觀而全面,但也呈現出這部古典遊記與現代社會有小部份對話的特殊性。

　　兩位在地文人透過文學試圖描述面對時代的衝擊,一方面回顧難以斷絕的漢文化,並觀察古文明與現代風土的種種經驗。另一方面也經由跨界的書寫,使異地的文學與文化有交流與互動的機會。日治時期以遺民自居的洪棄生,藉由暫離殖民地而實際踏查漢籍上的諸多地點,再現對中國自然與人文景觀的記憶。期望藉由李春生與洪棄生遊記主題的探討,能呈現其散文作品中有關敘事與記憶文化論述的特色。

表 4-2 洪棄生《瀛海偕亡記》所引古籍舉隅

類別	書名
地理	《水經注》
	《水經》

	《禹貢》
	《水經注圖》
	《河渠志》、《南畿志》、《溝洫志》
史書	《史記正義》
	《漢書》
	《史記》
	《明史》
	《宋史》、《續漢志》、《會典》
	《元史》
	《通鑑》、《越絕書》
	《吳越春秋》、《南史》、《唐書》
	《後漢書》、《國語》
	《吳志》、《前漢書》、《通典》
	《太平寰宇記》
	《元和志》、《前後漢志》、《漢官儀》
	《三國志》、《晉書》、《通鑑注》、《新唐書》、《魏書》、《戰國策》
神話傳說	《山海經》
	《路史》
	《述征記》
	《左傳》
	《春秋》
經部	《爾雅》、《禮記》

	《周禮》、《詩經》	
	《孟子》、《尚書》	
子部	《淮南子》	
	《呂氏春秋》	
文集	《唐文粹》	

第三節　世界文化的觀摩之旅：林獻堂 1927 日記及《環球遊記》的文化意義

一、前言

　　林獻堂（1881-1956）為臺灣文化史上極具代表性的人物，他長期所寫的日記，蘊含與臺灣命運緊密相連的敘事。歷史學者認為林獻堂的日記資料，包含家族歷史、經濟活動、政治社會以及文化活動等資料。其日記的史料價值在於當時人記當時事，有別於回憶錄及口述歷史。且日記中所載的活動，有不少是以林獻堂為主體，或是以他為重要人物所展開活動的記錄，如臺灣文化協會、臺灣地方自治聯盟、一新會等。故此日記不僅是林獻堂一生最重要的見證，也可補充官方資料的不足，史料價值極高。[165]目前所留存林獻堂的日記經由中央研究院臺灣史研究所整理編纂成《灌園先生日記》，

---

[165] 林獻堂著、許雪姬等註解：《灌園先生日記》（臺北：中研院臺史所籌備處，2000 年），頁 6-13。

第一冊始自 1927 年（昭和二年），此亦是林獻堂環球之旅的第一年。日記止於 1955 年，中缺 1928、1936 年，前後長達二十七年，跨越日治、戰後兩個時代。《環球遊記》則爲他於 1927 年五月十五日起，至 1928 年五月二十五日抵橫濱止，約一年左右的時間，與二子攀龍、猶龍在歐美各地旅遊的見聞紀錄。曾於 1927 年八月二十八日起以〈環球一週遊記〉爲名，開始在《臺灣民報》上刊載，直到 1931 年十月三日爲止，共連載一百五十二回。內容除了旅遊中生活的實錄之外，也包括了異地風情、政治經濟、民生議題等題材。當時正值壯年的林獻堂，不僅以身體力行的方式，實現自己環球旅行的願望；也從當時臺灣文化團體紛擾的時期中暫時抽身，因而能在異地文化巡禮後，以日記與遊記表達自己的所思所感，也開擴了他的文化視角及世界觀。

對於林獻堂的研究，較多關注於他參與政治社會運動中的情形；文學方面，則大多聚焦於探討與櫟社的關係或詩歌的成就。而有關日記的研究成果，在紀念林獻堂先生逝世五十週年的「日記與臺灣史研究」研討會會議論文集（2006）中，有數篇林獻堂的日記以及相關歷史背景的研究，如：陳世榮〈近代臺灣菁英的訴訟經驗－以林獻堂與張麗俊的日記爲核心〉、何鳳嬌〈從林獻堂日記看大戶餘糧問題〉、黃子寧〈林獻堂與基督教（1927-1945）〉、林蘭芳〈儒佛耶三合一的宗教觀：從《灌園先生日記》看林獻堂的學佛因緣〉、林丁國〈從《灌園先生日記》看林獻堂的體育活動〉、范燕秋〈從《灌園先生日記》考察林獻堂的身體衛生觀及其實踐〉以及高雅俐〈從《灌園先生日記》看 1920-1930 年代霧峰地方士紳的音樂生活〉，這些論文從各方面呈顯出林獻堂日記的學術價值。至於

《環球遊記》的研究成果，早期綜論此遊記的代表作爲許雪姬〈林
獻堂著《環球遊記》研究〉（1998），爲全面探討林獻堂旅遊的背
景、遊記書寫的風格特色、重刊風波與版本修改等議題。亦有多篇
論文以比較遊記的方式作爲主題研究核心，討論遊記出版禁制的情
形，以及所蘊藏的現代性、認同、國族論述等議題。[166]

　　雖然近幾年有關林獻堂的日記與遊記研究，已累積一些具體成
果。但因林獻堂爲當時的知識菁英，於臺灣文化史上佔有重要的地
位，其日記不僅因牽涉眾多事件而具有歷史厚度，也蘊含個人的思
想關照。且他又是日本殖民時期首位遠至歐美多國旅遊的臺灣知識
份子，遊記所錄旅途時間之長、空間移動之廣，當時難有臺灣人能
超越他，更增添他的旅遊書寫所蘊藏的學術研究價值。然而，目前
有關林獻堂 1927 年的日記與《環球遊記》的探究，至今仍留一些尚
待爬梳與詮釋之處。例如：林獻堂日記與遊記兩種不同類型的文本，
兩者之間有哪些關連？作者又如何自我敘事？表現手法是否有顯明
的差異？當他參觀世界各地的古蹟、遺址、歷史場景或博物館後，
遊記是如何使歷史記憶再現，又爲臺灣讀者帶來何種新的想像？在
旅遊的過程中，因接觸異國文化而帶給他何種衝擊與思考，林獻堂
如何藉由遊記建立啓蒙論述？新文化史或稱爲社會文化史的研究，

---

[166] 相關的論文有：洪銘水〈梁啓超與林獻堂的美國遊記〉（2000），徐千惠《日
治時期臺人旅外遊記析論－以李春生、連橫、林獻堂、吳濁流遊記爲分析場域》
（2001），方孝謙〈一九二〇年代殖民地臺灣的民族認同政治〉（2000），尤
靜嫻〈遊目歐美，遊心臺灣－試論林獻堂《環球遊記》中的現代性〉（2004），
以及張惠珍〈他者之域的文化想像與國族論述－林獻堂《環球遊記》析論〉（2005）
等。

不僅嘗試發掘文學作品中的史料意義,即使是官方文件、文獻等傳統的史料,也以新的方式來閱讀。內容包括飲食、服飾等物質文化的研究,或是身體、性別研究、記憶的社會歷史、形象的歷史、對政治的態度及組織的方式等主題研究。新的主題引起學界對新的史料的關注,並力求尋找其措辭方式和表達策略,同時置於社會的和歷史背景中進行反思。故本節擬以林獻堂 1927 年日記及《環球遊記》為文本,參考旅行、敘事等理論概念,分別從日記到遊記的自我敘事、世界歷史記憶的再現、日記與遊記的文化啟蒙論述等三個主題面向加以探討,以期能呈現這位臺灣知識份子的日記與旅遊書寫在文學與文化史上的特殊意義。

二、從日記到遊記的自我敘事

日記為個人每日生活的紀錄,是關於「自我」的敘事,且多在當下的時空寫成,而非以回顧的方式書寫。日記的寫作也被視為對「自我」的一種「內化的訓練」與「建構的技術」;日記在理論上是一種個人的、私密的文字呈現,作為一種近代社會自我覺知、自我意識的標記,其本身就具有現代性的意義。[167]尤其當作者以自我環球之旅的經驗作為敘述主體時,更呈現以個人為中心的世界觀。林獻堂 1927 年的日記保存自我以及世界新體驗的具體紀錄,也在《環球遊記》中抒發體驗現代性的見解。從異國的都會消費文化、

---

[167] 曾士榮:〈1920 年代臺灣國族意識的形成—以《陳旺成日記》為中心的討論 (1921-1932)〉,《日記與臺灣史研究研討會論文集》(臺北:中央研究院臺灣史研究所,2006 年),頁 2。

政經文教等制度，因所見的差異而加以比較，在觀摩的過程中，重
新檢視自己的文化，進而延展視野。他的日記體是以古典文體書寫，
卻承載旅行的現代見聞；又因報刊傳播媒體的興起，遊記有新的發
表管道，也因此影響遊記敘事功能的呈現。學者 Mieke Bal 於
"Narratology, Introduction to the theory of narrative" 提到：在旅遊的
故事中，移動本身就是一個目標，希望從移動中得到改變或解放、
自省、智慧或知識。[168]關於林獻堂的旅遊動機，從《環球遊記》看
出早在旅遊出發的十八年前即立下志願：如果兩個兒子都能自大學
畢業，就與他們一同至歐美漫遊環球旅行。[169]而另一個動機是在於
1927 年一月三日臺灣文化協會臨時大會中，林獻堂經歷了文化協會
的分裂，心中著實感到哀痛。在事後他既不加入以左派為主的文化
協會，也不參與右派的「臺灣民眾黨」[170]，在這樣的背景下出國一
年八個月，顯示出林獻堂出外旅遊的另一層涵義。

從 1927 年《灌園先生日記》有關旅遊出發之前的記錄中，則可
得知除了長子攀龍在倫敦常寫信寄望父親盡速前往外，此趟旅行亦
曾得到某些友朋支持。如林景仁再三囑咐林獻堂如確定歐遊出發之
日必定要告知屆時將到法國馬賽（Marseille）迎接，並留下在瑞士
的住址，令林獻堂感佩親切情意。[171]而林茂生三月十四日寫信告知，

---

[168] Mieke Bal: *"Narratology，Introduction to the theory of narrative"*，Toronto: University of Toronto Press, 2007, p.137.
[169] 林獻堂：《環球遊記》，頁 1。
[170] 張正昌：《林獻堂與臺灣民族運動》（臺北：益群書店，1981 年），頁 208-209。
[171] 林獻堂：《灌園先生日記》，頁 93。林景仁，號小眉，板橋人。林爾嘉長子。終身未受正規教育，卻懂日、英、法文，娶蘇門答臘橡膠王張煜南之女。婚後

將於四月廿八日由橫濱乘船渡美，對於未能與林獻堂同遊歐洲，表達遺憾之意。在勸阻成行方面，則有三月十一日的記載：蔡惠如、蔣渭水與蔡培火及諸同志將連名，請林獻堂取消歐美遊歷，將此三、四萬的費用，投入經營日刊新聞。[172] 此即是林獻堂於遊記中提到即使「諸同志聞之，多不欲余之長期旅行，咸勸中止，余因是而猶夷者累月。」[173] 他想到若錯失良機，以後可能無法實現志願，於是仍依進行預定的旅遊計畫。[174] 由此可見，日記的資料正可與遊記相互補充。通常旅遊出發前對已經去過當地的旅遊者所提供的線索，如同行、同遊者(fellow travelers)都會激發旅遊中互動，因而引發出不同體驗，使個人的旅行經驗更加錯綜立體。[175] 林獻堂的旅行曾得到本地或跨國友朋的協調幫助，而他的兒子更參與此趟旅程路線的規劃及沿途的翻譯，使林獻堂的旅遊能順利進行。

　　人類學者認為旅遊牽涉到三個層次，包括：地理距離的特質、探查者的特質、了解地理距離概念所反映的政教意識。若就廣義旅遊的動機而言，出外遊歷的原因雖然各有差異，包括高度的自我實

投資南洋日麗銀行，也計畫成立飛行公司一展鴻圖，卻未成功。他曾任株式會社新高銀行董事、林本源製糖株式會社監事、主持訓眉記，後因故經營失敗，乃隨父母林爾嘉夫婦赴歐七年。王國璠，〈林景仁小傳〉，《板橋林本源家傳》，1987。

[172] 但林獻堂提出反駁的意見：一是經營日刊新聞不容易，以現在之狀態欲鳩集二十萬的現金；二是現時民報經營尚難覓相當人物，何況日刊新聞。林獻堂：《灌園先生日記》，頁105。

[173] 林獻堂：《環球遊記》，頁1。

[174] 林獻堂：《環球遊記》，頁1。

[175] 廖炳惠：〈旅行、記憶與認同〉，《當代》第57卷（2002年3月），頁87。

踐，個人的利益；或爲了政治性的、意識型態的、智慧性的本質，甚至於經濟的利益。這些旅遊的因素之所以會不同，通常取決於不同社會的環境，以及所反映的經濟和政治層面。[176]即使在二十世紀的臺灣，能有經濟能力從事環球之旅的人極爲有限。人稱「阿罩霧二少爺」的林獻堂，具有霧峰林家的經濟優勢，故能從事這趟跨界之旅；並且由於他的文化素養，更使他的旅遊不只是休閒之旅。

　　旅行的動機與最終目的在於認識與回到自我，個人的理解實來自其旅遊過程的觀察、體驗、交流與哲學思索。林獻堂遠至歐美，與臺灣相隔一大段空間距離，更容易感受到傳統與現代思潮的衝擊。這趟西方現代性的體驗之旅，對於他書寫的日記與遊記造成相當的影響，並提供後代研究林獻堂的另一視角。林獻堂藉由旅行體驗多元文化之後，這些觀點也可能成爲讀者未來採用的觀點，因此個人的生命經驗更爲豐富，並提昇他在臺灣文化界的象徵性地位。

　　休閒旅遊體驗說是一種主觀的感受與思索，因日記與遊記多是寫自己的故事，所以敘事者的語態（voice）與人物的觀點（point of view）之間較無區分。林獻堂除了國族歷史等「大敘事」之外，也書寫記錄個人身體等的「小敘事」，呈顯日記與遊記的真實性，並使讀者感受遊記所營造的親切感。究竟林獻堂於 1927 年日記與遊記的寫作手法各有何特色？茲以表 4-3 加以比較：

---

[176] Mary W. Helms 1988 "*Ulysses' Sail: an ethnographic odyssey of power, knowledge, and geographical*", New Jersey: Princeton University Press. p.67.

表 4-3 林獻堂日記與遊記寫作手法比較

	日記	遊記
篇幅詳略	篇幅短，較簡略。	篇幅長，較詳盡。
內容題材	旅遊記事為主綜記生活瑣事。	以記錄旅遊為核心的專題。
時間順序	依每日生活事件的時間先後為序。	不專以參觀時間順序，而是依旅遊專題調整合併。
空間移動	記錄每日旅遊地點的移動。	不以實際旅遊地點移動為主的空間安排。
敘事功能	私密性的風格，具有日常札記的功能。	遊記投稿至報紙上刊載，且具公開而廣為傳播的效果。

資料來源：參考林獻堂著、許雪姬等註解，《灌園先生日記》1927 年(臺北：中研院臺史所籌備處，2000 年)；及林獻堂，《環球遊記》(臺中：林獻堂先生紀念集編纂委員會，1956 年)比較而得。

　　經閱讀林獻堂 1927 年日記與《環球遊記》後，可看出他是先簡要記錄每天的日記，再將日記改寫轉化成遊記，並投稿至報紙上刊載。大體而言，他的日記與遊記雖然就其內容題材上有高度的相似性與重疊性；但兩者的寫作手法有所差異，也呈現從私領域到公領域的過程。日記所載每日旅遊地點的移動及時間，都會按順序詳盡標明。如早上十點與次子猶龍一同參觀博物館，午後四時另與別人

相約喝茶。同一地點，林獻堂可能在不同日子重遊，如：七月二十七日十一點曾參觀大英博物館參觀，八月五日十點又記錄再次前往參訪博物館的閱書室。這些在《環球遊記》中，皆置於〈英國見聞錄‧倫敦市〉的「大英博物館」一節中。可知日記是按時間順序紀錄，說明每日的空間移動；但是遊記是以相關類型的旅遊地點為核心，因此歸納不同時間參觀的見聞，將參觀過的地點皆歸納於同一節中敘述。如他書寫多次到倫敦市區公園的經驗，即是顯明的不同書寫方式的例證。

　　林獻堂的日記大多為簡略記載的札記，後來再擴寫成一篇篇以地點或事件為題的遊記，遊記中的〈法國見聞錄〉可作為具體的例子。林獻堂自言他的歐洲漫遊此趟旅程共經過巴黎五次，分別是1927 年 6 月 20 日、10 月 3 日、11 月 10 日，以及 1928 年 1 月 19 日、2 月 27 日。[177]從遊記中〈法國見聞錄〉「光明之巴黎」一節裡，觀察林獻堂遊記的敘事模式：他通常擇取當地最具代表性的地點或建築、人物及風俗民情，使讀者有鮮明的重點式印象，透過文字閱讀加以勾勒出一座城市或國家的輪廓。[178]此外，他更擅長將典故、歷史情節融入旅行書寫之中，使得遊記不僅僅是走馬看花的流水帳而已，更蘊含具有歷史厚度與豐盈的文化意義。例如在「拿破崙之墓」一節裡，林獻堂以長篇幅鋪敘回顧拿破崙當年以軍官的身分，一躍而為大將，團結國民以禦外敵，戰勝攻克威震全歐的事蹟。並

---

[177] 林獻堂：《環球遊記》，收錄於《林獻堂先生紀念集遺著》（臺中：林獻堂先生紀念集編纂委員會，1956 年），頁 41。本論文所引《環球遊記》頁碼皆以此版本為主。

[178] 林獻堂：《環球遊記》，頁 41。

將拿破崙與項羽作一類比對照,擷取古籍中的詩句,融入歷史場景的鋪敘,道出兩位「亂世英雄」相似的成敗之跡。[179]所謂敘事,並非簡單地反映現實,而是包含了選擇、重組、簡化現實等機制。[180]林獻堂於日記中擇取當天印象深刻的圖象,記錄行走過的痕跡;在遊記中亦選擇某些心中的風景,並加以鋪陳敘事。文中對世界都會的讚嘆與批評,以及對歷史人物形象塑造與褒貶,皆透露出他個人的思想與價值觀。

　　日記多具日常生活瑣事的功能,如前所述往大英博物館的途中換車時,曾與次子猶龍錯身,幸好最後在博物館相尋得的小狀況,在遊記中則未見此記錄。另有些瑣碎的日常記事則較無法置於遊記裡,如旅程中接獲電報的訊息只單獨存在於日記裡。如:

> 八月二十五日昨晚閱大使館之書,係傳達後藤長官之電報,謂欲任余為總督府評議員,請即承諾。本早往大使館問其詳細,即復電辭之。

此處的後藤長官是指夫總務長官,林獻堂第一次任臺灣總督府評議員在 1921 年 6 月 1 日一直任到 1923 年 3 月 10 日,第二次在 1930

---

[179] 林獻堂:《環球遊記》,頁 47-48。

[180] Hinchman, Lewis P., and K. Hinchman. *"Memory, Identity, Community: The Idea of Narrative in the Human Sciences"*, New York: State University of New York Press, 1997, pp.xiii-xxxii.

年 7 月 3 日又再度被提名。[181]臺灣總督府設置臺灣府評議員,主要是迫於日本國會的壓力及為牽制臺灣議會設置請願運動所做的努力,林獻堂是請願運動的領導者,但他卻被田健治郎總督任命為臺灣府評議員,以做為籠絡的手段。在臺灣文化協會分裂後,比原來的文化協會更反日、更激烈,林獻堂的溫和、識大體又成為總督府青睞的對象。[182]1927 年 8 月 24 日林獻堂與長子攀龍、次子猶龍在英國旅行時,晚上由日本駐英大使館傳來總務長官後藤文夫的電報,欲再次任命林獻堂為府評議員。但林獻堂隔日即前往日本駐英大使館以電報回應,電報內容為:「深謝厚意,緣有種種事情,不勝遺憾,僅此告辭職。」[183]林獻堂已當過府評議員,沒有意願再接受只有諮詢權而無議決權的職務,況且人又在歐洲,因此婉拒後藤文夫對他的聘任。遊記中也載錄他閱讀報刊的情形:

> 新九月十一日,夜讀《臺灣民報》在臺灣八月一日發刊之第一號(一六七),睡稍遲。

> 新九月二十一日,昨日讀《臺灣新聞》,載南部地震,其震

---

[181] 後藤文夫總務長官的任期自 1924 年 9 月 22 日起至 1928 年 6 月 25 日止。(《林獻堂先生紀念集》,頁 67。

[182] 許雪姬:〈反抗與屈從-林獻堂府評議員的任命與辭任〉,《國立政治大學歷史學報》第十九期,2002 年 5 月,頁 283。

[183] 《灌園先生日記》(一),昭和二年八月二十五日,頁 175。

　　源地在於鹽水街。本早命攀龍修書與陳秋逢[184]，問其有無受
害。

從以上兩段日記，可看出即使在旅途中，林獻堂仍關心《臺灣民報》、
《臺灣新聞》等報刊上所登載的臺灣時事，或是地震等天然災害對
各地的影響，並問候臺南州學甲庄中州的陳秋逢。陳秋逢
（1894-1971）為開業醫生，因位居報載的震源地，故林獻堂特別捎
信詢問其受災情形。此外，他在日記裡也提到如何挪出時間，在旅
途中將簡要的日記整理成有系統的專題遊記。茲引九月的日記為例：

　　　　新九月十八日早，攀、猶勸余廿五日往大陸，余病新愈，體
　　　　頗虛弱，又兼倫敦遊記概未整理，欲再緩一週間。攀、猶頗
　　　　不以為然，大起反對，余已決定如是，彼兄弟雖反對亦不之
　　　　聽也。

此外，「新九月二十三日，攀、猶招余往海濱散步，余因欲作遊記，
故不同行。」以及「新九月二十九日，余盡日不出門，寫〈保羅寺
遊記〉。」[185]等則，皆呈現林獻堂重視撰寫遊記的程度，並具補充
日記不足的效果。他早在旅行前即已閱讀過康有為與梁啟超的遊
記，閱讀的記憶迴繞於書寫之際，或許產生欲超越前行遊記的使命

----

[184] 陳秋逢發表於《臺灣民報》的文章有：〈讀昭和新報〉（二三八號）、〈我們
　　　的思想統一觀〉（二五二號）、〈讀黃石輝氏的有望的思想統一觀〉（二六一
　　　號）。

[185] 〈保羅寺遊記〉發表於《臺灣民報》一百九十六號，昭和三年二月十九日，（七）。

感，不只為臺灣人觀看世界，並將心得分享於讀者的眼前。此外，
整部遊記常出現眾多詳細數據，如列出英國議會中保守黨、自由黨、
勞動黨、立憲黨、愛爾蘭北部國民黨、獨立黨、共產黨及無黨籍的
人數；或是羅列出歐美各都會的經緯等地理位置，以及一年的平均
氣候、人口數據等資料。另從遊記中所記英國的重要三條憲章，或
是各地的代表性建築、各國歷史發展脈絡以及文化活動看來，皆可
見林獻堂蒐集各類龐多文獻資料，作為撰寫遊記參考用心的情形。

　　休閒旅遊是以自願的態度、選擇的自由、以及內在意義的感知
為核心條件與主要內容，與馬斯洛所說的「自我實現」有其相似之
處。休閒被視為是一種主觀的體驗，是個人參與活動時，在其活動
的物質環境與社會場景結合構成的空間中所處的情境。[186]林獻堂出
國旅遊一年，歸途中又停留日本八個月。總計 1927 年 5 月至 1928
年 12 月共一年八個月中，未嘗涉入臺灣政治活動。[187]但是他的日記
和遊記中，並沒有不得志的感嘆。環遊世界是林獻堂自我沉澱、開
展思考廣度的自覺活動，在需花費龐大旅費的旅程中，以日記體或
遊記體抒發他的旅遊體驗。體驗是指個人經歷了一段時間或活動，
並對其感知進行處理，是與當時的時間空間相聯的精神過程。[188]林

---

[186] 德森等著，劉耳等譯：《女性休閒－女性主義的視角》(*Both Gains and Gaps: Feminist perspectives on Women's Leisure*)（昆明：雲南人民出版社，2002 年），頁 11-18。

[187] 張正昌：《林獻堂與臺灣民族運動》，頁 208-209。黃富三：《林獻堂傳》（南投：國史館臺灣文獻館，2004 年 11 月）。

[188] Kelly John R.著、趙冉譯：《走向自由－休閒社會學新論》（昆明：雲南人民，2003 年），頁 2；謝彥君：《旅遊體驗研究：一種現象的視角》（天津：南開大學，2006 年），頁 10。

獻堂 1927 年日記與遊記互補，共同為此趟歐美之旅，留下個人的生命感受和體悟。

三、世界歷史記憶的再現

當旅遊者書寫歷史場景時，空間就成為記憶的國度。[189]歷史總是敘事出來的，歷史有許多不連續、充滿矛盾的縫隙。史學家對於過去的研究，不能再宣稱是超然客觀。我們無法超越自身的歷史情境，我們所面臨的過去，不是實質的客體，而是從所有各式各樣已成書的文本中所建構出來的，亦即文本的理解符合特殊的歷史考量。文學與歷史之間的關係必須再次重新思考，沒有穩固的「歷史」可被視為「背景」來襯托出文學。[190]歷史事實的描述，除作為「記史文本」的特殊性外，亦帶有一般「敘事文本」的基本特質。某些觀點所涵攝的歷史圖象，甚至成為集體記憶中不可忽視的一部分。林獻堂於旅遊書寫中常興起懷舊（Nostalgia）的情緒，在他參觀古蹟、歷史場景後，多藉由日記與遊記再現這些有關異國的歷史記憶。

遊記中所載參觀紀念館等文化活動時，常關注於群眾的集體記憶。如：愛丁堡城的王宮兵房前有一間大戰紀念館，但是館中的紀念物，僅藏有與蘇格蘭軍隊有關的展覽品而已。當日各隊的軍旗及戰死者的姓名皆詳列而無遺漏，有位婦人觀看到親人的名字，不禁眼淚滂沱、嗚咽很久。林獻堂於是發出感嘆：「戰爭究竟所為何事，

---

[189] Mieke Bal: "*Narratology，Introduction to the theory of narrative*"，p.137。

[190] 雷蒙・塞爾登（Raman Selden）等著、林志忠譯：《當代文學理論導讀》（臺北：巨流圖書公司，2005 年 8 月），頁 237-238。

而戰勝者至今猶有餘痛；若戰敗者，則不知將何以慰其悲哀悽愴之懷也。」[191]經歷戰爭的人內心常留下傷痕，即使戰勝者長久以來猶有餘痛；而戰敗者所感受到的悲哀悽涼，外人更不知如何加以慰藉。在戰爭遺跡方面，林獻堂曾前往伊泊爾去踏訪當時戰況最激烈的戰場，見此地的市街樓房皆是新建，可知兩軍的炮火猛烈，致使當時無一完好建築。德軍有三次的大舉進攻，其中一次英軍提防不及，遭德軍毒瓦斯攻擊。四年之中英軍死者共五萬六千人，含殖民地的士兵，總計約有十五、六萬人。英國政府建造一座紀念門，門上立一雄獅，門中則刻五萬六千人死者的名字，對於殖民地之兵則一概不理，林獻堂認為這令人匪夷所思。[192]戰爭紀念館運用大量的「真實」物件，如戰爭前的背景、戰爭之爆發等，以建構其對戰爭的感受，展示便形成隱藏的權威（hidden authority）。[193]而紀念門或紀念碑上以雄獅作為英勇的象徵，卻刻意排除了從殖民地調至戰場而犧牲的士兵。戰爭紀念門上英國權威地刻上「為國捐軀者」名單，正顯現英國殖民者選擇性的歷史記憶，與傲慢統治者的遺忘。

　　另外，他又參觀位在由布魯塞爾至滑鐵盧古戰場間的英軍大將惠靈頓的居所。當年拿破崙逃出厄爾巴島後，不久便匯集了十多萬的兵力，英國便命令惠靈頓率領大軍至滑鐵盧，激戰過後拿破崙的軍隊全軍覆滅。之後拿破崙再被放逐於大西洋中的聖赫勒拿小島，五年後便辭世。在戰役中比利時貴族奧倫治公爵亦犧牲，後人築土

---

[191]　林獻堂：《環球遊記》，頁 32。

[192]　林獻堂：《灌園先生日記》，頁 233-234。

[193]　陳佳立：〈生命中不可再現之痛：論戰爭紀念博物館之展示與敘事策略〉，《博物館學季刊》第 21 卷第 1 期(2007 年)，頁 46。

爲丘，形似埃及的金字塔，丘上立一獅，作爲紀念。在這曾經冠蓋雲集的戰場中，如今卻徒留一片荒蕪，林獻堂於是有所感懷：「嗚呼！所謂一世之英雄也，而今安在哉？」並提到小說家囂俄[194]（Victor Hugo）欲紀錄這段戰爭的經過，曾親臨現場。當時他居住的旅社，如今成爲日後到此戰場者必須遊覽的場所；昔日默默無名的小說家，卻成爲了人人敬佩的英雄。林獻堂藉由書寫不同人物的際遇，以思考所謂「英雄」的歷史定位。

《環球遊記》中詳細描寫參觀活動中所見的銅像，提到：德意志聯邦城中的愷撒街之南有裨斯麥銅像，其背後有一女神，冠上有鷹，此爲德意志的代表；女神騎在馬上，右手執旗、左手按轡，馬蹄下方有尾形似鱷魚，以象徵惡魔。而裨斯麥左手執刀，右手策馬首前進，氣象雄壯，令人想見當日之威風。另一端有紀念歐洲大戰的銅像，仍是一女神，右膝跪地，左手掩面呈現悲哀哭泣的模樣，題曰「爲犧牲者」。[195]兩個銅像相對聳立四十餘年，然而戰爭依舊是那樣殘酷，又令林獻堂聯想到軍國主義的窮途末路。另外，在柏林市中央廣場有威廉一世的石像，兩旁的右側爲第一任總理亞柏特，左側爲現任總理興登堡。當大戰開始之際，德軍傾全力攻打法國，並且直逼巴黎。不過，東普魯士的邊防較弱，俄軍乘虛而入，威廉二世命令興登堡做東普魯士的總司令，後來興登堡大破俄軍，並進而攻陷波蘭首都華沙。德國人民稱頌其功業，並形容他：「上帝於此大戰之際錫吾民以大將」，可見人民對他的欽佩推崇的程度。

---

[194] 囂俄：今譯爲雨果，Victor Hugo。

[195] 林獻堂：《灌園先生日記》，頁 201。

林獻堂以爲今日此大將貴爲總理，又可察覺出德人軍國主義復萌，以及強烈的報復心。[196]林獻堂不僅仔細刻劃銅像的外貌，並發掘它的象徵意義，且補充許多歷史背景資料，呈現他對異國歷史記憶的再現。

　林獻堂所提到的銅像不僅是軍事上、政治上的類型，也有宗教家、藝術家的銅像。如在宗教家的銅像塑造方面，位於亞爾然丁的耶穌銅像，手持十字架以表示犧牲與博愛的精神；他認爲若有此精神，世界和平才可能實現，否則只是流於空談。此外，在荷蘭鹿特丹最大的建築就是市政廳，市民最常誇耀十五世紀末大學者伊拉斯莫斯，因當時宗教大革命家的路德馬丁即是受到伊拉斯莫斯的影響。其銅像離市廳不遠，所有外國人來鹿特丹多前往拜觀。又如荷蘭三大畫家在世界上頗爲著名，許多大都會中的美術館皆有其畫。林布蘭是三大畫家之一，他生長於阿姆斯特丹，在市中心有一座市民爲他而立的銅像。在西方爲藝術家立銅像是十分常見的，如英國的哈拔忒黎是個演唱莎士比亞（Shakespeare William）名劇的演員，因爲其戲劇的成就，英國政府爲他封爵，更在大街上爲他立銅像。林獻堂於是發出感嘆：西方人對藝術家是如此崇敬，他們在藝術上的成就，絕非偶然；反觀東方人所立的銅像無非是軍事家或政治家，也難怪藝術領域無法有所進步。[197]在旅行過程中，常常是一種自我和他人再現心理機制，比較、參考與對照別人文化社會而顯現出人

---

[196]　林獻堂：《灌園先生日記》，頁 215-216。
[197]　林獻堂：《灌園先生日記》，頁 226。

我之差別。[198]林獻堂到西方國家處處見到各領域代表性人物的雕像，發現當地是重視藝術的，而東方所立銅像卻非軍閥即官僚[199]，多關注於軍事或政治。這種對照在異國地方時空的迴映鏡景中顯得特別突兀，人我關係因此有另一種面向重新呈現，在心理機制上會留下重要印記。以西方對繪畫及表演藝術者的肯定，及東方對鞏固軍權勢力的宣耀，如此比較、對照而反思東西方文化特質的相異處。

在具有代表性的建築物描寫方面，位於荷蘭海牙的國際聯盟會議廳，落成於 1913 年，但隔年便爆發第一次世界大戰。經過戰爭的洗禮後，世界各國又重倡和平博愛的精神，並將會議廳由海牙移於日內瓦。在日內瓦，英、美、日三大海軍國召開會議，討論軍備縮減的議題，但因意見不合導致談判破局，削弱國際聯盟維持世界和平的地位。雖然，在數百年之間和平的理想未能實現，但這個具有歷史意義的會議場地，足堪爲後人憑弔。[200]他又描寫比利時首都布魯塞爾於德軍佔領的四年當中，市民十分團結，市長及議員亦盡力維護地方安寧與秩序，受惠的群眾不下數十萬，可謂居功厥偉，在市中心的街道便是以市長及議員之名來命名的。林獻堂再現這些建築物或街道得名的緣由，又介紹在世變之下國際組織或領導人物，除了凸顯這些歷史場景上所具的紀念意義，並闡述社群組織或社會菁英的影響力之外，也蘊含對世界和平的企盼。

林獻堂在〈法國見聞錄〉「康科特廣場」一節中，望著近在咫

198　廖炳惠：〈旅行、記憶與認同〉，頁 89。
199　林獻堂：《環球遊記》，頁 123。
200　林獻堂：《灌園先生日記》，頁 228。

尺的斷頭臺,憶起當年路易十六上斷頭臺之時,仍神色不變高呼「法民聽朕言,朕今無罪就死」的模樣。感嘆路易十六非昏庸無道的君主,然亦不免一死,實見民眾極度厭惡專制虐政的侵擾,不是從革命之日才開始的。此外,林獻堂也因上位者未自覺長期漠視人權與民間疾苦,感到沉痛的傷悲。他描述其後革命黨人的互相殘害,領袖人物羅蘭夫人也走上臨刑末路,死前道出「自由!自由!世間借汝之名以行罪惡,正不知多少也」的心酸情緒。廣場中的噴水池,在林獻堂眼中是無數志士仁人的沸騰熱血,噴之不盡,亦如他對恐怖法蘭西統治時代的不勝唏噓。在「凱旋門」一節中,則提到拿破崙當日建此門是為紀念自己的武功,豈知尚未落成,卻已被放逐於孤島中,直到一千八百年後路易腓力(Louis-Philippe)才完成此建築。林獻堂仔細觀看凱旋門的雕刻,包括拿破崙參與的 172 回大大小小戰役,及 386 位將軍的姓名,然對於這些霸業的圖象與文字紀錄,卻有不同的觀照。他主張「戰爭需紀念戰敗,不可紀念戰勝。」認為因為紀念戰勝,其國民必驕矜自滿,以為天下無敵,而更容易招致失敗,凱旋門即是一個顯明的例證。另外,林獻堂在遊記中補充戰敗更需要被紀念,民眾才會臥薪嚐膽、同仇敵愾,國家才有轉敗為勝的一日,就如同康科特廣場女神服喪的例子。[201]十一月十一日是平和紀念日,法國自大統領以下皆來參拜,林獻堂在漫遊歐洲後恰好及時參觀此典禮。這些儀式甚為莊嚴,軍隊排列兩行,以二百五十枝軍旗圍繞其墓,號炮一聲,奏悲哀軍樂,於冷雨寒風之中,使參觀者感染沉重哀淒的氣氛。到異地旅遊時常引發或異國情調記

---

[201] 林獻堂:《環球遊記》,頁 43-45。

憶(Exotic Memories)的情感反應，林獻堂在這些古蹟與紀念物中，感受到法國追求自由、和平的歷史軌跡，亦引發他對文明的另類思考。

在旅遊過程中，林獻堂安排參觀許多的博物館及美術館。他到英國體驗處處是博物館的況味，「**大英博物館之外，尚有繪畫美術館、肖像美術館、動物鑛物標本博物館、維多利亞女王紀念館、華勒斯美術館，欲悉數之尚恐未能盡。**」英國博物館的數量、種類在世界名列前茅。《灌園先生日記》詳述大英博物館的閱書室，藏書有八萬五千部，可容六百人，屬於博物館之書籍計有五百萬部。《環球遊記》又加上「**僅此一點，亦足以誇耀於世界。**」[202]帝國冊數驚人的藏書雖保存文化資產，也是向世界各國獵奇後的展示。遊記中大英博物館還包括蒐羅了埃及希臘羅馬雕刻、南非、南美蠻族之物，以及中國書籍，例如手抄莊子〈逍遙遊〉及《論語》等唐朝古物。林獻堂遊記提及曾前往此館兩回，遊記中依舊發出「**可惜猶未能遍觀**」[203]的慨嘆，大英博物館典藏文物的多元樣貌，令他親眼目睹帝國蒐奇勢力的廣闊。旅遊除了是跨界移動之外，也是觀察異文化的最佳時機，透過文化差異的刺激，進而能反身思考。如林獻堂在參觀博物館時見路易十四時代的鞋頭非常尖小，長僅四吋餘，後跟高三吋，「**實無異漢族婦女的纏足，以婦女足小為美觀，不意中西人如出一轍。**[204]」作者在觀察異地風俗，卻發現昔日東西方身體觀的

---

[202] 林獻堂：《環球遊記》，頁 26。
[203] 林獻堂：《環球遊記》，頁 26。
[204] 林獻堂：《環球遊記》，頁 49。

相仿。

　　又如參觀英國泰晤士河附近一處溫座爾古城中的禮拜堂，爲當時在位英王喬治五世所擁有，當英王不在此居住時，則開放進入觀覽並酌收參觀費，又將此筆收入，寄附於治療貧民的病院。林獻堂見其經營制度，認爲「其開放如是，其善利用亦如是。[205]」得知這樣的管理模式，能觀摩西方現代的制度，傳播旅行訊息到臺灣也是他這趟旅行的目的之一。18 世紀的時候，博物館開始發展爲公共機構，而最早的現代化國家博物館是大英博物館，在 1753 年由英國國會決議設立，1759 年在布倫斯堡的蒙泰館以科學研究的機構受啓用，其中牛津的伯爵哈立（Robert Harley）的手稿，建立了博物館的基礎。1793 年法國羅浮宮的皇家收藏正式對外開放，這可以視爲一個重大的里程碑，羅浮宮成爲了法國的象徵，所有人皆可以於可參觀日進入。隨著越來越強的公民意識以及國家觀念，所謂的「國家博物館」相繼成立，這可視爲當時的風潮。[206]而林獻堂書寫這些展示性質的場所，除了呈現歐美各國蒐羅展覽品的文化風潮外，也是重新改寫歷史的手段方法。什麼樣的文物是應該被看的，什麼的形象是應該被遮蔽的，這背後即牽涉到殖民霸權的選取標準，而在被看與遮蔽之間，各國的形象以「與原先完全不同」的方式呈現在參觀者面前，歷史記憶遭到帝國策略性的修改。博物館不只是展示國家實力與形貌的象徵符號，同時也藉由文物的蒐羅映照了大眾生

---

[205]　林獻堂：《環球遊記》，頁 22。

[206]　Friedrich Waidacher、曾于珍譯：《博物館學－德語世界觀點》（臺北：五觀藝術，2005 年）。

活變遷的軌跡。帝國將原本雜亂無章的落後世界，以抽樣的、選擇性的方式呈現一個具有理性秩序的空間，而館內所有的事物經過挑選展示後，再重新編撰出一套西方人的想像歷史。林獻堂參觀各類博物館時，未能批判帝國掠奪的不當之處，自有觀奇視角的受限。然因為書寫實地走訪的所見所思，故呈顯作者再現西方博物館的蒐藏史。

四、日記與遊記的文化啟蒙論述

　　林獻堂的日記除了紀錄瑣碎的生活事件、或是參觀古蹟或博物館等文化場域之外，他的日記中亦流露他對公共議題的關注。《環球遊記》是將身歷其境的感受，以旅遊見聞的敘事方式，透露出於公共媒體上發表的啟蒙論述。林獻堂於英國公園中常見演講活動，1927 年七月二十四日他曾在海多公園聆聽宗教、政治、經濟等議題。日記與遊記中皆詳細描述印度人與共產主義者，以「堂堂之態度」攻擊政府的情景。遊記提到：

> 印人攻擊印度政府之橫暴殘酷，虐殺無辜，蹂躪人權，皆引事實以作證明，數百聽眾，待其講完，質問之聲續出，有一人問印度政府既如是之橫逆，印度軍隊何以不叛亂？答之曰：軍隊之不叛亂，以待時機而已，汝勿謂軍隊不叛亂，就是好政治也。聽者雖有反覆辯難，余深服其縱容不逼，無怒色，不作無禮之言相嘲誹，真有大國民之襟度也。[207]

---

[207]　林獻堂：《環球遊記》，頁 25-26。

《灌園先生日記》又提到有兩處豎紅旗講社會主義,他記錄四個要點,包括:批評現今議會的功能不如公園的演講活動、質疑首相與大臣的能力,以及若使社會經濟均衡,則可解決八成少女墮落的問題等。公園的演講活動亦是一種「公共空間」(public sphere),為構成公民社會種種制度上的條件之一。當代社會學者哈伯瑪斯(Jurgen Habermas)所提出的「公共場域」,除具有社會空間的概念外,也有群體一起建構出公共理念的抽象意義;亦即強調人與他人的互動,透過論述來與別人達成共識。公眾輿論(public opinion)即經由融合各種意見,達成彼此認同的共識,而形成公共政策上的參考,此即是延續到十九、二十世紀民主發展過程中的必然現象。[208]林獻堂在《環球遊記》中如此評論演講活動的盛況:

> 每談一段,千數百的聽眾喝采贊成之聲不絕於耳,有警察四
> 五人,搖搖而立,概不干涉,真是言論自由。[209]

林獻堂對於這些演講活動感觸頗深,所以在日記與遊記中皆有多處詳細的描寫。回顧臺灣自二十世紀初以來的啓蒙運動可說是風起雲

---

[208] 哈柏瑪斯所指的「公共領域」的概念,可追溯至十八世紀在英國的咖啡館、茶館,以及法國的沙龍、德國的藝文辯論,當時中產階級多在公眾活動空間中面對面討論書籍及新聞資訊。十九世紀末因越來越多人想參與公眾事務,且因報章雜誌等傳播媒體的出現,致使公共場域有轉型的趨勢。Jurgen Habermas(哈柏瑪斯)、曹衛東等譯:《公共領域的結構轉型》(臺北:聯經,2002 年 3 月),頁 35-67。

[209] 林獻堂:《環球遊記》,頁 26。

湧，其中臺灣文化協會於 1921 年 10 月 17 日在臺北靜修女學校（今靜修女中）成立，林獻堂即獲推爲首任總理。協會的成立是以「文化啓蒙」臺灣人爲出發點，最終的目的是期望臺灣民眾在政治意識上能覺醒，促成民族自決運動。因此所舉辦的活動皆是以推廣教育性質的文化活動爲出發點，達到啓蒙普羅大眾的目標。臺灣文化協會成立以來所舉辦的活動，最重視的莫過於文化演講。演講是文化協會活動中主要的核心，其效果比任何活動更具有力量，直接與民眾面對面更能引起民眾共鳴響應。然而，這些演講活動卻屢遭總督府的干涉，茲以表 4-4 及表 4-5 整理演講解散及中止的情形：

表 4-4 演講及解散處份次數

州名	講演次數				解散處分次數			
	1923	1924	1925	1926	1923	1924	1925	1926
臺北	4	51	99	97	3	11	4	10
新竹	—	—	22	68	—	—	1	15
臺中	25	47	103	27	2	1	1	1
臺南	6	34	67	88	—	—	1	3
高雄	1	—	24	35	—	—	—	6
計	36	132	315	315	5	12	7	35

表 4-5 辯士人數及中止處分次數

州名	辯士總人數				中止處分次數			
	1923	1924	1925	1926	1923	1924	1925	1926
臺北	17	84	180	213	7	9	5	19
新竹	—	—	132	361	—	—	10	61
臺中	146	265	541	167	11	21	31	24
臺南	45	83	283	266	1	6	18	16
高雄	6	—	119	173	—	—	—	37
計	214	432	1165	1180	19	36	64	157

資料來源：臺灣總督府編，《臺灣總督府警察沿革誌》第二編（臺北：臺灣總督府警務局，1939 年）南天書局複刻本（中卷，臺灣社會運動史），頁 151-152。

在當時現代知識尚未普及的情況下，讀報社的文書宣傳效果較為有限，因此以講演會來對大眾宣講是最快也最容易收到成效的方法。在文化協會成立之初，講演會的場合並不多，只在臺北、新竹、臺中、臺南、高雄等重要城市舉行。直到 1923 年會員黃呈聰、王敏川以臺灣「民報記者」身份返臺，推銷「臺灣民報」時順便作巡迴講演，內容提及民族主義以及對臺灣統治者的誹謗等議題，引起了地方民眾熱烈的反應。文化協會發覺講演會的影響效果，才開始頻

繁的到各地舉辦。[210]從表 4-4、表 4-5 可見 1923 年到 1926 年演講次數不斷增加，然而，遭到解散與中止的次數也有增加的趨勢。所以曾參與臺灣文化協會演講活動的林獻堂，能自由地在英國聆聽公園內的演講時，不免感慨萬千。

至於林獻堂在泰晤士河畔議院旁聽的經驗，使他有了另一個觀摩民主制度的機會。當他參觀早發展世界議會政治的英國上下兩院後，記錄下一千二百十五年前重要的三條憲章：一、無故不得逮捕人民、非經法庭宣佈不成罪名、以及特別徵稅須得貴族會議許可。他又提到對政治制度的論述：「若以吾人現在之眼光觀之，實是平凡無奇。那知當日人民欲求此些少自由，非至以干戈相見不可，於此當可以想見當時專制之酷虐也。」他認為約翰王知不可違逆民意，故接受民眾的請願而發佈憲章，所以相安無事。但查理士卻逆行民意，因他專制的權威，最後卻落得悲慘命運。林獻堂於是感嘆道：「不知世間當權之人，何故學查理士一世的覆轍者何其多也？真是令人不解。」[211]林獻堂父子三人的環球之旅並非只是欣賞風景，他們經常前往公園聽演講，再加上參觀議會等行程，呈現欲親身體驗民主制度的內在欲求。林獻堂此篇〈英國見聞錄〉後來又刊登在《南方》雜誌，但因多處表達對英國諸多制度的讚賞，而引發「《環球遊記》事件」[212]。此次事件透露出臺灣總督府介入遊記書寫壓制與

---

[210] 葉榮鐘：《日據下臺灣政治社會運動史》下冊（臺中，晨星出版社，2000 年 8月），頁 344-351。

[211] 林獻堂：《環球遊記》，頁 19-20。

[212] 《環球遊記》於《南方》刊載其間，發生所謂的「《環球遊記》事件」。1941年 4 月－1942 年 6 月 1 日期間，正好連載〈英國見聞錄〉。其中對英國大力讚

操控的情況，同時更凸顯林獻堂於原遊記中所寄託的象徵寓意。

　　雖然林獻堂 1927 年未接受臺灣府評議員的職務，但當他見到英國當時有八位女議員[213]，又參觀英國皇家自動車俱樂部，曾仔細觀察考察其組織設備和運作規章，令他有頗深的感受。他認爲「**凡要視察其一國之政治，倒不如視察其自治之小團體，國家是自治團體放大做成者，若自治小團體做不來，未有國家有良好之政治也。**」日後林氏父子回臺灣即效法組織團體，先是成立無名會，後來組成的一新會也是具有代表性的地方自治團體。一新會固定在每週星期六晚上七點半或八點半舉行演講，稱爲「土曜講座」，頗受民眾歡迎。第一次的演講聽眾有 300-400 人，其後聽眾大約維持百人以上。如 5 月 14 日楊水心和蔡培火的日曜講座，吸引約 200 名聽眾；12月 10 日林獻堂和夫人聯袂演講，「聽眾百餘人皆肅靜傾聽」。[214]七十餘年前對於深居閨閣的女性而言，公開演講絕非容易的事。公開演講面對的是一群聽眾，講者不論是議題或儀態，都得從日常的「私的關係」中掙脫出來。一新會的土曜講座（後稱日曜講座），定例每次二人演講，一位男士，一位女士。這個原則一直持續到最後，顯然林獻堂林攀龍等人對女性的能力具有信心。如第一回的土曜講

賞的部分引起了日本官方的不滿，尤其當時正進入太平洋戰爭的緊迫時期。爲求免禍，林獻堂辭去臺灣總督府評議員及皇民奉公會中央本部參與等公職、停止《環球遊記》的繼續刊載，並且接受臺中州廳見森田俊介知事建議，書寫〈十五年後之感想〉一文刊載於《南方》上。

[213]　林獻堂：《環球遊記》，頁 20。

[214]　周婉窈：〈「進步由教育　幸福公家造」—林獻堂與霧峰一新會〉，《臺灣風物》第五十六卷第四期，2006 年 12 月，頁 52-56。

座,即由林攀龍〈就社會事業而言〉和張氏月珠〈促進婦人之精神〉共同負責首次演講。[215]4 月 23 日張月珠向林獻堂提議創立研究會以養成女辯士,林獻堂「甚贊成其說」,認爲這樣做有助於改變一般人對婦女及其地位的看法。林獻堂與二子環遊世界回臺後,即實際藉由這些自治活動而實踐其理想。

在參觀都會方面,林獻堂對於巴黎情有獨鍾,他多次出入巴黎,並於遊記中寫下個人對此都會的感受:

> 「光明之巴黎」一語,係十九世紀大小說家囂俄 Hugo 之言,他所謂光明者,不僅物質美麗而已,科學文藝種種亦莫不由巴黎而出,如光月照遍世界,故謂之曰光明之巴黎,雖然光明總是亦有黑暗,但余所觀光明居多黑暗較少。[216]

他認爲巴黎市街不僅是整齊美麗而已,如諾脫爾達摩大寺院【Potre Dame de Paris】、盧甫耳〔Muse'e du Louvre〕、舊宮殿〔Palais Royal〕、市廳〔Hotel de Ville〕、凱旋門〔L'Arc de Triomphe〕、康科特廣場〔Place de la Concorde〕皆有歷史的關聯,足以引人深思。巴黎不僅是法國的首都,且是國際的都會,自十二世紀學術昌明,各國之人大多來此留學,而各國王侯之宮室、衣服、飲食亦莫不學於此,故巴黎之一舉一動莫不影響全歐,國際的都會的稱名實始於

---

[215] 輯自《一新會日曜講座演題目錄》,見《灌園先生日記(五)一九三二》正文前的圖版部分。

[216] 林獻堂,《環球遊記》,頁 42。

此。他特別描述未到巴黎之人，每常懸想巴黎是一個花團錦簇之都，而住在此花團錦簇都中之人，必定奢侈荒淫無度，但林獻堂認為這只是少數而已。若大多數之人皆樸素儉約，則與想像有相當大的區別；然亦有幾條街花天酒地、跳舞達旦，大多是供作外國人之娛樂場消金窟，他認為這就是光明之巴黎，其中一點的黑暗。林獻堂藉由西方政經與教育制度等層面的觀察，記錄下個人對異文化的見解。

在經濟方面，七月二十五日的日記提到：失業勞動者數千人聽聞街道欲修繕，但等候終日卻依然無工作機會，林獻堂為這種境遇發出「實堪同情」的關心。十月十七日的日記提到，德國人製樟腦已成功，與天然樟腦比起來並無差異。現在因德國製造方法為秘密，製造費亦高，故不能與天然的樟腦競爭；但若漸加改革，使生產費低廉，將來臺灣樟腦必受打擊。[217]林獻堂返回布魯塞爾後，正值比利時國民發起要求政府稅金減輕的聯合示威運動，圍觀者大約有好幾萬人，街路擁擠無立錐之地。他們的要求有三大點：一、減輕納稅，二、酒類販賣的自由，三、咖啡店夜間不限鐘點。這三者之中，林獻堂只認同減輕納稅而已。那時咖啡店所賣的皆是薄酒，如麥酒等類，而威士忌、白蘭地則不准販賣，以防消費者飲酒過量胡亂生事，此類的限制實為恰當。咖啡店的營業時間以半夜一點鐘為限，若將營業時間改為無限制，社會的衛生、秩序方面將會有所影響。英國的茶店僅供飲茶、用餐，若欲飲酒須前往酒店或餐廳；德法的咖啡店可以飲酒、聽音樂，任人消遣，甚至有舞廳；荷蘭、比利時的咖啡店更可以賭博，若不限制營業時間，所有的娛樂活動都通宵

---

[217] 林獻堂，《灌園先生日記》，頁208。

達旦,將對社會造成莫大的傷害。若以「論述」的概念來分析其旅行見聞,將發現在某些特定的觀念、語彙及各種再現的形式中,都具有一致的論述對應印記。從日記與遊記的敘事中,得知林獻堂鼓勵文化消費,但卻持保守的心態。這些評論都會文化的再現,流露他重視傳統養生之道,以及投射出便於管理為主要考量的統治意識。

在教育方面,林獻堂觀察到英國學校的教育著重與家庭聯絡,兒童每週皆住學校,聽教員報導其學業成績與品行優劣,如果有缺點回家再認真教導,以補其不足。[218]這些英國式的教育制度,不只關注於知識性的傳授,也督促學生的品格教育。同時,著重於學校與家庭的聯繫,因而更能發揮教育的功效。《環球遊記》又提到:英國人沒有一人不識字,幾無一人不讀新聞,故其國民皆略能洞悉世界大勢,比他國的國民較為進步,這些皆是閱讀新聞所發揮的功效。「故凡欲知其一國國民的智識程度之高低,試先查其能否讀新聞的人數之多寡,然後判斷其智識程度之高低,諒當不至大謬也。」[219]一般而言,當「消息」(information)取代口耳相傳的民俗故事、迷信、盲從的習慣,便是啟蒙運動的開始,而經常閱讀的習慣也是邁向這條大道的一步。[220]1921 年 1 月臺灣文化協會成立讀報社,成立目的是為了讓無閱讀能力的民眾能接觸到外界的訊息;另外一個目的是突破總督府對言論的管制。當時總督府打壓臺灣人唯一的言論機關「臺灣民報」,購買或閱讀臺灣民報常受到警察的注意,讀

---

[218] 林獻堂,《環球遊記》,頁 35。

[219] 林獻堂,《環球遊記》,頁 27。

[220] Norman Hampson 著、李豐斌譯:《啟蒙運動》(臺北:聯經,1984 年),頁 142。

者有時因此不得不放棄購買，設置讀報社既可讓無經濟能力的民眾閱讀，也能讓有能力閱讀的民眾遠離警察的干擾。讀報社分別於臺北、新竹、苗栗、竹南、彰化、員林、斗六、嘉義、臺南、屏東各地成立，可惜後來因經費問題而逐漸縮小規模，終至停辦。[221]林獻堂因參與過臺灣文化協會的活動，所以也關注於以閱讀新聞作為判斷國民識字率的面向。

　　林獻堂的遊記談論各地風俗時，觸及到日常生活態度與價值觀等精神面的主題，並關係到人類社會活動背後的複雜心理結構。例如：比較法國人與英國人對於星期日的生活態度：英人是絕對休息，法人則是全家至公園遊玩，同享天倫樂事。[222]《灌園先生日記》十一月五日記載：「比利時東鄰德意志，南鄰法蘭西，多事事學法蘭西，而不學德意志。」林獻堂認為比利時的國民性活潑、愛自由，與法國國民性相近，而法國的文化又最早發展，所以值得傚法。比利時為其自由與獨立，雖居於弱小的地位，亦不惜犧牲一切加以保衛，若以東方人之眼光必笑其愚，認為得不償失；如果換成是他，則情願將土地借給人家作戰場，而自己則在其中望收漁人之利。「東方人所愛者是利，西方人所愛者是自由，愛利之人若以利誘，則為奴隸亦所甘心；愛自由之人則不自由毋寧死，此則東西之所大異之點。」知識與信仰影響人觀看事物的方式，林獻堂在環球過程中，不單單是觀察與記錄西方的特殊文物，同時也藉由實地觀察，想像

221　葉榮鐘，《日據下臺灣政治社會運動史》下冊（臺中，晨星出版社，2000 年 8 月），頁 344-347。

222　林獻堂，《環球遊記》，頁 52。

各國的民族性。他並相互比較多元文化，有時則經東西方比較的機制，以突顯文化差異，更使旅人確立自我與自己的文化價值。

對於英國醫療制度，林獻堂也曾提出個人見解。他認為因當地醫院的設備非常完善，富人生病，不愁醫療費的支出；而窮人生病，可以免費接受治療。一般醫院的醫療服務只針對弱勢族群做全額補助，若是中產階級不幸患有慢性病，因治療時就得付出龐大的醫藥費，故遭遇到困境。由此可見，英國當時的醫護制度仍無法做全面性的關照。林獻堂因此有感而發，引古人所說：「不可養癰成患」，他認為其實不只是治病而已，全天下的事情都是如此。[223] 許多針對貧病群眾設計的醫療措施，多出自人道關懷與提早預防的考量。十九世紀出現專為貧窮的病人而設的施藥所與醫院，其開銷有賴於教會或世俗團體募得的捐款與政府補助的經費。1834 年英格蘭通過新濟貧法，貧工病院免費收容了大批貧民，成為英國全民健保的張本。[224] 若參照報刊上所載的醫療制度，則看出對當時不公平制度的批判：「我們以為臺人無端受這個差別待遇，於保健上實在有很大的損失。又知道這在臺灣統治上也很有關係，所以不得不鄭重在這裡提出警告。其內部的設備和人員的配置，以及一切對患者的待遇，可以決定臺北醫院完全是為日本人而設的，把大多數的臺人置之不顧。難道是真正如一般人所說，臺北醫院是為獎勵移民而設的嗎？」

---

[223] 林獻堂，《環球遊記》，頁 38。

[224] 若伊・波特（Roy Porter），王道還譯：《醫學簡史》（臺北：城邦文化，2005 年），頁 233-234。

[225]在林獻堂的日記與遊記皆提到了關於自身健康的敘述，而當時的臺灣社會也正提倡著衛生健康的觀念，呈現想藉此敘事更加推廣社會的健康醫療制度，並點出臺灣社會醫療福利的不足。

從有關認同與文化歸屬的心理機制面向，探討旅遊過程中如何思考自己的認同位置。為什麼別人可以而我卻做不到？為什麼他國可以公開自由演講，但殖民地的臺灣卻處處受到限制？為什麼他國有議會制度，但我們向東京多次請願卻遭致失敗？為什麼他國從事藝術文化工作而有貢獻者，多立銅像紀念；但我們的銅像卻都是軍事家、政治家？自我認同的重新調整過程中，將發現本土和其他地區的微妙差異，所以心理機制將外面的景觀及所引發情緒變化，以書寫方式顯現內心裡的人我差異。而在差異的比較過程之中，就會產生有關本土政治、經濟、社會種種文化現象的批評距離、不同的觀點，也就是文化批判的位置，了解到自我中心為閉塞無知的結果。所以會發展出比較國際觀(comparative cosmopolitisms)，透過都會間的比較發現自己的不足。十七世紀許多法國思想家針對東西方的差異提供借鏡，對自身的文化採用批判性眼光加以反省，這就是所謂的文化批判。旅行會引發認同的危機以及文化都會觀，使我們透過比較、參考與學習過程中，修正自己文化中的缺點，進而擴充自己的視野。[226]而臺灣屬於文化文流領域相當特殊場域，處於日本殖民時期的林獻堂，長期關注臺灣的社會文化現象，此次環遊世界的旅

225　鄭志敏輯錄，〈官、公立醫院的改造〉，《日治時期臺灣民報醫藥衛生史料輯錄》（臺北：中國醫藥研究所，2004 年 12 月），頁 96。

226　廖炳惠：〈旅行、記憶與認同〉，頁 89-91。

程更促使他開拓書寫的面向,發展出深具個人風格的文化啓蒙論述。

五、結語

人類思想的進步與發展,必須對各文化及其精神加以理解、融合與超越。法國年鑑學派將理解(comprehend)視爲研究的最高境界,著重對歷史結構與現實的複雜性及其各種內部、外部連繫的深刻認識,依靠這種理解,歷史才能與現實建立真正的連繫。林獻堂爲當時的知識菁英,其日記不僅因牽涉眾多事件而具有歷史厚度,且蘊含個人的思想關照。林獻堂在他 46 歲時決定從事這一趟文化之旅,而且是與兩個兒子同行的自助旅行,於旅遊書寫中常興起懷舊的情緒,在他參觀古蹟、歷史場景後,多藉由日記與遊記再現這些有關異國的文化。從日記到遊記,是私領域到公領域的過程。日記體是行之有年的舊文體,卻可承載旅行世界各國的新見聞;又伴隨著新式傳播媒體的興起,遊記有了新的發表管道,也因此對遊記的書寫策略有所影響。

除了參觀古蹟、歷史場景外,在這一趟環球之旅中也經常前往公園聽演講,再加上參觀議會等行程,呈現欲親身體驗民主制度的欲求。林獻堂長期關注臺灣的社會文化現象,此次環遊世界的旅程更促使他開拓日記與遊記書寫的面向,發展出深具個人風格的文化啓蒙論述。另外,他又是日本殖民時期首位遠至歐美多國旅遊的臺灣知識份子,遊記所錄旅途時間之長、空間移動之廣,當時難有臺灣人能超越他,更增添其旅遊書寫所蘊藏的學術研究價值。

第五章　文化啟蒙的論述

　　臺灣十九世紀末到二十世紀上半葉的知識份子，受到國際關係
變化的衝擊，於知識的傳遞、日常生活實踐與文化想像等議題，多
呈現出個人的洞見。所謂啟蒙，著重於修正意志、權威及理性運用
之間的原有關係，並蘊含尊重人權自由的世界觀。[1]在李春生《主
津新集》中，收錄對牡丹社事件後臺灣政經局勢變化的評論，以及
關於禮俗的現代性詮釋，呈現出文化衝擊下的改革理念；而其《東
遊六十四日隨筆》亦多蘊含參觀東京後的啟蒙敘事。至於日治時期
解纏足運動則是藉由啟蒙論述與相關措施的推行，而試圖改變社會
習俗。啟蒙思想的具體實踐，從《臺灣日日新報》收錄多篇解纏足
的論述，呈現知識份子對女性身體觀的見解；同時也分析經由民間
組織、學校、總督府推展系列活動的影響。臺灣醫生作家面對殖民
地民眾所受到歧視與壓迫的狀況，常於作品中透露對文化啟蒙的深
切期許，以喚起民眾重視人性尊嚴，並投入參與啟蒙的文化運動。
故以蔣渭水與賴和的作品為例，分析其及其散文中文化啟蒙論述的
特色。

---

[1]　Michel Foucault 著，薛興國譯：〈傅柯：論何謂啟蒙〉，收錄於《思想》（臺
　　北：聯經出版，1988 年），聯經思想集刊（1），頁 17。

第一節 知識啟蒙與現代性：
李春生散文的文化論述

一、前言

　　臺灣於 1860 年以後開放了淡水、基隆、打狗、安平等通商口岸，貿易對象擴大到世界多國，貿易品則由米、糖轉而以茶、糖、樟腦為首要輸出品。[2]又因 1867 年(同治六年)美國船羅發號(Rover)事件，與發生於 1871 年(同治十年)及後續 1874 年(同治十三年)的「牡丹社事件」等，更迫使清廷重新調整治臺政策。臺灣古典散文於十九世紀末的文化場域中，透顯出在地知識分子論述的特殊質性。

　　其中，臺灣文化史上的代表人物李春生(1838-1924)，面對特殊處境有感而作的論述，流露其應世心態及思想特色，蘊含許多值得探究的議題。一生勤於著作，在當時臺灣的知識份子中顯得風格獨特，這些作品也多與臺灣的歷史脈絡有所關聯。李春生唯一完成於清治時期的著作為《主津新集》，此書的寫作背景是從牡丹社事件到甲午戰爭前夕，也是明治維新後的日本向外進行擴張的時期。然而，目前相關的論文因各有切入面向，未專門針對此第一部著作《主津新集》加以全面探討，或彰顯其文化論述的意涵。至於《東遊六十四日隨筆》為其親身至日本體驗現代化經驗書寫，並透露風俗比

---

[2]　天津條約原只規定開放臺灣(即安平)一港，但在 1860、1861、1863 等年的該約附款中，相繼追加淡水、基隆、打狗各港。James W. Davidson、蔡啟恆譯：《臺灣之過去與現在》(臺北：臺灣銀行經濟研究室，1972 年)，臺灣研究叢刊第 107 種，頁 119-125。

較觀。故本文擬從評析報紙的公共輿論功能，及宣揚政教改革的觀念，探討作者有哪些知識啓蒙的論述？同時因李春生的經歷及學養，分析書中如何論述借鑑世界局勢，國際視野有何特殊性？遊記中又蘊含哪些文化比較的面向？這些有關李春生的思想，成為他行事的準則，以下將一一加以探究。

二、評析報紙的公共輿論功能

十九世紀後半期西方的科技文明與東方傳統思想交流激盪，在現代化軍事的震撼之餘，文人常省思異文化所傳達的意義，對於時代的變局不僅十分注意，且議論頻繁。[3]當時一些知識份子，常將言論發表於公共論壇中，並藉知識的傳播以啓蒙民眾。李春生平日不僅涉獵各種報刊，也常表達對許多公共議題的看法。這些個人論述於臺灣古典文學史上有何意義？又表現了那些知識啓蒙的關聯？若從報紙的公共輿論功能加以論析，李春生早期常將作品投稿到傳教士所創辦報刊，將可窺見其論述的特色。收錄在《主津新集》的96篇文章中，註明刊載報紙名稱及日期的有47篇，包括《中外新報》18篇、《教會新報》1篇、《萬國公報》25篇、《畫圖新報》3篇。[4]（參見表5-1：《主津新集》投稿報紙篇目一覽表）這

---

[3]　王爾敏：《中國近代思想史論》，頁386。

[4]　在1842年(道光二十二年)至1891年(光緒十六年)五十年間，報章創刊76種，教會創辦的佔十分之六。《中外新報》、《教會新報》後易名為《萬國公報》、及《畫圖新報》皆為傳教士所創辦的報刊。參見賴光臨：《新聞史》(臺北：允晨文化，1984年3月)，頁23-35。其中有些報紙並非每日發行，如《萬國公報》有時是十日一刊的「旬刊」。

些報紙皆是十九世紀西方傳教士至中國所創辦,其內容不限於教義闡發與道德論說,而是採兼收並蓄,如各國新聞、科學、商業、歷史等。當報紙在通商口岸漸次創辦以後,不僅促進了報業的發展,對於近代思潮亦具有一定程度的影響。現代化的報業在技術上的特徵為定期發行,且具有複製印刷的型態;在政經方面則呈現具有企業型態的組織,在政治上又顯現自由議論的觀念。在當時,尤以《萬國公報》登載時事政論最受矚目。[5]

　　當代社會學者哈伯瑪斯(Jurgen Habermas)所謂的「公共空間」(public sphere),指涉的是構成公民社會種種制度上的先決條件。晚清以降,知識份子開創了各種新的文化和政治批評的「公共空間」。所謂「公共」指的不一定是「公民」的領域,而是梁啓超所謂「群」和「新民」的觀念,落實到報紙而產生的影響。晚清的報業和原來的官方報紙不同,它不再是朝廷法令或官場消息的傳達工具,而逐漸演變成一種官場以外的「社會」聲音。這種新的「公共」的聲音所表現的園地,成為一種新的空間。[6]非官方的報刊早在十九世紀下半葉就已經出現,這些報刊主要是由西方傳教士主辦的,許多意在改革的知識菁英促使報刊獲得了迅速的發展。

　　李春生強調報刊的道德作用,他認為在詭譎諂諛的世間,應發揮端風勵俗的功能,以期能金聲玉振,挽回既倒狂瀾。[7]同時,也

5　黃昭弘:《清末寓華西教士之政論及其影響》(臺北:宇宙光,1993年),頁3-17。
　　魏外揚:《宣教事業與近代中國》(臺北:宇宙光,1992年),頁93-97。
6　李歐梵:《現代性的追求》(臺北:麥田,1996年),頁15-16。
7　李春生:《主津新集‧論日報功用》(臺北:南天書局,2004年8月),頁27。本文所引頁碼皆以此新校本為主。中央研究院中國文哲研究所圖書館收藏

藉由日報登載國外言論，強調民眾應有公共輿論權。他提到報刊上
有位談論普、奧之勢的人士，因對於自己國家的處境憂深思遠，故
提醒當局應注意強鄰。然而，奧王閱覽此書後，卻謂其輕言，而令
其停職二十一日，使之閉門思過。李春生批判奧王如此作法，將導
致剛忠隱匿，詭譎日肆，使得眾人幾乎埋頭不敢言，且質疑日報豈
是為狷稽誑世而設。[8]此外，他又探討鴉片成為進口貿易商品危害
人身的議題，並批評當初許多人以為事不關己，未能藉由報刊發揮
輿論的力量。他具體舉美國黑奴事件為例，論析報刊的影響：

> 何當日美國因黑奴之役，必英之日報群起交謫，激美大申撻
> 伐，幾成裂疆分土之禍？

故主張當局也應藉由輿論的壓力，集體批判英國「縱為不仁之貿
易」、「繼為不義之栽植」，鴉片的消跡將拭目可待。[9]李春生除
了本身積極投稿報刊之外，同時也致力於推廣辦報的觀念，並要求
品質。他批評當時中國報紙多守舊的思想，即使提到變通的面向，
亦只關注於軍事而已，未論及廢興存亡的政教層面。又談到各教的
月報數量有限，未能切中時宜；對於農工傭役等階級的人而言，若
閱報需付費，傳行自然不廣。[10]故李春生以一連串的排比句法，評

購自日本的《主津新集》微卷，此版本為「靜嘉堂文庫本」。本文參考靜嘉堂
本微卷，加以補校。

[8] 李春生：《主津新集·論日報功用》，頁28。

[9] 李春生：《主津新集·鴉片大勢》，頁163-164。

[10] 李春生：《主津新集·擬上萬國籌安策下》，頁174。

析報刊的傳播力量，並提出須免費提供普辦報紙的建言。

當時牡丹社事件後，各報輕忽日本維新「後生可畏」的勢力，貿然宣揚對日展開作。他藉此倡言報紙應「權衡中外時勢，務秉筆直書，毋或阿諛迴護，以期一視同仁，俾閱者知所趨向。凡事之涉於名益而實損者，尤一緘默為妙。」並苦口婆心提醒閱報人應有獨立判斷力，才不致為報紙的「讒言離間」的言論所誤導。[11]又因中法戰爭時各報一味主戰，不顧中國是否有致勝把握，於是作〈輕言〉一文批判各種恣意妄談、虛演故事等不負責任的言論。[12]在〈圖治策要〉中也提到普辦日報能發揮博採眾議的功能，更有助於達到富強之境。[13]在另一篇〈論日報功用〉則具體舉出報紙作為端風勵俗的教化效用。[14]他又舉英美兩國報紙發揮諷勸消弭戰爭為例，讚賞西方民主國家報紙所發揮的輿論監督功能。[15]追溯十八世紀在英國的咖啡館、茶館，以及法國的沙龍、德國的藝文辯論，當時中產階級多在公眾活動空間中面對面討論書籍及新聞資訊。公眾輿論(public opinion)即是經由融合各種意見，達成彼此認同的共識，而形成公共政策上的參考，此即為延續到十九、二十世紀民主發展過程中的必然現象。十九世紀末因越來越多人想參與公眾事務，且因報章雜誌等傳播媒體的出現，致使公共場域有轉型的趨勢。[16]檢視

11 　李春生：《主津新集‧論日報有關時局》，頁 24-25。

12 　李春生：《主津新集‧輕言》，頁 56。

13 　李春生：《主津新集‧圖治策要》，頁 35。

14 　李春生：《主津新集‧論日報功用》，頁 27。

15 　李春生：《主津新集‧論日報功用》，頁 27-28。

16 　Urgen Habermas 著，曹衛東等譯：《公共領域的結構轉型》(臺北：聯經，2002

李春生當時的處境，一個在清帝國統治下的臺灣知識份子，因媒體的緣故，激發他在清治後期書寫議論時事的動機。因為這種書寫與讀者有更直接的互動，多蘊藏作者將理念訴諸於大眾的寫作心情。

　　李春生對於報紙的編輯方式亦多有評論，他讀到《申報》所刊載的一篇〈罪言〉，認為此篇字字金石、頭頭是道，實可稱為〈箴規〉，但卻反而為報紙編輯標為〈罪言〉。[17]故極力主張報紙編輯撰寫各篇文章的標題時，宜先斟酌內容主旨再擬定切合的標題，才不致誤導讀者。這些編輯細節的關注，正顯現他在技術層面的品質要求。他又強調西方法制及吏治為人所稱善的原因，日報所刊載輿論對於執政者的監督力量，實具有推波助瀾的功能。至於論及主編所具備的特質時則強調：須通經達權、鐵面無私，直言不諱，然後才能勝任此職務，而使日報具有治亂的功效。他又在〈多事〉一篇，痛詆誤用傳播媒體的負面效應：「西人苦苦多事，創行日報，所求在利民益世；一經吾人踵行，則反為賊民弊端。」[18]可見他一方面肯定報紙所能發揮公共輿論的功能；但另一方面也批評所刊登的訊息及評論有多處亟待斟酌。同時列舉日報的各種弊端，如批判當時中國報紙多登載無關急要的瑣事；而有關論及風俗政事、或是戰

年3月），頁35-67。後來的學者包括內格特(Oskar Negt)、克魯格(Alexander Kluge)等人，則對於哈伯瑪斯有關二十世紀公共場域的發展趨向等說法，提出另類的見解。廖炳惠：〈作品中有文字共和國嗎？試論《哈克貝里芬歷險記》對多元文化及公共場域研究的啟示〉，收錄於《回顧現代：後現代與後殖民論文集》（臺北：麥田出版社，1994年9月），頁288-293。

[17] 李春生：《主津新集·說兆上》，頁181。

[18] 李春生：《主津新集·多事》，頁195。

爭，則以阿諛曲護的方式表達意見。他更犀利譴責有些報紙編輯四
處採訪時，藉權勢胡作非為的情形：

> 因其挾刀筆之鋒利，持是非之顛倒，所到非奔走官場，便夤
> 緣同鄉，不是要挾乾修，便是鑽營保舉。其於民間也，不是
> 习禍主唆，便是包攬詞訟。吏畏其刀筆，民懼其長舌，因是
> 或供之以節禮，或送之以年儀。

李春生又描寫有些報刊執筆者，斟酌酬賀金的厚薄程度，而寄寓褒
貶的輕重。他感慨西方創辦日報的目的「所求在利民益世」，但「一
經吾人踵行，則反為賊民弊端。」[19]可見他不只正面宣揚報紙所具
公共空間的特色，亦揭露傳播民眾的訊息因遭媒體挪移誤用，而失
卻針砭的功能。

三、宣揚政教改革的觀念

「現代性」的觀念是源於啟蒙和工業革命的來臨，導致經濟、
社會和文化上的變遷。伴隨著市場消費、公共領域和大眾媒體的發
展，使人以進步作為理想和目標所在，而邁向開放的未來。[20]處於
十九世紀末的李春生，雖然未如渴望和落後的過去完全斷絕關係，
但因長期從事國外貿易的經驗，使他著眼於觀察臺灣經濟及社會的

---

[19]　李春生：《主津新集‧多事》，頁 194-195。

[20]　廖炳惠編：《關鍵詞 200：文學與批評研究的通用辭彙編》（臺北：麥田出版
社，2003 年 9 月），頁 167。

變遷，並醞釀思考促進國家富強的改革理念。李春生於《主津新集》中提到曾閱讀《申報》、《麥吉利西報》等，當時的報刊登載中國與世界的訊息。臺灣發生牡丹社等國際事件後，因深知日本的實力，故藉由政經的調查、富強觀念的詮釋，具體提出諸多政教改革的策略。

　　《主津新集》的寫作背景，正爲東西方科技與人文相遇與撞擊的時期，在現代化軍事的震撼之餘，文人常省思異文化所傳達的意義。李春生目睹世界種種局勢的變化，將所思所感發之於文，尤其他長期經商，並從事海外貿易，如此的工作經驗，促進其宣揚政教改革富強觀念的形成，在當時臺灣的文化場域中頗具特色。他強調「變通」爲當前治國的要則，詳加論述變通的細目，從「**先機破格求賢，維持大局**」，建議當局應不拘官僚規範，廣加拔擢人才。並採用外國奇書，聘請太西名儒，翻譯華文，於各都會或沿海口岸，試設中西學堂。他更於〈變通儲才〉一文中批判科舉制度，指責八股取士之法，並率直建言應考慮變通求賢的方法。[21]李春生倡議廢除科舉，重視教育改革的主張，與當時多數人視西方爲異端的言論相比較，更可見其見解的特殊性。他在〈比權〉一文中，洋洋灑灑提到富國強兵之道，如：禁鴉片、興西學、講栽植、收農利、務開挖、廣製造、築鐵路、布電綫、置日報。又提出富強的關鍵之處不在於「城池臺壘、砲艦軍火」，若「**天心不講，民志不修**」，如此難以與人並駕齊驅。[22]他又主張目前不僅應講究戰艦或水師的訓

21　李春生：《主津新集·變通儲才》，頁27。
22　李春生：《主津新集·比權下》，頁151。

練,或派人至西洋購辦新巧快槍;並需在臺招募土勇,聘請西國武弁,就地訓練成軍,且須務求實效。更重要的在國家之政教制度改革,他反覆強調:

> 己且自知非有仁愛和平吏治政教為根,雖任有許多軍火藝術,終不能使國底於富強;今欲致人於富強者,又不以其所以富強之道傳授,而徒誘人從事利權猛力,獨不知端不舉而末亂矣![23]

認為即使具有軍事設備,但無善政、善教維繫,亦無法改革民生及國政等大事。除了論述吏治政教的重要性之外,他所舉俄羅斯、土耳其雖行吏治,卻因內訌而無昇平的日子,則是另一注重人事管理的顯著例子。[24]又主張:「刑法之條,為違背教化示辱而立;自主之例,為循蹈教化示榮而設。」反對嚴律峻例、極法非刑,而強調「自主」激勵教化的實效,且讚賞西方「罪無株連」的制度。[25]〈時宜〉篇則詮釋政商之間複雜的關係,探討當時所倡的織造、栽植、開礦、拓商局、增電綫、建鐵路、設郵政、購鐵甲、製魚雷、築砲臺、練精兵等改革,皆需龐大資本,其來源或由商家全額支出、或由官方全額包辦、或官商聯合股份、或以公司名義合作。李春生認為西方國家能廣邀從商者的配合,並激起其同舟共濟的感受,故能

---

[23] 李春生:《主津新集・解惑下》,頁 160。
[24] 李春生:《主津新集・說兆上》,頁 182。
[25] 李春生:《主津新集・政上》,頁 209-210。

日漸致富而臻強大。[26]現代並不是在與社會傳統價值毫不相關的情況下，單方面地移植；而是按照需求，在追求現代的同時，有意識地保持傳統或利用傳統，而形成此社會特有的現代化內容和結構。李春生於《主津新集》中談及現代性的富強思想等觀念，不但常舉世界各國的實例，以發揮他山之石的作用；更常引孔子、孟子等儒者之言，又舉各種漢文典籍爲證以詮釋說明。亦同時用「蛇無頭不行，草無根不生。」等俗諺，形象化改革應重根源的要領，以突顯著重基本原則的論述。

李春生對於政治體制的感悟，亦載錄於《東遊六十四日隨筆》這部遊記中。其中記錄他拜訪日本友人所觀看到室內陳列的特殊景象：日人在廳堂設置神龕，供奉天皇聖像並早晚朝拜。他認爲此種突顯出忠君愛國的行爲，相對於清國上下相殘的情景，實有天壤之別。[27]李春生本具有堅定的基督信仰，但觀察日本友人家中所供奉的天皇聖像後，使他不禁仰慕起日人敬奉天皇的愛國精神。李春生巧妙地避開日本神道信仰與基督信仰的衝突，並轉移評論的焦點，如此一來對於日人的同化統治，即可能產生正面效應。在觀覽宮內省時，他不僅描述樞密院等莊嚴華麗的建築，並於參覽各部會的辦公處時，發現了其中總有一張異式綉椅，詢問之下才知此爲天皇與群臣討論政事時的座椅。李春生提出對於日本君臣關係的論述：「由此益見吾國君臣之相愛相親，逾於歐西之制，此所以勃焉興也。」另一方面，他申論中國雖有「君之視臣如手足，則臣視君如腹心。」

26　李春生：《主津新集·時宜》，頁231。

27　李春生：《東遊六十四日隨筆》，頁208。

的話語，[28]但歷代君主卻無法實踐這樣的行爲。原始儒家的民本思想多從統治者觀點著想，缺少站在被統治者立場去爭取實現。於是政治主體變得模糊，理論上以民心、民意爲重；然君王大權在握，並無多元途徑可加以限制。[29]最後，道德要求轉化成專制的藉口，導致「治權開放，士人參政」所能發揮的功效，受到莫大的打擊，李春生認爲此即是衰亡的主要原因。他又強調人事的安排運用，比起精利的器具還要來得重要，並以此企盼清國能夠黃粱夢醒而奮力經營，甚至以身處日本殖民帝國的語氣提到：「與吾帝國，合從連衡，以固亞洲大局」[30]，可見李春生仍舊期待清國能有壯大的一日。

　　李春生幼年曾於私塾接受傳統教育，日後又自行研讀儒學典籍，故《主津新集》的論述也流露作者對儒學教化的思考。[31]例如於性別觀的現代性詮釋上，李春生於〈俗〉一文中提到：「不因禮牽，不爲俗制」，呈現不侷限於傳統禮俗的價值觀。在〈仇儷〉一文則對貴族皇室多妻的現象加以批判，「言禮者，更者三夫人、九嬪、二十七世婦、八十一御妻。夫婦之倫，自此瀆矣！嬖妾之禍，亦自此熾矣！」他認爲不應以傳宗接代爲由而納妾，故言：

28　李春生：《東遊六十四日隨筆》，頁 208。

29　林淑慧：〈孔孟民本思想及其後世之轉化〉，《空大學訊》324（2004.4），頁 101。

30　李春生：《東遊六十四日隨筆》，頁 220。

31　日本學者子安宣邦曾在「臺灣儒學」的研討會上，提議把儒學、儒教放在歷史和空間的座標軸來思考，以呈現多層次、多樣的儒學、儒教樣貌。子安宣邦：《東亞儒學：批判與方法》（臺北：臺大出版中心，2004 年），頁 16。

獨不知子嗣有無，關於天命，既知修身正行，又言順道聽天，復詠螟蛉有子，更歌螺蠃之負，自當不可強為納妾求嗣，以啟瀆倫逆命之端。[32]

這樣頗為開通的思想，表現其平權觀，也顯現在對外遇的處理態度上。他認為當妻有外遇時，律法多嚴厲對待，所以主張「夫有外遇，妻亦可以所待者，反待其夫。」若能男女平權對待，才能稱禮法的平等。他批判有些富貴人家嬪妾盈庭，伉儷或遭凌虐或幽置，「鬱抑傷生，飲恨冤死者，向使有案可稽，又豈少恆河沙數哉？」他申論夫婦之道，正顯現人與獸的區別；貴男賤女，如君子蹈禽獸，皆非仁的作為。[33]此外，他憐憫青樓女子即使有羞花閉月、傾國傾城之選；猶可能遭夏楚鞭笞、幽置殘虐之害。並嚴厲指責當初那些民眾不吝千金買笑，一擲千緡，後又以貴賤拒絕她成為家中成員的行為。[34]

在禮教的觀察方面，李春生見日本的女子與男子皆聚於同處所工作，與歐洲方面的開放程度雷同。日本旅館所僱用的服務生皆為女性，常殷勤而無微不至侍奉客人。他認為從事這些職務的女性，在工作中雖無法避免授受相親的行為，「然終能守身自持，不至混及於亂者，亦一奇操也。」[35]從李春生對如此奇特操守的評論看來，透露其強調自制的禮教觀。他又提到男女共事時，「端肅誠慤，悉

32　李春生：《主津新集・伉儷》，頁254。
33　李春生：《主津新集・伉儷》，頁255-256。
34　李春生：《主津新集・零語》，頁257-258。
35　李春生：《東遊六十四日隨筆》，頁172。

皆守身自持」[36]這些對於男女共處的描寫，迥異於「男女授受不親」
的儒家禮教觀，並呈顯現代化後女子加入職場生態的改變。李春生
亦詳細比較平日生活的禮節。包括儀容舉止、見面禮、肢體語言等
內容。如：在日本旅社時，若有人拜訪多恭敬親身迎接；而日本在
現代化後，多仿照西方有握手的禮節。李春生觀察日本這些禮俗的
改變，顯露受西方文化影響的痕跡，也呈現傳統禮教觀與現代禮儀
的差異。

李春生對於人權的看法，亦顯現於關心黑人的生存權利上。〈洋
藥流毒〉一文中批判「惟利之所在」的價值觀，探討歐洲許多國家
爭先恐後，接踵前往非洲西部荒野所作的不人道行為。他描述當時
的情形：

> 拘拏黑人，運赴該地，迫令工作力田，稍不如意，則痛施鞭
> 撻。其殘虐苦況，令人目不忍視，耳不忍聞。日以張牢設網，
> 拘拏黑人，轉運他售為事。賣者以人當貨，求售於市；買者
> 不吝重資，販人代畜。效尤為惡，幾莫知復有服化之態。

生動描繪種種黑人所遭受不合理之處，認為上帝有好生之德，故呼
籲有惻隱之心的人，宜藉由各類報紙加以苦勸並斥責，將奴役者的
醜行張揚後並予以批判。此文又描繪當時的社會現象，論述各國維
護人權的情況：

---

[36]　李春生：《東遊六十四日隨筆》，頁 194。

英、法、俄、美咸知其非，惻然聚議，設法嚴禁，遣舟梭巡，以資保衛，至今猶然。倘敢故犯販運黑人之條，莫論何國，船則充公，人則坐殺，黑人藉此始得安枕。法立弊生，禍移東土，若夫招工出洋，與賣豬仔的流毒，未始不因禁孳黑奴之餘波也。[37]

「人生而自由」的天賦人權觀，是人權理論思想的重要源頭與基礎。李春生一方面詳加敘述英、法、俄、美諸國以實際的行動，遏止黑人販賣事件的惡化；但同時也批判帝國奴役勞工的場景轉移至中國，使他們所蔑稱的「豬仔」華人，也受到非人道的待遇。李春生除了於此文論及受奴役的人權情況外，又批判英國將鴉片輸入中國政策的不公不義，喚起大眾省思以國家利益人凌駕於人權之上的不當的平衡點。他對於解纏足的看法，呈現其身體觀的見解。他極力主張「不纏足者，順天之正俗也；纏足者，逆天之邪俗也。」李春生在〈說兆〉一文也提到對於改變「男人禁嗜鴉，女子廢纏足」等風俗，亦為作者勾畫未來願景重要的一環。[38]李春生在〈俗〉一文又談到：若一味地混淆、濫用禮法，則不如不遵守禮法，更不必劃分禮義王化與蠻陌夷狄的區別。因為他所認知的不文明乃是：「僻處絕域，幽居荒島，不知不識，所以風俗澆漓；製造鈍魯，良由見聞狹，而資質劣，所以藝術鈍。而出產限，於是愰以所行謂是，所

[37] 李春生：《主津新集·洋藥流毒》，頁 21。
[38] 李春生：《主津新集·說兆上》，頁 181。

有謂富。」[39]他以「知識」、「生產能力」、「見聞(資訊)」、「藝術」等現代性概念，論析禮法與現代文明間的關係，賦予禮法存在於現代社會的價值。此外，就現代性的概念而言，漫長的纏足苦痛過程，是父權社會對女子的一種身體規訓。[40]李春生等知識份子眼見女性受纏足之苦，曾爲文表達他們對纏足批判的態度，並於日後組織解纏足會，以行動實踐理念。

　　《東遊六十四日隨筆》又載錄李春生於三月二十二日前往東京麻布區東鳥居坂町的基督會教堂，並受邀登臺演說。他自述今年已經六十歲，雖然屢遭兵燹之苦，幸賴基督暗中扶持，而未害及身家性命。臺灣割讓後，又承蒙樺山總督錯愛，才能有此東遊機會。並提及《聖經》的經典與上帝無惡不報的靈性，且論及日、清兩國勝敗優劣之處。他認爲日本雖然地域狹小，人口少而財用不足，但政治清明、風俗良厚，且人民敬信耶穌；而清國則雖地大物博、民繁財富，甚至勝諸日本十倍，卻政治頹殘、人民頑固，且驅逐耶穌聖教，所以遭喪敗之痛。所幸尙未淪落亡國，此應是上帝格外開恩，使其能夠知道悔改。[41]李春生的世界大同觀是立於基督教義的世界觀／國家觀，而有清楚的內外之別。換句話說，李春生能夠較無障礙從棄地遺民轉換身份爲日籍華人，原因在於他所遵從的絕對真理是天道，而在此天道之下，日本與世界是相通的，服從此基督教義

39　李春生：《主津新集‧俗下》，頁 207。

40　現代性的概念關注於分析權力機制有關的身體，尤其著重探討現代性環境中規訓權力(disciplinary power)的顯現。Anthony Giddens, Christopher Pierson 著，趙旭東、方文譯：《現代性與自我認同》(臺北：左岸文化，2002 年 4 月)，頁 53。

41　李春生：《東遊六十四日隨筆》，頁 197-198。

下的天道，使他順利轉換身份而服從於日本。[42]遊記中又提到三月二十四日，在教會人員的集會中，李春生曾以《新約》末卷〈默示錄〉第二章二六節至二七節，討論日清戰爭勝敗的結果，以驗證《聖經》讖語的靈驗。[43]從這些描述，可看出他以基督爲依歸的宗教信仰，甚至超越了國族的認同信仰，成爲判定是非優劣的準則。李春生返臺後，運用多數時間於宣揚教義的工作，此觀點的形成，即可能是透過日本的旅行而得到強化。[44]除了宣揚教義外，李春生亦致力著述，特別是與基督信仰相關的書籍如《耶穌教聖讖闡釋備考》（1906）、《宗教五德備考》（1910）、《聖經闡要講義》（1914）等陸續出版，可見他欲透過經典的詮釋，來達成傳教、推廣基督信仰的工作。

李春生以大丈夫自況，認爲自己身爲新附之民的同時，仍以仁、禮、義自居，而不懾服於權勢、財富、武力的壓迫。他曾在參觀古蹟時，藉由批判歷史上伯夷、叔齊的操守，而爲的自己認同取向作說解。李春生秉持仁、禮、義，做新附之民卻無愧是大丈夫；伯夷、叔齊不食周粟，反是不孝、不忠、不義、不仁，且招怨之人。[45]兩者的主要差異，從李春生的角度來看，似乎是在對傳統漢人德目的堅守與否，至於民族認同反而是餘事。《東遊六十四日隨筆》

---

[42] 劉紀蕙：〈一與多之間：李春生問題〉，《跨領域的臺灣文學研究學術研討會論文集》（臺南：國家臺灣文學館，2006），頁511。

[43] 李春生：《東遊六十四日隨筆》，頁202。

[44] 古偉瀛：〈從棄地遺民到日籍華人－試論李春生的日本經驗〉，《李春生著作集・第四冊》（臺北：南天書局，2004.8），頁284。

[45] 李春生：《東遊六十四日隨筆》，頁196。

敘事認同的內涵,主要是一種文化認同,一方面包含了儒家所稱的忠孝仁義,而這些德目與無礙於當下的民族認同;另一方面也包含了不欺暗室的男女禮防,而這種兩性觀卻妨礙他理解日本職場的男女互動。

四、多元文化的借鑑

李春生閱讀報紙及書籍後,再經過反省式的思考,賦予這些素材新的生命和新的意義,然後於逐漸形成的新思想中發揮作用。在夷夏的論述方面,李春生曾引《孟子‧離婁》言舜為東夷人,文王為西夷人;再藉此談到武王、周公及成王以後,亦成為西夷之後裔。又提到南夷、北狄、交趾、犬戎、諸羌,即今之所謂滿洲、蒙古、西藏、奉天、陝甘、雲貴諸邊省,「四海之內,皆兄弟也」[46],認為祖先多為夷狄,故主張宜含納多元文化。他又曾評論西方的臨終禮儀:

> 夫吻屍者,所以表生前之情好也;列花者,所以彰在世之遺愛也;禱頌者,所以祈天之赦宥,希靈之飛升也。

認為這些禮俗,「非但示敬愛,誌繫念,亦所以皷今日,而勵將來,有益於俗,無害於道也。」對於吻屍、列花、禱頌等儀式細加詮釋其象徵意涵,呈現其含納多元文化的觀點。

現代性的內涵與特徵,主要指的是一種與現實聯繫的思想態度

---

[46] 李春生:《主津新集‧必上》,頁 176-177。

與行爲方式，因此與哲學認識論、方法論和道德、宗教、政治哲學密切相關。[47]此外，現代性表現在個人的反思性上，即是考慮自己的所作所爲；而社會的反思性，所指的則是由越來越多的訊息所組成的世界，常須做出一些前瞻性決策。[48]李春生於十九世紀雖非爲清朝官僚體制的核心人物，但他所提出許多反思性的論述，不僅透顯個人的社會關懷，更是在接收新資訊後提出前瞻性的見解。例如他曾撰寫閱讀王紫詮《普法戰紀》後的感想[49]，呈現其對普法戰爭之前因後果，以及歐洲局勢有深入瞭解。而且透過閱讀報刊，也明瞭歐洲列強英、法、普、奧匈、土耳其、俄等國間，互相牽制、調節的情勢，因而能寫出具有歷史縱深的評論。十八世紀的歐洲局勢變化，是李春生於議論世局時事的文章中，經常援引的案例。特別是「土耳其」一國，他藉由土耳其特殊的地理位置、國勢發展，來說明歐洲國家互相牽制的態勢。例如他曾論及十九世紀中葉，土耳其於歐洲國勢間所扮演的角色，並分析當時土耳其政權岌岌可危的原因：

> 皆因土處歐之東南，專尚回教，國中屬部，多從希臘、天主、耶穌。道既殊，而俗亦異，政令回人是操，致屬民不才，動輒干戈尋仇。前者，俄方嫉其地扼黑海之衝，譭其政偏俗劣

47 陳嘉明：《現代性與後現代性》（北京：人民出版社，2001 年），頁 3-10。

48 Anthony Giddens, Christipher Pierson，尹宏毅譯：《現代性：紀登斯訪談錄》（臺北：聯經，2002）頁 90。

49 李春生：《主津新集．天命臆說》：「近讀王紫詮先生新著《普法戰紀》一書」，頁 30。

為辭，意欲遂使遷入亞西亞洲。英以俄為借端藉口，意存蠶
食，遂同法國率舟助士，大敗俄師於卜魯士城，於是黑海之
盟始定。未幾普法之戰，英勢稍孤，俄乘間卒解從約。雖蠶
食之勢未形，然歐洲諸國，莫不因土而震動，凡毗鄰其地者，
皆亟思設法保衛，以固歐西太平大局。[50]

　　1841 年土耳其國王宣稱對於國內各種不同的宗教，一律平等
對待，無論是回教徒、基督教徒、猶太教徒，皆接受土耳其的保護。
原屬開明的政令，卻引起回教徒不滿，認為此舉違反土耳其歷來的
傳教政策，也因此更加深了教派間的衝突。土耳其國內東正教徒求
助於俄國，使得俄國有機可乘，欲藉此干涉土耳其國政。英法兩國
為防俄國西侵的蠶食鯨吞野心，乃派艦隊協防土耳其，隨即展開「克
里米亞戰爭」（1854-1856）。由於奧普兩國保持中立，使得俄國
於戰爭情勢顯得孤立，英、法最終取得勝利。李春生文中所指的「黑
海之盟」，即是此次克里米亞戰後所召開巴黎會議協定條文之一，
內容主要指黑海改為中立，其海面及港灣完全開放給各國商船使
用，但永遠禁止軍艦出入。在黑海岸上無論俄國或土耳其，均不得
設置兵工廠。然而，巴黎會議的協定，並不能使土耳其獲得安穩的
屏障，俄國持續對土耳其存有野心，土耳其政教依舊紛擾；甚至到
了普法戰後，法國的戰敗，亦使英國無力介入歐洲局勢，俄國便大
張其侵略之行。[51]

---

[50]　李春生：《主津新集‧時事轉機》，頁 45。

[51]　柳克述編：《土耳其復興史》（臺北：臺灣商務印書館，1979 年），頁 115-128。

　　爲何李春生特別專注於土耳其的局勢發展？此因土耳其的歷史發展及地理位置，與中國有相似之處，所以於書中特分析此地局勢以作爲參照。土耳其於十六世紀之前，爲歐洲一強盛的帝國，勢力甚至橫跨歐亞非三洲；十六世紀中葉之後，土耳其由於政治、宗教的紛擾，逐漸衰落。到了十八、九世紀，東鄰的俄國正值國勢壯盛之期，一直懷有西侵歐土的野心，而土耳其的地理位置處於歐亞交界，歐洲列強如英、法、奧爲防俄國西侵，而力保土耳其不受俄國侵擾。[52]在十八世紀的中國方面，自從 1840 年鴉片戰爭後因門戶洞開，北鄰之俄國對中國懷有吞併之心；然而中國於東亞之局勢，不如土耳其背後有歐洲列強撐持，故李春生藉由這樣的局勢分析，提出中國應加速革新的必要性。他又於〈比權〉一文中提及：土耳其對俄國而言，好比處於以卵擊石的狀態。並認爲土耳其能夠倖存於歐土，可歸因於先前法國拿破崙長驅直入俄國，卻遭全師覆沒，歐洲列強因而紛紛背叛法國。此後，俄國常欲尋隙西進，覬覦歐洲弱小國家；無奈西進勢必借道土耳其，才能達成其蠶食的意念，故土耳其才不致於爲諸國瓜分肉食。[53]

　　透過對歐洲局勢的觀察，李春生進而反觀東亞的情勢發展，藉此提出對於中國未來的發展的建言。如〈比權〉一文在敘述土耳其於歐洲的情勢後，李春生發表個人的議論：中國與土耳其政教制度皆迥異歐西列強，形勢上雖皆緊鄰俄國，但其安危勞逸之勢，卻有

---

[52]　柳克述編：《土耳其復興史》，頁 78。
[53]　李春生：《主津新集・比權上》，頁 148。

如天壤之別。[54]藉由世界局勢的敘述、政教制度的差異與地理位置
對比,李春生以其國際觀的視野,加強其論述中國政教制度革新的
效力。又進而利用觀察歐洲列強的牽制情勢,反思東亞中國、俄、
日本、高麗間的角力局勢。李春生在〈時事旴衡〉一文中,論及東
亞局勢的發展,當時中國與日本之間,為了朝鮮半島一事起爭端,
社會輿論出現了捍衛朝鮮半島與讓出朝鮮半島兩種聲音。李春生於
此篇文章表達其獨特的看法。他認為:

> 今日之效鷸蚌鬥高麗者,雖亦為防俄計,然而巧則巧矣!
> 以若所為,是速俄急得漁人之便利。何則?俄既不得申於
> 黑海,勢必折而高麗。使俄得志高麗,猶豺狼入羊群,東攖
> 日本,西攘中華,隨意擇噬,行見亞洲一局,將為鯨吞殆
> 遍。[55]

中國與日本亟欲爭奪朝鮮半島的統治權,預防俄國南下侵略朝鮮,
因而造成「東攖日本,西攘中華,隨意擇噬」的後果;但是李春生
認為,中日相爭的結果只會加速俄國之漁翁得利。他論析中國對於
朝鮮的治理態度:「中國既不知蹈險,又不恤他人履危,是故高麗
一局,名為藩封,實等贅瘤,既不肯干其政教,又不肯涉其吏治,
一任委靡顛連,勢同喪家之犬。」[56]李春生認為這樣消極的治理態

54　李春生:《主津新集‧比權上》,頁148。
55　李春生:《主津新集‧時事旴衡》,頁191。
56　李春生:《主津新集‧時事旴衡》,頁192。

度，不能阻撓俄國南侵的野心。反觀日本則不然，因其自知爲小國，不足以敵大，所以戰慄恐懼；且憂慮將受到鄰近強大俄國的侵擾而傾墜，故不得不奪取高麗，以擴充領域。日本自知限於地勢，既無遠交可援，又無近鄰可靠，徘徊四顧後，所以爲求國家安定，而做出抗拒俄國的決策。[57]從此看出，李春生對日本國勢的發展，具有正面性的評價，甚而認爲：「高麗早一日贈之日本，則中國早一日得一臂之助。」[58]原因在於日本若得高麗，則當俄國有南犯之意，日本勢必可牽制住俄國南侵的野心。他對於日本能在政教吏治上鼎革維新，懷有欽羨之情，進而對中國提出諫言：「中國既不肯效人取法，又不肯早併高麗爲行省，更不肯棄今日之贅瘤，以收他年之臂助。情願坐窘成規，徒恃必悔之兵甲，勞師糜餉，以爭莫須有之虛名，置諸安危牽制於不問，不誠左乎？」[59]這些前瞻性反思，呈顯其居安思危的處事態度，也映照他觀察國際情勢後，往往能以較爲宏觀的視野予以論述。

　　1895 年以前李春生的國際觀多受閱讀及與外商貿易的影響。至於 1896 年走訪日本後，更有親自觀摩當地文化的機會。例如環境美化及公共衛生是地區文明化的指標之一，當他到日本觀察生活風俗時，多見人席地而住，室內皆一塵不染、非常整潔。房屋內是以木板平鋪屋底，木板上再墊細席，亦都潔淨異常。李春生強調其「異常」的形象，顯現他對於這樣的居住型態與以往的認知經驗有

---

[57]　李春生：《主津新集・時事盱衡》，頁 191。

[58]　李春生：《主津新集・時事盱衡》，頁 192。

[59]　李春生：《主津新集・時事盱衡》，頁 192。

相當的落差。[60]他又記錄參觀活水池的經驗,提到巧奪天工的活水池類似今日自來水淨化儲存池,由數十里外的山腰鑿開地道,埋管引水流達水倉,以供橫濱數十萬民眾之用。「此等奇製大工,不但為臺灣所無,亦清國內地所稀有者。」他並提及橫濱一地,先前常為籌疫防瘟所苦,自有活水池系統之後,瘟疫之煩苦便年年減少。日本的公共衛生行政制度始於 1872(明治 5)年,先設立文部省醫務課。明治維新時期,由於開放各國先進文明的移入,卻也造成外來傳染病的流行,致使日本加快強化衛生行政體制的進程。於是陸續進行衛生教育啟蒙、上下水道與糞尿處理設施的建置等工作,並在 1890 年代公布環境衛生相關法規,如下水道與污物掃除法、傳染病防治法等。[61]從公共設施的興建,到法律制度的規範,皆可看出日本在公共衛生方面的現代化過程。在參觀活水池後,引發李春生感知衛生環境的重要性,且據以評論華人對於衛生環境變革的態度:

> 未始不由濁氣鬱結,疎防忽略之傳染,要在人能變通奮勉,因時制宜,雖任勢如狂瀾既倒,無乎不可挽回。況於衛生有關者,其可因循苟且,以惧生靈哉?其視夫懦怯屏弱,畏首畏尾,凡事專待因人守成,以享利便,若華人者,真有愧於造物矣!

---

60 李春生:《東遊六十四日隨筆》,頁 171。

61 清水勝嘉:《昭和戰前期 日本公眾衛生史》(東京:不二出版,1997.7),頁 9-10。

李春生此段評論，不僅透露了現代性的衛生啟蒙論述，同時，藉由華人「懦怯孱弱、畏首畏尾」，實有愧於上天的這些話語，作為延伸比較日本與華人國民性的依據。

當大阪記者訪問他對於此次東遊日本，何事感觸最深？他原本以「無疵可指」、「純善臻美」等說詞推託。後來才表達不適應此處的飲食調味，尤其「與夫男女交際、事客盆浴者，過於天真爛漫。」[62] 李春生至日本不僅參觀日本文化的不同面向，也因與傳教士的交談而對多元文化有不同的借鑑，呈現對於日本服務生文化不符合禮教規範的看法。此外，他初始對日本的一些現象揄揚而不切實際，但隨著時間及經歷，或因別人的提醒而有了進一步的認識。例如，在法院監獄僅見十多名囚犯，而大嘆風俗之厚；後來又在與外國傳教士談話中，「以是真邱山聖世也」讚嘆日本路不拾遺，等善良風俗與社會秩序。這段話語卻引起傳教士嘩然失笑，認為這是李春生乍到日本，閱歷未深的說法。傳教士提起居住此地十餘年的經驗，住處曾多次遭竊，雖頻頻報官卻無法逮捕賊徒；直到日清戰爭後，這些歹徒才銷聲匿跡。傳教士推測竊賊可能投身軍旅，出征異域，所以這幾年間居民能夠過著安穩的生活。[63] 李春生與傳教士的這段對話，透顯出他受限於短暫行旅，有時對於日本的觀察與評述，出現不合現實的話語，這也透露出李春生對於殖民國的想像與現實之間的距離。在憧憬文明的情形下，他期望臺灣能因殖民者的統治，步上現代化之路；所以將現代文明作為自己與統治者之間的共同認

---

[62] 李春生：《東遊六十四日隨筆》，頁 227。

[63] 李春生：《東遊六十四日隨筆》，頁 215。

知基礎，試圖進行依賴他者的現代化。[64]甚至在東遊回臺之後，友人詢問李春生對日本最深刻的印象，他首先回答是男女學堂教育的普及、其次爲博物館、勸工場之巧妙、又次是新報館設立數量繁多、再其次則爲基督教教堂與信徒的繁盛。[65]這樣的排序，呈現他對教育的重視，並關注於文明展示的各種面向以及教會運作的情形。

五、結語

　　以往臺灣文化史學界研究的重點，多專注於二十世紀上半葉的日治時期，探討有關殖民地臺灣的現代化歷程，以及知識分子實際從事的各種啟蒙運動，或於各雜誌、報刊的論述。然而，臺灣早在十九世紀末與國際接觸或貿易的過程中，在地文人李春生的論述，即呈現兼具傳統與現代性的特色。對於四周環海的臺灣島而言，1860 年以後通商口岸的開放，增加了與世界的對話。文人在面對國際關係變化的新衝擊，對於知識的傳遞、日常生活實踐與文化想像等議題，多呈現出個人的深思洞見。如李春生《主津新集》收錄對牡丹社事件後臺灣政經局勢變化的評論，以及關於禮俗的現代性詮釋，呈現他與異文化交會的情形，突顯了臺灣海島文化論述開展的多種可能。李春生爲一位虔誠的基督教徒，雖其視角不免多以教理爲核心；但因他長期經商，並從事海外貿易，如此的工作經驗豐富他觀察現代社會的變遷，及文化論述的面向。故本節以評析報紙

64　陳培豐著，王興安，鳳氣至純平編譯：《「同化」の同床異夢：日治時期臺灣的語言政策、近代化與認同》（臺北：麥田，2006 年 11 月），頁 203。

65　李春生：《東遊六十四日隨筆》，頁 227。

的公共輿論功能、宣揚政教改革的觀念、以及多元文化的借鑑等幾
個面向加以詮釋。

在正面宣揚報紙所具公共空間特色的同時，亦常提出對當時媒
體的針砭。牡丹社等國際事件激發出他批判中國有關洋務運動論述
的缺失，也促使他具體提出諸多政教改革的策略。此外，亦藉由論
述各國如何看待黑人的生存權利，提醒世人關注鴉片輸入的問題，
也流露其重視人權普世價值的視界。李春生更透過對歐洲局勢的觀
察，進而反觀東亞的情勢發展，藉此為當時中國未來的發展提出建
言。至於李春生於日治時期東遊日本，以及於政界、商界及教會間
的經驗，亦曾記錄下心路歷程與深思所得。從李春生的論述刊載於
《中外新報》、《萬國公報》、《畫圖新報》《教會新報》的篇數
及類別中，透露他在這些主要由西方傳教士主辦的報刊裡，如何傳
達改革的理念。

表 5-1 《主津新集》投稿報紙篇目一覽表

刊登日期	報刊名稱	篇名	頁碼	備註
1873（癸酉）10 月 24 日	靈魂繫於教門	《教會新報》	67	
1874（甲戌）4 月 26 日	臺事其一	《中外新報》	9	
1874（甲戌）5 月 13 日	臺事其二	《中外新報》	10	

1874（甲戌） 5 月 19 日	臺事其三	《中外新報》	11	
1874（甲戌） 6 月 6 日	臺事其四	《中外新報》	12	
1874（甲戌） 6 月 11 日	臺事其五	《中外新報》	13	
1874（甲戌） 7 月 14 日	〈誠訟〉書後	《中外新報》	17	
1874（甲戌） 10 月 11 日	書道相契	《萬國公報》	70	
1875（乙亥） 1 月 13 日	臺事其六	《中外新報》	14	
1875（乙亥） 3 月 26 日	臺事其七	《中外新報》	15	
1875（乙亥） 6 月 22 日	洋藥流毒	《萬國公報》	19	
1875（乙亥） 8 月 12 日	誠訟續論	《中外新報》	22	
1875（乙亥） 8 月 18 日	論日報有關時局	《中外新報》	24	
1875（乙亥） 10 月 4 日	變通儲才	《中外新報》	25	
1875（乙亥） 10 月 8 日	論 日 報 功 用	《中外新報》	27	

1875（乙亥） 11 月 21 日	天命臆說	《萬國公報》	29	
1875（乙亥） 11 月 26 日	淡水即事	《中外新報》	31	
1875（乙亥） 3 月 16 日	圖治策要	《中外新報》	32	
1875（乙亥） 9 月 4 日	時勢遊說	《中外新報》	36	
1875（乙亥） 11 月 7 日	輪迴徵謬	《萬國公報》	99	
1875（乙亥） 12 月 5 日	天道滯行	《萬國公報》	72	
1875（乙亥） 12 月 19 日	〈釋疑〉書後	《萬國公報》	74	
1875（乙亥） 12 月 26 日	釋癡道人之辯	《萬國公報》	76	
1876（丙子） 2 月 16 日	應 籌 相 安 論	《萬國公報》	79	
1876（丙子） 2 月 23 日	續論天道滯行	《萬國公報》	80	
1876（丙子） 3 月 28 日	物各有主	《萬國公報》	82	
1876（丙子） 4 月 27 日	續論天道滯行	《萬國公報》	84	

1876（丙子）5月5日	擇善固執	《萬國公報》	86	
1876（丙子）7月8日	雙通首務教化	《萬國公報》	38	
1876（丙子）10月3日	稽道追元	《萬國公報》	88	
1876（丙子）10月29日	蘇夷士河	《中外新報》	41	
1876（丙子）11月14日	觀感誌要	《中外新報》	42	
1876（丙子）11月22日	崇尙略論	《萬國公報》	97	
1876（丙子）12月7日	時事轉機	《中外新報》	45	
1876（丙子）12月17日	富強當務	《中外新報》	46	
1877（丁丑）3月1日	致惑有由	《萬國公報》	90	
1877（丁丑）9月7日	洋藥去留大勢	《萬國公報》	47	
1877（丁丑）9月21日	翻案一則	《萬國公報》	94	
1887（丁亥）8月	〈日本更約〉書後	《畫圖公報》	101	

1890（庚寅）9 月	釋楊象濟謫洋教與格致不符辯	《畫圖新報》	104	
1892（壬辰）5 月	拂塵申義	《畫圖新報》	108	
1893（癸巳）1 月	說僻	《萬國公報》	131	
1893（癸巳）2 月	底事	《萬國公報》	133	
1893（癸巳）5 月	天地人說	《萬國公報》	141	
1893（癸巳）夏間	〈底事〉被謫書後	《萬國公報》	137	未獲賞刊
1893（癸巳）9 月	天賑	《萬國公報》	145	
1893（癸巳）11 月	比權上	《萬國公報》	148	
1893（癸巳）12 月	比權下	《萬國公報》	150	

第二節　日治時期的身體論述：
女性天然足運動及其文化意義

一、前言

　　居民在共同的自然地理環境和社會生活下，常產生集體社會心理和道德觀念，逐漸形成特有的風俗習慣；而這種風俗習慣一旦形成，不論合理與否，往往會爲大多數人所遵守，並且以一種無形的巨大力量，影響著民眾的思想、觀念和生活。纏足是抑制女性活動及病態審美觀等社會潮流配合下，所形成的一種風俗習慣。中國直到十九世紀中期起，西方傳教士麥克高牧師及其夫人，致力宣揚纏足對婦女健康的威脅，並成立「廈門戒纏足會」。此外，教會女校的學生也是解放纏足的先鋒，而自英國來臺的立德夫人，自 1899年至 1906 年以旅遊演講的方式，力勸婦女放足，足跡遍布南中國。臺灣社會受到中國大陸傳統風俗的影響，自清治時期渡海來臺女子纏足現象普及，纏足更成爲身分地位的表徵。至日治時期殖民政府曾對有礙現代化的臺灣舊有文化，進行一連串的變革，其中纏足與吸食鴉片、辮髮同被視爲需廢除的三大社會陋習。

　　日治初期臺灣總督府對舊有習俗的改革採漸進政策，並不明令禁纏足或嚴格取締，多只透過學校教育或報章雜誌的宣導，鼓勵臺人解纏足。由於日本殖民政權視纏足爲陋習，且視爲同化的障礙，因此臺灣總督府在運動過程中扮演特殊的角色，學者 Lamley 指出

解放纏足運動力量的消長與總督府支持的強弱成正比。[66]日治時期，民間解纏足運動如何興起？知識份子對於解纏足有何論述？臺灣各地的解纏足運動中有哪些是以婦女為主導？殖民政策又是如何主導放足運動？解纏足運動有哪些文化意義？本節擬爬梳文獻檔案中，以析論解纏足運動的文化面向。

二、民間解纏足運動的興起

（一）知識份子對解纏足的議論

　　一個風俗習慣愈深入人心，要改變它時阻力就愈大，在纏足的廢除過程中，最大的阻力莫過於對天足的排斥。日治初期，總督府常邀請或招待臺灣各地士紳至日本旅遊參觀，如 1896 年春天大稻埕富商李春生應邀攜家人七人至日本旅遊，返臺後撰有《東遊六十四日隨筆》。書中對當時觀察日本女子比起臺灣婦女生活較自在的情形，有極深刻的印象。臺灣總督府《臨時臺灣戶口調查記述報文》也指出，臺人前往日本觀光，目睹日本女子能從事各種工作，益感纏足之害，其後李春生等士紳發表解纏足的言論，並起而倡導解放纏足。[67]1898 年 8 月 6 日臺北因暴風雨來襲而造成水災，災情慘重，房屋全倒者 1390 間，死亡者 85 人。[68]日人輿論提到死傷者多為纏足婦女，於是乘機呼籲纏足的不宜，而士紳名流應身先倡率，並組

---

[66] Lamley, Harry Jerome, "*The Taiwan Literati and Early Japanese Rule, 1895-1915*", Ph.D. Dissertation, University of Washington, p.406.

[67] 臺灣總督府臨時臺灣戶口調查部：《明治三十八年臨時臺灣戶口調查記述報文》（臺北：總督府，1908 年），頁 350。

[68] 原房助：《臺灣大年表》（臺北：臺灣經世新報社，1932 年），頁 31。

織不纏足會以化導俗情。[69]吳德功《觀光日記》曾記錄:「是晚同各會員赴天足會筵,總督府及各長官式臨焉。先是黃君玉階請村上知事,甚韙其論,極力贊助開會。蓋以婦人主中饋,相夫助子,躬親操作,若一纏足,則步履維艱,衛生有礙令會員開導玉成,俾全島痛除積弊,式煥新猷云。」[70]至淡水又記:「過淡水區長役場、淡水市場等處,女子多纏足,形極可慘,至今猶也。」[71]呈現文人觀察日治初期臺灣女性纏足仍舊普遍的情形。

自 1900 年臺北天然足會成立,知識份子對纏足的言論常見於報刊。如臺北天然足會成立大會上,發起人黃玉階曾言纏足陋習無法痛除,「履為外邦所譏誚……身為維新之民,而不得去除舊染之污俗,自我反省,不能無愧,此為天然足會創會之原由也。」[72]之後,臺南天然足會等各地天然足會亦常見知識份子對解纏足運動的議論。此外,1914 年底,台灣總督府鑑於纏足陋習久未能革除,於是舉辦「論纏足之弊害及其救濟策」比賽,這些發表在《臺灣日日新報》文章顯示新舊知識份子多認為纏足是必須速謀方策加以革除的陋習。茲列舉日治時期知識份子於解纏足會所發表的議論,及《臺灣日日新報》徵文比賽的部分作品,整理於表 5-2:

69　《臺灣日日新報》782 號,1898 年 8 月 10 日,明治 31 年。

70　吳德功:《觀光日記》(臺北:臺灣銀行經濟研究室,1958 年),臺灣文獻叢刊第 89 種,頁 33。

71　吳德功:《觀光日記》(臺北:臺灣銀行經濟研究室,1958 年),臺灣文獻叢刊第 89 種,頁 76。

72　黃玉階:〈臺北天然足會創會詞〉,《臺灣日日新報》第 566 號,明治 33 年(1900 年)3 月 24 日。

表 5-2 日治時期臺灣知識份子解纏足論舉隅

發表人	篇名	登載刊物	發表時間
黃玉階	〈臺北天然足會創會詞〉	《臺灣日日新報》第566號	明治33年(1900年)3月24日
蔡國琳	〈臺北天然足會祝辭〉	《臺灣日日新報》第566號	明治33年(1900年)3月24日
連雅堂	〈臺南天然足會序〉	《臺灣日日新報》第574號	明治33年(1900年)4月3日
趙雲石	〈論纏足之弊害及其救濟方法序〉	《臺灣日日新報》5223號	大正4年(1915年)1月1日
廖學枝	〈論纏足之弊害及其救濟策〉	《臺灣日日新報》5223號	大正4年(1915年)1月1日
黃爾璇	〈論纏足之弊害及其救濟策〉	《臺灣日日新報》5226號	大正4年(1915年)1月6日
鐵雄	〈論纏足之弊害及其救濟策〉	《臺灣日日新報》5229號	大正4年(1915年)1月9日
王祖派	〈論纏足之弊害及其救濟策〉	《臺灣日日新報》5234號	大正4年(1915年)1月14日
李氏寶	〈論纏足之弊害及其救濟策〉	《臺灣日日新報》5321號	大正4年(1915年)4月14日

　　知識份子在各地天然足會創會時發表議論外，亦於《臺灣日日新報》〈論纏足之弊害及其救濟策〉數文中，呈現對於婦女的身體觀。他們認為放足運動成效不彰，多因積習已久，觀念難以立即轉變。其中，黃爾璇的文章因條分屢析纏足的弊害，又具體提出相應的對策及解纏足會的章程，故頗具代表性。從傷天道、背人道、廢時間、荒業務、礙衛生、損國計等六個方面論述纏足的弊害，說明纏足不僅遏阻生機，使足部彎屈而不伸，違逆了天道；又因損傷身體髮膚，且使女子無法盡孝道而違背人道。同時一旦纏足，早上尚未梳妝就需先束帛於足，才能開始行動；就寢前，又必須先換鞋方得以休息。就鞋子本身而言，亦是一針一線刺繡耗費心力而成，至於裹足之帛布也需要常換洗，這些皆為浪費時間的舉動。此外，在富貴之家，需有主婦遣督婢僕，但「纏足者身體軟弱，行步多艱……家政因而紊亂者不少」[73]，因而無法指揮複雜的家務；貧者之婦需親自做家事，但「動不自由，立不能久，雖有助夫經營之志，而無奈足不從心。」[74]他又分就心智與身體層面而論纏足的衛生問題，提到臺灣婦女因纏足出門不便，不像日本夫婦可以外出同行，如此及時行樂必可消除平日壓力；又言，「纏足洗浴不便，穢氣裏積，氣血不行」[75]，因長期血液循環不良，身體健康必將受到影響。從經濟層面來看，纏足婦女身體怯弱無法協助家計，就算其丈夫有遠大志向，但婦女卻因纏足而無法同行，使一家之計有所減損。家為

[73] 黃爾璇：〈論纏足弊害及其救濟策〉三等《臺灣日日新報》5226號。
[74] 黃爾璇：〈論纏足弊害及其救濟策〉三等《臺灣日日新報》5226號。
[75] 黃爾璇：〈論纏足弊害及其救濟策〉三等《臺灣日日新報》5226號。

國之本，一家之計會影響國家之生計，所以婦女纏足有損國家之經濟利益。這些徵文的內容多呈現，文人以現實爲主要考量的論述面向。

日治初期所組的天然足會領導人及會員多爲男子，倡導和勸說不易收效，且亦無權強制女子放足。會員又僅由舊紳商組成，新知識份子未曾參與；再加上官民均抱持漸禁主義，致生姑息之弊，往往中途廢弛，而使運動功虧一簣。所以在各救濟策中，教育仍被認爲是根本解決之道，論者紛紛表示由於教育的成效，公學校女生已甚少纏足但因歷來女子入學者不多，故影響有限；所以他們多倡議加強女子教育，鼓勵學齡女子入學，使更多的女子知纏足之害而放足或保持天足。並主張學校可以訂定入學辦法，或不收纏足的學生，或以解纏足的學生具有優先入學的條件，作爲鼓勵。教育界向來爲社會風俗之重要趨向，以入學資格爲規範，有助於解纏足運動的推廣。

除學校教育外，另輔以社會教育，在各地舉辦演講會、展覽會或放映幻燈、電影等，使失學或成年女子普知天足之利、纏足之害及解纏之法，從而相率放足。並呼籲社會領導階層應先以身作則，正如黃爾璇所說的：「參事、區長、保正及紳士須以身倡率，以家人先之。既纏者解，未纏者天然；一家解纏，數家合宴以賀。如有頑固者流，勸導而非笑之。凡有子弟結婚，纏足者無以爲婚。」[76]此

---

[76] 《臺灣日日新報》5226 號，1915 年 1 月 6 日、《臺灣日日新報》5319 號，1915年 4 月 12 日。此外，又有廖學枝、王祖派、歐陽朝煌、陳坤、李種松、詹安等論文。

外，絕大多數論者希望公權力積極介入，一方面建議總督府頒布禁纏足令，明訂法規，據之以獎勵、處罰或課稅；另一方面，論者建議重整組織，利用總督府有關部門或地方行政制度，普遍設立放足機構或團體。[77]尤其是主張利用地方行政制度設解纏會者為數最多，其最具體者即是由黃爾璇所倡議的：「以各區長為會長，保正為副，甲長為幹事，立有會規，以漸禁為主義，每年總會二次。以區長為區議長，報告調查結果及演說，每月例會一次，以保正為保議長，警官為監臨，會期附於保甲會議之日，保甲規約篇增加解纏足一件。」[78]訂定明確的階級管理制度，解纏足漸進式的推展。他又認為，上流社會每作一件事情、重視一個事物，或者是衣冠妝飾，都為下流社會所觀瞻，甚至不知不覺仿效，所以主張解纏足會應效法斷髮會「創起於紳士之間，又有各新報以鼓吹之，官長以贊成之，中南部各警官，則督責之」[79]。至於獎勵辦法，論者或建議廣興實業，以增加天足女子的工作機會，或提議利用養蠶、製帽蓆、紡織及製茶等適合婦人的產業，作為放足女子之獎勵，以改善生計。同時希望報章雜誌除協助鼓吹放足外，並披露放足者的姓名，以示榮耀。[80]可知臺人知識份子已漸主張以嚴密的組織系統，藉由公權力

---

[77]　《臺灣日日新報》5321 號，1915 年 4 月 14 日、5301 號，1915 年 3 月 25 日、5289 號，1915 年 3 月 11 日。

[78]　《臺灣日日新報》5226 號，1915 年 1 月 6 日。

[79]　黃爾璇：〈論纏足弊害及其救濟策〉，《臺灣日日新報》5226 號，大正 4 年(1915年)1 月 6 日。

[80]　參閱趙雲石、黃爾璇、翁俊明、歐陽朝煌、鐵雄、趙璧、陳燦堂、林搏秋等之論文。

行使強制的手段，以求達成普遍放足的目的。不久總督府便利用此風氣，以公權力輔助推展放足運動，同時他們也主張解纏足應寬以時日、助以醫藥，才不致於如同戒鴉片之苦。在王祖派的文章中特別提到，解纏足必須要依情況的差異而採取不同的措施，例如他將纏足的情形分爲半纏、半折龜和全折龜，以說明解纏足應有漸進的時程，如：「半纏者限一個月解之，半折龜限四個月乃至八個月解之」。[81]又需製解纏之鞋，讓女性不畏解纏的痛苦，可以慢慢的習慣，「若足稍大，則鞋必隨而製大。如此者毫無畏痛苦，而能完全解纏之實質。」他不僅注意女性之身體，也顧及女性的心理，其目的即爲增加解纏足的意願。這些論述皆呈現依實際而提出切實執行的方法。他又認爲女性纏足「不第自毀其美麗壯碩之身體，且不能生育強健之國民」、「以爲外國之笑柄⋯⋯可不急爲移易者乎。」，此類說詞透露了將身體與國民性作聯結的論述。

另外，廖學枝提出纏足的弊害包括殘忍、醜哉、見識不廣、肺疾、足部不潔、入浴不便、天災地變之際多危險、浪費時間等。其中，因爲纏足多不適宜作戶外勞動，只能從事室內工作如刺繡裁縫等；但萬一家中通風不良，容易生病，長年居住則成不治難症。他又言「故衰母多生弱兒之理，三四代間，凡人未知其害，十數代至數十代，乃至百數十代，其毒愈明，遂致種族不振者，非無稽之談。」[82]這樣的論述又是將女性捲入國族議程中。另一位文人鐵雄則認爲

81　王祖派：〈論纏足之弊害及其救濟策〉，《臺灣日日新報》5234 號，1915 年 1 月 14 日。

82　廖學枝：〈論纏足之弊害及其救濟策〉，《臺灣日日新報》5229 號，1915 年 1 月 9 日。

應透過教育及鼓吹解纏作為救濟之道。透過教育，使女性自知纏足的弊害，使「既纏者必自解，未纏者必不纏」[83]他所提出解纏的方法，主張應由各天然足會和解纏足會等印刷廣告，強調痛陳纏足及解纏足的利害，分送各戶使家喻戶曉；同時對於解纏足者，應登報以為獎勵，則是運用印刷媒體的傳播力量。

然而，需注意不能將此次徵文當作真正的「民意論壇」，此活動並非是臺灣日治殖民社會「公共領域」的發聲。這次的徵文主要是由官方色彩濃厚的臺灣日日新報所舉辦，徵文活動一開始就限定了參賽者的立場。因為殖民者對解纏足的立場已定，只是如何執行，以及強制解纏的時機早晚而已，從題目定為「論解纏足之弊害及其救濟策」便可得知，是要求徵文作者提出纏足的弊害，讓閱讀報紙的人了解纏足的壞處，具有教化意味。[84]對這些臺灣本土菁英來說，纏足的身體，等同於孱弱的支那國體，於是臺灣人企圖變身為殖民地的維新之民，女性纏足舊俗便是必須革除的弊害。因而，相對於有著種種弊害的纏足身體，本土男性菁英建構出「自然身體」觀。如此以「解纏足」為現代女體的規範，背後隱含政治經濟等文明化的功利目的。

（二）民間解纏足運動的團體

通常社會運動指一群人有組織、有目標、講究方法策略、具持續性的集體行為。由此觀之，日治時期臺灣的解放纏足運動是典型

---

[83] 鐵雄：〈論纏足之弊害及其救濟策〉，《臺灣日日新報》5229 號，1915 年 1 月 9 日。

[84] 蔡依伶：《從解纏足到自由戀愛：日治時期傳統文人與知識分子的性別話語》，頁 25-38。

的社會運動，代表新規範和價值的追求與接受。茲將日治時期臺灣解纏足會資料列於表 5-3。

表 5-3 日治時期臺灣解纏足會舉隅

會名	發起人	設立時間	成立大會地點	資料出處
臺北天然足會	黃玉階	1900 年 3 月	大稻埕普願寺	《臺灣日日新報》565 號 1900 年 3 月 23 日
臺南天足會	許廷光	1900 年 6 月	臺南城內五帝廟街三官堂	《臺灣日日新報》632 號 1900 年 6 月 12 日
基隆天然足會	許梓桑	1903 年 11 月	基隆	林進發《臺灣官紳年鑑》，頁 123
臺北解纏會	陳宇卿	1911 年 8 月	艋舺公學校	《臺灣時報》25 號 1911 年 8 月，頁 45-46
宜蘭解纏足會	黃張氏	1912 年 1 月	宜蘭	《臺灣日日新報》4189 號 1913 年 1 月 26 日
彰化解纏足會	楊吉臣夫人	1914 年 11 月	彰化	《臺灣日日新報》5188 號 1914 年 11 月 27 日
臺中解纏足會	林獻堂夫人	1914 年 12 月	臺中公園	《臺灣日日新報》5246 號 1915 年 1 月 26 日
鹿港解纏足會		1915 年 1 月	鹿港文廟	《臺灣日日新報》5246 號 1915 年 1 月 26 日

再以臺北天然足會為例，條列其規約，以說明該組織對解纏足運動的具體推行辦法。1899 年末，臺北大稻埕中醫師黃玉階糾合紳商四十人，籌組「臺北天然足會」，並向臺北縣當局提出立案申請，從此揭開組織化放足運動的序幕。[85]臺北會規要點如「會員分為正會員、掌理會員、贊助會員、鼓舞會員四種。贊同本會旨趣，其自痛改纏足者為正會員，辦理會務者為掌理會員，協助本會及贊助經費者為贊助會員，到處鼓吹放足、勸人入會者為鼓舞會員。」又如「會員達百人時將舉行成立大會，其後每增一百人則開會一次，以顯此會盛行。」[86]臺北天然足會並發行天然足會會報月刊作為宣傳機關，報導會員動態、放足狀況，並刊載勸導解纏或戒纏的詩文。同時為輔助文字宣傳之不足，亦經常假普願社講堂，利用宣講時機鼓吹放足。[87]黃玉階並將天然足會歷次發行的月報作為宣講的材料。此外，臺北天然足會為廣收會員及鼓勵會員踴躍放足或保持天足，故訂定三種獎勵辦法：

(1) 在社員門上掛一標幟，以表彰其行，亦明示其原係纏足之

---

[85] 《日本統治下の民族運動》上卷，頁 742。又梁啟超〈試辦不纏足會簡明章程〉1897 年訂，亦以(1)入會人所生女子，不得纏足。(2)凡入會人所生男子，不得娶纏足之女。(3)凡入會人所生女子，其已經纏足者，如在八歲以下，需一律放解；如在九歲以上，不能放解者，須於會籍報明，方准其與會中人婚娶等項。與臺灣的天然足會會規多以男子會員為主，冀求下一代不纏足、不娶纏足之女的規約為主。張玉法、李又寧編：《中國婦女史論文集》(臺北：臺灣商務印書館，1981 年 7 月)，頁 296。

[86] 《臺灣日日新報》第 541 號 1900 年 2 月 22 日，明治 33 年；《臺灣協會會報》第 17 號(1900 年)，頁 68-69。

[87] 井出季和太：《臺灣治蹟志》(臺北：臺灣日日新報社，1937 年)，頁 356-357。

家。

(2) 贈送繡鞋一雙給放足者。

(3) 給放足者佩帶繡有臺華章三字的徽章，以示榮耀，並使其有別於婢僕。[88]

天然足會的經費來源，除了會員贈金以外，並接受社會熱心人士的義捐。該會舉行「發會式」時，會費已籌至二千餘圓，且由於出資贊助者極多，會費之保管運用即成令人費心的問題。爲了讓天然足會的帳目清晰，出納收支交由臺北廳廳政府代爲監督，該會寄附金的出納更委託臺灣銀行負責。天足會爲了做出最有力的宣傳，特地鼓吹昔日纏足而受苦的婦人現身說法。這類婦女將特准入會，並且要特呈報政府加以褒獎；至於貧困、而無力四處傳講纏足之害者，該會承諾資助旅費，由此可見天然足會會務宣傳的熱烈。總督府藉由臺人士紳、知識份子所發表的言論及推展天足的運動，造成一股改革的氛圍；並由上流社會率先推動，以引起民眾仿效的做法，可說是總督府教化動員的基本策略。此外，臺南則有吳道源、王雲農、陳石秋等人創設天然足會，並訂立規章。然解纏足運動並非如預期中的順利，「雖行三五年，以古來風習一時不易改宜，故成績並無可觀，僅不過 86914 人而已，其對於纏足者之百分比率不過 1.09%而已。」[89]可知移風易俗的不易，改革運動需有更多人的參與，並運用更有效的資源及方法，方能奏效。

---

[88] 《臺灣慣習記事》第 1 卷第 5 號(1901、1905)頁 70，天然足會の獎勵法

[89] 井出季和太：《臺灣治蹟志》(臺北：臺灣日日新報社，1937 年)，頁 272。

（三）婦女主導的解纏足運動

解纏運動初期組織的發起人，多由男性擔任，會員亦多以男性為主，由男性會員保證家中婦女放足。而後，臺灣各地亦產生由婦女發起的解纏會，使運動邁入由婦女主導組織的另一階段。[90]1911年臺北廳由參事洪以南之妻陳宇卿、施招(艋舺區長黃應麟之妻)等人發起「臺北解纏會」，號召婦女入會，不收會費，經費由兩位發起人樂捐。成立之後，報名入會者頗為踴躍，三個月之內，會員已達 1061 人，其中，已放足及保持天足者 631 人。該會於 8 月 14 日假艋舺公學校舉行成立大會，會員出席者多達千餘人，日本達官顯要夫人十餘人及地方官紳數十人亦光臨該會。會長陳宇卿在會中演說，表示該會成立的宗旨在順天理而全人道，以革除數百年的纏足之風，為婦女開一光明之途。並表示她本身已率先解放裹纏達 36 年之足，願會員們能引以為範，共襄盛舉。[91]此種由婦女自組團體推動放足運動，較諸過去天然足會由男子領導鼓吹解纏，實已漸邁入另一階段。由此反映出部分婦女本身已漸改變觀念而有所自覺，不待男子之鼓勵，即主動參與放足運動。然而據《臺灣日日新報》的報導，該會初期並未能迅速發揮其影響力，從臺北解纏會開婦女團體推動放足運動之先河後，其他地區亦漸由該地婦女領導放足運

---

[90] 在中國大陸的「廈門戒纏足會」或是「天足會」會員多以女性為主，主張女性有放足的自主權。中國人自組的不纏足會則多以男性會員為主，顯示東西方對於女性地位及參與公共事務看法的極大差異。林秋敏：〈從不纏足運動談女性自覺的萌芽〉，《歷史月刊》(1999 年 4 月)，頁 61-63。

[91] 《臺灣日日新報》4032 號，1911 年 8 月 14 日，明治 44 年；《臺灣時報》25 號 1911 年，頁 45-46。

動。例如彰化由區長楊吉臣、參事吳德功、吳汝祥等夫人發起組成
「解纏足會」，於 1914 年 11 月 25 日召開大會。[92]臺中除了由蔡熹
如、林烈堂等人爲中心組成「風俗改良會」外，[93]1914 年 12 月又
於臺中霧峰林家召集眾人，由林獻堂、林烈堂、參事吳鸞旂等夫人
發起「解纏足會」，並率先放足；翌年 1 月 24 日召開解纏大會時，
會員數及放足數已多達一千餘人。[94]此種由上流婦女率先放足乃是
纏足陋習革除的要因之一。[95]宜蘭解纏足會推動放足運動亦十分積
極，該會自 1912 年 1 月 18 日起，由主要幹部會同各保正、醫生等，
挨家逐戶調查各年齡的纏足女子，由醫生詳細檢查鑑定是否能解。
經鑑定須放足者即登記爲解纏足會會員，與之約定放足期限，贈送
藥水，並書寫名牌貼於門上，俾便管區警察監督放足。[96]綜上可知，
初期婦女組成的放足團體漸成運動的主體，做法較諸天然足會時期
更具強制性；但因寬嚴不一，未能相互呼應而同時掀起熱潮，因此
各地成效有所差異。[97]這些婦女組織領導放足運動，使整個放足運
動轉爲積極，解纏足人數較爲增加，放足在臺灣社會已漸成主流的
進展，當歸功於這些相繼成立的團體。

---

[92] 《臺灣日日新報》，1914 年 11 月 27 日，大正 3 年。

[93] 洪敏麟：〈纏腳與臺灣的天然足運動〉，《臺灣文獻》27 卷 3 期，1976 年 9
月，頁 148。

[94] 《日本統治下の民族運動》上卷，頁 746。《臺灣日日新報》5246 號，大正 4
年 1 月 26 日，臺中解纏足會。

[95] 氏平要等編：《臺中市史》(臺中：臺灣新聞社，1934 年)，頁 633。

[96] 《臺灣日日新報》1912 年 1 月 26 日，明治 45 年。

[97] 吳文星：《日據時期臺灣社會領導階層之研究》(臺北：正中，1992 年 7 月)，
頁 89。

三、殖民政策主導的放足運動

（一）總督府的放足政策

　　日治初期總督府本持漸進主義原則，對纏足等臺灣社會的風俗習慣採漸禁政策，以間接途徑或扮演幕後角色，以求減少阻力，避免節外生枝，而使運動順利展開。各地均在廳長、支廳長督促下，由參事、區長本人或其夫人發起組織解纏足會，調查纏足人數，鼓勵限期放足，並舉行大會。臺灣總督府於 1915 年治臺「始政二十周年紀念」，決意趁此機會，改革習俗，四月十五日由民政長官對各廳長發出通牒，命令保甲規約中追加禁止纏足和解纏的條項，並令須力事勸獎。果然此令一下，收效頗宏，是年八月，全臺解纏足者數量達七十六萬三千餘名，後來逐年增加，這種三寸金蓮觀念，在禁令之下已明顯改變。[98]據保甲規約第三十四條第五款規定：「婦女纏足有害身心，故嚴禁之。但從前纏足者，務使漸次解放，早馴於天然足」。第六款規定：「矯正固有陋習，改正不良風俗」。至於罰則，據第八〇條規定：「有違規約者，保正甲長審查其行為輕重緩急，將違反者處以一百日圓以下的罰金」。[99]這項保甲制度的規定成為公權力介入放足運動的先聲。

　　從《臺灣日日新報》報導可知，自 4 月下旬開始，各地保甲如火如荼地展開解纏活動，根據保甲會議的決議，在派出所警察監督

---

[98]　王一剛：〈日據初期的習俗改良運動〉，《臺北文物》第 3 卷第 35 期(1960 年 11 月)，頁 17-18。

[99]　目黑五郎、江廷遠：《現行保甲制度叢書》(臺中：保甲制度普及所，1936 年)，附錄頁 76-80。

下，區長、保正、甲長、壯丁團員等逐戶實查未解人數，並於規定期限實施解纏。或舉行解纏足大會，實施集體放足；各地或舉行慶祝會及紀念會，以掀起高潮。許多地區均以 6 月 17 日所謂「始政紀念日」為最後期限，如有不配合政策執行者，則依照保甲規約處分。在上述雷厲風行的氣息之下，總督府為達到徹底放足的目的，進而於 6 月 17 日鼓勵全島各廳名流紳商倡組風俗改良會，以加速放足運動的成效，作為所謂「始政二十週年紀念」事業之一。[100]各廳地解纏運動並多由保甲推動進行，統計臺北、宜蘭、桃園、臺中、南投五廳，解纏者有 485825 人，纏足者 183918 人，未解者多囿於舊習或迷信的老人，及生理因素不宜放足者，可見此項改革已漸收效。又當時纏足者若蹠趾已彎曲無法恢復，則可免解纏。[101]此時放足運動，一則為社會多數人所接受，一則由於公權力的介入已具強制性，而尚未纏足的年輕女性也在社會制約下，多不再纏足。

解纏足運動由個人自發性行為漸至於團體組織性活動，由社會中、上階層身先倡率而漸及於下層民眾，由自由意志的變革漸轉為強制性的放足，由城市而漸達於鄉村。參事、區街庄長、保正、甲長及教師、醫生等社會領導階層，為運動的主要倡導者和推動者，又因殖民政權以公權力利用地方行政制度和規約相輔助，於是使社會領導階層得以積極且有效地扮演社會動員的角色。同時，亦充分顯示在殖民體制下，保甲制度的功能較傳統的保甲更為擴張且有效。天然足會首開民間社教團體倡革習俗，經十餘年的倡導，全島

---

[100]　《臺灣日日新報》，1915 年 5 月 16 日，大正 4 年。
[101]　張深切：《里程碑》(臺中：中央書局，1961 年)，頁 17。

各地社會領導階層紛紛倡組放足團體，有效推動放足運動。此種藉由社會領導階層之力倡組團體，以行社會教化任務的作法，成效顯著，對總督府和日人有莫大的鼓舞和啟示。[102]例如，1914 年(大正3)自大正三年三角湧支廳管內樹林等同風會成立，至 1920 年(大正9)海山郡各街庄同風會成立，其間六年同風會所推行的改善生活風俗的主要措施，即包含勸誘婦女解纏足。[103]尤其樹林三角湧地區為加強解纏足措施，在 1915 年(大正4)6 月 17 日第二十回始政紀念日時，除一部分身體狀況不可能配合者外，全部要求會員斷行解纏足。[104]這些風俗改良會等組織，使社會教化更發揮影響力，亦具有促進同化的效果。

（二）學校教育對解纏足運動的影響

當民間組織推動解纏足運動的同時，總督府也經由學校教育展開勸導女子解纏足。以臺北第三高等女子學校為例，此校為總督府在臺首設的女子學校，也是殖民政府推動女子教育的示範學校，因此該校成立以來即常就臺灣女學生的興趣與能力，進行教學上的各

---

[102] 吳文星：《日據時期臺灣社會領導階層之研究》(臺北：正中，1992 年 7 月)，頁 299-301。

[103] 同風會所推行的改善生活風俗的措施還包括：勸誘男子斷辮髮，改善喪葬陋習，勸誘子女入學，設立國語練習會學習國語(日語)，儀禮行為規矩的講習，舉辦理化實驗幻燈會，遵守時間，到臺灣神社參拜，夜間巡迴講談改善生活風俗事項，定期召開戶主會及主婦會。王世慶：〈皇民化運動前的臺灣社會生活改善運動－以海山地區為例(1914-1937)〉，《思與言》第 29 卷第 4 期(1991 年11 月)，頁 21。

[104] 王世慶：〈皇民化運動前的臺灣社會生活改善運動－以海山地區為例(1914-1937)〉，頁 22。

種改革。如該校校長本田茂吉曾以收養養女的方式,與本科的三位學生家長訂契約,讓這三位女學生住進本田家中,從早上六點到晚上九點進行速成解纏,急用溫水洗腳來促進血液循環,夜寢時則穿上護膜靴而不纏足,結果這三位學生成功的回復天然足。[105]此外,該校也與臺北天足會合作,1901 年 12 月邀請黃玉階至校演講,當月即有學生陳鶱率先解纏並獲獎賞。1911 年臺北天然足會在該校舉辦招募會員的活動,約計有 1600 多人入會,而該校除有 25%的學生是天然足,其中有 68% 接受放足,但仍有 7% 的學生仍纏足,直到 1917 年該校才難以再見到纏足的學生。此校學生主要出身中上階層,纏足的學生自然甚多,上述學校曾試圖以各種途徑來勸導學生放足。[106]

在放足運動中,公學校一直扮演相當重要的角色。除了將纏足問題編入教材使學生認識弊害及時潮趨向外,有些學校透過其他教學及展覽會加強宣導,使學生自覺而自動放足。

又不斷透過教材進行宣導,如 1902 年《臺灣教科用書國民讀本》第 9 冊編有〈纏足〉一課,指出纏足女子傷殘身體,造成不良於行、工作不便、災變時易受傷害等,並肯定近年來女童逐漸放足的現象。[107]除了藉教科書鼓吹之外,並將解纏足工作列為訓育項目,派教師檢查學生放足的情形。如當時龍山公學校的教師經常持

---

[105] 本田茂吉:〈在職當時の感想從談〉,收錄於小野正雄編:《創立滿三十年記念誌》(臺北第三高等女學校同窗會、學友會,1928 年),頁 320-321。

[106] 小野正雄:《創立滿三十年記念誌》,頁 94。

[107] 臺灣總督府編:《臺灣教科用書國民讀本》(九)(臺北,1912 年),頁 32-33。

棍清點女童的腳,檢查學生是否確實放足。[108]此時女性入學接受教育的人數不多,加以退學率甚高,學校的放足工作對整個放足運動而言,影響較爲有限。雖然如此,在校園中推展的解纏足措施確實發揮效用,1915 年 1-3 月間《臺灣日日新報》連載〈論纏足之弊害及其救濟策〉的 44 篇入選作品中,廖秀枝即認爲:

> 試看現學校女學生繼之纏足者甚少,雖日社會之一進步。然察其根源,由教育之功大也。[109]

經殖民政府與民間的互相呼應,放足運動爲臺灣女性塑造新身體,讓女性便於行動,學校也因此能順利推展女子體能教育。[110]另一篇朱阿貴亦提及放足與體育的關係:

> 今天賦之足,故意纏之,則不能自由運動,然此運動,乃體育生理上爲最大必要,而不可缺也。故纏之,則不得生理之運動,而背體育之原理。[111]

---

[108] 游鑑明:《日據時期臺灣的女子教育》(臺北:國立臺灣師範大學歷史研究所,1988 年),國立臺灣師範大學歷史研究所專刊(20),頁 28。

[109] 廖學枝:〈論纏足之弊害及其救濟策〉,《臺灣日日新報》,5223 號,1915 年 1 月 1 日,大正 4 年。

[110] 游鑑明:〈日治時期臺灣學校女子體育的發展〉,《中央研究院近代史研究所集刊》33 期,2000 年 6 月,頁 5-11 。

[111] 朱阿貴:〈論纏足之弊害及其救濟策〉《臺灣日日新報》,5278 號,1915 年 2 月 28 日,大正 4 年,頁 6。此外,另有兩篇文章亦談及此問題。見邱筱園:

顯現當時論及纏足問題，多著眼於身體觀，從纏足毀傷女性身體，導致身體孱弱的觀點著眼。

四、解纏足運動的文化意義

（一）婦女解放運動的先聲

　　近代知識份子對於有關婦女人格問題，頗爲關注。尤其在西方思想傳入後，由各源頭匯聚而成的爆發點，以「不纏足」一概念爲代表。而此概念實包含近代婦女解放的各種思想，這一簡單通俗之詞彙，不能就表面「不纏足」三字去了解，或是予以輕視。纏足就基本人權言，自是重大剝奪，並嚴重的違反人權。在人格自覺中，省悟到傳統社會所加於婦女的危害，而「不纏足」就成爲最響亮的解放之呼聲。[112]臺人由於對現代化思潮的認識及新文明的追求，起而倡導和響應解纏足運動，實未必全是基於同化於日本的動機；而反對者亦未必盡然出於民族意識。正由於廣義的解纏足爲現代化的變革，故此運動於是能在官民較少歧見下，共同合作推動。[113]

　　纏足習俗反映在審美觀念上，即是體現陰陽學說中男是陽、女是陰，剛是陽、柔是陰，其他如小、曲、弱、靜，皆有「陰」的因素。以往文人對女子小腳「蓮步娉婷」等讚美，對纏足實有推波助

　　〈論纏足之弊害及其救濟策〉，《臺灣日日新報》，5227 號 1915 年 2 月 7 日，頁 3；詹安：〈論纏足之弊害及其救濟策〉，《臺灣日日新報》，5323 號 1915年 4 月 16 日，頁 6。

[112]　王爾敏：《中國近代思想史論》(臺北：華世出版社，1977 年 4 月)，頁 120。

[113]　黃得時：〈天然足會與斷髮不改裝運動〉《臺灣研究研討會紀錄續集》(臺北：臺灣大學考古人類學專刊第五種，1968 年)，頁 4-6。

瀾的效果。纏足風尚形成後，民間傳言即使容貌、身材平庸，只要三寸金蓮纏得好，也會使美人之名遠揚。何況容貌為天生，而小腳卻是靠人力纏束而來的，女子為博得美名，於是使纏足之風越演越烈。此外，禮教觀念更使得纏足不僅成為男女有別的重要標誌，亦具取悅男子、維護貞節的效果。纏足與婚姻的關係密切的時代裡，三寸金蓮更是男子擇偶標準，及貴賤等級的標誌。閩南諺語：「小足是娘，赤腳是婢。」[114]臺南流傳一首〈縛腳歌〉的民謠，其中數句透露出對纏足習俗的質疑：「天地創造人，男女腳相同，算是天生成，好走又好行，可惜憨父母，以家縛腳好，愛子來縛腳，情理講一擔。」[115]然而隨著解纏足運動的風起雲湧，反映出民眾對於審美、禮教觀念的改變。

　　臺北天然足會成立時，臺南廩生蔡國琳即致賀辭表示：「天然足會者，支那有識者流嘗倡為是會；而國人牢不可破，排議者眾，卒未實事奉行，尋至同盟敗約，厥功未竟。然近時士夫潛究新法，終曉然夫此事因革損益之由，屢屢裹諸同志，導其家人，以身先為倡率。」[116]從纏足的解放觀念逐步發展運動，倡導婦女自此走出家庭。據1905年的調查，纏足者有800616人，占臺灣女子總數1406224人的56.94%，若總數扣除5歲以下未達纏足年齡的幼兒數，則比率增為66.6%，可知當時臺灣有三分之二的女子纏足。放足者計有

114　高洪興：《纏足史》(上海：文藝出版社，1995年12月)，頁35。

115　許丙丁：〈從臺南民間歌謠談起(一)〉，《臺南文化》第2卷第1期，頁35。

116　《臺灣日日新報》第566號，1900年3月24日，明治33年。

8694 人，僅佔纏足者的 1.1%。[117]毋庸置疑的，運動初期的五年間放足運動成效有限。

值得注意的，就年齡觀之，青少年女子纏足者顯著地減少，5-10歲者占該齡女子總數的 32.5%，11-15 歲者占 54.6%，16 歲以上者占 0.5-1.0%。總督府指出，其原因在於社會風氣漸知纏足之害，不忍使妙齡女子陷於殘廢狀態；況且少女未達婚嫁年齡，保持天足或放足較不受社會注意和嘲笑。[118]日治時期臺灣的解纏足運動，使得女子在日後婚姻、社會、教育、職業，以致參政機會均有所轉變，婦女地位亦有明顯變遷。

（二）女性身體權觀念的改變

從清治時期的古典文獻《海東札記》提到：「南路番婦竟有纏足者」[119]，可知連平埔族的婦女亦曾受到漢人纏足文化的影響。纏足的風俗由中國內地流傳至臺灣，並影響臺人的生活及內在思想。女性的腳裹得越小，壓迫愈深，即是以肢體的傷殘，極度的行動限制換取男性的憐惜。如果小腳的用途是為了防閒，為了守貞，為了表現舞蹈技巧，為人母者恐怕不會那麼費心的為幼女纏裹，為自己加強裹束。在那個時代娶妻託媒人探聽女方的重點，除了在對方的

---

[117] 臺灣總督府臨時臺灣戶口調查部：《明治三十八年臨時臺灣戶口調查記述報文》，1908 年，頁 355-360；臺灣總督府臨時臺灣戶口調查部《臨時臺灣戶口調查結果表》，1908 年，頁 388-391。

[118] 臺灣總督府臨時戶口調查部：《明治 38 年臨時臺灣戶口調查記述報文》，臺北，1908 年，頁 353-374。

[119] 朱景英：《海東札記》(臺北：臺灣銀行經濟研究室，1958 年)，臺灣文獻叢刊第 19 種，頁 59。

家世背景外，最重要的就在一雙腳的大小。爲了女兒的「幸福」，關係最爲親密的母親竟是推動纏足習俗的幫兇。纏足不僅爲時人所崇尙，並對女子終身大事影響甚鉅，明知要忍受痛苦，亦要勉強纏足，否則就有嫁不出去的憂慮。[120]解纏足運動受到阻力的因素之一是婚姻，狂熱的金蓮崇拜，使得女子在沉重的社會壓力之下只好將腳纏裹。但經天足會等團體的努力，掌握到婚姻爲阻礙天足運動發展的重要癥結，所以在社會上長期宣導不取小腳女子爲妻，使頑固的父母，爲了女兒前途不得不放棄爲女纏足的打算。

纏足通常的纏縛程序爲當女童長至四、五歲時，除了腳部第一、二指外，多使之曲折向腳掌蹠面，並令穿小型尖頭鞋。五、六歲時即由母親以「腳帛」將腳部拇指外四指，向著底部緊縛，僅任姆指自然長大。因爲拇指與跟部，爲將來支持全身重心的兩個支點。七、八歲時，母親將女兒的蹠骨用力扭轉，使舶狀骨脫臼，以長約五尺許，寬三寸餘的腳帛，一如繃帶狀纏綑整個腳面，然後開始穿用弓鞋(即短鞋)。起初，每日解開一、二次洗足，撒佈明礬粉末於腳上後再加以綣縛。凡每解一次，即使力加緊、壓縮。如此反覆之後，足蹠部發生腐爛，終於日夜疼痛、悲號不已，痊癒後，並不能立即步行。經此苛酷的纏腳程序後，再以足蹠尖端的小面與拇指蹠面，保持均衡。然重心不易穩，只能小步行走。[121]但爲了因大足影響婚嫁的憂慮，即使纏足的過程漫長而苦痛，女子仍難以脫離

---

[120] 莊金德：〈清代臺灣的婚姻禮俗〉，《臺灣文獻》第 14 卷第 3 期(1963 年 9 月)，頁 38。

[121] 洪敏麟：〈纏腳與臺灣的天然足運動〉，《臺灣文獻》第 27 卷第 3 期，1976 年 9 月，頁 146。

此習俗的桎梏。日人的慣習調查報告提到：嘉義某富豪有三位女兒，皆艷冠群芳，唯未纏足，是以年過二十而無人出嫁。[122]即為日治時期實際發生的顯著案例。

「認識小腳就像學習一種死亡語言」。[123]纏足對於女性美的美感注目於嬌小玲瓏，更病態的發展到弱不禁風、病不勝衣的畸形美，直到人為折磨婦女肉體，硬纏成三寸小腳以悅意於異性。纏足與其說是對婦女身體的束縛，不如說是精神上、心理上的束縛，纏足行為不僅損害了女性的雙足，更損害了女性的做人的尊嚴。而女性的權益，便是在這禮教的、宗法的、傳統的、世俗的種種約束和管轄下漸漸瓦解並趨向消亡。[124]而纏足苦，放足也同樣不輕鬆，小腳一經纏成，是很難恢復原狀的。放足和纏足一樣需要一段重新學走路的痛苦適應期，才能離開裹腳布，想恢復成為纏前的天足樣子，幾乎是不可能的。女性纏足之後，足趾骨骼大起變化，而人體的重心，就完全仰杖著這一副殘廢的骨骼支撐著。西方作家曾將纏足的骨骼剖解，逐步用圖畫來做解釋。陳存仁醫師還診察到纏腳的婦女老年，將因長期纏足而產生各種慢性疾病。[125]所以不論是由女性發起的解纏足會，或是婦女不再為自己或女兒纏足時，即可說是

122 〈雜錄〉，《臺灣慣習記事》第 6 卷第 3 號(1906 年 3 月)，頁 245。

123 楊楊：《小腳舞蹈：一個鄉村的纏足故事》(合肥：安徽文藝出版社，2001 年 4 月)，頁 26。

124 徐海燕：《悠悠千載—金蓮—中國的纏足文化》(瀋陽：遼寧人民出版社，2000 年 3 月)，頁 40-68。

125 陳存仁：〈女性酷刑纏足考〉，《傳記文學》第 62 卷第 2 期(1993 年 2 月)，頁 133-134。

女性對身體權觀念的改變。茲整理臺灣總督府於 1915 年舉行第二次臨時戶口調查，有關纏足與解纏足人數比，列於表 5-4。

表 5-4 1915 年每百位纏足者與解纏足者的人數比

種族	總數	臺北	宜蘭	桃園	新竹	臺中	南投	嘉義	臺南	阿猴	臺東	花蓮港	澎湖
總數	170.6	85.5	126.9	42.0	94.9	552.3	306.7	422.8	121.2	276.6	103.1	59.9	1.6
本島人總數	170.9	85.6	126.9	42.0	95.1	552.5	306.8	423.0	121.4	277.1	106.5	60.6	1.6
漢人總數	170.9	85.6	126.9	42.0	95.1	552.5	306.9	423.0	121.4	277.1	106.5	60.6	1.6
福建移民	170.6	85.6	126.9	41.7	95.4	555.3	306.7	422.4	121.4	277.3	106.5	60.6	1.6
廣東移民	322.6	117.6	500.0	97.1	63.5	375.2	366.7	325.0	115.0	146.2	---	---	---
原住民	278.9	120.0	---	50.0	---	566.7	166.7	300.0	600.0	350.0	---	---	---
支那人	52.3	57.2	45.5	133.3	40.0	300.0	75.0	77.3	23.2	38.5	16.7	11.1	---

資料來源：臺灣總督官防臨時戶口調查部，《第二次臨時臺灣戶口調查結果表，大正四年(1915)(2)》，大正七年刊行，頁 442-443。

從上表可見，就地區而言，以臺中的成果最佳；嘉義居其次；就族群而言，廣東移民、與原住民纏足的比例較低。《臺灣通史》載：「漳、泉婦女大多纏足，以小為美，三寸弓鞋，織造極工。而粵人則否，耕田力役，無異男子，平時且多跣足。」[126]福建移民婦女終身多為纏足所苦，不似廣東渡海來臺居住的婦女，常協助丈夫在田裡或戶外工作。且粵籍婦女移住地多山丘，路面崎嶇，纏腳風俗較少見。

（三）殖民者同化政策的影響

風俗習慣為社會行為的傳承，在社會生活的各方面建立穩固的基礎，並以微妙且強勁的約束力支配著社會成員。所以風俗習慣的變革，成為同化政策所必須面臨的最實際且最現實的問題。在此一意義下，移風易俗為同化的同義語，所以放足風氣日漸形成時，總督府以風俗上已肇始同化之端，而感到十分欣慰。[127]對總督府而言，放足運動並非一單純而獨立的運動，而是整體同化政策的一環，且成為日後一連串同化變革的開端和範例，所具歷史意義自不待言。此外，放足普及後，亦逐漸改變社會的審美觀念，婚姻擇偶不再以足之大小為取捨標準，更使未婚女子不再輕易纏足。日治時期婦女纏足比率隨各市街庄而有所不同。日人佐滄孫三《臺風雜記》記載：「臺人舂穀，用石臼、石杵。臼之形與我所用無大差，獨至杵則奇甚。形以我木杵而有稜角，附之以木柄。男子則立舂之，婦

---

[126] 連橫：《臺灣通史·風俗志》(臺北：黎明文化事業公司，1978 年)，頁 577。
[127] 臺灣總督府民政部殖產局：《臺風雜記》，臺北，1912 年，頁 15-16。

女則倚椅子而撞之。蓋婦女纏足不能用力於腳趾,是已然耳。」[128]
《臺風雜記》評曰:「臺婦纏足,不能入泥中,是以插秧之事,男子專當之。」[129]昔日婦女纏足乃誇耀其身分尊貴,無須從事勞動工作,故纏足象徵傳統社會對女性身心兩方面的束縛,一方面增加其進入勞動市場的障礙,一方面降低其邊際生產力,故婦女投入勞動市場顯然有負面影響。[130]

　　據 1915 年戶口調查顯示,各業女子人口纏足者所佔比率,以農業 14.98%(173530 人)最低,19.54%,其後為公務及自由業 22.04%(5323 人),工業 22.95%(30251 人),商業 25.59%(39504 人),半就業 27.57%(10007 人)、以及無業者 32.54%(1115 人)等。考其原因,半就業者多生計豐裕,纏足無妨者。從事商業者因職業上不覺纏足痛苦,故仍為纏足;工業者以從事手工業者較多未放足,自由業者大部分屬知識份子,故多放足。雜業及農業者因屬須出勞力的工作,故放足者較多,惟因從事者多,故纏足人數仍甚可觀。此類統計呈現放足人數的多寡,隨職業性質而有所差異。[131]又據 1930 年臺灣總督官房臨時國勢調查部的調查報告,可知當時纏足女子的職業及年齡的概況。茲整理這些數據列於表 5-5:

---

[128] 佐倉孫三:《臺風雜記》(臺北:臺灣銀行經濟研究室,1961 年),臺灣文獻叢刊第 107 種,頁 32。

[129] 佐倉孫三:《臺風雜記》(臺北:臺灣銀行經濟研究室,1961 年),臺灣文獻叢刊第 107 種,頁 50。

[130] 謝嘉雯:《臺灣婦女勞動參與的決定因素:戰前與戰後的比較》(臺北:臺灣經濟學研究所碩士論文,1995 年 6 月),頁 25。

[131] 臺灣總督府官房臨時戶口調查部,1918 年,頁 397-398,411-412。

表 5-5 1930 年職業別、年齡纏足者一覽表

年齡	總數	農業	水產業	礦業	工業	商業	交通業	公務、自由業	家事使用人	其他有業者	無業
總數	44867	5457	8	0	684	673	0	83	134	170	37658
19 以下	22	7	0	0	1	0	0	0	0	1	13
20-29	690	153	1	0	2	5	0	0	0	2	518
30-39	4966	1096	0	0	116	102	0	4	19	23	3606
40-49	10080	190	2	0	254	241	0	14	43	50	7546
50-59	12529	1664	4	0	208	221	0	30	49	52	10301
60-69	9523	463	1	0	70	76	0	26	16	30	8841
70 以上	7057	144	0	0	24	28	0	9	7	12	6833

資料來源：金島編，《國勢調查結果表》，臺北：臺灣總督官房臨時國勢調查部昭和 5 年(1930 年)，頁 234。

　　由上表得知，就年齡而言，19 歲以下纏足人數已明顯減少，呈現解纏足運動的宣導已有成效。就職業別而言，纏足的人數多集中在無業者，有職業的婦女已較少人纏足。《臺灣日日新報》曾報導〈解纏後中部婦人〉的相關訊息：一、從來陰鬱之性質，一變而爲快活。二、從來不曾勞動之婦人，已到田野看牛或幫助耕耘。三、從事勞動得相當之工賃。四、婚時聘金，因是而增進。五、夫婦男女共力，謀生饒裕，家庭圓滿。[132]由上顯示，放足使女子便於從事生產，增益家計收入，可說人力資源的增加，爲放足運動最重要的成果。放足運動使絕大多數女子得以天足從事生產，實有助於經濟的發展，這也是總督府厲行解纏足政策的殖民地背後目的。

---

[132]　《臺灣日日新報》，1915 年 4 月 13 日，大正四年。

五、結語

　　廢除纏足可說是對傳統習俗的一種抗爭，然而內部的改變往往由於外在的刺激而產生，解纏足運動正是由於外部刺激而產生改革運動的典型例子。殖民政權若要在短期內使被統治者接受隱含同化意義的新風俗習慣，就非要講究適當的策略和手段。雖然 1904 年，臺中、彰化、南投、斗六、嘉義等五廳聯合會議曾建議總督府頒布纏足禁令[133]，但總督府鑑於本持漸進主義原則，認為時機尚未成熟，並未採行。迨至 1915 年，由於臺灣社會領導階層已紛紛主動要求總督府以公權力介入，明令禁止纏足，顯示厲行放足的時機已經成熟，總督府始正式以法令輔之，以強化運動的效果。

　　本節從知識份子與解纏足運動的關聯切入，包括知識份子對纏足的言論、及臺灣各地組織性解纏足運動，尤其重視婦女主導的解纏足運動的意義。另外，亦探討殖民政策主導的放足運動，從總督府的放足政策，到學校教育對解纏足運動的影響，並分析殖民者獎勵的民間教化團體所發揮的功能。最後分析解纏足運動所呈現的文化意義層面論析。解纏足運動是由民間先發起，殖民政府推動放足運動為近代臺灣社會風俗習慣的重大改變，代表新規範和價值的追求與接受。部分婦女也在此時了解要從傳統桎梏中解脫，首要工作就是解放纏足，讓行動能夠得到完全的自由。另外，使女性入學校受啟蒙教育，才能更進一步爭取政治、經濟等方面的權利。換句話說，日治時期的解放纏足運動對於女性的影響，不容忽視。

---

[133]　臺灣總督府：《臺灣總督府民政事務成績提要》第 10 編，臺北，1905 年，頁 220。

第三節　醫生作家文化啟蒙的敘事策略：賴和、蔣渭水散文的經驗書寫

一、前言

　　瀏覽臺灣日治時期醫生作家的事蹟及散文時，常留意作品於時代氛圍下所表現的人文關懷；同時，也思考今日閱讀這些二十世紀上半葉的文本，究竟還存在著何種意義？文化評論家薩依德論述國際局勢的發展，以及文化與權力複雜面向後，企盼世人重新思索人文主義精神的當代意義。他認為：「對於扭曲歷史的非人性作法與不公不義，人文主義是我們唯一的而且是最終極的抵抗憑藉。」[134]直到今日，人文學（humanities）依舊深具意義與價值。人文主義的傳統是以人的經驗為中心、以人的尊嚴為價值根源，並以重視思想等層面為主要特色。強調透過教育喚醒對人類生活可能前景的認識，以及培養人性意識。[135]

---

[134] 愛德華・薩依德（Edward W. Said, 1935-2003）闡言人文主義意謂著嘗試解開心靈打造的枷鎖，讓心靈為了反省的理解與真誠的告白，進行歷史與理性的思考。進而言之，人文主義是由一種社群意識維繫，與其他的詮釋者、社會以及年代聲氣相通。愛德華・薩依德（Edward W. Said），閻紀宇譯：〈後九一一的省思：為《東方主義》二十五週年版作〉，《東方主義》2003 年新版序（臺北：立緒文化，2004 年 3 月，二版），頁 1-16。

[135] 亞倫・布洛克（Alan Bullock），董樂山譯：《西方人文主義傳統》（臺北：究竟出版社，2000 年 11 月），頁 260-264。英文 humanism, humanitarianism 都是從拉丁文 *humanus*（人的、仁愛的）、*humanutas*（人、人道、人情、教養、教育），或 *humaniora*（古代文化之研究）等字轉化而成，一般譯為人本主義、

　　回顧探討日治時期醫生作家的論文，已有許多研究成果，這些從各層面探討其人其文的論述，多有助於臺灣文學與文化學術成果的積累。然而，日治時期的醫生作家的散文，包括小品文、序跋、日記、書信以及議論文等所透露的多元面向，仍有一些學術空白。散文作家的語言特質、修辭習慣，都跟他的思考模式息息相關；意象的塑造、描寫的習慣及敘述的方式，均同時反映了作者的品味；而結構的組合，亦可析出作家觀物的態度與文化意識。散文是「有我」的藝術，作家選擇描寫類型，在在反應他的時空背景及心理情境。[136]本節以日治時期為時間範疇的斷限，先擇取出生代相近，又同是臺灣總督府醫學校畢業的醫生－蔣渭水（1891-1931）與賴和（1894-1943）為探討對象。蔣渭水，宜蘭人。1915 年自醫學校畢業後回宜蘭醫院服務，後於臺北大稻埕開設大安醫院。1921 年催生「臺灣文化協會」的成立，曾因治警事件而入獄。1927 年七月促成「臺灣民眾黨」成立，後又組織「臺灣工友總聯盟」，主導民眾黨傾向工農階級路線。1931 年 8 月 5 日病逝臺北。[137]較蔣渭水晚三年出生的賴和，彰化人，筆名懶雲。1914 年臺北醫學校畢業後，

　　人道主義或人文主義。洪鎌德：《人文思想與現代社會》（臺北：揚智文化公司，1997 年 9 月），頁 8。

[136] 議論散文是以論辯、思想為核心，評議性的哲理散文與雜文常將議論與事件的敘述交融匯合。即使是情趣小品，作者透過事件的開展而提出人生哲理，也往往被視為散文文類有別於詩歌、小說、戲劇之處。鄭明娳：《現代散文構成論》（臺北：大安出版社，1989 年 3 月），頁 252-275。

[137] 張炎憲：〈臺灣民眾黨的創立者－蔣渭水〉，收錄張炎憲等編《臺灣近代名人誌》第三冊（臺北：自立晚報設文化出版部，1987 年）。黃煌雄：《臺灣的先知先覺者－蔣渭水傳》（臺北：前衛出版社，1976 年）。

1917 年於彰化開設賴和醫院。除了 1918 年到 1919 年至廈門鼓浪嶼博愛醫院外，一生都於彰化善心濟人，故地方父老尊稱爲「和仔先」。曾擔任臺灣文化協會理事，主編《臺灣民報》學藝欄，在臺灣新文學運動初期栽培作家。創作兼括漢詩文及新文學，小說、新詩、散文等作品多具寫實與抗議精神，爲臺灣新文學萌芽期樹立典範。他曾兩度受政治牢獄之災，1943 年 1 月 31 日病逝於家中。[138]本節擬以文化啓蒙爲論述主題，分析散文如何呈現探討人性尊嚴的題材？作品中又表達作家診斷殖民教育的哪些影響？批判殖民社會哪些不公不義的現象？並且在散文中如何闡釋文化抵抗的意義？期望透過釐清這些問題意識，以詮釋臺灣日治時期醫生作家散文中的文化啓蒙主題的書寫策略。

二、宣揚人權思想與人性尊嚴的理念

若遠溯人文思想的歷史脈絡，即發現古希臘強調人的尊嚴和人在宇宙中的地位等觀點，與人文主義者的中心信念密切相關。[139]回顧臺灣日治時期，受制於臺灣總督府的專制統治，所制定的法律含有對殖民地的歧視。臺灣民眾的在政治、經濟等方面的權利，在殖

---

[138] 王詩琅：〈賴懶雲論〉，《賴和先生全集》（臺北：明潭出版社，1979 年）。
林瑞明：《臺灣文學與時代精神：賴和研究論集》（臺北：允晨文化公司，1993 年）。

[139] 希臘哲學家對自由的概念與人文主義息息相關，「自由」的英文"liberal"這個字，源於拉丁字根"liber"，其涵意爲「自由的」（free），隱含有民主的實質精神，與自由創造之意，是尊重個人的人格，使人人均有發展潛能的機會，而過著自由民（free）的生活方式。裘學賢：《人文主義哲學及其在教育上的意義》（高雄：復文圖書公司，1998 年 12 月），頁 127-149。

民統治下是無法獲得基本的保障的。[140]從 1895 年日軍抵臺後，各地武裝抵抗活動風起雲湧。[141]日治初期多次游擊性武裝抗日遭受軍方鎮壓，造成臺灣民眾慘烈的傷亡。這也使得臺灣民眾認識到武裝抗日運動的侷限，新生的知識份子於是思索從事以爭取政治權利為首要目標的近代式民族運動。[142]非武裝抗日主要透過近代社團所提倡的社會運動，如臺灣議會設置請願運動、文化啟蒙運動、農民運動、勞工運動等，以動員群眾對殖民政權構成壓力。1920 年代薈萃眾多知識份子的醫學校學生，受到世界各國社會、政治活動以及民族自決思潮的影響，或是日本大正時代民主言論的刺激，對人權思想的議題有深層思考。人權與人性尊嚴的關懷，是人文思想的核心議題。以下即就蔣渭水、賴和的散文為例，分析作家如何呈現人性尊嚴的題材。

（一）蔣渭水監獄散文的人權思想

探索人性尊嚴的意義，是人文思想的核心特色。蔣渭水監獄散文對此議題多有詮釋，故先詮釋此類散文中的人權思想。1923 年（大正 12 年）為使臺灣議會請願運動更落實、更組織化，於是擬成立「臺灣議會期成同盟會」。2 月向臺北申請但卻遭禁止。後來

---

[140] 郭嘉雄：〈日據時期臺灣法制之演變歷程及其性質〉，《臺灣文獻》第 25 卷第 3 期(1974 年 9 月)，頁 57-59。

[141] 1895 年日軍登陸到十月為止的五個月期間，被日軍所殺害的死亡人數約有一萬餘人。川崎三郎：《日清戰史》第七卷(東京：博文館，1897 年)，頁 758。伊能嘉矩：《臺灣文化志》下卷，(東京：刀江書院，1928 年)，頁 980。

[142] 周婉窈：《日據時代的臺灣議會設置請願運動》(臺北：自立報系文化出版部，1989 年 10 月)，頁 5-11。

蔣渭水等人又趁赴日本請願之際，向東京早稻田警察署提出申請而獲准。臺灣總督府對此會的成立相當憤怒，於是在 12 月 16 日下令拘捕其中的 49 名會員，其他受警察干擾傳訊者 50 人，宣稱他們「違反治安警察法」第二十三條第二項，此即臺灣史上所稱的「治警事件」。[143]1924 年第一審判決無罪，檢察官不服而上訴。十月第二審13 名被判有罪的被告隨後提出上訴，1925 年二月上訴駁回，七人因而入獄服刑。[144]蔣渭水遭拘留於臺北監獄六十四天，又於此事件判刑後第二次入獄，在監獄度過了八十天。他的〈入獄日記〉、〈入獄感想〉及〈獄中隨筆〉等散文，可說開啟了臺灣人權文學、監獄報導文學的新頁。

　　發表於 1924 年 3 月 21 日《臺灣民報》上的〈送王君入監獄序〉，是蔣渭水仿韓愈〈送李愿歸盤谷序〉的行文架構，但內容意旨卻呈現迥然不同的風貌。蔣渭水藉友朋王敏川（1887-1942）入獄之事，一方面以反諷的修辭，讚揚監獄安適的環境及入獄服刑的樂趣；另一方面，在字裡行間透露對逢迎附勢者的不屑，並將他們與王敏川等有志之士作一強烈對比。[145]這篇文章不從王君為何入獄的原因，或入獄事件的不合理處著手描寫，反而誇飾獄中生活是「嗟獄之樂

143　〈臺灣議會請願委員會〉入獄感想（1923 年 4 月 15 日），頁 17。葉榮鐘：《臺灣民族運動史》（臺北：自立晚報出版社，1971 年 1 月），頁 201-280。

144　臺灣總督府警務局編：《總督府警察沿革誌第二編－領臺以後の治安狀況（中卷）》，（東京：龍溪書舍，1973 年），臺灣史料保存會復刻本，頁 360-361。

145　此文《臺灣民報》原預備刊登在第 2 卷第 5 號，但因未合於總督府檢查制度的要求而遭刪。《臺灣民報》第 2 卷第 6 號的《編輯餘話》提到：「最後〈送王君入獄序〉一文，不知當局何故，看做不穩刪去，遂成為斷頭斷腳不具的東西。」

兮，樂且無憂。」以更突顯反諷效果。蔣渭水藉由傳統古文句法與形式，暗中讚揚王敏川等人心志不凡，並呈現蔣渭水的人性尊嚴理念。此外，〈入獄感想〉則批判監獄對未決囚的不人道處：「如每朝對囚人施行裸體檢驗，在冬寒的時候大有妨害衛生，又且是一種人權蹂躪，到底有什麼必要來施這殘酷的檢查法呢？……夜間就寢，徹宵監視，與日間無異，睡眠中常聽見獄吏的敲門聲，喝罵聲，至有打被干涉人的，受虧連我們也被睡眠妨害……這種周到嚴密、無微不至的監視法，用在這蟻子都難逃的鐵窗堅牢內，有什麼必要呢？」[146]此文生動鋪陳監獄的種種懲罰方式，並且提及監獄內需設生殖的機關以及治外法權等概念。監獄是基於「剝奪自由」的形式，是在法律體系中剝奪自由以改造人的機構。它對人施展一種幾乎絕對的權力，具有壓迫和懲罰的內在機制，是一種專制規訓；並且常施以隔離的方法，使人陷入孤獨而生反省。這篇〈入獄感想〉刊登於《臺灣民報》1924 年 4 月 21 日（第 2 卷第 7 號），呈現蔣渭水批判監獄制度不合人權之處。

蔣渭水在〈獄中日記〉提到：他在醫校時曾想要退學，到日本早稻田去唸政治學；但這次入獄使他有機會飽讀政治、經濟方面的書，彷彿自己已從早稻田政治科畢業。第一次入獄他閱讀了《社會學原論》等社會科學的書，這也使他日後演講的內容，從醫藥衛生、婦女保健等議題，轉而到政經層面的思考。1924 年在獄中的〈快

---

146 蔣渭水〈入獄感想〉有一段生動的描繪收錄於蔣渭水著，王曉波編：《蔣渭水
    全集》增訂二版下冊（臺北：海峽學術出版社，2005 年 6 月），頁 405-406。
    原刊於《臺灣民報》2 卷 3 號，1924.02.21，

入來辭〉爲仿作陶淵明〈歸去來兮〉的形式，但內容卻呈現另一種意境。文中所言「己自以身爲奴役」、「覺今是而昨非（入即是、不入即非）」[147]，即是呈現身爲殖民地民眾遭受奴役的處境，今日入獄則是反抗的結果；而以前不抵抗不入獄，則相對呈現出過往的怠惰。

另一篇〈獄中隨筆〉提到蔣渭水在獄裡因食物的缺乏，常夢到自己在大快朵頤後食物變成幻影，這使他在獄中領悟「精神分析學」的特色。又獄吏在他第二次入獄時告知：「**這此不比未決時代的自由，須要默默謹慎，不得寫稿作文。**」[148]便將他的筆墨都奪去。通常在監獄中，政府可以剝奪人的自由和犯人的時間；可以在連續的歲月裡管制起床和睡覺、活動和休息的時間、吃飯的次數和時間、食品的質量和份額、言語的使用，甚至干涉思想。這些監獄施加徹底教化的壓力，在蔣渭水的監獄散文中，透露許多親身經歷與實際訊息。

黃得時在〈臺灣新文學運動概觀〉提到有關蔣渭水散文在文學史上的意義。[149]蔣渭水散文時以象徵的手法，透露反殖民意識。如

---

[147] 蔣渭水：〈快入來辭〉，《臺灣民報》2 卷 3 號，1924.02.21，《蔣渭水全集》下冊，頁 725。

[148] 蔣渭水：〈獄中隨筆〉，《臺灣民報》第 59 號，1925.07.01，《蔣渭水全集》下冊，頁 415-420。

[149] 黃得時：〈臺灣新文學運動概觀〉提到：「關於散文方面，在這個時期，使人不能忘記的是故蔣渭水氏的〈入獄日記〉，這是社會運動家在日人壓迫下如何過著獄中生活的報告文學，其描寫雖然只限於身邊雜事，極其平淡無奇，可是字裡行間，卻包藏著一顆不撓不屈、如火如荼的反日意識。像這種作品，實在是不可多得的。」《臺北文物》第 3 卷第 3 期(1954 年 12 月)，頁 26-33。

〈獄中日記〉提到：「以這等身的獄房，當做廣大的梁山泊，來往的人，雖很多，還是綽綽有餘裕。」[150]即是藉由古典小說《水滸傳》中梁山泊的事蹟，暗喻「官逼民反」的情境，以及許多人士反抗的緣由。在 12 月 31 日歲末的〈入獄日記〉中又寫道：「夜來和奈先生談論佛國革命當時的狀況，我即大憤慨當時雷王朝的專制、貴族僧侶的橫暴，正在興高采烈的時候，忽然電燈消滅，變做黑暗世界，竟像佛國當時的社會狀態了。」[151]所謂「佛國」即指法國。從談論法國大革命時空情境時憤慨激昂的情景，透露出作者義憤填膺的人格特質。而將現實生活中一片漆黑的「黑暗世界」，比喻為法國大革命的社會狀態，也象徵著作者自己當時所處的特殊時代環境。

（二）賴和監獄散文的人性感受

賴和於 1919 年返臺後，由於受到日本大正民主時期及中國五四新思想的刺激，並且受到世界新思潮啟發，了解到人性尊嚴的珍貴，認為這世上不該有種族歧視與階級壓迫的情況發生。他藉文學作品批判殖民者的壓迫行為，同時也曾抨擊在殖民體制下從事警察工作的臺灣人，仗勢欺壓同胞的情形，這也是作者對階級壓迫的深刻諷刺。[152]日治時期監獄制度是以現代監禁規訓的方式，限制人自

---

[150] 蔣渭水：〈入獄日記〉，《臺灣民報》2 卷 8 號，1924.05.11，《蔣渭水全集》下冊，頁 375。

[151] 蔣渭水：〈入獄日記〉，《臺灣民報》2 卷 8 號，1924.05.11，《蔣渭水全集》下冊，頁 376。

[152] 賴和提到：「那時代的補大人，多是無賴，一旦得到法律的保障，便就橫行直撞，為大家所側目。說起大人，簡直就是橫逆罪惡的標本，少知自愛的人，皆不願為。」賴和：〈無聊的回憶〉，此篇原刊登在《臺灣民報》218-222 號，1928 年 7 月 22、29 日，1928 年 8 月 5、12、19 日。收錄於《賴和全集》（二）

由的懲罰手段。[153]賴和於 1923 年 12 月 16 日亦曾因治警事件而入獄，他在〈隨筆〉一文中回憶入獄的遭遇與感受：「**這一日是我初曉得法的威嚴？公正？的一日**」[154]反諷的修飾，蘊含了作者內心的無奈。經過此次入獄，使賴和更能覺悟到殖民者與被殖民者的差異問題。

第二次入獄則是在 1941 年 12 月 8 日珍珠港事變當天被捕，因日本憲警當局長期不予審問，使一向充滿抵抗精神的賴和在獄中也不禁顯露驚恐的心情。他在〈獄中日記〉提到有關殖民地處境的問題：「向來的不滿不平，在我也只是直覺得只有模糊的概念，沒有具體的考究，所以一時也說不出。且資本主義的榨取，差別待遇，也經彼先說過。」[155]日治初期已有多位知識份子提出「資本主義」、

新詩散文卷（臺北：前衛出版社，2000 年 6 月），頁 243-244。本文所引賴和作品即以此版本為主，並參照林瑞明編：《賴和手稿集‧新文學卷》（彰化：賴和文教基金會，2000 年）。

[153] 傅柯（Michel Foucault，1926-1984）在分析監獄的內在複雜構成時寫道：「監獄這個司法機構中最隱晦的區域是這樣一種地方，在它那裡，懲罰權力不再敢公開顯示自己，而是默默地組建一個客體現實領域。在這個領域中懲罰將做為治療而公開運作，判決將被納入知識的話語中。」他在《規訓與懲罰》一書論述現代心靈與新的審判權力之間相互關係的歷史，並探討現行的科學與法律綜合體的歷史系譜。傅柯（Michel Foucault），劉北成、楊遠嬰譯：《規訓與懲罰－監獄的誕生》（*Discipline and Punish--The Birth of Prison*）（臺北：桂冠圖書公司，2003 年 12 月），頁 231-255。

[154] 賴和：〈隨筆〉，《臺灣新民報》345 號，1931.01.01，《賴和全集》（二），頁 261。

[155] 賴和：〈獄中日記〉，《政經報》一卷二號至五號，1945，《賴和全集》（三），頁 43。

「差別待遇」等問題，賴和也因閱讀以及參加社會活動而激起他思考人性尊嚴的議題。所謂「懲罰」是一種複雜的社會功能，也是一種政治策略，而監獄更是權力的工具和載體。[156]賴和於 1941 年所寫的〈獄中日記〉，處處流露出知識份子的真性情，如在身體狀況不適下，再加上家計的沉重負擔，以及對家人的掛念，而對自己過去行為加以辯解，並產生頹喪的心情。他以抒情隨筆的手法，挖掘自己在獄中內心的細膩感受，呈現晚年悲傷的心境。[157]在 12 月 27 日的日記中曾坦然道出情緒：「父母的憂愁，妻子的不安，家業的破滅，苦楚悽涼一齊溯上心來，真使我要發狂。」當他托人問何時可出釋時，卻得到含糊其辭的答案，後又因「釋放既不知何日，這無聊的時光，要怎樣去排遣，真使我憂傷。」[158]作者在句末語辭以「狂」、「望」、「傷」等字作為韻尾，使得這形式自由的散文，亦具聲韻諧和的美感，也使讀者感受到這股憂傷之情。

三、診斷殖民教育的影響及其因應策略

二十世紀人文主義哲學的重心，關注於個體自我實現的人性本質，並關懷知識與社會意識形態的關係，主張以「人」和「人類文

---

[156] 傅柯以為：「那種權力是施加於被監視、和改造的人、瘋人、家庭和學校中的孩子、殖民地人民、以及被機器所束縛、工餘時間也受監視的人。它不是生而有罪並可以被懲罰的，而是生於懲罰、監視與壓制手段。」傅柯（Michel Foucault），《規訓與懲罰－監獄的誕生》，頁 21-29。

[157] 林瑞明：〈賴和〈獄中日記〉及其晚年情境〉，《臺灣文學與時代精神－賴和研究論集》（臺北：允晨文化，1993 年），頁 279。

[158] 賴和：〈獄中日記〉，《政經報》一卷二號至五號，1945，《賴和全集》（三），頁 29-30。

化」為中心的世界觀。若將這理念應用於教育領域，其意義在於尊重作為一個人的人格與尊嚴，把人當作完整的個體看待，並使人的潛能充分發揮，而更能表現出人的價值。[159]1921 年臺灣議會請願運動的成員林獻堂等人自日本歸臺後，蔣渭水在眾人的簇擁下，組織了「臺灣文化協會」，激發知識份子積極從事社會的啟蒙工作。在蔣渭水與賴和散文中，常可見他們探討教育本質的議題，並且對於殖民教育的影響多具憂患意識。這些批判殖民體制的種族差別問題，也是觸發臺灣醫師投入抵殖民運動的因素之一。

（一）蔣渭水散文的教育理念

醫生作家在觀察殖民地教育的種種現象後，如何表達他的所思所感？又採取何種書寫策略，以呈現診斷的結果及因應的原則？蔣渭水〈五個年中的我〉提到：「我的政治煩悶的魔病，是自醫學校時代，便發生起來的了。」[160]他曾在校內毆打日人而被禁足兩星期，並結合國語學校及總督府農事試驗場的學生，在艋舺的金和盛酒館舉行學生大會；或於和尚洲水湳庄舉行柑園會議，抨擊日本對臺的政策。[161]他畢業後，曾省思自己執業的這幾年中，酒肉朋友雖有，

---

[159] 早自羅馬人文主義學者即探討人文學科的價值，認為教育目的在於性情陶冶與人性的發揮，期望培養有教養的文化人。從文藝復興運動以來，人文學者創作了各種風格的作品，以為藝術是人的自我表現，並以文明與文化為核心，致力於保護文化遺產。他們質疑神性的權威，從而肯定人的價值，維護人的尊嚴，形成以人為中心的哲學意識。到了十九世紀的人文學則將經驗與哲學結合，強調個人理性的詮釋層面，並重視主體性。

[160] 蔣渭水：〈五個年中的我〉，《臺灣民報》第 67 號，1925.08.26，《蔣渭水全集》上冊，頁 84。

[161] 在臺北醫校時代，他不僅五年的學業總平均名列第二名，課餘又從事多項活

但知交卻有限，也少有參與社會活動的機會。但在臺灣議會設置請願運動歸臺以後，他與友朋相議需組織一個團體，以培養執行「握著世界平和」使命的臺灣人才。他認為臺灣人當時有病不癒，是沒有人才可造的。所以在〈五個年中的我〉一文中又提到：「我診斷得臺灣人所患的病，是智識的營養不良症，除非服下知識的營養品，是萬萬不能癒的。文化運動是對這病唯一的原因療法。」[162]且直言臺灣文化協會就是專門施行原因療法的機關。後來他為成立臺灣文化協會而奔走，並與眾人共推選林獻堂為總理，蔣渭水則為專任理事。

蔣渭水〈臨床講義〉一文，其副標題為〈對名叫臺灣的患者的診斷〉，即是將「臺灣」比喻為待醫治的病人。此篇寫於 1921 年 11 月 30 日的散文[163]，就敘事觀點而言，作者用心良苦的書寫策略是以醫生的身分，在診斷書中呈現追溯病人過往的病因，並診斷現在的病況；文末又為病人開出未來服用的處方。雖然這篇文章受限於當時的思潮，多以漢移民的角度觀察臺灣人在日治時期的樣態，較忽略這塊土地上住民多元族群的面貌。但若就結構布局而言，此文先呈現患者的基本資料、並詳細問診，再以臨床診斷書的形式，

動。且在學時代即善用商業場所與商業活動，作為提供合法的掩護和聚會的方便。黃煌雄：《蔣渭水傳－臺灣的先知先覺者》（臺北：前衛出版社，1992），頁 16-18。

[162] 蔣渭水：〈五個年中的我〉，《臺灣民報》第 67 號，1925.08.26，《蔣渭水全集》上冊，頁 87。

[163] 〈臨床講義〉刊登在《文協會報》第 1 號，但因觸犯總督府忌諱，不久即遭到禁刊。《蔣渭水全集》上冊，頁 3-5。

記錄診斷的原因、經過、預診及療法，最後又開以處方，而呈現條理清晰、層次井然的結構效果。此外，就時空的設計而言，作者將時間的脈絡從過去到現在，並延展到未來。而人物描寫方面，也具體地從患者的頭部、手腳、腹部等外貌的描寫，進而觀察其行為特徵、動作反應，並批判患者內在思想的空虛，心理精神的狀態，因而診斷患者是「世界文化時期的低能兒」、「知識營養不良症」。這種將患者形象化的書寫策略，透露出作者欲藉此文針砭臺灣人與世界文化接觸的貧乏，以突顯普及現代知識的必要。他在篇末所開特殊的處方箋，包括：「受正規學校教育、要補習教育、進幼兒園、設圖書館、讀報社」等項，且都開出「極量」的藥方。此文不僅蘊含社會醫學的專業素養，並透顯其教育理念的廣度。從體制內的學校教育，到廣義的社會教育；從學齡前的基礎教育，延伸到終身教育，顯現他對於多元教育資源的拓展的識見。從紮根做起的教育理念，就是他所謂的「根治療法」；而讀報社或圖書館的設立，更是接觸世界文化、拓展視野的途徑之一。這種注重實質、不求速成的方式，具有啟蒙民眾的人文思想，至今仍值得我們再三深思。

在〈急宜撤廢取締學術講習會的惡法〉一文中，蔣渭水更具體批判殖民地的教育政策，如：當時學齡兒童只有百分之三十三的就學率，而中學的就學人數，竟不及在臺日人子弟的半數。雖然有心人士不忍坐視島內文盲而企圖設校，但卻遭到種種限制與束縛。他更抨擊「取締學術講習會的規則」，是「**臺灣惡政的證據，臺灣文化的恥辱**」。且嚴辭批判總督府的愚民政策，呼籲當局撤除這「**齟齬的規則**」，使民間可以自由開設各種講習會，以圖臺灣文化的發

達。[164]他向來以爲大眾如果沒有在知識上歷經啓蒙的激發,那麼任何的政治活動就不可能獲得廣大的回應。日治時期知識份子企盼透過人文思想的洗禮,引起民眾個體的自覺,並影響社會大眾的集體意識。蔣渭水此篇以議論文的方式,層層遞進、據理力爭,並列舉數據以增強說服的效果,即是採取直陳論辯的書寫策略。在 1924 年 1 月 1 日《臺灣民報》第 2 卷 1 號〈希望島人教員的猛省〉一文中,蔣渭水呼籲教員同胞要有自覺,盡自己的力量開拓使命,則外在的阻礙不容易侵入。切莫缺乏自助的氣魄,否則容易受人牽引箝制。倘若沉迷日久,難以自拔而萎靡或意氣消沉,更是他所大力批判的現象。[165]他不僅終身具有這種抵抗意識,更是當時知識份子中實踐力最高的。

(二)賴和散文的殖民地教育批判

　　對於殖民地教育造成對臺灣學子馴化的現象,賴和在〈無聊的回憶〉一文中,則藉著將送兒子入學的機會,表達他回憶學校生活後的省思。他以身爲父親的視角,在乍看之下漫無結構的散文中,透露他的教育理念,及隱藏對殖民政策的批判。若細觀此文的組織佈局,將發現作者意識流動的軌跡,多有脈絡可循。如首段標題「送兒子到學校去」點明寫作此文的背景,並提出「讀書的目的」等等教育哲學上的議題。全文也環繞在鋪敘種種事件與感受中,嘗試尋求對這問題的詮釋。其次,又以第一人稱視角表達幼童對新式學校

---

[164] 蔣渭水:〈急宜撤廢取締學術講習會的惡法〉,《臺灣民報》2 卷 24 號,1924.11.21,《蔣渭水全集》上冊,頁 40-41。

[165] 蔣渭水:〈希望島人教員的猛省〉,《臺灣民報》2 卷 1 號,1924.01.01,《蔣渭水全集》上冊,頁 7-9。

教育與書房教育的體驗。作者回顧年少時到入學前的恐懼心情，原本因多元化的課程而漸感新鮮歡喜；但後來卻需上一些「沒有趣味，使人厭倦」的修身課程。[166]諸多有關日治時期公學校的教科書，常可見殖民政府欲藉教化來形塑「少國民」的教化目的。[167]賴和又藉由幼童對「竹箆先生」的感受，一方面批判書房教育採取嚴厲的方式，以及不合教育原理之處；此外，更記錄在日本老師的鞭打下，「感不到教悔的情味，所以憤恨的空氣，漲滿在我們一級個個的腦中。」後來因學生的罷課事件，情況稍有改變。賴和又在文中記載著「當時的臺灣人先生，很多抱著不平，嘗說一樣的勞力，得不到人家半分的報酬。所以我也曾傷心過為何不做日本人來出世。」此話道出許多殖民地人民曾對認同產生迷惘的困境。有關臺灣人對自我認同的思考，若從後殖民研究看來，也是一種「自我認識的過程」(process of self-apprehension)的開始。[168]賴和又在此文中提到：學會日本話「在當時比較的皆得有好處。」這些話語呈現殖民地語言與現實生活的問題。帝國主義的壓抑其中一個最主要的特色，便是對

---

[166] 賴和：〈無聊的回憶〉，全文分五回刊載於《臺灣民報》第218-222號，1928.07.22、1928.07.29、1928.08.05、1928.08.12、1928.08.19，《賴和全集》（二），頁232。

[167] 有關日治時期教科書的分析，可參見許佩賢：《塑造殖民地少國民－日據時期臺灣公學校教科書之分析》（臺北：臺灣大學歷史研究所碩士論文，1994年6月），頁50-53。

[168] 後殖民（post-colonial）一詞為殖民行動（colonization）開始到今日，所有被帝國化過程（imperial process）影響的文化。比爾·阿希克洛夫特（Bill Ashcroft）等著，劉自荃譯：《逆寫帝國：後殖民文學的理論與實踐》（臺北：駱駝出版社，1998年），頁1-8。

語言的控制。帝國化的教育制度，把都會語言的「標準」版本，設置為典範正統，其他的語言皆被邊緣化。賴和在此文中接著書寫統治者不鼓勵臺灣人參加入學試驗，並限制臺人入學名額，呈現殖民教育本質的真面目。他對教育名額限制的批判，即隱含了呈現殖民利益真相的書寫策略。如他以反諷的手法說道：「我不曉得其餘不能進上級學校的畢業生，是怎樣傷心，這是如何不幸的事！時代說進步了，的確！我也信牠很進步了，但時代進步怎地轉會使人陷到不幸的境地裏去？啊！時代的進步和人們的幸福原來是兩件事，不能放在一處併論的喲。」[169]此句涵蓋豐富的意涵，不只是對教育制度的評論，更隱含賴和看清日本殖民的現代化運動，是一個龐大的霸權論述。殖民政府在臺灣的現代化政策，並不是為了提升人民的生活水準，更遑論尊重人民的基本人權。而知識份子則以啟蒙運動來喚醒民眾抵抗日本人推動現代化的意圖。尤其日本人將接觸現代化觀念的優先性轉化為優越性，更使許多臺灣人以為日本性（Japaneseness）等同於現代性。[170]這種知識論上的錯亂，也使得一些臺灣人發生文化認同的動搖。

當賴和在此文分別指出學校與書房教育的經驗後，又提到自己對子女的教育充滿憂心，他在文中寫道：「況比較純正的舊學者，全是守分安命的人，干犯法規的事，他們是絕不敢為。現時若不得到官廳的許可，隨便把所學的教人，會同盜賊一樣，受到法的制裁。」

---

[169] 賴和：〈無聊的回憶〉，《賴和全集》（二），頁 242。

[170] 陳芳明：《殖民地摩登：現代性與臺灣史觀》（臺北：麥田出版社，2004 年 6 月），頁 48。

[171]當教師對於教育的目標、教材的選擇或教法，不能掌握自主權時，很難培養出具有批判思考的學生。就因為這緣故，所以賴和也不能把子女送至書房受教育。此時的賴和已感受到殖民地教育政策的整體限制，並為此政策可能影響臺灣民眾的價值觀而憂心。他曾描寫自己畢業後在路上碰到警察，還是不自覺地向他問好，但對方「那做官的尊嚴，不可侵犯的態度，厭煩似的不回答的回答，使我內心感到諂媚的羞恥。」[172]簡短的一段敘事，卻呈現從剛開始還改不了受教育影響的習性，而到自己逐漸覺悟的過程。篇末他尖銳地批判道：「所謂教育的恩惠，那是什麼？是不是一等國民的誇耀就胚胎在學校裡？絕對服從的品行是受自教育？」[173]殖民者對於課程的設計、教科書與教法的干涉，多少影響到學生價值觀的塑造。在這篇回憶錄中，作者在絮絮叨叨的敘事裡，將主要焦點匯集在對人文教育議題的思考。在另一篇〈高木友枝先生〉的散文中，賴和又提到：「向來我們大家都以為是浴在一視同仁的皇恩之下，不感到有何等的差別，經過後藤的一番訓誡，才會自省，就中也就多少生出議論。」[174]這種自我省悟，呈現當年知識份子聆聽殖民者的霸權論述後，才漸漸醒覺在「他者」（the other）的眼中，自己與殖民

---

[171] 賴和：〈無聊的回憶〉，《賴和全集》（二），頁 248。

[172] 賴和：〈無聊的回憶〉，《賴和全集》（二），頁 246。

[173] 賴和：〈無聊的回憶〉，《賴和全集》（二），頁 247。

[174] 賴和：〈高木友枝先生〉，作於 1940 年。由張冬芳譯成日文刊載於《臺灣新文學》3 卷 2 號「賴和先生悼念特集」，1943 年 4 月 28 日，又由楊守愚整理刊載於《政經報》1 卷 5 號，作為《獄中日記》之後的附錄，《賴和全集》（二），頁 288。

者是處在子然不同的位置。此文還提到校長高木友枝所言：「那是退學生，未受到我完全的教化，那纔會那樣。我此時感到『纔會那樣』的一句，另有一點餘味。」[175]賴和在此文中刻畫了殖民教育者的形象，藉由他者的話語，以含蓄的表現手法，留給讀者思考的空間，並呈顯散文書寫策略的張力。

賴和在 1931 年底《臺灣新民報》的〈紀念一個值得紀念的朋友〉中，則是刻劃一位具有主體意識的青年形象。那位青年曾說道：「我們臺灣人，都有和你一樣的心理，常要提起那已往的不可再來的歷史，來誇耀別人，來滿足自己，所以才淪作落伍的民族，不能長進，我這話對你很失禮，但這是事實。」又藉由一個塾師與秀才的對話，呈現另一層面的教育省思。塾師過往都是以「在社會為模範青年，在家庭為善良子姪」為教育目標，現在他纔發現著有另外像那一種人物的必要。塾師受到社會上的稱許，卻自言：「所以這一誤，不知要遺害多少人！」並告訴秀才，雖然一般所謂的「模範青年，善良子姪」，如今在他看來「那只是駕車的馬，拖犁的牛，規規矩矩不敢跨出遵行的路痕一步。」[176]這種深刻的主體意識，並非每位知識份子皆能自覺而領悟。所以賴和藉由塾師直批秀才「頭腦多烘」的一段生動形容，隱喻社會上有些即使受過教育的人，卻仍然沉陷於封建思考的可悲。同時，也由塾師的自我省悟中，隱含教師的社會責任，並呈現啟蒙教育不可忽視性的意涵。

---

[175] 賴和：〈高木友枝先生〉，《賴和全集》（二），頁 289。

[176] 賴和：〈紀念一個值得紀念的朋友〉，《臺灣新民報》，第 396 號，1932.01.01，《賴和全集》（二），頁 265-271。

四、闡釋反殖民及文化抵抗的意義

從日治時期醫生作家的散文中,常透露出身為殖民者的悲哀感受;並呈現作者批判殖民社會的不公不義現象後,也實際參與文化抵抗的運動。以下即分項論述蔣渭水及賴和的反殖民文化及文化抵抗意義:

(一)著重報刊雜誌的反殖民功能

1923 年 4 月 15 日《臺灣》雜誌改組成《臺灣民報》之始,臺灣支局即設於蔣渭水家中。他主張停刊日文的《臺灣》雜誌,並用全力去經營《臺灣民報》,因而被稱為是民報的褓母。蔣渭水為民報的主筆之一,在眾人的奮鬥下,民報在發行總量、社內辦事職員的名額,及發刊的間隔,都有明顯的改變。[177] 而臺灣文化協會為達到啟蒙的效果,在初期以設置讀報社與舉辦各種講習會為主,講習會的內容包羅萬象,治警事件後更擴大成全臺巡迴各地文化演講。蔣渭水的演講文稿,也顯現其文化抵抗的策略。他又於 1925 年(大正十四年)元旦《臺灣民報》專欄中,以「晨鐘暮鼓」作為象徵,希望將這聲音傳送各處。[178] 作者以喚醒民眾為使命感,具體勾勒臺灣的地理範圍,將在地的認同轉而為動力。他以誇飾的修辭,在這

---

[177] 蔣渭水:〈五個年中的我〉,《臺灣民報》,第 67 號,1925.08.26,《蔣渭水全集》上冊,頁 87-88。

[178] 蔣渭水寫道:「北至富貴角,南至鵝鸞鼻,西至澎湖島,東至紅頭嶼,四向八方的臺灣三百六十萬同胞,都從睡夢中一時就驚覺醒起來!……都要提出精神來盡做臺灣人一份子的任務。」蔣渭水:〈晨鐘暮鼓〉,《臺灣民報》,3 卷 1 號,1925.01.01,《蔣渭水全集》上,頁 71-73。

新年將晨鐘暮鼓移到臺灣第一高峰玉山的頂端,表達他盼望能藉由
《臺灣民報》啟蒙民智,並加深臺灣人凝聚力的效果。

有關日治時期報刊媒體的評論,賴和在〈希望我們的喇叭手吹
奏激勵民眾的進行曲〉記錄了臺灣報刊雜誌的發展。他將《臺灣青
年》的誕生,形容為「恰似由臺灣上空,投下了一個炸彈,把還在
沉迷的民眾叫醒起來。」又提到這些論述使知識份子在這不平等的
現實社會裡,受到新思潮影響,而發生了臺灣議會請願運動和治警
事件。他認為當時民眾所缺乏的已經不是訴苦的哀韻,所要求的是
能夠促進他們的行進的歌曲。而民報正是「唯一的言論機關」,負
載了歷史的使命。他又說道:「報紙須受到許多纔能發行,經過了
檢查使得發賣,等到展開於讀者的眼前,所謂純的被支配者的言
論,不是一片烏黑,便是全篇空白。所以對於日刊的發行,在我也
不敢有多大的期待。但有一點可以期待的,就是當事諸君的妙筆,
要使所發表的能夠通過檢查,而又不致於全部抹殺我們的意志。」
[179]這正是賴和期望藉由民報的論述,以發揮公共輿論(public
opinion)的效果。臺灣人自己辦報紙,擁有發聲的空間,且具反殖
民的色彩,在臺灣發展出啟蒙運動、現代化和知識體制化,並影響
女性主義和人權運動。賴和曾主編臺灣民報的文藝欄,不僅提攜許
多後進,並將文化抵抗意識化為具體的行動表現。

賴和曾將許多取材自民間的東西納入文學作品中,這種藉由文
學與臺灣社會史的關聯,突顯殖民文化的衝擊下臺灣民間在地文化

----

[179] 賴和:〈希望我們的喇叭手吹奏激勵民眾的進行曲〉,《臺灣新民報》,第
322號,1930.07.16,《賴和全集》(二),頁254-257。

的特殊性。他發表於 1930 年〈開頭我們要明瞭地聲明著〉一文中提到：「**有思想的俚謠、有意態的四季春、有情思的採茶歌，其文學價值不在典雅深雋的詩歌之下。**」[180]以爲先民遺留下來的許多傳說、故事、歌謠，就如同世界各國的民間文學一般，是珍貴的文化資產。諸如「鴨母王、林道乾、鄭國姓南北征的傳說」，即是具有臺灣人文意象的民間文學。[181]賴和曾親自邀請民間的遊吟詩人到家中吟唱，並花費半天功夫速記歌詞。這篇連載於 1936 年 9 月《臺灣新文學》第 1 卷第 8 期的〈辛丑一歌詩〉，以鄉村百姓的角度理解戴案的始末，蘊含傳說、軼事，並增加一些個人詮釋，以重現此歷史事件。[182]日治時期臺灣知識份子有意識地投入民間文化的採集、保存或推廣，以作爲抵抗日本中心論，同時也是對臺灣在地文化認同與探尋的表現。[183]

（二）參與文化團體的抵抗論述

因臺灣文化協會傾向社會主義的會員，認爲初期所採取的體制內抗爭，已難以協助解決無產階級所面臨的生存問題，於是文協內

---

[180] 賴和：〈開頭我們要明瞭地聲明著〉，《現代生活》創刊號，1930.10，《賴和全集》（二），頁 206。

[181] 賴和：〈《臺灣民間文學集》序〉，《賴和全集》（三），頁 105。

[182] 〈辛丑一歌詩〉與〈新編戴萬生作反歌〉皆為民間立場的資料，與菁英階層的書寫相比較，顯現對歷史事件的認知方式多有差異。林淑慧：《臺灣清治時期散文發展與文化變遷》（臺北：臺灣師範大學國文研究所博士論文，2005 年 7 月），頁 163-165。

[183] 金關丈夫、楊雲萍曾對《民俗臺灣》發行旨趣各自表述其觀點，見於〈本誌發刊の趣意書を繞る論爭の始末〉（上、下）第 1 卷第 2、3 號，1941 年（昭和十六年）8、9 月，頁 39-45。

部意見日漸分歧。1927 年（昭和 2 年）一月，以連溫卿為首的左翼勢力掌握文化協會的主導權後，蔣渭水等人退出協會。後來蔣渭水另籌組「臺灣民眾黨」，並擔任該黨的中常委、財務部主任。他深知資本主義的掠奪性格，並以為弱小民族的解放運動是與勞工階級運動相關。若要對抗以資本主義為假面的帝國體制，就有必要結合勞工大眾，累積政治運動的實力。但他不樂見抵抗運動分裂，文協分裂前曾以「同胞需團結，團結真有力」的議論文，提出各派應互助合作的理念。文協分裂後他又於〈解放運動的派別〉一文中，提醒臺灣人注意總督府分化政策：「尤其是文協改組以來，御用報紙便大吹離間的言論，凡是鬥士，豈可不戒乎哉？」[184]他期盼急進派者應避免腳不踏實地而想一躍登天；穩健派者亦不可效牛步遲遲而想坐待救主。又希望無論何派都要瞭解臺灣人所處的地位，而能互相援助，並發揮其特色，積極向解放運動的路途上前進。蔣渭水又領導臺灣民眾黨強烈抨擊 1930 年春臺灣總督府的鴉片吸食特許政策，並於 1931 年 1 月向國際聯盟抗告日本使用毒瓦斯殺害臺灣霧社原住民[185]，這些議論都是具體的文化抵抗的記錄。

賴和對臺灣文化協會改組後，各個不同理念派別應攜手合作的

---

[184] 蔣渭水在〈解放運動的派別〉提到：「他們把解放運動的陣營分做急進與穩健、理想與現實的對立，使被壓迫者的陣營紛亂，這種離間的手段，是最有效力的。近來我們臺灣的官憲，也曉得提起這種手段來了。」《臺灣民報》，第 144 號，1927.02.13，《蔣渭水全集》上冊，頁 106-107。

[185] 蔣渭水：〈臺灣民眾黨代表訪問國際聯盟阿片調查委員〉、〈臺灣民眾黨向國際聯盟抗告日本使用毒瓦斯毒殺臺灣霧社同胞案〉，《蔣渭水全集》上冊，頁 272-274。

期許，以形象化的手法呈現〈前進〉的主題。〈前進〉原發表在《臺灣大眾時報》創刊號，此報是在臺灣文化協會於 1927 年分裂而左傾之後的機關刊物。這篇散文充滿時代感，在表現手法上極富藝術性。[186]此文運用了幾種意象來表現，並與篇章結構相呼應。從首段描繪「暗黑的氣氛，濃濃密密把空間充塞著，不讓星星的光明，漏射到地上；那黑暗雖在幾百層的地底，也是經驗不到，是位曾有過駭人的黑暗。」即是以絕黑的視覺意象，呈現黑暗場景與那時代的臺灣社會氣氛，隱喻在殖民地社會下受到壓迫的感受。接著以孤兒意象形容時代的棄兒般的感受：「有倆個被時代母親所遺棄的孩童。」形容臺灣人的處境。最後以前進的動態意象，[187]這正是賴和心中的企盼，期許臺灣文化協會的成員，能夠摒除歧見，「依然步伐整齊地前進，互相提攜走向前去。」呈現對反殖民運動的鼓舞。並以視覺、聽覺與觸覺意象，想像樂聲在旁陪伴他倆長行的生動形容，[188]雖然文末寫出「光明已在前頭」，但「眩眼一縷的光明，漸被遮蔽，空間又再恢復到前一樣的暗黑，而且有漸次濃厚的預示。」面對臺灣文化協會分裂後許多未可知的情境，處在殖民地的臺灣知

---

[186] 許達然：〈日據時期臺灣散文〉，「賴和及其同時代的作家：日據時期臺灣文學國際學術會議」.1994 年 11 月，頁 33。陳建忠：《書寫臺灣・臺灣書寫：賴和的文學與思想研究》（高雄：春暉出版社，2004 年），頁 328-329。

[187] 如：「前進！盲目地前進！無目的地前進！自然忘記他們行程的遠近，只是前進，互相信賴，互相提攜，為著前進而前進。」賴和：〈前進〉，《臺灣大眾時報》創刊號，1928.05.07，《賴和全集》（二），頁 250。

[188] 如：「當樂聲低緩幽抑的時，宛然行於清麗的山徑，聽到泉聲和松籟的奏彈；到激昂緊張起來，又恍惚坐在卸帆的舟中，任被狂濤怒波所顛簸。」賴和：〈前進〉，《臺灣大眾時報》創刊號，1928.05.07，《賴和全集》（二），頁 250-251。

識份子心情沉重黯淡，但不絕望停滯。就散文的韻律感來看，賴和在這篇文章中，有時也以簡短的句式造成明快的節奏。

賴和曾思考受壓迫者應採取何種態度面對強權？是消極妥協？或者積極抵抗？在〈隨筆〉一文中，他提到與友朋相約祭悼吳清波（1878-1928）的墓地時，見東畔另一特異墓碑，細讀碑文後，「便被哀傷所侵襲」。這種感受，流露出他對於臺灣人壓抑自我、並屈服於現實的性格的批判。[189]他以為沉默噤聲的態度，或是不能以具體的行動表現抗議精神，都是消極懦弱的，這種信念也是反殖民意識與文化抵抗的背後動力。賴和此篇寫於 1931 年的新年，同時也檢視自己在治警事件後較疏於參與社會運動，但文中卻顯現出對人性尊嚴的重視未嘗稍減。另外，賴和藉由對沉溺聲色、趨炎附勢者的批判[190]，企盼知識份子能抵抗權力的誘惑，且能以關懷弱勢的立場，傾聽民眾的聲音。

五、結語

熱衷政治文化活動的蔣渭水，雖然文學創作的篇數有限，但從林獻堂寫於 1931 年 11 月 20 日的〈蔣渭水遺集敍〉一文中，可窺

---

[189] 他的批判理念為：「覺得我們島人，真有一個被評定的共通性，受到強橫者的凌虐，總不忍摒棄這弱小的生命，正正堂堂，和牠對抗。所謂文人者，藉了文字，發表一點牢騷，就已滿足；一般的人士，不能借文字來洩憤，只在暗地裡咒詛，也就舒暢，天大的怨憤，海樣的冤恨，是這樣容易消亡。」賴和：〈隨筆〉，《臺灣新民報》345 號，1931.01.01，《賴和全集》（二），頁 260-261。

[190] 賴和批判時下一些人的作為：「不是身耽聲色，即便心迷利慾，把趨附認作識時務，把賣節當作達權變。」賴和：〈應社招集趣意書〉，《賴和全集》（三），頁 109。

見蔣渭水文章的個人特色。[191]蔣渭水幾篇仿古文的作品，多能以巧思蘊新意。其散文作品多以振筆直敘的方式，宣洩內心澎湃激昂的情感；有時則採「意在言外」的書寫策略，達到諷刺批判的效果。

　　就臺灣日治時期的思想界而言，賴和並非啟蒙運動的主要領導者，然而，在文學層面而言，他卻投入了相當多的心力，不僅在《臺灣民報》文藝欄任編輯時，提拔無數作家後進；更以實際的創作，呼應他的文學理念。從漢詩、小說、散文、新詩等各類文體，到思想意涵、結構佈局、意象運用、語言修辭等文學表現手法，都有可觀的成就。這些具有特色的書寫策略，在臺灣文學史上具有其時代意義。散文涵蓋的範圍廣，是最實用的文類，也是易於透露作者人格與思想的文類；要解讀散文的思維結構，最好能透過作者的歷史背景去理解。指導學生賞析散文時，也應教導學生如何批判性閱讀，將文學放入歷史文化脈絡，以理解作品如何產生。人文思想的特點包括以人的經驗為中心、以人的尊嚴為價值根源，並主張思想不能孤立於社會和歷史背景來形成或理解。[192]本節著眼於臺灣日治

---

[191] 林獻堂評論道：「概為真切語，其行文則慷慨淋漓，信筆直書，不求合法而自成篇段。雖其間不無柄鑿之處，要皆一時有感於中，觸機即發，不遑檢點者焉；然此亦足藉知其思想之過程，無傷大旨。閱者，要當原其心而略其跡，探求於隱微之中，領會於語言之外，則得之矣。」蔣渭水：《蔣渭水全集》下冊，頁753。

[192] 林瑞明曾建議將蔣渭水〈臨床講義〉、賴和的〈前進〉，以及這兩位作家的〈入獄日記〉、〈獄中日記〉編入教材，讓這一代的青少年能及早思考臺灣的處境，並從先賢的典範中，習得立身之道。林瑞明：〈感慨悲歌皆為鯤島—蔣渭水與臺灣文學〉，收錄於簡炯仁編：《蔣渭水逝世六十週年紀念暨臺灣史學術研討會論文集要》（高雄：高雄縣政府，1991年），頁47。

時期醫生作家散文作品多呈顯其人文思想特色，故以文化啟蒙為探討主題，並從宣揚人權思想及人性尊嚴的理念、診斷殖民教育的影響及其因應策略、闡釋反殖民及文化抵抗的意義等層面，分別論析蔣渭水與賴和散文的書寫策略。期望能詮釋主角或作者、敘述者有意識的表現，或未意識到的隙縫。至於文本閱讀的方式，則以讀者感同身受、且主觀地進入文本的生命之中，並從其時代與作者的角度來觀照與理解散文作品。從歷史經驗中得知：有意從事文化傳承，並非單憑樂觀的心態或個人的勇氣，而是需要以堅忍不拔的態度來面對種種挫折。身為醫生與知識份子，擔負著特殊的知識與道德責任，蔣渭水與賴和的散文作品即呈現臺灣日治時期醫生作家對於時代的權力、社會結構，與生命關懷之間關係的探討成果，不僅流露出人文思想可貴之處，更蘊值得我們持續探討。

第六章　文獻的數位典藏與應用

　　近年興起文獻數位典藏與應用的風潮，為了因應資料庫所帶來的影響，研究者應具備現代資訊科技的知識，並蒐羅第一手資料以拓展研究的面向。線上資料庫的建置，不僅是科際整合的方式，亦有助於教學與研究。在數位化的資訊時代，臺灣人文學界若能發揮專業素養，增加參與數位化保存史料的實務經驗，必能加深學子對臺灣多元文化的理解，並有助於臺灣古典文學與文化的研究發展。本章首先就資料庫於台灣文學史料的研究、教學與應用議題，分析臺灣文獻叢刊、碑文、詩歌、歌仔冊與古典小說等資料庫，以及檔案、古文書、時空、人物、文化等與臺灣古典文學外緣背景相關的資料庫，並檢視其與研究、教學之間的關聯性。由於目前臺灣古典散文的相關資料庫仍有開拓的空間，故以「十九世紀臺灣在地文人資料庫」為例，具體說明如何以古典散文為文學史料，分述建構資料庫的過程，並詳論資料庫於台灣古典散文作者、作品及主題的研究與教學應用方法。

第一節　資料庫於臺灣古典文學史料研究、教學與應用

一、前言

　　由於臺灣文學史料不斷出土,以及研究取徑的不同,致使各類型的文學史書寫相互爭鳴。從文體的流變來看,鄭氏到清治時期(1661-1895),乃至日本統治臺灣的前二十五年(1895-1920),臺灣文學的發展皆以古典詩文爲主。1920 年代前後新文學興起,改變了文學界的創作生態,但仍有一群文人持續創作古典詩文。因此研究臺灣文學史,絕不可忽略十七世紀到二十世紀前期的古典文學。

　　大學專業教育是培養研究人才的途徑之一,尤其近幾年臺灣各大學及研究所紛紛開設與臺灣文學史相關課程,包括此學門的範疇以及課程與教材教法等,皆成爲教學者不得不面對與思索的議題。教師若能指導學生應用資料庫搜尋臺灣古典文學史料,必將有助於提昇學生對此領域的系統認知,並強化其學術研究能力。故本節先就目前已研發的資料庫於臺灣古典文學史教學的應用爲主題,探討如何藉由資料庫的檢索,增進學生對臺灣文學史料蒐集的能力?資料庫又能提供哪些搜尋臺灣文學發展的外緣背景資料?期望經由各層面的探討,能有助於臺灣古典文學史料教學與研究的成效,並作爲開拓臺灣文學史相關資料庫的參考。以下即就幾個臺灣古典文學史料相關資料庫的應用作具體說明。

二、臺灣古典文學史資料庫的應用

（一）臺灣文獻叢刊資料庫

　　留存至今的臺灣古典散文題材多敘述社會現象，故可藉以探討文人如何觀察生活在這塊土地上的人群間互動關係。目前尚未有【全臺文】資料庫的建置，但早在中央研究院執行「漢籍電子文獻」計畫時，已將臺灣銀行經濟研究室出版的【臺灣文獻叢刊】309 種，包含「臺灣方志」、「臺灣檔案」、「臺灣文獻」，並增添出土的《臺灣府志》一書，共近六百冊、四千八百多萬字全文建檔。此為使用率頗高的臺灣文獻資料庫，其中方志的〈藝文志〉收錄公牘政論、碑文、傳、記、風土詩，或是口傳文學，多與當地歷史文化有密切關聯。此外，來臺文人的筆記彙錄，或文集、遊記等，亦是古典散文的研究素材。茲列舉有關此資料庫的應用方式如下：

1、分期文學的發展

　　若善加運用臺灣清治時期方志每隔數年即有續修、重修的特質，及〈藝文志〉所收錄各時期的文學作品，可藉以窺知古典文學的發展概況。至於有關典律(canon)議題的探討方面，典律的背後意味著某些文類或作品，比另一些文類或作品更值得被重視，且應保存為歷史文化的一部分，故其取捨也必含有價值取向。[1]例如從五種《臺灣府志》的原刻本、到續修、重修所增補的作品，可見十七世紀末期至十八世紀中葉古典散文的發展與納入典律的過程。[2]故論析

---

[1]　蔡振興：〈典律/權力/知識〉，《典律與文學教學》(臺北：書林，1995 年)，頁 55。

[2]　施懿琳：〈從《臺灣府志》〈藝文志〉看清領前期臺灣散文正典的生成〉，《臺灣文學學報》第 4 期（2003 年 8 月），頁 1-36。

爲何有些散文作品成爲所謂的典律？典律的形成過程爲何？這些問題的釐清，有助於理解對當時文學場域的形成與變遷的互動關係，並可探討由官方主修的採錄方式，促進散文正典化(canonization)形成的議題。

2、個別文集的研究

如《裨海紀遊》爲郁永河於 1697 年（康熙三十六年)來臺採硫的遊記，詳載其歷險的經過及對臺灣風土民情的觀察。1721 年（康熙六十年）來臺的藍鼎元，所著《東征集》內容多爲公檄、書稟。滿族巡臺御史六十七《番社采風圖考》則是記載清廷如何描繪臺灣原住民族群之圖像。又如陳璸《陳清端公文選》、朱士玠《小琉球漫誌》等書，亦爲官員表達對政教風俗的見解，或對時局的觀察與議論。這些各具特色的筆記文集，以旅遊書寫（Travel Writing）的理論加以詮釋，可探討文化接觸的意涵；同時若參照十七到十九世紀各國探險旅遊書寫，則可比較作者的敘述立場。

3、作者的研究

探討個別作家或社群，如鄭用錫、洪棄生、吳德功等在地文人。又如清廷於朱一貴事件後，設有「巡視臺灣監察御史」的官職，若於資料庫中鍵入首任巡臺御史黃叔璥的著作名稱《臺海使槎錄》，可得知這部臺灣文獻史上的經典之作，對後來方志及其他文獻影響的情形。[3]若欲研究其他有關臺灣清治時期「巡臺御史」作家群，鍵入檢索條件後；再將傳記資料依時間順序加以分類，則可建構其年

---

[3]　林淑慧：《臺灣文化采風：黃叔璥及其臺海使槎錄研究》（臺北：萬卷樓圖書，2003 年），頁 229-252。

譜的基礎。

4、主題的應用

　　散文有關社會教化書寫的內容，涵括了社會教化的理念與成效、社會救濟、以及民變、械鬥等方面。舉例而言，「械鬥」為臺灣十八到十九世紀的重大社會現象，1853 年(咸豐三年)因漳、泉械鬥擴大，鄭用錫於五月撰〈勸和論〉，此文顯現作者對於當時閩、粵分類械鬥次數頻繁，所以欲藉文傳達勸導居民和睦相處的要旨。作者宣揚「一體同仁，斯內患不生，外禍不至」的理念，提醒居住在寶島上的民眾，須有同舟共濟的精神，此為營造命運共同體集體意識的重要基石。從資料庫另可大量搜尋出各時期有關械鬥的題材，如姚瑩、丁曰健《治臺必告錄》、丁紹儀《東瀛識略》等官員對械鬥發生的原因、防制、影響的各種論述。

　　此外，亦可從公牘政書、傳、記、碑文等文類，加以分析文類與創作的關聯，或相同文類之間的比較，或比較不同文類的主題書寫等。又可依或是依地區如臺北、新竹、彰化、臺南等地來分析各地古典散文的共相與殊相。

（二）碑文資料庫

　　臺灣各地的古碑文為實用性的散文，多具有史料與文化功能。石材因堅硬不易腐朽的特性，常用於銘刻記事，或作為宣告示眾的功用。碑文依其內容功能，分為具有記錄建物歷史沿革功能的「記事碑」，與具有官方示禁諭告的功能的「示禁碑」兩大類。清治時期的方志錄有臺灣碑碣的整理，日治時期「臺灣史料調查室」亦曾進行有關石碑及拓片的研究，戰後各地採拓人員也積累不少成果。1990 年七月國立中央圖書館臺灣分館與國立成功大學歷史學系合

作，由何培夫執行「採拓整理臺灣地區現存碑碣計畫」，於 1999
年六月完成，共採集碑碣拓本 2091 件，並編印《臺灣地區現存碑碣
圖誌》十七冊。國家圖書館「臺灣記憶」系統中的「史料」資料庫，
將此套文獻建置成「碑碣拓片資料庫」。不僅將碑文原件一一採拓
並掃描影像，且將碑文內容全文重新打字建檔後，再加以簡要說明。
每個碑皆詳細登錄基本資料，包括：碑文名稱、類別、年代（中曆、
日曆、西曆）、地點（城市、地名、位置）、資料格式、文獻典藏
單位、系統號等。

　　若欲研究臺灣各地碑文，可運用「碑碣拓片資料庫」檢索系統，
依空間位置查詢臺灣各縣市碑文分布位置，並可統計各地碑文的數
量及種類。另可就各種主題來研究碑文的內容，以詮釋此類散文所
書寫的題材特色及文化意涵。

　　在「記事碑」的應用方面如下：

1、學府廟宇

　　論析各級學校及書院等創始理念與後續修建情形，如〈大觀義
學碑記〉記載 1873 年（同治十二年）民間籌建板橋大觀書社的經過，
及義學的人文意涵。就廟宇而言，可詮釋關帝廟、天后宮、文廟、
武廟、龍山寺等廟宇的籌建經過及宗教功能。

2、歷史事件

　　記錄民變事件的碑文如 1788 年(乾隆五十三年)臺灣林爽文事件
後，乾隆帝將御製文五篇發交臺灣、廈門兩地建立石碑，以探討清
帝國的統治政策。

3、社會救濟

　　1870 年（同治九年）〈艋舺新建育嬰堂碑記〉提到淡水同知陳

培桂鑑於艋舺未有「育嬰堂」，故倡建此社會救濟的機構，以達育幼撫孤的功效。

4、津渡交通

至於〈淡水廳城碑記〉、〈永濟義渡碑記〉等文，亦具有書寫廳城、義渡等建物的歷史沿革與文化意涵的用途。

在「示禁碑」的應用方面，歸納如下：

1、治安管理

1759 年（乾隆二十四年）〈嚴禁勒買番穀碑記〉及 1867 年（同治 6 年）〈嚴禁汛口私抽勒索碑記〉，皆是由官方立碑禁止官兵藉公務之便而擾民的記錄。

2、教化規範

1820 年（嘉慶二十五年）鳳山縣儒學的「臥碑」、1835 年（道光五年）彰化縣儒學的「臥碑」、1868 年（同治七年）臺灣府儒學的「臥碑」、1881 年（光緒七年）宜蘭縣儒學的「臥碑」，碑文內容皆是用以規範生員的品行與操守。

3、族群關係

1858 年（咸豐八年）所立〈漳泉無分氣類士諭碑記〉，以及大甲〈漳泉械鬥諭示碑〉記載七月十二日由數位鄉紳以勸導民眾「無分氣類」為主題，呈請淡水同知恩煜示諭立碑。這些都是臺灣清治時期官方或民間對於械鬥的見解，以碑文呈現的另類書寫形式。若善用此資料庫的搜尋功能，則將有助於詮釋這些碑文多重的文學與文化意義。

（三）詩歌與歌仔冊資料庫

目前臺灣古典文學研究領域上，古典詩成果較為人所注目。不

僅在選集的編纂、全集的校勘、注釋與賞析，或是期刊論文、學位論文皆呈現眾人長期耕耘的成果。臺灣古典詩研究素材的來源包含方志藝文志、官方或個人出資的刊印本、以及各詩社的徵詩、吟唱集以及民間未出版的古典詩手稿。2001 年起成功大學施懿琳教授受文建會文化資產保存中心委託，擔任【全臺詩】編纂計畫主持人，原為十年的計畫，預計完成蒐羅編校從鄭氏到日治時期的詩作。前五年的編纂成果約八十萬字已集結成書，涵蓋從鄭氏時期到清咸豐元年（1661-1850）以前的詩作。2008 年四月又出版第六到十二冊，2009 年以後將陸續出版日治時期(1895-1945)的作品。

此叢書的編輯採取「以人繫詩」的原則，作品的來源包含詩人別集、選集、報章雜誌的刊錄；或刊本、或手稿，數量甚為可觀。所有編輯細節，都經過小組成員、審查委員以及顧問群反覆討論、思考之後，方才定調。國立臺灣文學館「全臺詩電子文庫」將此五冊書全文輸入資料庫，目錄是依作者生年之順序排列，並可照作者的姓氏筆劃，依序找到作者的姓氏及其全名，點選作者名稱之後，即可直接閱讀該作者的詩作內文。國家文化資料庫中的子計畫「智慧型全臺詩知識庫」以出版的【全臺詩】五冊為建置範圍，包含出處、作者、全文、註文、詩社、時空資訊檢索等。若從「臺灣詩社資料全文檢索」則可依詩社名稱、發起人、創辦時間、創辦地點、歷任社長、社員、詩社活動等欄位搜尋相關資料。

目前日治時期的古典詩作的資料尚未完成全部的編校，但若能善用現有資料庫，仍可嘗試延伸幾個研究方向。例如：

1、作者的研究

若查詢作者資料，可利用以年代起訖的欄位，搜尋此段特定時

期的作者群資料；並可依姓名、性別、籍貫、生卒年、出卒地、活動地區、個人簡介、專長、師友、及第年、官宦經歷、參與團體、編著作品等欄位設定檢索條件，並取得相關資料。除洪棄生等單一作者已有若干研究成果之外，另可將其他作家置於文學史的脈絡中，分析其作品的地位與價值；或是探討某時期的流寓文人、在地文人等作家群詩風的流變，詮釋不同時期作品與社會脈動的關係。

2、詩社的研究

除櫟社或瀛社等重要詩社已有多人研究外，或可拓展爲探索長時期幾個詩社之間的互動關係，及其在文學史上的意義。

3、區域詩學

如竹塹地區的傳統詩調查有研究成果外，亦可就臺南、嘉義、彰化、臺北等地進行檢索。

4、自然意象與人文意象

研究臺灣八景詩或漢人習俗之外，有關臺灣山川等自然環境或原住民風俗，亦爲研究臺灣意象不可忽略之處。此外，以主題式爲範疇，分析具有歷史縱深的詠史詩，以呈現作品與歷史的關聯。亦可另就詩歌主題或題材爲軸心，分析作品的文學表現手法等，皆是研究的延伸觸角。

民間說唱的唱詞則是另一種俗文學的表現形式，其種類分爲：歷史故事與民間傳說、社會事件與軼聞、人生勸化、敘情相褒、禮俗事物與趣味幻想等。中央研究院建置的『閩南語俗曲唱本「歌仔冊」全文資料庫』，由王順隆老師提供資料，並加以斷行、斷句及詳細校對，此貫串百年以上的資料庫，展現了閩南語口語的書寫原貌，對原稿所用之文字儘量不加修飾與更動，以期呈現民間的傳統

書寫法。其他如民間文學、民俗學、戲曲小說的漢學研究者也能透過全本歌詞的查閱，取得所需要「歌仔冊」的全文，進行故事內容的比較研究。另有國科會數位博物館計畫之「荔鏡姻，河洛源－閩南語第一名著《荔鏡記》多媒體數位教學」，以明代嘉靖本《荔鏡記》的原劇文獻爲基礎，建立改寫劇本以及語的資料庫，並兼具教學網站的功能。

（四）古典小說資料庫

臺灣清治時期方志〈叢談〉或〈雜記〉中，已出現書寫臺灣風土民情的殘叢小語式小說雛型。康熙四十三年（1704）福建珠浦人江日昇，曾以鄭氏及明朝故老事蹟爲題材撰寫歷史演義小說《臺灣外記》。日治時期報章雜誌爲吸引讀者群而刊登通俗小說，又因報紙多屬每日發刊性質，因此累積爲數可觀的作品。明治三十八年（1905）七月《漢文臺灣日日新報》出刊以後，謝雪漁、李逸濤等擅長古典文學的臺灣傳統文人群，所作漢文通俗小說漸有刊登的機會。自《漢文臺灣日日新報》獨立出刊起，到明治四十四年（1911）十二月一日與《臺灣日日新報》日文版合併的期間，正是臺人熱衷撰寫漢文通俗小說的高峰期。《漢文臺灣日日新報》爲二十世紀初期臺人撰寫漢文通俗小說的主要發表場域，若掌握其中的作品，則自能勾勒臺灣通俗小說發展初端的軌跡。[4]

《漢文臺灣日日新報》資料庫重現百年前臺灣近代文學史料學術資源，可直接以「日期」及「版次」調閱瀏覽並檢視全文，如輸

---

[4]　黃美娥：《重層現代性鏡象：日治時代臺灣傳統文人的文化視域與文學想像》（臺北：麥田出版社，2004 年），頁 237-243。

入「小說」標題，並依日期查考原文及影像，將可見一些公案、俠
義、言情、社會小說之作。這些二十世紀初期臺灣的淺近文言小說，
多延續中國古典小說的體類及章回體式，或受晚清通俗小說的影
響。此外，更由於文人或閱讀登載世界訊息的報刊、或瀏覽翻譯自
各國小說、或出國遊覽的現代性經歷，使得一些作品亦呈現世界偵
探、女性小說等現代文學影響的痕跡。

三、臺灣文學外緣背景資料庫的應用

　　對文學的理解，需追索各文類在歷時(diachronic)過程中的變
遷，也須考慮與其他社會及文化現象的並時(synchronic)互動。現代
學術研究常跨越單一學科的範疇，而朝科際整合的趨向發展。臺灣
文學史的研究亦應用圖書文獻學、歷史學、人類學、語言學、哲學、
以及社會學等各領域的成果和方法，以充實主題研究。文史資料與
其他各學科之間有關聯，這類不限領域文件之間的關係都屬互為文
本（Inter- textuality）的參照。如果把這些關聯找出來就是一個文學
的知識庫（knowledge base）。[5]文學發展與文化變遷常可作一互文
性的分析，例如臺灣古典散文有別於抒寫情志的詩歌，它是歷史文
化的書寫記錄。當時文人如何去思考這塊土地上居民的處境，這個
議題亦是課堂上學生時常詢問的焦點。若能引導學生將文本置於時
代脈絡中加以深度詮釋，並以科際整合的方式發掘古籍的現代意
義，則將能賦予作品新的生命。目前學界有關臺灣史的論著漸多，
提供了研究者對於歷史背景上的認知。以下就幾個外緣背景的資料

---

[5]　葉嘉瑩：《清詞選講》（臺北：三民書局，1996 年 8 月），頁 115。

庫如何應用於臺灣古典文學史作說明。

（一）官方檔案資料庫的應用

　　臺灣清治時期的檔案，於時間的分佈上具有從康熙至光緒歷朝的連續性，主要性質則以官員奏議、皇帝諭示等官方檔案爲主。內容涵蓋內政、外交，及械鬥、民變等事件，爲研究政教議題的原始資料。如欲研究清治時期三大民變，包括歷經兩個月始平定之 1721年（康熙六十年）朱一貴事件、歷時一年又三月 1786年（乾隆五十一年）林爽文事件、與歷經三年之 1862年（同治元年）戴潮春事件的始末，並由資料庫蒐尋背景資料。如運用《清聖祖實錄》、《清高宗實錄》、《清穆宗實錄》，得知清廷與官員對事件的觀點與應變情形外；也可查閱《清代軍機檔》，以蒐集與臺灣有關的武備及軍務的檔案。中央研究院建置的「明清檔案工作室」，現有大庫檔案總計三十一萬多件，包括內閣收貯的制詔誥敕、題奏表章、史書、錄書、塘報、黃冊、簿冊、朝貢國表章，以及內閣各廳房處的檔案、修書各館檔案、試題、試卷、瀋陽舊檔等，而其中以題、奏本佔最大宗。由於檔案內容多涉及一般行政事務，而許多案例並不見於紀錄典章制度的「會典」或司法律例的「則例」，故爲研究制度史頗有價值的材料。[6]此資料庫也收錄《宮中檔奏摺》、《軍機處摺件》，由於內容事涉廣泛，又爲地方官員直接對皇帝的實情稟報，並經由

6　中研院以 90-91 年度建置內閣大庫、人名、地名等初具規模之資料庫，規劃數位典藏整合式檔案管理自動化系統架構，含檔案管理相關機制與網路服務機制，開發庫房管理模組、Web 檢索模組與網路服務，並持續新增修改資料庫中的數位檔案(含文字目錄、人名、地名與影像)與著錄標準及相關規範，預計完成明清檔案整合式數位化作業。

皇帝批諭，故可見清廷的一些決策過程。若欲得知來臺遊宦文士生平經歷，除了可由臺北故宮博物院圖書文獻館善本書庫，所收藏清史館各朝「傳稿」、「傳包」，或由哈佛燕京學社《三十三種清代傳記綜合引得》尋得資料外，運用這些檔案資料庫更可得知其人際網絡與時代背景上的地位。有關清廷治臺的典章制度，如渡海禁令的變革情形，或文教制度的變遷，在查閱《清會典臺灣事例》之餘，亦可藉由檔案資料庫大量蒐集第一手資料。[7]此外，中央研究院「漢籍電子文獻」的臺灣文獻叢刊資料庫中，也涵蓋方志中〈藝文志〉所錄作品的大量資料。如閱讀有關清治時期育嬰堂的文章時，若欲瞭解臺灣各地育嬰堂的起源及變遷，則可善用此資料庫深度詮釋其文化意義。又如嘉義縣士紳於1796年（嘉慶初年）先行勸捐置業，建堂於縣城內，這是首次創建的育嬰堂。1866年（同治五年）淡水廳枋橋街（擺接堡）的富紳林維源，自捐五千銀設立育嬰堂，1870年（同治九年）再由淡水廳官民義捐，於竹塹城內及艋舺街設立兩所，前者從船舶的公課中，後者從鴉片的釐金中支辦。[8]因方志每隔數年有續修、重修，反映出特定歷史脈絡下之情境，保存頗多研究素材。各地人物、史事、及藝文之蒐集與記載，蘊含政治、經濟、軍事、社會及風俗等資料。[9]另從臺灣清治時期方志的資料庫中，也

---

[7] 房兆楹等編：《三十三種清代傳記綜合引得》（北京：燕京大學圖書館編纂處出版，1932年）。

[8] 林淑慧：《臺灣清治時期散文發展與文化變遷》（臺北：臺灣師範大學國文研究所博士論文，2005年7月），頁134-140。

[9] 1945年戰後的檔案資料，如國史館典藏數位化的「國民政府檔案」，包括有關國家政策之制定與各項指令之頒布，多屬決策型的檔案。

可統計行政機構及教育體制設置的數量及演變情形。方志中的〈學校志〉、〈規制志〉載有臺灣府、縣儒學及書院、社學、義學等各級教育體制的數量。而這些機構所設立的時間、地點，或是區域的分佈狀況及歷年的演變，多呈現文教發展的情形，故可藉此比較各時期的文化變遷。

（二）古文書資料庫的應用

臺灣古文書保存了個人或家族在社會活動的紀錄，不僅是原始的證據，且具有私法上的權威，故為研究早期臺灣社會的重要史料。臺灣的舊字契多泛稱為古文書，主要包括不動產與人事兩大類。前者如田園與店屋的讓渡賣契、以不動產典押的契字、財產分配的合約契等；後者如招婿字、賣子契、買童養媳字、男女婚約書、招婿養孫合約字等。[10]對於許多社群聚落的人物、事件、群體互動、權力變遷、以及背後隱藏的生活情境提供線索。國立臺灣大學圖書館典藏平埔古文書資料庫，主要呈現十七世紀起平埔族受到外來文化接觸影響而產生的特殊產物，反映出錯綜複雜的對外互動過程與權力關係。[11]清治時期漢人移民的增加，土地開墾關係的變化，平埔族與漢人簽訂的漢字文書數量比例也逐漸增高。無論書寫的目的是

---

[10] 高賢治編著《大臺北古契字》（臺北：臺北市文獻委員會，2003 年 12 月），頁 1-16。

[11] 平埔族最早掌握文字書寫能力者是能寫荷蘭人紅毛字的「教冊仔」，他們將母語以羅馬拼音方式做成書面記錄。採用這種文字書寫的契約憑證，就是日後大家通稱的「番語文書」。成書於康熙五十六年（1717）《諸羅縣誌‧風俗志》提到：「習紅毛字，橫書為行，自左而右，字與古蝸篆相彷彿；能書者，掌官符徵課役目，為之『教冊仔』」周鍾瑄，《諸羅縣志》（臺北：臺灣銀行經濟研究室，1962 年 12 月），頁 163。

爲了買賣土地房產、招佃納租、或協議約定記錄，經常是符合漢人社會習慣和利益的需要，字裡行間時時可見漢人的政治經濟優勢。解讀後又可見平埔社會女性與財產繼承關係，在西拉雅文書中能觀察到土地是可以由開墾者的女兒與外孫女繼承、甚至女性可以繼承夫方親屬的土地；且契約中有時還特別提到土地典賣時先問過「房親叔伯姪姊妹」。這些材料可以支持過去不少舊志記錄中提到的平埔社會對重視女性、女性地位較高的現象。無論財產繼承概念、土地買賣優先權所涵蓋的親屬範圍、或命名的原則等，皆是涉及社會文化特性討論的重要層面；雖然留存下來的文書資料只是少數，而且是經過變形、扭曲，但在蛛絲馬跡中卻還能反映出當時的獨特思維觀念。當這些古文書在打破內容所記述的歷史脈絡之後，在文字符號背後所隱涵的深層思考觀念，或許可以作爲解讀不同時代特定平埔文化思維的重要切入管道。也具體代表了無文字社會與其他有文字政權接觸、互動、和受到衝擊的過程中，當時所採取的主動或被動回應。這些資料本身其實刻畫和凝聚著過去平埔族人生存活動的痕跡，由此建立不同的研究思維模式，擴展對臺灣平埔文化研究的方向。

　　國立臺灣大學圖書館「臺灣文獻文物典藏數位化計畫」中的「淡新檔案」，收錄 1776 年（乾隆四十一年）至 1895 年（光緒二十一年）淡水廳、臺北府及新竹縣的行政與司法檔案，具有臺灣法制史、地方行政史、社會經濟史的學術價值。國家文化資料庫「臺灣地區古文書資訊網」爲國立臺中圖書館收錄臺灣過去民間的契約文書和各種文件，以及部分官方的公文書，目前已經建置超過九千筆的影像資料。雖未提供全文檢索，但透過建置完備的後設資料，使用者

可蒐尋相關研究資訊。臺灣研究工具書資料庫網路化計劃之子計劃－地權與租佃關係研究書目資料庫，則試圖透過多媒體網路資料查詢系統的介面，讓圖片、文字與資料庫相結合，以研究書目為核心，針對傳統私有地權結構與租佃關係的課題，從書目資料庫及研究導覽二方面，配合主題式的導覽及契約文書的解讀，來說明土著地權的遞變過程與傳統農村的田業買賣習慣。並希望透過專題式書目資料庫的建構與上網工作的整備，來推動臺灣研究工具書資料庫的建立、整合與交流的工作。

（三）時間與空間資料的應用

有關臺灣文學時空背景資料庫的應用方面，如中央研究院「臺灣歷史文化地圖系統」，屬於整合性資料庫，結合文獻、地名資料與古今地圖，並且搭配已開發完成的各種資料庫，發揮地理資訊系統的功能，還原了臺灣歷史的空間舞臺。不僅以時代區分，又各分山川地形、交通、行政區年代及主題圖，加以建檔，並開放使用者利用底圖再加以編修。如筆者收錄於此 G.I.S.「主題圖」之一的「黃叔璥巡臺主要路線推測圖」，為 1722 年（康熙六十一年）來臺的首任巡臺御史，當他巡視時沿途必經過許多平埔聚落，但因《臺海使槎錄》的寫作體例為條目式的筆記，而非以按日記載、詳列巡行地名的方式呈現，故此圖是據書中所載作者於各地見聞所提供的線索，標出巡行臺灣的主要路線。[12] 並在此圖旁加註詮釋作者巡臺期

---

[12] 黃叔璥等人從臺南府城至羅漢門巡視，過斗六門社、半線社，到達沙轆社後，又返回臺南府城。至於南路則主要巡視武洛社，又到搭樓社及上淡水社、下淡水社、放索社等地。林淑慧：《臺灣文化采風：黃叔璥及其《臺海使槎錄》研究》（臺北：萬卷樓圖書公司，2006 年 12 月初版二刷），頁 74-75。

間對平埔族、漢移民社會面貌及文化特色觀察的說明，且附上重要
的研究參考書目。此資料庫的功能繁多，並多依據詳實史料所建構
而成，不僅在教學上提供學生瞭解歷史空間的意義，且深具研究參
考的價值。又「臺灣歷史地理資源網－古地圖與舊地名」在臺灣的
史地研究中，地名的異稱與變化成為一人難題。故此資料庫將許多
舊地名辭書和地圖地名予以電子化，提供使用者簡便查詢地名的歷
史，目前可進行臺北古地圖的查考搜尋。此外，中央研究院「閩南
語典藏－歷史語言與分布變遷資料庫」則收錄閩南語大眾文學中的
劇本和歌仔冊共六種作為語料，使用者可瀏覽、檢索全文和利用相
關索引。該站又建置語言分佈調查庫，勘查臺灣鄉鎮村落語言分佈
的狀況，建立語言地圖。

在歷史年代資料庫方面，如利用中央研究院「兩千年中西曆轉
換」資料庫，即能快速而方便的取得完整的中西曆對照資料。其轉
換的年代範圍，由西元元年（西漢平帝元始一年）至西元兩千年（民
國八十九年）。所具備的功能除了可直接由西曆日期查詢對應的中
曆朝代、帝號、年號、年干支、年、月、日等資訊外，亦可直接以
中曆之朝代、帝號、年號、年干支、日干支等資料查詢對應的西曆
日期。並錄有兩千年中西曆轉換程式中加入中西對照的「月曆功
能」。[13]從事文史研究常需使用中曆與西曆的對照資料，若能利用
這個目前涵蓋期間最長久，提供完整訊息的中西曆轉換程式的資料
庫，則對歷史時間的理解當更清晰具體。

---

[13] 邱展毅〈「兩千年中西曆轉換」資料庫介紹〉http://www.sinica.edu.tw/~tdbproj/
sinocal/lusodoc.html。

（四）人物與文化資料庫的應用

目前關於臺灣歷史人物的資料，受限於資料的零散、內容龐雜瑣碎，蒐集資料有其困難度，需建置資料庫並透過檢索，才能事半功倍。民間公司開發的「臺灣人物誌（1895-1945）」資料庫的蒐羅範圍，以日治時代的人物為主。詮釋資料包括姓名、經歷、學歷、本籍、住址、生日、資料出處等基本欄位，亦可透過原始影像直接瀏覽全文。此資料庫以臺灣在日治時期的歷史人物為主，資料的來源非常廣泛，主要取自各種當時的文獻，有助於對現代人物的瞭解。

往昔臺灣漢人村庄血緣性濃厚，一姓獨佔的血緣聚落甚多，村庄之凝聚力亦很強。而村庄是一個儀式界定的社會單位，村廟主神的轄境界定了村庄的範圍，村庄是一個祭祀共同體，也是一個命運共同體，它具有法人的性格，也是一個意志的單位。中央研究院「臺灣漢人村莊社會文化傳統資料庫」[14]呈現各村庄之社會文化傳統的資料，具有提供民眾研究瞭解自己所屬村庄、社區的歷史、社會、文化活動的功能。此資料庫立基於民族所研究員林美容對臺灣漢人村庄長期的調查研究所建立的。內容包含：

1、經過詳細調查的臺灣漢人村庄的村廟、曲館、武館等調查資料，範圍大致含括臺灣中部地區以及高雄縣。

2、理解這些村庄之特性以及村庄地緣組織（祭祀圈與信仰圈）之重要性的幾篇相關論文。

---

[14] 「臺灣研究網路化」為中央研究院自一九九六年七月起，前後兩期共計六年的主題計畫。子計畫共分四類，分別是「文化」、「歷史」、「自然」、「社會」。「臺灣漢人村莊社會文化傳統資料庫」即為子計畫之一。

3、臺灣民俗與宗教的名詞解釋,以及與資料庫內容相關的專有名詞。村庄是漢人社會家庭、宗族以外,最重要的社會單位,對此相關文化領域的了解,有助於作品中社會習俗的詮釋。另一個綜合型的資料庫為「臺灣大百科」,是由行政院文化建設委員會建置的。內容涵蓋範圍廣闊,並不斷擴增新的資訊,以達到百科全書包羅萬象的工具書功效。

四、結語

臺灣古典文學具有歷史縱深的厚度,涵括了語言凝鍊的詩歌、鋪陳且多典故的賦體、句式自由的散文,以及文言小說等。欲分析這些抒情感懷、論史議事、或記錄風土民情的古典文學發展概況,不僅需大量閱讀龐多有待整理的文本,也常面臨作品搜羅不易的困境,所以資料庫的建置有學術上的實用功能。如臺灣清治中期在地科舉社群的人數漸增,有些在地文人的刊本、手稿,目前尚珍藏在圖書館的線裝書室,或是民間文物館及後世族人中,未來若有相關的編纂計畫,則可將散落於臺灣各地的散文,加以蒐羅、校勘,並建置具後設資料的資料庫,必將有助於古典文學的教學與研究。此外,若能將國家臺灣文學館【全臺賦】及其影像集建置資料庫,必能豐富臺灣古典文學數位化的資源。

以往考慮典藏品管理以及維護保存,常將資料置於儲藏室中,忽略了研究或教育的需要。因此將珍藏資料數位化為解決維護和使用對立的方法之一,同時也讓不同單位收藏的文學史料聚集、整合、並擴大向外呈現的範圍。如臺灣的「數位典藏國家型科技計畫」,以及聯合國「世界記憶」文化資產的保存計畫,多兼顧研究與教學

的在地化及國際化。本節探討資料庫於臺灣古典文學史教學的應用，期望能有助於提昇臺灣古典文學的研究及教學成效，以作爲未來開拓臺灣文學史相關資料庫的參考。

表 6-1 臺灣古典文學史料資料庫舉隅

資料庫名稱	網址	建置單位
漢籍電子資料庫【臺灣文獻叢刊】	http://www.sinica.edu.tw/~tdbproj/handy1/	臺史所史籍自動化室
臺灣記憶－碑碣拓片資料庫	http://memory.ncl.edu.tw/tm_cgi/hypage.cgi?HYPAGE=about_tm.hpg	國家圖書館
全臺詩電子文庫	http://www.wordpedia.com/twpoem/	文建會文化資產保存中心、智慧藏學習科技股份有限公司
智慧型全臺詩知識庫	http://cls.admin.yzu.edu.tw/TWP/index.htm	國家臺灣文學館
臺灣漢詩數位典藏資料庫	http://www.literaturetaiwan.idv.tw/poetry/home.asp	中正大學、雲林科大等
閩南語俗曲唱本「歌仔冊」全文資料庫	http://www.sinica.edu.tw/~tdbproj/handy1/	中央研究院計算中心
《荔鏡記》多媒體數位教學	http://cls.hs.yzu.edu.tw/	優特資訊科技股份有限公司
漢文臺灣日日新報	http://tbmc.com.tw	臺灣大學圖書館、漢珍數位圖書公司
國家文化資料庫	http://nrch.cca.gov.tw/cca/	行政院文化建設委員會
臺灣文學辭典	http://taipedia.literature.tw:8090/	國家臺灣文學館
明清檔案工作室	http://archive.ihp.sinica.edu.tw/mct/	中央研究院歷史語言研究所「明清檔案工作室」

淡新檔案	http://libftp.lib.ntu.edu.tw/project/database1/index.htm	國立臺灣大學圖書館「臺灣文獻文物典藏數位化計劃」
平埔族古文書資料庫	http://www.tchcc.gov.tw/pingpu/index.htm	臺中縣立文化中心
臺灣歷史文化地圖	http://thcts.ascc.net	中央研究院計算中心、臺灣史研究所
兩千年中西曆轉換	http://www.sinica.edu.tw/~tdbproj/sinocal/luso.html	中央研究院計算中心
臺灣人物誌	http://tbmc.com.tw	漢珍數位圖書股份有限公司
臺灣漢人村莊社會文化傳統資料庫	http://twstudy.iis.sinica.edu.tw/han/	中央研究院 民族學研究所、資訊科學研究所
臺灣大白科	http://www.cca.gov.tw	行政院文化建設委員會

第二節　文化資產的典藏：
十九世紀臺灣在地文人資料庫的建構

一、前言

　　目前「數位典藏國家型科技計畫」為行政院國家科學委員會兼重人文內涵的國家型計畫，此 2002 年 1 月 1 日正式成立的計劃，承襲國科會「數位博物館計畫」、「國家典藏數位化計畫」及「國際數位圖書館合作計畫」的經驗，依據國家整體發展重新規劃而成。自 2007 年起邁入第二期，計劃旨在落實數位典藏資訊的知識化與社會化，朝向知識社會的發展及建構，進而達成提升國家競爭力的終

極目標。此計畫涵括拓展臺灣數位典藏、推動數位典藏人文社會經濟產業發展，及數位典藏海外推展暨國際合作推動三個主軸計畫；又有數位典藏技術研發、數位典藏網路核心平臺兩個核心計畫，這些計畫皆具有促進國家文化與資訊競爭力發展的長遠眼光。在第一期典藏國家文物、精緻文化成果的基礎上，以國家力量強調本土內涵、呈現臺灣文化多樣性脈絡、彰顯臺灣文化主體性為首要的目標。從最底層的數位化檔案、整合深度後設資料描述的文化內容、開發技術與創意結合的應用，而能呈現臺灣人文、社會及自然環境領域的多樣性脈絡。同時需要全面將典藏內容與技術融入到產業、教育、研究與社會發展等各領域中，並且結合永續經營的商業模式、推廣串聯的專業團隊，將臺灣豐富深邃的數位典藏內容推向國際舞臺。[15]雖然這些計畫至今累積了若干成果，但與臺灣文學史相關資料庫的建置仍屬有限，尚有許多開拓的空間。此外，如何將其建置成果運用於教學、研究上，亦為值得探討的議題。就臺灣文學史發展的脈絡而言，十七到二十世紀的古典文學所跨越的時間長、數量亦龐多。尤應關注在地文人對臺灣文化的自我書寫，因這些在地文人不僅具有民間領導階層的關鍵地位。他們所創作的古典散文成為有意識的論述形式。到了二十世紀初期，臺灣文人，亦將因應時局遽變、現代化衝擊的心理轉折，流露民眾在世變中的共同處境。然而，相較於其他文類的資料庫建構，臺灣古典詩已有「全臺詩智慧型資料庫」以及「全臺詩電子文庫」，並已開放供外界使用；但臺灣古典散文

---

[15] 國科會數位典藏小組：〈數位典藏國家型科技計畫概述〉(臺北：數位典藏國家型科技計畫工作室編，2008 年)。

作品，除了臺灣文獻叢刊中有一部份相關外，至今仍未有專門的資料庫資源。這些文學史料，不論在質量上皆頗爲可觀，並具文化資產的價值，實爲學界尚待耕耘之處。若能結合研究人才，共同建置臺灣在地文人資料庫，當有助於臺灣文學史的研究，且能實際應用於教學。故本節擬探討臺灣在地文人資料庫的規劃，需思考哪些建置前的準備事宜？資料庫層級與單元群組間該如何規劃？Metadata的設計又應如何分析？對於應用的層面而言，於臺灣古典文學研究與教學將有何助益？因臺灣目前尚未見到以臺灣在地文人及其作品爲主的資料庫，期望藉由資料庫建構的實例，作爲經驗分享的依據，並有益於於研究與教學的應用。

二、史料的蒐羅與整理

　　數位典藏是指數位典藏品長期的儲存、維護及檢索取得（accessibility），其主要目的是確保數位資料的可用性、持久性及智慧整合性。[16]早期在地文人的作品早已湮沒不傳，而有些僅藏於國立臺灣圖書館（原中央圖書館臺灣分館）的善本書庫，有些則珍藏於民間的文人後代。這些珍藏於圖書館的善本書室或拍攝成微捲的資料，以及文人後代保存的手稿，常需耗費心力始能取得，對欲詮釋臺灣古典文學的研究者來說，文獻不易搜尋的障礙，影響了臺灣研究的多元發展。故各典藏單位或學術研究機構應加速將文人的相關文獻數位化，開放各界自由使用。數位化的過程中需仔細檢閱

---

[16]　陳和琴：〈Matadata 與數位典藏之探討〉，《大學圖書館》第 5 卷第 2 期（2001年 9 月），頁 1-10。

各文集不同版本之間有何異同點？刊本與手稿之間是否有所出入？詳加比對後，再標點建檔輸入全文，提供第一手文獻，以供學界自由運用，則將有助於古典散文研究的深化。

中央研究院執行「漢籍電子文獻」計畫，此為目前使用率頗高的臺灣文獻資料庫，為臺灣人文研究提供一條便捷的搜尋管道。叢刊中方志〈藝文志〉收錄公牘政論、碑文、傳、記、風土詩，或是口傳文學，多與當地歷史文化有密切關聯，亦是古典散文的研究素材。雖然【臺灣文獻叢刊】為彙集眾人之力所編成，已蒐羅相當豐富的臺灣文獻資料，但亦有其闕漏待補之處。如臺南章甫（1755-1816）的文集原由門人刊印為《半崧集》，1917 年（大正六年）曾據 1816 年（嘉慶二十一年）的版本加以抄錄，今典藏於國立臺灣圖書館，並攝有微捲。1964 年（民國五十三年）臺灣銀行經濟研究室刪存原書之半，刊印成《半崧集簡編》，此現今常見的版本實為節錄本，故未能呈現章甫文集的全貌。至於新竹鄭用錫（1788-1858）《北郭園詩文鈔》稿本由其後人捐贈至吳三連史料基金會典藏，有些作品則另收錄於《淡水廳志稿》、《浯江鄭氏家乘》及《淡水廳築城案卷》等文獻中。若能參考這些相關文獻，可補充【北郭園全集】的不足，或可藉以作為校勘的參考。此外，新竹鄭用鑑（1789-1867）《靜遠堂詩文鈔》、臺南施瓊芳（1815-1868）《石蘭山館遺稿》、臺北曹敬（1818-1859）《曹愨民先生詩文集》、金門林豪(1831-1918)《誦清堂文集》、澎湖蔡廷蘭（1834-1893）《海南雜著》、李春生（1838-1924）【李春生著作集】、彰化吳德功（1850-1924）【吳德功全集】、臺南施士洁（1855-1922）《後蘇龕合集》、彰化洪棄生（1867-1929）【洪棄生先生全集】等，皆是

在地文人散文典藏品的代表作。未來典藏品將延伸至二十世紀初期散文與文化的相關文本，如臺北謝汝銓（1871-1953）《雪漁文集》、臺南連橫（1878-1936）《雅堂文集》、臺中林資修（1879-1939）《南強文錄》、臺中林獻堂（1881-1956）《環球遊記》、高雄鄭坤五（1885-1959）《坤五文集》等文集、或是珍藏於民間的手稿外，在《漢文臺灣日日新報》或《臺灣文藝叢誌》、《三六九小報》、《風月報》、《南方》等報刊及文藝雜誌中所載的古典散文與小品文。除了蒐集、整理十九到二十世紀初期臺灣在地文人之作品、手稿之外，另可藉由訪談文人的後代，以蒐羅相關史料。

在蒐集資料庫的資料時，需考慮以下幾項原則：尊重資料來源、維持資料全宗及原始順序的原則，並呈現資料描述多層級的原則。[17]就資料庫管理者角度而言，則要考慮檔案編目人員的需求、系統管理的需求。若建置完成，應更進一步考慮資料交換與建置聯合目錄的原則，以及從使用者的方便考量，檢索需求的原則。十九世紀在地文人的文集為筆者的研究範疇，對於文獻的爬梳等前置工作，已著手進行文獻版本的整理校對。將已出版的作家作品全集，如洪棄生《八州遊記》，李春生《東遊六十四日隨筆》，吳德功《瑞桃齋文稿》、《讓臺記》、《戴施兩案紀略》、《觀光日記》等，將已整理過後的文人作品，為建置資料庫的首要對象。爾後並繼續整理在地文人之作品文集，以期擴充、補足資料庫的範疇。於執行國科會專題研究計畫的過程中，須不斷與資訊人員溝通討論線上資料庫

---

[17] 林平華、張瓊月：〈國史館規劃後設資料（Metadata）經驗談〉，《國史館館刊》復刊第 38 期（2005 年），頁 144-171。

網頁畫面呈現，以及使用的便利性；亦須培訓兼任助理於考證文人生平經歷、作品的成書年代、文體類別、寫作地點，以及作品內容提要、相關事件的描述等基礎研究能力的訓練，以期呈現專業的電子資源。

除了作品的數位化之外，亦可結合田野調查的方法，將文人以往的生活場域加以拍攝，並製成影像檔。如臺北文人李春生資助的大稻埕教會紀念堂、濟南教會、或地方上具歷史性的書院等古蹟；以及珍藏於國立臺灣圖書館有關在地文人的文物，以影像檔呈現於資料庫中，使讀者更能理解時代情境。此外，或以影音檔記錄與文人後代訪談的過程，增加對文人有關家世或學養的瞭解，並感受他們與家鄉族人間的關聯，進一步詮釋散文豐盈的內涵。

三、資料庫單元層級及群組關係

本資料庫的層級分為：第一層「文人」，第二層「文體」，第三層「書」，第四層「篇」。為清晰呈現建置中的臺灣十九世紀文人資料庫單元群組關係圖，茲規劃單元層級關係如圖 6-1。

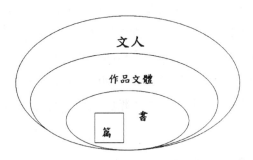

圖 6-1 十九世紀臺灣在地文人單元層級關係圖

又以資料庫架構方式呈現其群組關係如圖 6-2。

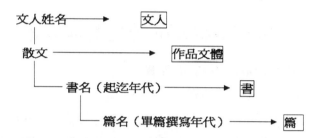

圖 6-2 十九世紀臺灣在地文人群組關係

為清楚呈現其整體架構，再分項將各單元群組關係及其細目詳列如下：

1、「文人」

對文人的整體描述，包括文人的姓名、字號、生卒年月日、出生地、科舉功名、任官職銜、親屬友朋姓名，以及連結至評論該文人作品電子檔。

2、「作品文體」

將文人作品資料依文體類別分類編輯，包含有作品文體名稱、簡述、作品所歸屬的文人的號、作品撰寫起迄時間。

3、「書」

作品文體下之單一書籍，包括書名、所收作品文體篇數、內容摘要、作品文體代碼、書編著起迄時間。

4、「篇」

書目下的單一篇目，包含篇名、內容摘要、次文體代碼、所屬

書名代碼次文體名稱、單篇寫作起迄時間、寫作地點之今古地名，
內容所涉及之事件、地名、人名。

四、Metadata 的規劃與設計

（一）Metadata 的內容架構

　　所謂 Metadata（後設資料），通常用以定義、辨識電子資料，
以及協助資源取用的描述方式，最為人普遍接受的定義是「資料中
的資料」，其目的在促進資料系統中對資料的檢索、管理與分析。
Metadata 不僅具有傳統的著作錄功能，更是資料的管理維護者與使
用者之間的橋樑，透過 Metadata 更容易了解且增強資料的辨識，進
而予以利用與管理資料。[18]Metadata 是一個意義較為廣泛的辭彙，
除了可以應用於電子資料，亦可用於實體資料。建置 Metadata 可從
「誰」、「何時」、「何處」著手思考，這是由龐大資料中取得所
需資訊的解決方式之一[19]。後設資料的建置將更能理解每一典藏品
的複雜背景以及歷史縱深。具體而言，即是將 Metadata 元素視為單
一事件(an event)，相關的文人（「誰」）、文人所處年代（「何時」）
以及文人所在地（「何處」），或是以作品所涉及的人名、地名、
時間、描述的內容等，建構出 Metadata 的骨架，呈現查詢方式及查
詢結果的多樣性。

---

[18] 陳雪華：〈史料數位化與 Metadata〉，《臺灣古文書數位化研討會暨成果發表
會議資料》（1998 年），頁 55-56。

[19] Lewis Lancaster, *Digital Data in the Humanities*：《數位典藏國際會議論文集》，
數位典藏與數位學習國家型科技計畫，行政院國家科學委員會數位典藏國際會
議（2008 年 3 月 18 號-20 號），頁 9。

臺灣在地文人資料庫的 Metadata 內容架構，包括：「Metadata 元素需求表單」（含「Metadata 定義」、「Metadata 著錄規範」、「Metadata 著錄範例」）、「Metadata 元素關係結構」，以及「資料庫系統屬性功能需求」等。參考了中央研究院 2004 年 11 月由「數位典藏國家型科技計劃辦公室」所出版《數位典藏技術彙編》中，有關人文學領域的實例－楊雲萍文書、民族學影像、善本圖籍後設資料所建置而成。因臺灣目前尚未見到以臺灣在地文人及其作品為主的資料庫，也因此未出現與此領域相關 Metadata 的規劃，或是為此研究架構下的「Metadata 元素需求表單」的「元素中文名稱」、「定義」、「著作規範」下一完整義界。筆者為呈現 Metadata 元素需求的表單，故詳加定義這些名稱：首先在整理資料的過程中，依序將文人、文體、書、篇加以編號，由於 Metadata 資料庫無法讀取英文字母或是數字以外之檔案名稱，所有欲上傳之資料皆英文字母及數字編碼，而其相對照之定義則由筆者逐筆資料確認。例如：就「文人」層級而言，元素中文名稱「文人號」，其定義為「文人的代碼」，以阿拉伯數字為其編碼；元素中文名稱「功名」，定義則為「文人的科舉功名」，在「著作規範」部分尚有「進士/舉人/生員」的區別，資料庫上傳後，可以下拉選單方式呈現；而在文人的「親友」部分，元素中文名稱欄的「親友」，代表資料庫中將呈現「文人的親屬友朋姓名」。（參見表 6-2 Metadata 元素需求表單）

表 6-2 Metadata 元素需求表單

(1) 文人

元素中文名稱	定義	著錄範例
文人號	文人的代碼	
姓名	文人的姓名	
字	文人的字	
號	文人的號	
西元日期－起	文人的出生年日期（西元）	
年　　月　　日		
西元日期－迄	文人的卒年日期（西元）	
年　　月　　日		
紀年/年號－起	文人的出生日期（年號）	下拉選單：嘉慶/道光/咸豐/同治/光緒/明治/大正/昭和
年　　月　　日		
紀年/年號－迄	文人的卒年日期（年號）	下拉選單：嘉慶/道光/咸豐/同治/光緒/明治/大正/昭和
年　　月　　日		
出生地（古地名）	文人的出生地（古地名）	
出生地（今地名）	文人的出生地（約今地名）	
功名	文人的科舉功名	下拉選單：進士/舉人/生員
經歷	文人任官職銜	

親友	文人的親屬友朋姓名	
評論檔	連結至評論文人作品之電子檔	
評論篇名（無電子檔）	無電子檔的評論篇名	

(2) 作品文體

元素中文名稱			定義	著錄範例
文體號			作品文體代碼	
文體名			作品文體名稱	下拉選單：散文/詩/詞//賦
簡述			句式不齊、非押韻的散文	
所屬文人號			作品所歸屬的文人的號	
西元日期－起			總作品寫作起始時間	
年	月	日	單一文體（西元）	
西元日期－迄			單一文體寫作完成時間	
年	月	日	（西元）	
紀年/年號－起			單一文體寫作始時間（紀年）	下拉選單：嘉慶/道光/咸豐/同治/光緒/明治/大正/昭和
年	月	日		
紀年/年號－迄			單一文體寫作完成時間（紀年）	下拉選單：嘉慶/道光/咸豐/同治/光緒/明治/大正/昭和
年	月	日		

(3) 書

元素中文名稱			定義	著錄範例
書名號			書名代碼	
書名			書的名稱	
文體篇數			該書中所收作品文體篇數	
簡述			書的內容摘要	
所屬文體號			書所屬作品文體代碼	
西元日期－起			書編著起始時間（西元）	
年	月	日		
西元日期－迄			書編著完成時間（西元）	
年	月	日		
紀年/年號－起			書編著起始時間（年號）	下拉選單：嘉慶/道光/咸豐/同治/光緒/明治/大正/昭和
年	月	日		
紀年/年號－迄			書編著完成時間（年號）	下拉選單：嘉慶/道光/咸豐/同治/光緒/明治/大正/昭和
年	月	日		

(4) 篇

元素中文名稱	定義	著錄範例
篇號	篇號代碼	
篇名	作品單篇名	

簡述	單篇內容摘要	
所屬書名號	單篇所屬書名號	
次文體名	單篇的次文體名稱	下拉選單：遊記/日記/傳記/雜記/論/說/辨/考/解/書評/奏議公牘/序跋/書信/碑文/哀祭文/祝壽/檄文/銘箴/
西元寫作年－起 年　　月　　日	單篇寫作起始時間（西元）	
西元寫作年－迄 年　　月　　日	單篇寫作完成時間（西元）	
紀年/年號－起 年　　月　　日	單篇寫作起始時間（年號）	下拉選單：嘉慶/道光/咸豐/同治/光緒/明治/大正/昭和
紀年/年號－迄 年　　月　　日	單篇寫作完成時間（年號）	下拉選單：嘉慶/道光/咸豐/同治/光緒/明治/大正/昭和
寫作地（古地名）	單篇寫作地點（古地名）	
寫作地（今地名）	單篇寫作地點（今地名）	
內容事件	單篇內容所涉事件	
內容地點	單篇內容所涉今地名	
內容人名	單篇內容所涉人名	
全文檔	連結至該篇之電子檔	
手稿影像檔	連結至該篇之影像檔	

（二）Metadata 轉入資料的規劃

待定義完成，為便於將蒐集到的資料轉入「十九世紀臺灣在地文人資料庫」，便依照文人、作品文體、書、篇四個層級下的 Metadata 元素，建置為 Excel 檔案格式。並以表格方式呈現「Metadata 元素關係結構」的細目，以供資訊人員轉換成資料庫模式。以下將 EXCEL 轉入資料格式分層規劃表 6-3：

表 6-3 Metadata 轉入資料規劃

（1）「文人」

文人號	姓名	字	號	西元日期－起			西元日期－迄			紀年/年號－起			紀年/年號－迄			出生地 (今地名)	出生地 (古地名)	功名	經歷	親友
				年	月	日	年	月	日	年	月	日	年	月	日					

（2）「作品文體」

文體號	文體名	簡述	所屬文人	西元日期－起			西元日期－迄			紀年/年號－起			紀年/年號－迄		
				年	月	日	年	月	日	年	月	日	年	月	日

（3）「書」

書名號	書名	文體篇數	簡述	所屬文人	所屬文體	西元日期-起			西元日期-迄			紀年/年號-起			紀年/年號-迄		
						年	月	日	年	月	日	年	月	日	年	月	日

（4）「篇」

篇號	篇名	簡述	書名	次文體名	西元日期--起			西元日期--迄			紀年/年號--起			紀年/年號--迄			寫作地(古地名)	寫作地(今地名)	內容事件	內容地點	內容人名	全文檔	影像檔
					年	月	日	年	月	日	年	月	日	年	月	日							

　　表格中所謂的「全文檔」是指：整理蒐集到的臺灣在地文人文集與散文作品，依序輸入到電腦，轉成文字檔之後，成為「全文檔」。而「影像檔」則指：將作家手稿、善本或原刻本翻拍或掃瞄成數位影像。資料數位化過程中，除了規劃 Metadata 元素需求表單中的定義、著錄規範、著錄範例之外，還需與資訊人員討論「資料庫系統屬性功能需求」、「代碼表元素需求表單」、「代碼表範例」以及「系統查詢功能需求」等項目。整體架構完成後，再與資訊人員討論資料庫網頁細部內容，以使用者的角度，規劃設計資料庫初步頁面之呈現方式。（參見圖 6-3：「臺灣在地文人資料庫首頁」）

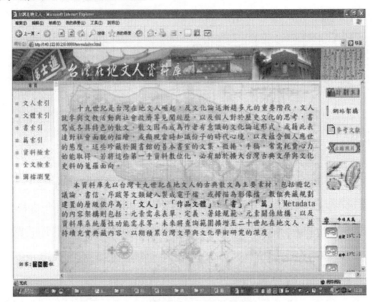

圖 6-3 臺灣在地文人資料庫首頁

同時，將古典散文的全文檔、善本或手稿的影像檔及 Metadata 元素關係結構，整合成資料庫模式。而當完成部分已建檔之文人資料庫，則先檢驗網頁內容使用上的效果，並適時修正。最後，將修改完後的資料庫網頁模式上傳，以提供連結供學界查索及運用。

五、結語

藉由建構臺灣在地文人資料庫，亦是促進民眾理解這塊土地文化的方式之一。早期的文學史料不論在質量上皆頗為可觀，並深具文化資產的價值。資料庫於建置之前，首要的準備即是典藏品史料的蒐羅與整理；目前有些在地文人的資料多散佚難尋，其後代所知

亦有限，間接造成此領域在研究上的難度。即使從這些文學史料爬梳出整體散文發展的脈絡，將會是十分龐雜的研究工作；但因臺灣古典文學蘊含土地的記憶，此類資料庫的建置與應用兼具「本土化」與「國際化」的價值。

　　將台灣十九世紀在地文人相關的文化資產建置成資料庫，具有加強重要典籍的流通，擴大臺灣古典文學研究的範疇，以利累積後續學術研究的功能。本節鑑於臺灣古典散文作品，除了臺灣文獻叢刊中的部份相關電子文獻外，至今仍未有專門的資料庫資源，故探討此領域數位典藏的相關議題：（一）資料庫的建置：探討史料的蒐羅與整理、資料庫單元層級及群組關係；（二）Metadata 的規劃與設計：包括 Metadata 的內容架構、Metadata 轉入資料的規劃等。未來將陸續充實台灣在地文人資料庫的內容資訊，並擴充查詢範圍，以期有助於臺灣古典文學研究的深化與實際教學的應用。

第三節　古典風情・記憶再現：
十九世紀臺灣在地文人資料庫的應用

一、前言

　　人文學界欲在 21 世紀的地球村佔有一席之地，掌握數位化為其關鍵之一，也就是將既有的「文明成就」從「文字」的載體轉換為數位資料。網路讓世界各地的研究者都能輕易取得素材，不會因為時空或經費的限制，阻礙了研究的進行。同時也擴大了研究範圍，利用電子文獻資料庫，不需重新進入校園，就可在短時間內轉換專

業領域。資料庫的廣泛應用亦對既有的研究方法產生衝擊,如閱讀的革命、記憶的突破、解讀、應用與考證的難題。由於網路傳輸技術日臻成熟,透過無遠弗屆的網際網路連結,使國內外人士可突破時間、空間的藩籬,能在遠端查詢應用檔案文物的目錄及數位影像資料。透過網路,電子古籍可以瞬息千里,較無運輸和分配的問題。[20]

　　一個良好的後設資料庫應該具有以下功能:(1)延續保存檔案文物的原件壽命,永續典藏數位化文件;(2)提昇檔案文物的應用,促進研究的風氣;(3)建立國際通用標準規格,與國際檔案館資訊交流;(4)順應世界潮流,推廣網際網路傳輸應用。[21]就臺灣文學史相關資料庫的效用而言,能將罕見的文本及文人後代收藏的書信、手稿數位化,即成為永久典藏的檔案;同時避免因研究者不斷翻閱,造成手稿或珍貴的刊刻本毀損。因原始版本僅典藏於某一研究機構或學術單位,研究者在取得一手資料上常有困難,但是當檔案數位化之後,這些研究素材全成為公開的文化資產,有助於原始資料的應用,使更多有志者投入相關領域的研究,進而提升研究的深度。以國際通用標準規格來建立資料庫的後設資料,將可與世界其他檔案典藏館接軌,或互相討論建置的經驗。

　　除了中研院「漢籍電子文獻資料庫」深獲各界口碑之外,「善本古籍」、「檔案」、「古文書」、「拓片」、「考古遺物」等,

---

[20]　顧力仁、蔡慧瑛:〈圖書館古籍整理與資訊科技的應用〉,《中華民國九十二年圖書館年鑑》(2004年),頁41-48。

[21]　林平華、張瓊月:〈國史館規劃後設資料(Metadata)經驗談〉,《國史館館刊》復刊第38期(2005),頁144-171。

也累積豐碩的成果。這些典籍與文物數位化是臺灣優於各國的強項之一，美、日、英、法、德、韓、越等學術界多表達與臺灣國合作意願，其中東亞國家處理歷史文獻，多學習臺灣的經驗且有實際合作的機會。因此，臺灣數位典藏計畫國家型科技邁入第二期，特別成立「國際合作」分項計畫，專門處理數位典藏國際合作事宜。主要目標爲建立國際合作網路，將典藏成果國際化，展現臺灣文化與生物多樣性。藉由第一期計畫中具主題性及獨特性之菁華成果（含出版品與網站）英文化，透過數位臺灣文化入口建置與推廣，提供國際專業社群瞭解臺灣數位化成就(包含內容與技術)。[22]臺灣數位典藏成果國際合作入口網站與不臺的架設，創造文化流通的管道，同時提昇臺灣在各學術主題的國際研究能見度。

線上資料庫的建置，不僅可以引領臺灣文學初入門的愛好者，瞭解此塊土地曾發生的人、事、物；對臺灣古典文學的研究者來說，能從資料庫中快速檢索研究議題的關鍵資訊。將臺灣在地文人的古典散文數位化，供學界下載及檢索運用，可彌補目前古典散文作品尚未全面流通的研究困境，並有助於鼓勵更多人投入此學術領域，進一步深化臺灣古典文學的研究。

二、應用資料庫於作者的研究

欲研究臺灣古典散文的發展概況，不僅需大量閱讀龐多有待整理的文本，也常面臨作品搜羅不易的困境，所以資料庫的建置有學

---

[22] 賴昆祺：〈數位典藏海外推展暨國際合作網路推動計畫─數位臺灣文化入口網子計畫〉，《數位典藏國家型科技計畫電子報》第 6 卷第 1 期(2007 年)。

術上的實用功能。如臺灣清治中期在地科舉社群的人數漸增，然因刻書不易，詩文作品刊刻出版的數量極爲有限，許多文人的作品已散佚難見。幸運留存的或由方志藝文志所收錄，或存於《瀛洲校士錄》等科舉習作集的傳刻本中。後來單獨編纂出版的，如新竹鄭用錫《北郭園全集》保存部分作品，或另收錄於《淡水廳志稿》、《浯江鄭氏家乘》等文獻中。又如鄭用鑑的作品今集結成《靜遠堂詩文鈔》、臺南進士施瓊芳的作品彙成《石蘭山館遺稿》，這些作品皆未收錄於方志藝文志。早期在地文人的作品早已湮沒不傳，所幸，有些在地文人的手稿，目前尙珍藏在後世族人中。如曹敬手稿爲清治中期淡北文人難得留存在世的作品。若將這些資料加以蒐羅、校勘，並建置具後設資料的資料庫，當有助於研究素材的蒐羅與理解。

　　資料庫的後設資料提供單一作者的生平經歷，可當作以在地文人爲研究對象者的參考。如鍵入文人姓名查詢，將得到關於文人的字號、生卒年月日、出生地、科舉功名、任官職銜、親屬友朋姓名等資料，再取傳記資料依時間順序加以分類，則可作爲建構其年譜的基礎。茲舉文人蔡廷蘭爲例，當鍵入文人姓名查詢，則將呈現建置 Metadata 時所輸入相關的資訊。如蔡廷蘭，字仲章，號廷蘭，諱崇文，諡郁園，學者稱秋園先生。又一號曰香祖，原本爲恩師周凱依其名所取之「字」，但因早已按照家族輩份取字「仲章」，遂以「香祖」爲號。1801 年（嘉慶六年）8 月 20 日生，1859 年（咸豐九年）3 月 15 日卒，享年五十九歲。並得知他的出生地舊地名爲澎湖廳，今地名爲澎湖縣。至於有關科舉功名的敘述則有：1813 年（嘉慶十八年）附生，1814 年（嘉慶十九年）廩生，1837 年（道光十七年）舉人，1844 年（道光二十四年）進士。在經歷的資訊方面，如：

1828 年（道光八年）助澎湖通判蔣鏞補輯《澎湖紀略續篇》，次年完成但未刊行；1831 年（道光十一年）澎湖大旱，擔任澎湖廳義倉總董，次年澎湖大饑，周凱勘查賑災情形，蔡廷蘭上〈請急賑歌〉，詩歌中透露知識份子對民生的關懷，為臺灣古典詩歌史上著名的作品。1835 年（道光十五年）鄉試畢返鄉，海上遭颶風而至越南，回澎湖後將所見聞撰成《海南雜著》。1837 年（道光十七年）同時擔任臺南崇文、引心及澎湖文石三書院講席。在任官職銜方面：1844 年（道光二十四年）賜進士出身，四十四歲分發至中國江西任知縣，四十九歲補峽江知縣，後歷官至同知。1859 年（咸豐九年）卒於江西省豐城縣知縣任內。[23] 除了文人基本的生平經歷外，其作品所提到的親屬友朋姓名有：陳淵、周凱、林梅樹、呂世宜、熊介臣、劉鴻翔、蔡培華、蔡繼漸等，從這些親友的欄位所提及的幾位人名，呈現出蔡廷蘭的交遊網絡。其中，周凱為蔡廷蘭的老師，兩人互動關係頗為密切，除了學問上的授受外，周凱也曾對《海南雜著》有所評論。從這些作者生平經歷的關鍵資料，有助於使用者增進對這些文人以及作品產生背景的理解。

　　另一方面，若經由鍵入文人的功名、任官職銜的稱謂，亦可查詢學養或聲望相類似的文人社群。例如，若欲考察曾獲「進士」功名的臺灣在地文人，則鍵入「進士」查詢後，將得到鄭用錫、施瓊芳、施士洁等文人資料，更能進一步檢索他們的學經歷涵養過程。二十世紀初期臺灣古典文學的社團逐漸林立，若鍵入在地文人參加的詩社、文社等資料，亦有助於理解文人參與文學活動的情形。如

---

[23]　林豪：《澎湖廳志》，頁 237-239。

果以作者曾任書院山長（院長）等職銜或官名查詢，則可得知鄭用錫、鄭用鑑曾任明志書院山長，施瓊芳曾任海東書院山長，施士洁則曾任海東與白沙書院山長等從事文教社群的作者資料。由此可知，Metadata 將有助於查詢者便捷得到學界研究文人社群生平經歷的相關成果。

時間與空間為研究文學發展脈絡的關鍵條件。若以時間的查詢為例，為了理解作家群特色，則可鍵入某一西元紀年或朝代年號的起迄範圍。查詢系統接收到一段時期如 1850-1900 的年代檢索條件後，將出現 1850 年以後的 50 年之間出生的文人姓名，包括鄭用錫、鄭用鑑、施瓊芳、曹敬、蔡廷蘭、李春生等文人。再點選這個時間區段的文人姓名，即獲得其相關資料的查詢結果。另一方面，若以空間作為查詢條件，則可鍵入文人出生地的古地名或今地名。例如，查詢臺北地區，則呈現曹敬、李春生等文人；查詢新竹地區，則出現鄭用錫、鄭用鑑等文人；查詢臺南地區，則有施瓊芳與施士洁。掌握這些某一時段、某一區域文人社群的資料，可作為臺灣文學及文化發展脈絡的研究素材，並有助於建構臺灣早期文人的群體圖像。

三、應用資料庫於作品的研究

由於資料庫提供臺灣在地文人的作品全文檔，故可直接查詢各書內容，如日治時期的文藝期刊《臺灣文藝叢誌》曾登錄鄭用鑑的作品，後收錄於《靜遠堂詩文鈔》一書。又如，施瓊芳與施士洁為全臺唯一的進士父子，曾擔任海東、白沙書院院長，兩人皆為書院學術地位的提昇而長期貢獻心力。施氏父子的散文作品後來彙集為《石蘭山館遺稿》、《後蘇龕文集》，從中可探討其募修水道、車

橋、藥王廟等社會參與。文集中亦多談論育嬰堂、義民祠、文昌祠、海神廟、朝天宮等空間載體，透顯對於文昌信仰、敬字習俗以及儒化儀式的感知與識見。若以其文集爲文本，參照臺灣史、民俗學、文化研究等領域的研究成果，並結合田野訪談後人以取得相關資訊，以詮釋在地文人文化論述的特色。

　　在地文人散文中的應用文數量頗多，包括墓誌銘、祭文、祝壽文、書信函札、日記、遊記等次文類的作品，皆透露不同文類的特性。若以「祭文」查詢，即可顯示施瓊芳〈先府君墳塋修竣敬告祭文〉、〈太高祖暨妣氏連太叔祖德沛公填塋修竣祭告文〉、洪棄生〈先考孝恭公墓志銘〉、〈先妣張氏墓志銘〉等文。此類作品多流露作者對家族、親友的記憶，並蘊含祭祀書寫的文化意涵。在史傳散文方面，吳德功《戴案紀略》、《施案紀略》、《讓臺記》等書，蘊含褒貶清末民變人物的教化論述、從割臺到日軍侵臺的詮釋觀點等史傳散文，多透過現在的詮釋觀點及需求，重新解讀過往歷史文化的認知，也保留了作者對臺灣史事的記憶。又可從日治初期吳德功於《揚文會策議》中所錄三篇有關修保廟宇、旌表節孝、救濟賑恤的獻策論議，透露出儒生的文化視界。資料庫中所列書籍下的每單一篇目，包含篇名、內容摘要、次文體代碼、所屬書名代碼次文體名稱、單篇寫作起迄時間、寫作地點之今古地名，內容所涉及之事件、地名、人名等欄位，皆爲研究者提供許多訊息。又可從作品的文體來查詢，包括公牘政書、傳、記、碑文等文類，來分析古典散文的多元面向。

　　若依書加以檢索時鍵入文人姓名，則可呈現文人相關著作的情形。以查詢吳德功的作品而言，查詢結果呈現六本書名。（如圖 6-4：

「吳德功作品查詢結果」）

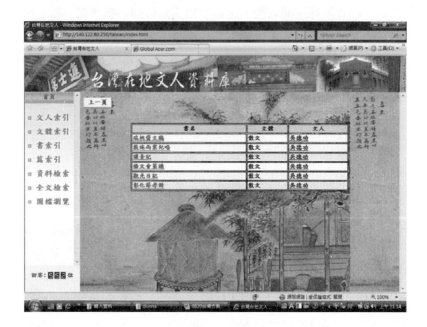

圖 6-4 吳德功作品查詢結果

　　吳德功的簡述中提及《瑞桃齋文稿》散文面貌，包括議論史事、社會救濟、人物傳記、遊記及記錄典章、祝壽等。從吳德功的議論散文中，可探究儒教的社會實踐與殖民社會的應世之道。又如，十九世紀末頗具代表性的議論文集－李春生《主津新集》，收錄牡丹社事件後臺灣政經局勢變化的評論，以及關於國際關係的論述，呈現他與現代性交會的情形。從評析報紙的公共輿論功能、宣揚政教改革的觀念、以及多元文化的借鑑，探討如何產生知識啟蒙的論述。

因李春生的學養與經歷，其著作內容多對傳統儒學有新的詮釋，同時又蘊含以基督教為核心的國際視野。《主津新集》呈現其經濟方面的識見，更在政治、外交、人才的培育、及社會風俗等層面暢所欲言，在當時臺灣的文化場域中頗具特色。因資料庫於篇的層級中，將篇目一一羅列出來，有助研究者綜覽此書的題材類型。

四、應用資料庫於主題的研究

十九世紀臺灣在地文人的散文，常蘊含有關歷史文化、風俗民情、社會參與、書院教育及儒學思想等主題。如臺南施瓊芳、施士洁父子散文中的文化面向，涵括了社會救濟、家族記憶、以及地方信仰的論述等。若以「送字紙」風俗，作為主題檢索的關鍵，可搜尋到施瓊芳〈奎樓送字紙外海祝文〉等文。又如以信仰作為主題研究，則呈現施瓊芳〈代募修郡內樂王廟小引〉、《石蘭山館遺稿‧為三郊春祭義民祠文》，以及施士洁〈臺郡海神廟募啓〉、〈臺灣北港增修朝天宮碑記〉等，皆是主題研究的素材。

資料庫中所蒐羅的臺灣古典文學史上數本遊記，呈現文人對異地的記憶，並透露文化論述的特殊質性。若以旅遊書寫的主題加以詮釋，可探討異文化接觸的意涵；或參照十七到十九世紀各國旅遊書寫，比較作者的敘述立場。如澎湖文人蔡廷蘭於 1835（道光十五）年秋到越南的意外旅程，後來他將漂流至越南的行旅事蹟及所見所聞記載成《海南雜著》。從《海南雜著》所載傳說與諺語，以及歷史與風俗論述，得以詮釋旅外遊記所牽涉到的文化遷徙流動，以及在地文人跨界論述的價值觀。另一位旅外文人為李春生，於 1896 年（明治二十九年）2 月赴日遊覽，並將遊記撰寫為《東遊六十四

日隨筆》。若從旅遊論述的場域、文化差異的觀察、敘事與身份轉移的心理狀態等幾個面向，可探討此遊記的文化論述特色。至於吳德功《觀光日記》則是於 1900 年（明治三十三年）3 月受邀至臺北參與揚文會，會後將相關的議程內容以及總督府參訪行程，撰寫成《觀光日記》，並透露吳德功參與殖民政府刻意安排的現代性體驗。除了以旅遊為主題的書籍外，另有一些單篇的論文，如章甫〈遊清源洞記〉、〈遊火山記〉、〈遊鯽魚潭記〉、〈郡守蔣金竹太史遊龍潭記〉等數篇；吳德功〈遊碧山巖記〉、〈遊武東堡〉、〈遊湖水坑記〉、〈遊龍目井記〉、〈讀觀光紀遊書後〉等皆是遊記類的文章。

　　散文中有關社會救濟的主題，如以「育嬰堂」為內容事件的查詢條件，查詢結果將顯現施瓊芳〈育嬰堂給示呈詞〉、〈募建育嬰堂啓〉兩篇文章，以及吳德功〈救濟賑恤（養濟院、育嬰堂、義倉、義塚、義井等類）議〉一文。這些散文呈現作者企圖矯正溺女現象，同時為收養棄兒及孤兒，或家計貧窮難以哺育的嬰兒的人道關懷；而救濟策議是在社會福利行政未穩固之際，向殖民政府所提出的具體建言。又如與教育相關的主題，若欲瞭解十九世紀臺灣的教育概況，則需以「府學」、「廳學」、「縣學」、「書院」、「私塾」等關鍵詞檢索。就「書院」而言，即可查到與此學校體制相關的作品，如：鄭用鑑〈立書院學規引〉，施瓊芳〈臺郡加廣學額中額志略〉，施士洁〈臺澎海東書院課選序〉、旭瀛書院〈三周年祝詞〉、旭瀛書院〈四周年祝詞〉、〈旭瀛書院舉行畢業禮式祝詞〉，章甫〈送崇文書院山長熙臺梁廣文歸榕城序〉、〈重修崇文書院文昌閣記〉，洪棄生〈重修鹿港文武廟暨書院碑記〉等文。透過這類作品

得以瞭解清治時期臺灣的教育體制，以及文人學子的學習歷程；或
是探究書院教育與知識菁英的養成關係、以及儒教儀式的再現等議
題。此外，又如感時、懷古等常見的文學主題，或是在地文人遠離
居住地後的思鄉主題的研究，皆可透過檢索功能，考察這些作品的
內涵特色。其他與臺灣古典散文研究相關的層面，如：認同、記憶、
敘事、啟蒙、現代性等，亦值得作為內容詮釋的主題。同時，可從
資料庫所提到的內容事件、內容描述地點、或內容描述人名中，尋
覓到研究的靈感及素材。（如圖 6-5：「臺灣在地文人資料檢索畫
面」）

圖 6-5 臺灣在地文人資料檢索畫面

五、結語

　　研究者欲尋求相關資訊時，若能有效地、有系統地運用資料庫成果，將有助於其研究的成效。然而，建構基礎研究資料耗時費心，多數研究者望而卻步，倘能有更多的人文學者投入類似的工作，未來的人文學研究將會有不同的風貌。留存至今的臺灣古典散文題材多敘述社會現象，可藉以探討文人如何觀察生活在這塊土地上人群間的互動關係，故具有文學史料價值。今將這些文化資產建置成資料庫，則具有加強重要典籍的流通，擴大臺灣古典文學研究的範疇，以利累積後續學術研究的功能。本節探討資料庫於教學與研究的應用，從討論資料庫於臺灣文學史研究的影響，並以資料庫應用於作者、作品及主題的研究為例，再論及十九世紀在地文人資料庫應用的展望。資料庫與人文領域的結合已是現代學術研究發展的趨勢，未來若能將「十九世紀臺灣在地文人資料庫」與更多性質相近之資料庫作連結，公開讓學界使用，當能嘉惠研究者及臺灣文學的教學之用。

　　臺灣長期推展資料庫的建置計畫，除了從 2002 年開始正式啟動「數位典藏國家型科技計劃」，由九大機構和數十個公私立單位同時進行建置之外，近年更擴大民間及學校參與各種文物、資料的數位化。除了可與歐美各國交流數位化的經驗之外，日本推動數位化風潮的過程亦值得關注。日本數位典藏歷史是自 1996 年「數位典藏推進協議會」的成立正式開始，這個單位是以日本總務省為主導，

以提昇寬螢幕的普及與解決傳統典藏技術的不足為目標。[24]日本另一個數位典藏推進協會的組織,其運作模式則是由政府機關撥款贊助,基本技術開發由產業與學校主導,最後的運用與開發則交給產業與政府來運作。這些建置經驗與組織的推廣模式,可供臺灣的數位典藏計畫加以參照。

臺灣資料庫的建置正蓬勃發展,身為參與其中的一份子,面對知識爆增的世界,應關切並研究自己切身的議題。建置十九世紀在地文人資料庫,除需具備專業的臺灣文學素養外,並可藉由史料的蒐羅及數位化的成果,展現在地文化的特色。透過資料庫將研究領域的史料加以系統化整理,這樣的維護文化資產理念的實踐,也是保存集體文化記憶的方式。期望這類的數位典藏成果,不僅作為未來建置臺灣文學史相關資料庫的參考,並能對研究與教學的應用有實質的助益。

----

[24] 辰巳明久著,黃國鈞譯:〈日本數位典藏的現況〉,《故宮文物月刊》第 21 卷第 7 期(2003 年),頁 112-115。

第七章　結論

　　為探究臺灣文獻所呈現禮俗、記憶與啓蒙的文化面向，本書主要採歷史文獻研究法，以【臺灣文獻叢刊】與十九世紀在地文人的散文作品為研究文本，並參考文學與文化典籍，及近年相關學者的研究成果，以詮釋其文化論述的內涵。期望能為較少注目的臺灣古典散文與文化領域積累研究成果，以擴展此學術研究領域的面向。故先從一手史料的蒐集、閱讀分析文本、統計歸納關鍵資料，並配合文學與文化關聯的比較、歷史經驗與脈絡的理解等方式進行。同時，適切運用文學與文化的概念，以深度詮釋散文作品。至於田野調查的運用方面，則藉由訪問文人的宗親後代，增進對其家族的瞭解；或訪查臺灣各地所留存的歷史遺跡及禮儀風俗，以探究作品的象徵意義。

　　由於臺灣的方志與文獻保存歷史脈絡下的情境，故藉以探討與禮俗、風俗的關係。如宗教儀式與傳說的類型雖有所區別，但兩者皆以象徵的方式表達人類心理或社會的需要。媽祖與王爺為臺灣最具有代表性的海神信仰，多與超自然現象有密切關聯。故從【臺灣文獻叢刊】歸納媽祖與王爺傳說的敘事特色，並探究臺灣媽祖、王爺儀式的象徵意涵。分就成神、庇渡海、助戰等媽祖傳說論析敘事策略，不僅形塑海上救難能力的少女形象，正祀化更使得媽祖信仰

由地方性巫覡的宗教性格，經由朝廷的策封轉化，逐漸提昇為具有母性慈悲概念的女神。文獻中也記載官員幸遇媽祖「導航護舟」的傳說，施琅書寫「湧泉給師」等傳說，此皆加強媽祖顯赫的靈力及征討臺灣的正當性。朱一貴事件後，藍廷珍上奏將事功歸於媽祖，呈現媽祖、國家與民眾三者禍害與共的相關性。在媽祖信仰儀式的象徵意涵方面，漢移民常攜帶香火或神像祈求平安，居民捐錢建廟後，「開臺媽」、「鹿港媽」等顯示媽祖信仰的本土化特徵。迎媽祖活動除了可滿足百姓精神信仰需求外，亦有促進地方意識與情感認同的功能。進香儀式具有教化功能，官僚必須定期前往天后宮朝拜，以加深教化的宣導作用。廟方領導者透過神明香火的淵源或歷史的闡釋，乃至各種靈驗傳說，以鞏固其區域的信仰中心。至於王爺傳說的敘事策略的探討，分從成神、逐疫及與史事相關傳說來論析。《臺海使槎錄》曾紀錄池府大王成為五瘟神的過程，又如《臺灣外記》提到當瘟使者前來取陳永華、柯平、楊英等賢良將相的性命，預視鄭氏王朝滅亡的命運。又羊山有一大王廟，經過時禁擂鼓鳴金，且得祭拜獻紙，鄭成功不予理會，致鄭軍傷亡數千，藉由這類傳說的廣為散播，更加強塑造王爺特殊靈力的形象。醮典儀式即是藉由食物及戲劇化的象徵動作，表達祈福的內心企望。《臺灣縣志‧風俗》及《澎湖廳志‧風俗》皆記載延請道士設醮祭拜，後將瘟王置船上，醮典結束即送王船至大海。送王船儀式為一種模擬巫術，即是期盼藉由裝飾華麗的王船，載走可能奪人性命的瘟疫災難。民間將媽祖與王爺等神靈，作為終極信仰的對象，於宗教儀式虔誠膜拜；然而臺灣文獻所載錄數則媽祖與王爺相關傳說，及其描述當時的宗教儀式，則可探究文人書寫神靈題材的敘事策略。媽祖與王

爺傳說或承襲、或變異，多與臺灣早期的移民經驗及拓墾史相關。
如冒險橫渡黑水溝、作戰時託言神仙相助、對抗瘟疫等疾病，以及
天然與人爲災害的記憶等，常折射表現在傳說與儀式中，以合理化
他們的行爲。

　　臺灣方志常提到臺人「信鬼尙巫」的情形，以及平埔族「尫姨」
的「作向」、「王爺」與「媽祖」信仰的「作醮」儀式等。食物在
這些巫俗與宗教儀式的進行中，具有特殊的文化意義，如檳榔在巫
俗祭儀中佔了重要的地位。「造船送王」的儀式含有民眾需求的順
勢或模擬的巫術效果，如把疾病、災難和罪孽的負擔轉給其他物體
上的應用。方志的風俗志亦提到「米卦」，此種巫者除病之法的診
疾方式，以大地孕育出來的米爲媒介溝通鬼神，呈現當時治病常有
用巫不用醫的情形。臺灣民間信仰的「做醮」，多是向天神地祇眾
靈許願祈求，得驗後擇期舉行謝恩祭典的宗教儀式，其中象徵性的
祭品、即是具有巫術的交感作用。「生命禮儀」在個人生命的階段
和關口具重要意義，出生禮俗所舉行的儀式，代表家族多一個新成
員，成年禮儀則代表個人將有別於青少年時代不同的社會地位與角
色。結婚對於男女而言，則表示在家族中角色與社會地位再次改變；
而人死亡後，成爲祖先，又有了新的社會地位，爲子孫所奉祀。當
社會關係發生重要的改變時，儀式通常扮演區別、強調、確定、隆
重化與安撫的角色，而飲食在這些生命禮儀各中具象徵意義。如無
論生男生女，必先以熟酒煮雞送至外家報喜，而各方親戚亦送來米、
雞，主家也必須回以油飯之禮。當幼童滿十六歲成年，正式離開註
生娘娘、床母等神的照顧，主人在這天必須準備紅龜粿、油飯、七
娘媽亭等供品。食物與婚禮的關係如平埔族多以檳榔、螺錢、糯米

飯、「海蛤數升」或「生鹿肉」為聘禮；臺灣漢人受到閩南習俗的
影響，訂婚時男方致贈大餅、檳榔至女方，女方隨後將大餅分贈親
友。許多平埔族於結婚當日宰割牛、豕，備妥酒醪，會眾結社共飲；
而漢人在新婚席宴中常會特別準備十二道菜，食料名稱多諧音押
韻，取其喜氣的象徵意涵。在婚後禮方面，新郎首次陪同妻子回娘
家，娘家亦要設宴款待，並請親朋作陪。平埔族喪葬的儀式，本家
及奔喪人三日不出戶，親友供給飯食；臺灣閩南的喪禮中，亡者入
殮後，除每日朝夕以孝飯祭拜之外，另每隔七日奠旬祭一次，稱「做
旬」。臺灣漢人在出殯路上則以「發粿」、「韭菜」為必備飲食，
象徵發達久長。喪葬儀式過程中，除牲禮及酒，亦羅列瑤饌果蔬。
食物在宗教儀式及生命禮儀上，多具有作物生產對應文化再生產的
模式，社會生產的主要穀物或動物資源，是儀式中文化生產和再生
產的重要象徵。例如米及諸多米食製品，於宗教儀式上，常成為與
神靈、祖先或鬼魂溝通的媒介食物；在生命禮儀上，米酒、糯米製
成的湯圓、油飯、米糕等，也常於生育及婚喪的儀式過程中發揮象
徵作用。此外，檳榔、豬肉在各儀式使用的次數及頻率，如檳榔在
多數平埔族的「公向」、「私向」、漢人婚前「納采」等儀式中皆
不可或缺；而豬肉則常於平埔族的「公向」、祭祖及漢人宗教信仰
儀式或做醮等過程中使用。此兩種食物在臺灣社會中，具有普遍性、
生活化、及易於取得等特質，亦使其成為延伸社會關係及文化記憶
的媒介。

　　在地文人的散文常蘊含對風俗的觀察，如施瓊芳記錄增廣學額
的事件，呈現地方人士對教育的重視；也透露出清廷欲藉此籠絡士
子，以強化政教合一功能的意圖。施士洁則記錄海東書院的沿革，

與臺灣文士編選科舉制藝範本的過程。施瓊芳有關祭典的散文聯繫朱子崇拜與文昌信仰，將儒學與功名相結合；同時呈顯儒教在民間的傳播方式，是經由教化儀式使教理易於通曉而普及，進而影響一般民眾的認知。他也記錄清廷統治階層除了將文昌帝君納入國家祀典外，後來更結合敬字信仰，於文昌誕辰祭畢後盛大舉行送字灰儀式。這些有關書院教育與文昌信仰的實用文，呈顯以文士的視角再現儒教儀式的書寫。在社會參與的論述方面，施瓊芳透過提倡賞罰並行的方式，強化禁止溺嬰的論述效力；並藉由宣揚尊重生命價值的觀念，匡正重男輕女的風俗，並具有呼籲大眾投入社會救濟的教化作用。另如修造石橋與築修水道的募捐論述，亦可見其關懷民瘼的人道之情。於移風易俗的論述方面，則提出於寺廟祭拜時應戒用牛油，並以其他材料替代等具建設性的意見。或是論述慎節飲食的重要性，藥膳的食用須適時適量，以期民眾能理解節制以求仁的意涵。另用心規勸世人戒掉賭博的惡習，並期許知識分子應專注於學業以經世濟民。在地方信仰的論述方面，則透過重修祖墳、家廟以及敬告先祖時的祭祀儀式，表現對家族的記憶。臺灣拓墾初期居民建藥王廟以乞求神明的恩澤與庇護，顯露對環境的自我調適，並透過宗教信仰作為心靈的寄託。施士洁有關海神廟與朝天宮的文章，則敘述沿岸地區與海有關的傳統民間信仰的特色，顯示文人散文話語特別著重神明護持官員的敘事。施瓊芳義民祠散文詳敘以祭品行禮如儀的細節，保存了居民的集體記憶，並蘊含宗教為鞏固社群生活的象徵性文化；然而，將義民納入國家祀典系統，亦強化褒揚協力統治者的功能。

　　臺北清治時期學術環境，與政經措施、文教機構及科舉制度等

外緣條件的關係密切。早期的方志不僅紀錄當地文教的發展，也呈現北部平埔聚落的文化變遷幅度頗大的情形。除了官方的儒學之外，學海書院以及私塾更是民間籌建的文教傳播場所。臺北市現存的「敬字亭碑誌」記載此地並祀文昌、魁星與倉頡諸神，則是民間將儒學思想功利化的表現，透露儒學思想於民間轉化及影響的情形。在地文人的崛起多集中於清治中期，其中大龍峒的陳維英更是領導臺北文教的關鍵人物。因爲其自設學堂以教授門徒，受惠於此的門生亦多參與協助推動淡北文風。以此爲核心形成的大龍峒學術圈涵括了舉人張書紳、生員陳樹藍等人，又延續至張希袞等再傳弟子。同治年間陳維英於大龍峒保安宮內設立樹人書院，雖僅相當於義學，但有助於儒學思想系統的傳承，更促進大龍峒文風鼎盛的風氣。再者，艋舺、大稻埕、士林於清治後期亦有若干科舉士人產生，這些文人社群促成了文教圈的逐漸形成，在當時有許多在地文人參與採訪工作並編修成《淡水廳志》。臺灣於清治時期道咸同光年間，曹敬曾輯錄《周易》的相關資料，存於其學術手稿鈔本，以易學卦序爲主，多輯錄漢魏象數易系統的資料；且黃敬研習《易經》採旁通史學的方法，可見當時淡水廳易學研究風氣蓬勃。至於馬偕牧師的「牛津學堂」（1882 年）及「淡水女學堂」（1884 年）與傳統學術培育方式截然不同造成教育體系的嬗變。光緒 13 年（1887）劉銘傳在臺灣試辦新式教育，並創立新式學堂，計有西學堂、電報學堂及番學堂，以養成通達實務之人才。期望藉由文獻史料的爬梳，建構傳承自儒學爲主的文教發展特性，因外來思想的傳入而有所嬗變的歷史記憶。

　　古典散文自由的書寫形式，常成爲文人的寄託與投射，並爲見

證時代變遷的重要媒介。洪棄生在歷經 1895 年以後的時代鉅變，產
生了悲憤憂患的感受，透過分析「戰記」系列的敘事筆法，再現抗
日事件的諸多歷史情境。他的文史學養與親身經歷的感受，對於牽
涉臺灣歷史命運的戰爭與事件，多有個人的見解。不僅運用史傳散
文以建構歷史論述，使讀者視其爲史實的再現，並以移情手法來形
塑體驗式文本經驗。史傳散文的書寫，可視爲國家民族歷史的建構，
也呈現特定人物所詮釋及敘事的觀點。《瀛海偕亡記》可看出割臺
後延續數年的抗日歷史，其中對於抗日人物的形象塑造，突顯了抵
抗行動的意義。記錄戰爭的史傳散文，除了記錄與戰爭主題相關的
歷史，更具有凝聚民族意識，並提供一個令讀者憑弔與反思戰爭的
場域。洪棄生在割臺的數年後體認到戰爭的殘酷，所撰寫戰記系列
不只爲後世留存見證史料，更透露其敘事的心理深層動機。這些史
傳散文多透過現在的詮釋觀點及需求，重新解讀過往歷史文化的認
知，也保留了作者對臺灣史事的記憶。彰化文人吳德功不僅參與當
地的社會救濟，在鄉里的影響力亦不容小覷；其散文作品又跨越世
代，並流露文人在特殊時局的心境與因應情形。有關吳德功策議與
遊記的文化視界，從儒生之獻策論議、殖民統治下的參訪論述，來
分析日治初期《揚文會策議》中的三篇議論。這些有關修保廟宇、
旌表節孝、救濟賑恤策議，多透露儒生在限定命題下的價值觀。吳
德功在 1900 年（明治三十三年）因「揚文會」而受邀北上，他並將
會議內容、總督府參訪行程，撰寫成《觀光日記》。以日記形式再
現這趟殖民政府刻意安排的參訪活動，展示日本於海外殖民地的經
營策略與成果，更銘記了個人的現代性體驗。這些參觀行程──依照
類別歸納，呈現出軍事、警備、產業、醫學、通訊、教育、測量、

法律等殖民的現代化概況。吳德功雖然在字裡行間透顯殖民者讚嘆新興產業的研發、機構制度的建立，但篇末在現代化的衝擊下，仍堅持保有儒者的使命感。他以孔教爲例說明儒家經世濟民、仁人濟眾的理念，一方面順應日本殖民政權，同時也吸納殖民現代性的文明。又因擔任教職，而得以將古文存續的關懷，化爲實際傳授漢文的行動。然而，在一些散文中的文化論述仍多以忠君、貞節、孝順作爲評價人物的標準，而促成構築社會制約網絡的形成，甚至有助於鞏固統治者權威的作用。吳德功在這強勢的殖民政策下，採取明哲保身的態度與殖民政府相應對，呈顯他爲維護傳統道德而有所堅持；同時亦在許多殖民制度上有所屈服順應，並應用現代思想觀念重新詮釋儒教要義。

在旅外記憶的跨界書寫方面，臺灣十九世紀到二十世紀前期的旅外遊記，呈現文人對異地的空間記憶，如蔡廷蘭、李春生、洪棄生、林獻堂等人的遊記，多透露文化論述的特殊質性。1835-1836（道光 15-16）年蔡廷蘭意外漂流到越南，因緣際會見識到當地的自然景觀及人文風俗。他所撰的《海南雜著》爲跨越疆界的書寫，成爲臺灣清治時期著作譯成多國語文的特例；今日也因此書的流傳，加深作者在家鄉或異地的象徵性社會地位。蔡廷蘭對於旅程中的奇特景觀記憶深刻，常藉由冒險探奇的書寫以表現這趟旅程的不平凡，並記錄個人旅行心境的轉變。他在越南遇到許多閩、粵的移民，並從以漢語交談的居民口中了解越南的習俗，也見到越南境內與中國有關的古蹟。他所聽聞的越南傳說，蘊含了底層民眾的記憶，也再現異地的多種事物，因而能引起讀者的閱讀興趣。旅行是跨越空間與時間的經驗書寫，過程中有時會將其他文化作刻板的再現，

或以距離的方式來重新想像。《海南雜著》中的〈越南紀略〉藉由
編綴史籍與田野訪查所記錄的越南歷史文化，呈現出以漢族中心意
識建構而成的越南史論述。書中一些觀察記錄與社會史形成參照景
觀，提供蒐藏異地記憶與歷史感知的載體。這部十九世紀旅外遊記
在文化想像之餘，不僅紀錄漢文化的傳播成果，以及儒家文化圈的
教化情形，也因翻譯成多國的文字而與國際對話。蔡廷蘭在旅途的
異國空間裡，被當地民眾觀看，也在相互的觀看中呈顯其差異性。
因爲他曾有編纂《澎湖續編》的田野調查經驗，所以特別留心記錄
越南的歷史傳說與文化特色；然而在描寫異民族對古典詩文的學習
與孺慕之情時，卻不自覺流露漢文化的優越感，這兩種複雜的情緒
交織，流露出作者的帝國論述與記錄文化流動的書寫風格。

　　探討產生旅外遊記的論述，有助於理解知識份子異地思索的面
向；而藉由文化差異的觀察，則能進一步釐析旅遊書寫呈現作者身
處他鄉的錯綜情緒。就十九世紀末臺灣的文化場域而言，仕紳階層
在清、日政權轉移後，至殖民者的土地旅遊，內心多有深刻感受。
當時的富商李春生於，受日本總督等人的邀請，赴日參訪遊覽所撰
寫的《東遊六十四日隨筆》自 1896 年 6 月起陸續發表於《臺灣新報》
而廣爲傳播。透過從臺灣到東京移動空間書寫的再現，親身體驗到
空間所形構的氛圍及其權力與意義。遊記中關於現代性的衛生啓蒙
論述，如公共衛生、西方政治體制、博物院展覽、學校教育等方面
的觀覽心得，顯現他對於現代文明的憧憬與嚮往。藉由性別差異、
禮教觀等議題，探討他對日本文化與禮俗的觀感。李春生旅遊觀感
的紀錄，不僅當作個人私密的回憶而已；遊記的內容涵括與政商界
的交流，或觀察到外在的文化差異，以及內心沉澱後的思索與轉變

的行動力，皆藉由報刊媒體的公共領域空間而傳播至知識份子階層。處在新舊價值觀交替的時代，又受到儒家教化與西方現代文明的洗禮，所以其文化論述顯得複雜而多元。尤其跨越疆界到日本所書寫的遊記，更流露世變下經歷不同政權統治的心境。

　　至於洪棄生的八州之遊，亦是一趟自我挑戰、自我實踐的歷程；經由跨界的書寫，使得異地的文學與文化有交流與互動的機會。這樣的旅遊，使抽象的經典閱讀轉化成實際的感受；原本相隔千里的想像空間，透過實際到達現場，親自體驗當地的風土民情。他每到一地，都細心參照歷史背景、人物典故，且必與經史子集等古籍相互考證，並留意山水風土的變遷，區別地與名的異同，加深了此書的學術價值。《八州遊記》引上古史籍或地理書的地景描寫，因時代的跨度大，所以常於遊記中以古今對照、今昔比較的方式呈現景物的特殊性。藉由此書建構出對中國空間的想像，更從空間敘事與實地考察的書寫，表達他對旅遊之地的文化批判。

　　林獻堂於臺灣文化史上佔有舉足輕重的地位，其日記除了蘊含個人的思想關照外，也因牽涉眾多事件而具有歷史厚度。又日記有別於回憶錄及口述歷史，其史料價值在於當時人記當時事，且日記中所載的活動，有不少是以林獻堂為主體，或是以他為重要人物所展開活動的記錄，如臺灣文化協會、臺灣地方自治聯盟、一新會，因此日記不僅是林獻堂一生最重要的見證，也可補充官方資料的不足，具有極高的史料價值。此外，他又是日本殖民時期首位遠至歐美多國旅遊的臺灣知識份子，當時難有臺灣人能超越，使他的旅遊書寫更具學術研究價值。日記中說明每日的空間移動，大多為簡略記載的短札，而遊記則是由日記擴寫成一篇篇以地點或事件為題的

文章，也因此將多次去過的地點心得合併歸納在同一節中。林獻堂
於日記中記錄行走過的痕跡、印象深刻的圖象；在遊記中選擇某些
心中的風景，加以鋪陳敘事，再漂洋過海傳達給臺灣讀者。文中對
世界都會的讚嘆與批評，以及對歷史人物形象塑造與褒貶，皆透露
出他個人的思想與價值觀。因此環球之旅可說是林獻堂自我沉澱、
開展思考廣度的自覺活動。他於旅遊書寫中常興起懷舊的情緒，在
參觀古蹟、歷史場景後，多藉由日記與遊記再現有關異國的記憶。
在這趟長期的環球之旅中，透過比較、觀摩與學習過程裡，重新省
視自己的處境及文化特質之外，進而擴充觀看世界的視野。

　　在文化啓蒙的論述方面，李春生的散文透顯十九世紀與國際接
觸或貿易交流的過程，所呈現與國際關與文放改革的特色。1860 年
以後通商口岸的開放，文人面對國際關係變化的新衝擊，對於知識
的傳遞、日常生活實踐與文化想像等議題，多呈現出個人的思考見
識。例如，李春生早在清治末期完稿的第一部著作《主津新集》，
即收錄牡丹社事件後臺灣政經局勢變化的評論，以及國際關係的論
述。李春生爲一位虔誠的基督教徒，雖然其視角不免多以教理爲核
心；但因長期從事海外貿易的豐富工作經驗，使他觀察到現代社會
的變遷，及文化論述的多元面向。他投稿於《中外新報》、《萬國
公報》、《畫圖新報》、《教會新報》的論述中，常透露他所傳達的
改革理念；在正面宣揚報紙所具公共空間特色的同時，亦常提出對
當時媒體的針砭。《主津新集》於政治、經濟、外交、人才的培育、
及社會風俗等層面暢所欲言；而《主津新集》爲至日本體驗現代性
的書寫，並透露作者對於台日風俗的比較觀。在教化方面，曾對多
妻、納妾的現象加以批判，並提出外遇、纏足等議題的見解，呈現

對於性別觀的現代性詮釋。此外，亦藉由論述各國如何看待黑人的生存權利，提醒世人關注鴉片輸入的問題，流露其重視人權普世價值的視野；他更透過對歐洲局勢的觀察，進而對東亞的情勢發展提出建言，這些論述，顯現作者的啓蒙意識。

　　由於歷史的因素和沿襲以久的風俗觀念，民眾不容易接受解纏足的作法和言論。解纏足不僅是對傳統習俗的一種抗爭，也是由於外部刺激而產生的改革運動的典型例子。知識份子對女性身體觀及政策推行的具體成效等層面多有論述，這些在《臺灣日日新報》等資料多可窺見。日治初期，總督府對纏足等臺灣社會的風俗習慣採漸禁政策，不立即頒布法令強制執行。1915 年臺灣社會領導階層已紛紛主動要求總督府以公權力介入，明令禁止纏足，顯示厲行放足的時機已經成熟，總督府始正式以法令輔之，以強化運動的效果。因爲殖民政權若要在短期內使被統治者接受隱含同化意義的新風俗習慣，就非要講究適當的策略和手段不可。解纏足運動是由民間先發起再加上殖民政府推動，爲近代臺灣社會風俗習慣的重大改變，代表新規範和價值的追求與接受。部分婦女也在此時認爲解放纏足，使行動能夠得到完全的自由，並認爲從教育著手，廣爲興辦女學，以加強解纏足運動的影響。

　　臺灣日治時期醫生作家散文作品多呈顯其文化啓蒙思想特色，故從宣揚人權思想及人性尊嚴的理念、診斷殖民教育的影響及其因應策略、闡釋反殖民及文化抵抗的意義等層面，分別論析蔣渭水與賴和散文的書寫策略。熱衷政治文化活動的蔣渭水，其散文作品則多以振筆直敘的方式，宣洩內心澎湃激昂的情感；有時則採「意在言外」的書寫策略，達到諷刺批判的效果。賴和在文學層面投入了

相當多的心力，不僅在《臺灣民報》文藝欄任編輯時，提拔無數作家後進，更以實際的創作，呼應他的文學理念。有意從事文化傳承，需要以堅忍不拔的態度來面對種種挫折，身為醫生與知識份子，擔負著特殊的知識與道德責任；而他們的散文作品也呈現臺灣日治時期醫生作家對於時代的權力、社會結構，與生命關懷之間關係的探討成果。蔣渭水與賴和的散文不僅流露出人文思想可貴之處，從作家終極關懷的實踐，更蘊含了值得持續探討的典範意義。

　　除了從上述文化論述的面向切入之外，本書亦探討文獻的數位典藏與應用層面。以往考慮典藏品管理以及維護保存，常將資料置於儲藏室，忽略了研究或教育的需要；因此將珍藏資料數位化可解決維護和使用對立，同時也可以讓不同單位收藏的文學史料聚集、整合、並擴大向外呈現的範圍。目前有關電子資料庫的論文，多偏向探討資訊技術的實務議題；未見以臺灣文學、文化史料為核心，為相關資料庫作全面性檢視，並論述如何將資料庫應用於研究中。故藉由文本及外緣背景相關的資料庫，分析臺灣古典文學史料研究與教學應用，以期能有助於提昇臺灣文學、文化史研究的成效，並作為未來開拓相關資料庫的參考。資料庫於建置之前，首要的準備即是典藏品史料的蒐羅與整理；目前有些在地文人的資料多散佚難尋，其後代所知亦有限，間接造成此領域在研究上的難度。資料庫的建置牽涉到史料的蒐羅與整理、資料庫單元層級及群組關係；以及 Metadata 的內容架構、Metadata 轉入資料的規劃與設計。所以又詳細舉例說明「十九世紀臺灣在地文人資料庫」的建置經過，此資料庫 Metadata 的建立，多參考中央研究院出版《數位典藏技術彙編》有關人文學領域的實例製作而成。先規劃 Metadata 元素需求表單、

定義、著錄規範、著錄範例、元素關係結構以及系統屬性功能需求等初步結果。並輸入文人及作品的資料，以 Excel 的方式儲存「文人」、「文體」、「書」、「篇」等四層檔案，分別設定每層檔案的欄位再填入考證的資料，以利轉檔至臺灣在地文人資料庫之用。並以表格方式呈現「Metadata 元素關係結構」的細目，以供資訊人員轉換成資料庫模式。此「十九世紀臺灣在地文人資料庫」將置於國立臺灣師範大學臺灣文化及語言文學研究所的伺服器，公開讓學界檢索使用，以期能嘉惠臺灣文學與文化研究者及教學。此外，也討論資料庫的應用層面，舉例說明如何從作者的研究、作品的研究、主題的研究等方向搜尋相關的資料，尋覓研究的靈感與素材。透過資料庫將研究領域的史料加以系統化整理，這樣的維護文化資產理念的實踐，也是保存集體文化記憶的方式。期望藉由蒐羅史料後所建構的臺灣在地文人資料庫，有助於學術研究及教學的推廣，並展現在這塊土地上所蘊藏豐盈文獻的價值。

參考文獻

一、古籍、史料

〔漢〕司馬遷撰、〔南朝宋〕裴駰集解、〔唐〕司馬貞索隱、張守節正義

    1979   《新校本史記》，臺北：鼎文書局。

〔南朝宋〕范曄撰，李賢等注

    1991   《新校本後漢書并附編十三種》，臺北：鼎文書局。

〔元〕黎崱著，武尚清點校

    2000   《安南志略》，北京：中華書局。

丁紹儀

    1957   《東瀛識略》，臺灣文獻叢刊第 2 種。

中央研究院歷史語言研究所

    1972   《明清史料：戊編》，臺北：維新書局。

不著撰人

    1959   《嘉義管內采訪冊》，臺灣文獻叢刊第 58 種。

王必昌主編

    1961   《重修臺灣縣志》，臺灣文獻叢刊第 113 種。

王錫祺

    2005   《小方壺齋輿地叢鈔（三）補編》，瀋陽：遼海出版社。

朱景英

    1958   《海東札記》，臺灣文獻叢刊第 19 種。

江日昇主編

    1960   《臺灣外記》，臺灣文獻叢刊第 60 種。

池志澂

    1960   《全臺遊記》，臺灣文獻叢刊第 89 種。

佐倉孫三

    1961   《臺風雜記》，臺灣文獻叢刊第 107 種。

余文儀主編

    1962   《續修臺灣府志》，臺灣文獻叢刊第 121 種。

             《重修鳳山縣志》，臺灣文獻叢刊第 146 種。

吳子光

    1959   《臺灣紀事》，臺灣文獻叢刊第 36 種。

吳德功

    1959   《讓臺記》，臺灣文獻叢刊第 57 種。

             《施案紀略》，臺灣文獻叢刊第 47 種。

             《戴案紀略》，臺灣文獻叢刊第 47 種。

    1960   《觀光日記》，臺灣文獻叢刊第 89 種。

    1961   《彰化節孝冊》，臺灣文獻叢刊第 108 種。

    1992   《瑞桃齋文稿》，南投：臺灣省文獻委員會。

李春生

    1896   《東遊六十四日隨筆》，福州：美華書局。

    2004   《主津新集》，臺北：南天書局。

李汝和主編

    1980   《臺灣省通志》，臺北：眾文圖書公司。

    1989   《臺中縣志・藝文志》，臺中：臺中縣立文化中心。

何培夫編

    1993   《臺灣地區現存碑碣圖誌》，臺北：中央圖書館臺灣分館。

    2001   《南瀛古碑志》，臺南：臺南縣文化局。【南瀛文化研究叢書 26】

阮旻錫

1958　《海上見聞錄》，臺灣文獻叢刊第 24 種。

周于仁、胡格

1961　《澎湖志略》，臺灣文獻叢刊第 104 種。

周元文

1960　《重修臺灣府志》，臺灣文獻叢刊第 66 種。

周鍾瑄主編

1962　《諸羅縣志》，臺灣文獻叢刊第 141 種。

周璽主編

1962　《彰化縣志》，臺灣文獻叢刊第 156 種。

岡松參太郎、陳金田譯

1990　《臺灣私法》第二卷，南投：臺灣省文獻會。

林焜熿主編

1960　《金門志》，臺灣文獻叢刊第 80 種。

林豪主編

1958　《澎湖廳志》，臺灣文獻叢刊第 164 種。

林資修

1992　《南強文錄》，臺北：龍文出版社。

林維朝

2006　《勞生略歷》，收於《林維朝詩文集》，臺北：國史館。

林獻堂

1956　《環球遊記》，收錄於【林獻堂先生紀念集遺著】，臺中：林獻堂
　　　先生紀念集編纂委員會。

林熊祥主編

1964　《臺灣省通志稿》，南投：臺灣省文獻會。

邱秀堂編

1986　《臺灣北部碑文集成》，臺北：臺北市文獻委員會。

施琅

　　1958　《靖海紀事》，臺灣文獻叢刊第 13 種。

施士洁

　　1965　〈後蘇龕泉廈日記〉，《臺南文化》，第八卷第二期，臺南：臺南
　　　　　市文獻委員會編纂。

　　1993　《後蘇龕合集》，南投：臺灣省文獻委員會印行。

施瓊芳

　　1965　《石蘭山館遺稿》，《臺南文化》，第八卷第一期，臺南：臺南市
　　　　　文獻委員會編纂。

柯培元

　　1961　《噶瑪蘭志略》，臺灣文獻叢刊第 92 種。

洪棄生

　　1972　《寄鶴齋選集》，臺灣文獻叢刊第 304 種。

　　1970　《寄鶴齋函札》，收錄於【洪棄生先生全集】，臺北：成文出版社。

　　1959　《瀛海偕亡記》，臺灣文獻叢刊第 59 種。

　　1993　《中西戰紀》，南投：臺灣省文獻委員會。
　　　　　《中東戰紀》，南投：臺灣省文獻委員會。
　　　　　《八州遊記》，南投：臺灣省文獻委員會。

胡建偉主編

　　1961　《澎湖紀略》，臺灣文獻叢刊第 109 種。

胡傳主編

　　1960　《臺灣日記與稟啓》，臺灣文獻叢刊第 71 種。
　　　　　《臺東州采訪冊》，臺灣文獻叢刊第 81 種。

故宮博物院編

　　1976　《宮中檔乾隆朝奏摺》，第四十六輯，臺北：國立故宮博物院。

　　1977　《宮中檔雍正朝奏摺》，第二輯，臺北：國立故宮博物院。

　　1995　《清宮月摺檔臺灣史料》，臺北：國立故宮博物院。

范咸主編

　　1961　《重修臺灣府志》，臺灣文獻叢刊第 105 種。

章甫

　　1958　《半崧集簡編》，臺灣文獻叢刊第 20 種。

郁永河

　　1959　《裨海紀遊》，臺灣文獻叢刊第 44 種。

倪贊元主編

　　1959　《雲林縣采訪冊》，臺灣文獻叢刊第 37 種。

曹敬

　　1971　《曹敬詩文略集》，收錄於《臺北文獻》15、16 期合刊。

　　　　　《曹敬手稿及抄本》，曹家珍藏。

高拱乾主編

　　1960　《臺灣府志》，臺灣文獻叢刊第 63 種。

張汝南監修

　　1970　《臺灣省通志》，臺北：臺灣省文獻委員會。

連橫

　　1962　《臺灣通史》，臺灣文獻叢刊第 128 種。

　　1964　《雅堂文集》，臺灣文獻叢刊第 208 種。

　　1966　《臺灣詩薈雜文鈔》，臺灣文獻叢刊第 224 種。

　　1971　《連雅堂先生集》，臺北：臺灣中華書局。

　　1975　《臺灣詩乘》，臺北：臺灣省文獻委員會。

　　1992　《臺灣詩乘》，臺北：臺灣省文獻委員會。

陳文達主編

　　1961　《臺灣縣志》，臺灣文獻叢刊第 103 種。

　　　　　《鳳山縣志》，臺灣文獻叢刊第 124 種。

陳培桂

　　1963　《淡水廳志》，臺灣文獻叢刊第 172 種。

章學誠

    1973   《文史通義》，臺北：漢聲影印吳興劉氏嘉業堂刊本。

參謀本部編

    1906   《明治二十七八年日清戰史》，東京：東京印刷株式會社。

彭孫貽

    1959   《靖海志》，臺灣文獻叢刊第 35 種。

傅錫祺

    1993   《櫟社沿革志略》，臺灣省文獻委員會印行。

黃叔璥

    1957   《臺海使槎錄》，臺灣文獻叢刊第 4 種。

黃逢昶

    1960   《臺灣生熟番紀事》，臺灣文獻叢刊第 51 種。

翟灝

    1958   《臺陽筆記》，臺灣文獻叢刊第 20 種。

臺灣教育會編

    1933   《芝山巖志》，臺北：臺灣教育會。

    1995   《臺灣教育沿革誌》（復刻版），臺北：南天書局。

臺灣慣習研究會編

    1969   《臺灣慣習記事》，臺北：古亭書屋。

臺灣銀行經濟研究室編

    1959   《安平縣雜記》，臺灣文獻叢刊第 52 種。

            《淡水廳築城案卷》，臺灣文獻叢刊第 171 種。

            《臺灣教育碑記》，臺灣文獻叢刊第 54 種。

    1960   《天妃顯聖錄》，臺灣文獻叢刊第 77 種。

    1961   《臺灣私法人事編》，臺灣文獻叢刊第 117 種。

    1963   《臺灣對外關係史料》，臺灣文叢獻叢第 290 種。

    1964   《清文宗實錄選輯》，臺灣文叢第 189 種。

            《清德宗實錄選輯》，臺灣文叢第 193 種。

1965 《臺灣輿地彙鈔》，臺灣文獻叢刊第 216 種。

1968 《清史稿臺灣資料彙編》，臺北：臺灣銀行經濟研究室。

1977 《臺灣文獻叢刊提要》，臺北：臺灣銀行經濟研究室。
　　　《清世宗實錄選輯》，臺灣文獻叢刊第 167 種。

1987 《清聖祖實錄選輯》，臺灣文獻叢刊第 165 種。

臺灣總督府編

1901 《揚文會策議》，臺北：臺灣總督府。

1908 《明治三十八年臨時臺灣戶口調查記述報文》，臺北：臺灣總督府
　　　臨時臺灣戶口調查部。
　　　《臨時臺灣戶口調查結果表》，臺北：臺灣總督府臨時臺灣戶口調
　　　查部。

1912 《臺灣教科用書國民讀本》(九)，臺北：臺灣總督府。

1914 《公學校用國民讀本》卷八，臺北：臺灣總督府學務部編。

1915 《臺灣史料》，臺北：臺灣總督府史料編纂會。

1915 《臺灣總督府民政事務成績提要》，臺北：臺灣總督府。

1916 《臺灣列紳傳》，臺北：臺灣日日新報社。

1938 《臺灣總督府警察沿革誌》第二編，上冊，臺北：臺灣總督府。

1969 《日本統治下の民族運動》，東京：臺灣史料保存會。

臺灣總督府臨時舊慣調查會編

1910-1911 《臺灣司法附錄參考書》，第二卷，臺北：臨時臺灣舊慣調查
　　　會。

臺灣憲兵隊編

1932 《臺灣憲兵隊史》，臺北：三協社。

臺灣省文獻會

1998 《重修臺灣省通志‧人物志》，南投：臺灣省文獻會。

劉良璧主編

1961 《重修福建臺灣府志》，臺灣文獻叢刊第 74 種。

劉銘傳

　　1977　《劉壯肅公奏議》，臺灣文獻叢刊第 27 種。

薛志亮、謝金鑾主編

　　1962　《續修臺灣縣志》，臺灣文獻叢刊第 140 種。

蔣元樞

　　1994　《重修臺郡各建築圖說》，南投：臺灣省文獻委員會。

蔣毓英

　　1993　《臺灣府志》，臺北：臺灣省文獻會，臺灣歷史文獻叢刊。

蔡廷蘭

　　1959　《海南雜著》，臺灣文獻叢刊第 42 種。

蔡振豐主編

　　1957　《苑裏志》，臺灣文獻叢刊第 48 種。

鄭坤五

　　2007　《坤五文集》，【全臺文】第 36 冊，臺中：文听閣圖書。

鄭鵬雲、曾逢辰主編

　　1959　《新竹縣志初稿》，臺灣文獻叢刊第 61 種。

鄭鵬雲

　　1976　《師友風義錄》，臺北：文獻委員會。

　　1914　《浯江鄭氏家乘》，臺中：臺灣省文獻委員會。

鄭如蘭

　　1992　《偏遠堂吟草》，臺北：龍文出版社。

謝汝銓

　　2007　《雪漁文集》，【全臺文】第 36 冊，臺中：文听閣圖書。

盧德嘉主編

　　1960　《鳳山縣采訪冊》，臺灣文獻叢刊第 73 種。

二、現代學者專著

中央研究院歷史語言研究所

    1972   《明清史料》戊編，第一本，臺北：中央研究院。

中央研究院近代史研究所編

    1984   《近世中國經世思想研討會論文集》，臺北：中央研究院近代史研究所。

    1988   《清季自強運動研討會論文集》，臺北：中央研究院近代史研究所。

仇德哉

    1983   《臺灣之寺廟與神明(四)》，臺中：臺灣省文獻委員會。

方孝謙

    2001   《殖民地臺灣的認同摸索》，臺北：巨流圖書公司。

王詩琅主修

    1983   《臺北市志》，臺北：成文出版社。

石寶、蔣鏞編

    1958   《越南華僑志》，臺北：華僑志編纂委員會。

石萬壽

    1992   《臺灣的拜壺民族》，臺北：臺原出版社。

    2000   《臺灣的媽祖信仰》，臺北：臺原出版社。

朱雲影

    1981   《中國文化對日韓越的影響》，臺北：黎明文化事業公司。

阮昌銳

    1991   《歲時與神誕》，臺北：臺灣省立博物館。

    1994   《臺北市傳統儀禮（生命禮俗篇）》，臺北：臺北市文獻委員會。

吳瀛濤

    1983   《臺灣諺語》，臺北：臺灣英文出版社。

吳文星

  2008 《日治時期臺灣的社會領導階層》，臺北：五南出版社。

呂紹理

  2005 《展示臺灣：權力、空間與殖民統治的形象表述》臺北：麥田出版
    社。

李亦園

  1968 《信仰與文化》，臺北：巨流出版社。

  1982 《臺灣土著民族的社會與文化》，臺北：聯經出版事業公司。

  1992 《文化的圖像》，上下冊，臺北：允晨文化出版社。

  1999 《田野圖象－我的人類學生涯》，臺北：立緒文化出版社。

李世偉

  1996 《日據時代臺灣儒教結社與活動》，臺北：文津出版社。

李銘輝

  1990 《觀光地理》，臺北：揚智文化事業股份有限公司。

李明輝編

  1995 《李春生的思想與時代》，臺北：正中書局。

李豐楙主編

  2002 《文學、文化與世變》，臺北：中央研究院文哲研究所。

李豐楙、劉苑如主編

  2002 《空間、地域與文化》，臺北：中央研究院文哲研究所。

李歐梵

  1996 《現代性的追求》，臺北：麥田出版社。

李獻璋

  1979 《媽祖信仰の研究》，東京：泰山文物社。

何金蘭

  1898 《文學社會學》，臺北：桂冠圖書公司。

林獻堂著、許雪姬等註解

  2000 《灌園先生日記》，臺北：中研院臺史所籌備處。

林文龍

　　1987　〈彰化白沙書院興廢考〉，收錄於《臺灣史蹟叢論》(下冊)，臺中：
　　　　　國彰出版社。

　　1999　《臺灣的書院與科舉》，臺北：常民文化出版。

林美容

　　1991　〈與彰化媽祖有關的傳說故事與諺語〉，收錄於《臺灣人的社會與
　　　　　信仰》，臺北：自立晚報出版社。

林富士

　　1995　《孤魂與鬼雄的世界－北臺灣的厲鬼信仰》，臺北：臺北縣立文化
　　　　　中心。

林瑞明

　　1993　《臺灣文學與時代精神－賴和研究論集》，臺北：允晨文化。

林滿紅

　　1997　《茶、糖、樟腦業與臺灣之社會經濟變遷》，臺北：聯經出版公司。

林淑慧

　　2004　《臺灣文化采風：黃叔璥及其臺海使槎錄》，臺北：萬卷樓出版社。

　　2007　《臺灣清治時期散文的文化軌跡》，臺北：國立編譯館、臺灣學生
　　　　　書局。

洪鎌德

　　1997　《人文思想與現代社會》，臺北：揚智文化公司。

洪淑芬

　　2002　《文獻典藏數位化的實務與技術》，臺北：數位典藏國家型科技計
　　　　　畫訓練推廣分項計畫。

洪銘水

　　1998　〈洪棄生的「觀風」與「戰紀」〉，收錄於《臺灣文學散論－傳統
　　　　　與現代》，臺北：文津出版社。

柳克述編

1979　《土耳其復興史》臺北：臺灣商務印書館。

高洪興

1995　《纏足史》，上海：文藝出版社。

高啓進、陳益源、陳英俊

2005　《開澎進士蔡廷蘭與「海南雜著」》，澎湖：澎湖縣文化局。

若林正丈、吳密察主編

2004　《跨界的臺灣史研究－與東亞史的交錯》，臺北：播種者文化有限
　　　公司。

施隆民編

1997　《施氏世界》，彰化：世界臨濮施氏宗親總會。

施懿琳

2000　〈賴和漢詩的新思想及其寫作特色〉，收錄於《從沈光文到賴和－
　　　臺灣古典文學的發展與特色》，高雄：春暉出版社。

高啓進、陳益源、陳英俊

2005　《開澎進士蔡廷蘭與「海南雜著」》，澎湖：澎湖縣文化局。

翁佳音

1986　《臺灣漢人武裝抗日史研究－一八九五－一九○二》，臺北：國立
　　　臺灣大學出版委員會。

柴本源、黃祥康、方芳

1999　《旅遊地理學》，上海：上海人民出版社。

徐海燕

1999　《悠悠千載一金蓮－中國的纏足文化》，瀋陽：遼寧人民出版社。

徐福全

1998　《福全臺諺語典》，臺北：徐福全。

梁錦文

2002　《後冷戰時期之越南外交政策》，臺北：翰蘆圖書。
　　　《越南簡史》，南投：暨南大學東南亞研究中心。

許文堂、謝奇懿編

    1998   《大南實錄清越關係史料彙編》，中央研究院東南亞研究計畫。

張炎憲、李筱峰、戴寶村主編

    1996   《臺灣史論文精選》（上、下冊），臺北：玉山社。

張京媛編

    1993   《新歷史主義與文學批評》，北京：北京大學。

    1995   《後殖民主義與文化認同》，臺北：麥田出版社。

張秀民

    1991   《中越關係史論文集》，臺北：文史哲出版社。

張正昌

    2004   《林獻堂與臺灣民族運動》，臺北：撰者。

張玉法、李又寧編

    1981   《中國婦女史論文集》，臺北：臺灣商務印書館。

張仲

    1995   《小腳與辮子》，臺北：幼獅文化出版社。

曹永和

    2000   《臺灣早期歷史研究續集》，臺北：聯經出版社。

莊萬壽

    2003   《臺灣文化論：主體性之建構》，臺北：玉山社。

莊金德

    1973   《清代臺灣教育史料彙編》，臺北：臺灣省文獻委員會。

康豹 (Paul R. Katz)

    1997   《臺灣的王爺信仰》，臺北：商鼎文化出版社。

陳嘉明

    2001   《現代性與後現代性》，北京：人民出版社。

陳文為等

    1969   《欽定越史通鑑綱目》，臺北：中央圖書館。

陳君愷

　　1992　《日治時期臺灣醫生社會地位之研究》，臺北：臺灣師範大學歷史
　　　　　研究所專刊 22 期。

陳東元

　　1997　《中國婦女生活史》，臺北：河洛圖書出版社。

陳建忠

　　2004　《書寫臺灣‧臺灣書寫：賴和的文學與思想研究》，高雄：春暉出
　　　　　版社。

陳捷先

　　1996　《清代臺灣方志研究》，臺北：學生書局。

陳秋坤

　　1994　《清代臺灣土著地權－官僚、漢佃與岸裡社人的土地變遷，
　　　　　1700-1895》，臺北：中央研究院近代史研究所。

陳東榮、陳長房主編

　　1995　《典律與文學教學》，臺北：書林出版有限公司。

陳俊宏

　　2002　《李春生的思想與日本觀感》，臺北：南天書局。

陳紹馨

　　1981　《臺灣的人口變遷與社會變遷》，臺北：聯經出版公司。

陳益源

　　2006　《蔡廷蘭及其海南雜著》，臺北：里仁書局。

陳慶浩，鄭阿財，陳義

　　1991　【越南漢文小說叢刊】第 2 輯，神話傳說類 1，臺北：學生書局。

陳培豐著、王興安、鳳氣至純平編譯

　　2004　《「同化」の同床異夢：日治時期臺灣的語言政策、近代化與認同》，
　　　　　臺北：麥田出版社。

許俊雅編

2004　《講座 FORMOSA：臺灣古典文學評論合集》，臺北：萬卷樓圖書有限公司。

許世楷著，李明峻、賴郁君譯

2006　《日本統治下的臺灣》，臺北：玉山社。

曾景來

1995　《臺灣宗教と迷信陋習》，臺北：南天書局。

黃有志

1991　《社會變遷與傳統禮俗》，臺北：幼獅文化事業公司。

黃美娥

2004　《重層現代性鏡象：日治時代臺灣傳統文人的文化視域與文學想像》，臺北：麥田出版社。

黃美英

1988　《千年媽祖：湄洲到臺灣》，臺北：人間出版社。

1994　《臺灣媽祖的香火與儀式》，臺北：自立晚報出版社。

黃昭堂

1972　《臺灣民主國の研究－臺灣獨立運動史の一斷章》，東京：東京大學出版會。

黃昭弘

1993　《清末寓華西教士之政論及其影響》，臺北：宇宙光。

黃應貴主編

1995　《時間、歷史與記憶》，臺北：中央研究院民族學研究所。

　　　《空間、力與社會》，臺北：中央研究院民族學研究所。

黃秀政、張勝彥、吳文星

2002　《臺灣史》，臺北：五南圖書出版社。

黃富三

2004　《林獻堂傳》，南投：國史館臺灣文獻館。

黃煌雄

　　1992　《蔣渭水傳－臺灣的先知先覺者》，臺北：前衛出版社。

程玉凰

　　1997　《嶙峋志節一書生：洪棄生及其作品考述》，臺北：國史館。

葉石濤

　　1981　《臺灣鄉土作家論集》，臺北：遠景出版社

葉榮鐘

　　1971　《臺灣民族運動史》，臺北：自立晚報出版社。

葉連鵬

　　2001　《澎湖文學發展之研究》，澎湖：澎湖縣文化局。

董芳苑

　　1991　《原始宗教》，臺北：九大文化。

裘學賢

　　1995　《人文主義哲學及其在教育上的意義》，高雄：復文圖書公司。

楊楊

　　2001　《小腳舞蹈：一個鄉村的纏足故事》，合肥：安徽文藝出版社。

楊翠

　　1991　《日據時期臺灣婦女解放運動－以《臺灣民報》爲分析場域 (1920-1932)》，臺北：時報文化。

戴燕

　　2002　《文學史的權力》，北京：北京大學出版社。

彭瑞金

　　1989　《臺灣新文學運動40年》，臺北：自立晚報出版社。

廖炳惠

　　1994　《回顧現代：後現代與後殖民論文集》，臺北：麥田出版社。

　　2000　《另類現代情》，臺北：允晨文化。

　　2003　《關鍵詞200：文學與批評研究的通用詞彙編》，臺北：麥田出版社。

賴和著，林瑞明編

　　2000　《賴和全集》，臺北：前衛出版社。

　　　　　《賴和手稿集・新文學卷》，彰化：賴和文教基金會。

賴光臨

　　1984　《新聞史》，臺北：允晨文化。

漢學研究中心

　　1995　《寺廟與民間文化研討會論文集》，臺北：行政院文化建設委員會。

樊開印

　　1993　《中國境內各民族細說》，臺北：唐山出版社。

蔣渭水

　　2005　《蔣渭水全集》增訂二版，臺北：海峽學術出版社。

劉天華

　　1993　《旅遊美學》，臺北：地景企業股份有限公司。

劉枝萬

　　1989　《臺灣民間信仰論集》，臺北：聯經出版社。

劉禾

　　2002　《跨語際實踐：文學，民族文化與被譯介的現代性》，北京：三聯書店。

劉翠溶

　　1995　〈漢人拓墾與聚落之形成：臺灣環境變遷之起始〉，收錄於劉翠溶、伊懋可主編，《積漸所至：中國環境史論文集》，臺北：中央研究院經濟研究所。

盧建榮主編

　　2001　《性別、政治與集體心態：中國新文化史》，臺北：麥田出版社。

謝瀛春等編

　　1999　《數位典藏技術彙編》第一冊，臺北：數位典藏國家型科技計畫辦公室、中央研究院資訊科學研究所。

謝元魯主編

　　2007　《旅游文化學》，北京：北京大學出版社。

謝彥君

　　2006　《旅遊體驗研究：一種現象的視角》，天津：南開大學。

蔡主賓

　　1998　《蔡廷蘭傳》，南投：臺灣省文獻委員會。

蔡相煇

　　1989　《臺灣的王爺與媽祖》，臺北：臺原出版社。

　　1995　《北港朝天宮志》，雲林：北港朝天宮。

鄭志明

　　1990　《臺灣的宗教與秘密教派》，臺北：臺原出版社。

鄭志敏輯錄

　　2004　《日治時期臺灣民報醫藥衛生史料輯錄》，臺北：中國醫藥研究所。

鄭祖安、蔣明宏

　　1994　《徐霞客與山水文化》，上海：上海文化出版社。

鄧景衡

　　2002　《符號、意象、奇觀－臺灣飲食文化系譜》，臺北：田園城市文化
　　　　　事業。

瞿海源主編

　　1989　《重修臺灣省通志》，南投：臺灣省文獻委員會。

戴寶村

　　1993　《帝國的入侵：牡丹社事件》，臺北：自立晚報出版社。

戴寶村主編

　　2006　《臺灣歷史的鏡與窗》，臺北：國家展望文教基金會。

蕭新煌主編

　　1995　《東南亞的變貌》，臺北：中央研究院東南亞區域研究計畫。

盧雲亭

1993 《現代旅遊地理學》，臺北：地景企業股份有限公司。

簡炯仁

1995 《臺灣開發與族群》，臺北：前衛出版社。

上內恆三郎

1916 《臺灣刑事司法政策論》，臺北：臺灣日日新報社。

上野專一

2002 〈與劉銘傳、林維源對談－臺灣視察手記〉，收錄於楊南郡譯註：
《臺灣百年花火－清末日初臺灣探險踏查實錄》，臺北：玉山社。

子安宣邦著、陳瑋芬譯

2004 《東亞儒學：批判與方法》，臺北：臺灣大學出版中心。

井出季和太

1937 《臺灣治績志》，臺北：臺灣日日新報社。

氏平要等編

1934 《臺中市史》，臺中：臺灣新聞社。

中西牛郎

2004 《泰東哲學家李公小傳》，收錄於李明輝等編：《李春生著作集》
附冊。

片山生著、鄭瑞明譯

1987 〈溺女的陋習〉，收入臺灣慣習研究會《臺灣慣習記事》中譯本 3
卷 11 號，臺中：臺中省文獻委員會譯編。

片岡嚴著、陳金田譯

1921 《臺灣風俗誌》，臺北：臺灣日日新報社。

石川松太郎

1997 《日本教育史》，東京：玉川大學出版部。

矢內原忠雄著、周憲文譯

1987 《日本帝國主義下的臺灣》，臺北：帕米爾書店。

伊能嘉矩著、王世慶、江慶林等譯

1985 《臺灣文化志》，南投：臺灣省文獻會。

多賀秋五郎編

1970 《近世東アジア教育史研究》，東京：學術書出版會。

佐藤源治

1943 《臺灣教育の進展》，臺北：臺灣出版文化株式會社。

尾崎秀樹

1971 《舊殖民地文學の研究》，日本：勁草書局。

岡松參太郎著、陳金田譯

1990 《臺灣私法》第二卷，南投：臺灣省文獻會。

原房助

1932 《臺灣大年表》，臺北：臺北印刷株式會社。

清水勝嘉

1996 《昭和戰前期の日本公眾衛生史》，東京：不二出版。

鈴木清一郎著、馮作民譯

1994 《臺灣舊慣習俗信仰》，臺北：眾文圖書。

臺灣慣習研究會編

1907 〈紳士の半面－李春生氏〉，《臺灣慣習記事》第七卷第六號。

臺灣教育會編

1933 《芝山巖志》，臺北：臺灣教育會。

1973 《臺灣教育沿革志》，臺北：古亭書屋。

增田福太郎著、古亭書屋編譯

1999 《臺灣漢民族的司法神－城隍信仰的體系》，臺北：眾文圖書。

關秀夫

1997 《日本博物館學入門》，東京：雄山閣出版。

藤井志津枝

1992 《近代中日關係史源起：1871-1874 年臺灣事件》，臺北：金禾出
版社。

Adam Kuper 著、賈士蘅譯

　　1988　《英國社會人類學:從馬凌諾斯基到今天》,臺北:聯經出版社。

Alan Bullock 著、董樂山譯

　　2000　《西方人文主義傳統》,臺北:究竟出版社。

Allan Pred 著、許坤榮譯

　　1988　〈結構化歷程和地方-地方感和結構的形成過程〉,收錄於《空間
　　　　　的文化形式與社會理論讀本》,臺北:明文書局。

Anthony Giddens, Christopher Pierson 著、尹宏毅譯

　　2002　《現代性:紀登斯訪談錄》,臺北:聯經出版社。

Benedict Richard O'Gorman Anderson 著、吳叡人譯

　　1999　《想像的共同體:民族主義的起源與散布》,臺北:時報文化。

D. R. SarDesai 著、蔡百銓譯

　　2001　《東南亞史》,臺北:麥田出版社。

Edward W. Said 著、王淑燕等譯

　　1999　《東方主義》,臺北:立緒文化公司。

Edward W. Said 著、蔡源林譯

　　2001　《文化與帝國主義》,臺北:立緒文化公司。

Edward J. Mayo, Lance P. Jarvis 著、蔡麗伶譯

　　1990　《旅遊心理學》,臺北:揚智文化。

Escarpit, Robert 著、葉淑燕譯

　　1990　《文學社會學》,臺北:遠流出版社。

Foucault, Michel 著、王德威譯

　　1993　《知識的考掘》,臺北:麥田出版社。

Friedrich Waidacher 著、曾于珍譯

　　2005　《博物館學-德語世界觀點》,臺北:五觀藝術出版社。

Giddens, Anthony 著、趙旭東、方文譯

　　2002　《現代性與自我認同》,臺北:左岸文化。

Harold R. Isaacs 著、鄧伯宸譯

    2003 《族群：集體認同與政治變遷》，臺北：立緒文化出版社。

Henderson, Karla A.等著、劉耳等譯

    2002 《女性休閒：女性主義的視角》(*Both Gains and Gaps: Feminist perspectives on Women's Leisure*)，昆明：雲南人民出版社。

J. G. Frazer 著、汪培基譯

    1991 《金枝：巫術與宗教之研究》，臺北：久大文化出版社。

Jean Leduc 著、林錚譯

    2004 《史家與時間》，臺北：麥田出版社。

John Bergor 著、吳莉君譯

    2005 《觀看的方式》，臺北：麥田出版社。

John Dodd 著、陳政三譯

    2002 《北臺封鎖記:茶商陶德筆下的清法戰爭》，臺北：原民文化。

Kathryn Woodward 等著、林文琪譯

    2006 《認同與差異》，臺北：韋伯文化。

Mackay, G. L.著、Macdonld J.A.（馬克勒諾）編，周學普譯

    1960 《臺灣六記》，臺北：臺灣銀行經濟研究室。

Malinowski, B 著、費孝通譯

    2001 《文化論》，北京：華夏出版社。

Michel Foucault 著、劉北成、楊遠嬰譯

    2003 《規訓與懲罰－監獄的誕生》，臺北：桂冠圖書公司。

Michele L. Crossley 著、朱儀羚等譯

    2004 《敘事心理與研究：自我、創傷與意義的建構》，嘉義：濤石文化。

Mike Grang 著、王志弘、余佳玲、方淑惠譯

    2003 《文化地理學》，臺北：巨流圖書公司。

Norman Hampson 著、李豐斌譯

    1984 《啓蒙運動》，臺北：聯經出版社。

Radcliffe-Brown, A. R.著、夏建中譯

　　1991　《社會人類學方法》，臺北：桂冠出版社。

Robert J. C. Young 著、周素鳳、陳巨擘譯

　　2006　《後殖民主義－歷史的導引》，臺北：巨流圖書有限公司、國立編
　　　　　譯館。

Roy Porter 著、王道還譯

　　2005　《醫學簡史》，臺北：商周出版社。

Achern, E.M.

　　1973　*"The Cult of the Dead in a Chinese Village."* Stanford: Stanford
　　　　　University Press.

Benedict Anderson.

　　1991　*"Imagined Communities: Reflections on the Origin and Spread of
　　　　　Nationalism"* New York: Verso.

Bryan S. Turner, Mike Featherstone, Mike Hepworth

　　1991　*"The Body: Social Process and Culture Theory"* Newbury Park: Sage
　　　　　Publication.

Clifford, James.

　　1986　*"Writing Culture: The Poetics and Politics of Ethnography. Eds. James
　　　　　Clifford and George E. Marcus"* Berkeley: University of California
　　　　　Press.

Culler, Jonathan.

　　1998　*"The Semiotics of Tourism, Framing the Sign: Criticism and Its
　　　　　Institutions."* Norman & London: U of Oklahoma P.

Foucault, Michel.

　　1981　*"The Order of Discourse. Untying the Text: A Post-Structuralist
　　　　　Reader."* Ed. Robert Young. Boston, London and Henley: Routledge &
　　　　　Kegan Paul.

Frances A. Yates

　　1966　"*The Art of Memory*" Chicago: The University of Chicago Press.

Hinchman, Lewis P., and K. Hinchman.

　　1997　"*Memory, Identity, Community: The Idea of Narrative in the Human Sciences*", New York: State University of New York Press.

Islam, Syed Manzurul.

　　1996　"*The Ethics of Travel from Marco Polo to Kafka.*" Manchester New York: Manchester UP.

Jonathan Culler.

　　1998　"*The Semiotics of Tourism, Framing the Sign: Criticism and Its institutions.*" Norman & London: U of Oklahoma Press.

Mary W. Helms

　　1988　"*Ulysses' Sail: an ethnographic odyssey of power, knowledge, and geographical*", New Jersey: Princeton University Press.

Maurice Halbwachs.

　　1992　"*On Collective Memory*", Edited, Translated, and with an Introduction by Lewis A. Coser, P.

Mieke Bal

　　2007　"*Narratology，Introduction to the theory of narrative*", Toronto: University of Toronto Press.

Pierre Bourdieu.

　　1991　"*The Field of Cultural Production*"，Columbia University Press.

Poter, Dennis

　　1991　"*Haunted Journeys: Desire and Transgression in European Travel Writing.*" Princeton: Princeton UP.

Pratt, Mary Louise.

　　1992　"*Imperial Eyes: Travel Writing and Transculturation*", New York:

Routledge.

Shepherd, John R.

1993 "*Statecraft and Political Economy on the Taiwan Frontier, 1600-1800.*" Stanford California: Stanford University Press.

Susan Mann

1991 "*Grooming a Daughter for Marriage: Brides and Wives in the Mid-Qing Period*", In R. Watson and P. Ebrey, eds. Marriage and Inequality in Chinese Society.Berkeley: University of California Press.

Teng, Emma Jinhua

1997 "*Travel Writing and Colonial Collecting: Chinese Travel Accounts of Taiwan from the Seventeenth through Nineteenth Centurie,*" a thesis presented to the Department of East Asia Languages and Civilizations of Harvard University for the degree of doctor of philosophy, Massachusetts: Harvard University.

2004 "*Taiwan's imagined geography: Chinese colonial travel writing and pictures, 1683-1895*", Massachusetts: Harvard University Press.

Van Gennep

1960 "*The Rites of Passage*". Monika B. Vizedom & Gabielle L. Caffee (trans.), Chicago: The University of Chicago Press.

Wang ,Ping

1957 "*Aching for beauty: footbinding in Chinese*", University of Minnesota Press.

三、學位論文

王進崑

1992 《檳榔嚼塊中興奮性成分之研究及替代品的研製》,臺灣大學食品科學研究所博士論文。

李美芩

　2006　《論賭博行為之應罰性》，臺北大學法律專業研究所碩士論文。

林秀蓉

　2002　《日治時期臺灣醫事作家及其作品研究－以蔣渭水、賴和、吳新榮、王昶雄、詹冰為主》，高雄師範大學國文學系博士論文。

洪碧霞

　1983　《李春生中國化基督教思想之構造及其意義》，中正大學歷史研究所碩士論文。

許佩賢

　1994　《塑造殖民地少國民－日據時期臺灣公學校教科書之分析》，臺灣大學歷史研究所碩士論文。

連慧珠

　1995　《萬生反－十九世紀後期臺灣民間文化之歷史觀察》，東海大學歷史研究所碩士論文。

陳大元

　1999　《日治時期臺灣教化輔助團體之研究》，東海大學歷史研究所碩士論文。

曾國棟

　1996　《清代臺灣示禁碑之研究》，成功大學歷史語言研究所碩士論文。

曾品滄

　2006　《從田畦到餐桌－清代臺灣漢人的農業生產與食物消費》，臺灣大學歷史學研究所博士論文。

溫振華

　1978　《清代臺北盆地經濟社會的演變》，臺灣師範大學歷史研究所碩士論文。

楊添發

　2006　《陳維英及其文學研究》，銘傳大學應用語文研究所碩士論文。

蔡依伶

　　2007 　《從解纏足到自由戀愛：日治時期傳統文人與知識分子的性別話語》，臺北教育大學臺灣文學研究所碩士論文。

蔡淵洯

　　1980 　《清代臺灣的社會領導階層（1684-1895）》，臺灣師範大學歷史研究所碩士論文。

四、期刊論文、研討會論文

中央研究院資訊科學研究所、數位典藏國家型科技計畫技術研發處

　　2004.8 《第三屆數位典藏技術研討會論文集》。

中央研究院資訊科學研究所主編

　　2005.9 《第四屆數位典藏技術研討會論文集》。

文瀾

　　1960.4 〈從「揚文會」談到「新學研究會」〉，《臺北文物》第 8 卷 4 期。

王泰升

　　2005.1 〈日本殖民統治者的法律鎮壓與臺灣人的政治反抗文化〉，《月旦法學雜誌》第 116 期。

王嵩山

　　1983 　〈從進香活動看民間信仰與儀式〉，《民俗曲藝》第 25 期。

王國璠

　　1970.6 〈淡北詩論〉上，《臺北文獻》直字 11/12 期，頁 205-228。

　　1970.12 〈淡北詩論〉下，《臺北文獻》直字 13/14 期，頁 129-133。

王璦玲

　　2007.9 〈導言：有關「明清敘事理論與敘事文學」研究之開展－從近年敘事學研究之新趨談起〉，《中國文哲研究通訊》第 17 卷第 3 期。

古偉瀛

　　1994 　〈以教代政－試論李春生的政教觀〉，收錄於《中國政治、宗教與

文化關係國際學術研討會論文集》。

李永熾

　　1978　〈日本大東亞共榮圈理念的形成〉，《思與言》第 15 卷第 6 期。

李世偉

　　1996.9 〈身是維摩不著花－黃玉階之宗教活動〉，《臺北文獻》第 117 期。

李明輝

　　1999.12 〈轉化抑或對話？－李春生所理解的中國經典〉，中央大學人文
　　　　　學報第 20 期。

李知灝

　　2005.3 〈吳德功的割臺經歷與心境轉變－以《瑞桃齋詩稿》乙未、丙申詩
　　　　　作為研究中心〉，《彰化文獻》第 6 期。

　　2006.8 〈殖民現代性初體驗－以洪棄生《寄鶴齋詩集》中日治時期社會詩
　　　　　作為研究中心〉，《彰化文獻》第 7 期。

李瑞騰

　　1991.1 〈雜誌：時代巨輪下的軌跡〉，《臺灣文學觀察雜誌》第 3 期。

李豐楙

　　1989　〈鎮瀾宮建醮科儀之探討〉，《民俗曲藝》第 58 期。

　　1993.10 〈東港王船和瘟與送王習俗之研究〉，《東方宗教研究》第 3 期。

　　1994.4 〈臺灣民間禮俗中的生死關懷〉，《哲學雜誌》第 8 期。

李獻璋

　　1990.6 〈媽祖傳說的開展〉，《漢學研究》第 8 卷第 1 期。

阮蘇蘭

　　2008.7 〈記載越南民間風俗的相關漢喃文獻略考〉，收錄於《第六屆國際
　　　　　青年學者漢學會議－民間文學與漢學研究》，臺北：萬卷樓圖書公
　　　　　司。

何培夫

　　1999.12 〈臺灣碑碣的文學資料〉，《國立中央圖書館臺灣分館館刊》第

6 卷第 2 期，頁 99-106。

2000.6 〈臺灣的碑碣史料〉，《國立中央圖書館臺灣分館館刊》第 6 卷第 4 期，頁 107-113。

宋美瑾

1997.9 〈自我主體、階級認同與國族建構：論狄福、菲爾定和包士威爾的旅行書〉，《中外文學》第 26 卷第 4 期，頁 4-28。

吳　槐

1953.8 〈大龍峒聞見雜錄〉，《臺北文物》第 2 卷第 2 期，頁 58-59。

吳文星

1986 〈日據時期臺灣的放足斷髮運動〉，收錄於瞿海源、章英華編，《臺灣社會與文化變遷》上冊(中央研究院民族學研究所專刊乙種之 16)，中央研究院民族學研究所。

1987 〈白手起家的稻江巨商李春生〉，收錄於《臺灣近代名人誌》，自立晚報社。

1993.2 〈清季李春生的自強思想－以臺事議論為中心〉，收錄於【李春生著作集】。

1993.3 〈清季李春生的自強思想－以變革圖強議論為中心〉，收錄於【李春生著作集】。

吳青霞

2005.9 〈道光 12 年（1832）澎湖一場生命的交會－以周凱、蔡廷蘭等賑災詩為討論中心〉，《澎湖縣文化局季刊》第 40 期。

吳槐

1953 〈龍峒聞見雜錄〉，《臺北文物》第 2 卷第 2 號。

汪毅夫

2004.1 〈清代臺灣的幕友〉，《東南學術》第 1 期，頁 127。

周婉窈

2006.12 〈「進步由教育　幸福公家造」－林獻堂與霧峰一新會〉，《臺

灣風物》第 56 卷第 4 期。

周樑楷

1998　〈歷史敘述與近代英國史學傳統的轉變〉，《興大歷史學報》第 8 期。

周宗賢

1993.9　〈大龍峒陳悅記小史〉，《臺北文獻》直字 105 期，頁 29-44。

林文龍

1997.6　〈清代臺灣書院講席彙錄〉，《臺灣文獻》第 42 卷第 2 期，頁 241-265。

林秋敏

1999　〈從不纏足運動談女性自覺的萌芽〉，《歷史月刊》4 月號。

林美容

2002　〈臺灣媽祖研究相關書目介紹〉，《臺灣史料研究》第 18 期。

林淑慧

2004.12　〈臺灣清治時期遊記的異地記憶與文化意涵〉，《空大人文學報》第 13 期，頁 53-81。

2004.11　〈自然的政治觀－《莊子》對霸權思想的批判〉，《空大學訊》第 334 期。

2004.4　〈孔孟民本思想及其後世之轉化〉，《空大學訊》第 324 期。

2005.3　〈清末臺灣政經思想－以文人論述為主軸〉，收錄於臺灣師大臺灣文化及語言文學研究所主辦「第四屆臺灣文化國際學術研討會」會議論文集，頁 91-108。

2005.6　〈臺灣清治中期淡北文人曹敬及其手稿的詮釋〉，《臺北文獻》第 152 期，頁 59-94。

林富士

2005　〈清代臺灣的巫覡與巫俗－以《臺灣文獻叢刊》為主要材料的初步探討〉，《新史學》第 16 卷第 3 期，頁 23-100。

2006　〈數位革命與歷史研究〉，《國史館館刊》復刊第 41 期。

林鶴亭

1976 〈安平天后宮志〉,《臺灣風物》第 26 卷第 1 期。

林平華、張瓊月

2005.6 〈國史館規劃後設資料(Metadata)經驗談〉,《國史館館刊》復刊第 38 期。

林明德

1953 〈臺灣地區孔廟書院之匾聯文化探索〉,《臺北文獻》第 112 期,頁 35。

姜佩君

2001.3 〈澎湖蔡進士傳說初探〉,《澎湖縣文化局季刊》,第 22 期。

洪橢(炎秋)

1946 〈關於《臺灣戰紀》〉,《圖書月刊》第 1 卷第 2 期。

洪敏麟

1976 〈纏腳與臺灣的天然足運動〉,《臺灣文獻》第 27 卷第 3 期。

洪瑩發

2005.1 〈大甲媽祖進香飲食的文化意涵初探〉,《臺灣文化研究所學報》第 2 期。

施懿琳

1997.3 〈由反抗到傾斜-日治時期彰化文人吳德功身分認同之分析〉,《中國學術年刊》第 18 期,頁 319-322。

2003.8 〈從《臺灣府志》〈藝文志〉看清領前期臺灣散文正典的生成〉,《臺灣文學學報》第 4 期,頁 1-36。

柯基生

1988 〈金蓮秘性-纏足與性的解析〉,《歷史月刊》第 128 期。

柯榮三

2006.9 〈《全臺詩》蔡廷蘭〈請急賑歌〉之商榷-以版本及典故為主的考述〉,《澎湖縣文化局季刊》,第 44 期。

胡曉真

    2006.9　〈旅行、獵奇與考古〉，《中國文哲研究集刊》第 29 期。

胡錦媛

    1996.12　〈繞著地球跑（下）－當代臺灣旅行文學〉，《幼獅文藝》第 83
           卷第 12 期。

    1999.5　〈遠離非洲，遠離女性：《黑暗之心》中的旅行敘事〉，《中外文
           學》，第 27 卷第 12 期。

胡家瑜

    2004　　〈賽夏儀式食物與 Tatinii（先靈）記憶：從文化意象和感官經驗的
           關聯談起〉，《物與物質文化》，中央研究院民族學研究所，頁
           171-210。

徐麗霞

    2002.3　〈開澎進士—蔡廷蘭〉（上），《中國語文》第 90 卷第 3 期。

翁佳音

    1985.12　〈臺灣漢人武裝抗日(1895~1902)的成員分析〉，《東海大學歷史
           學報》。

高以璇

    2006.5　〈從傳統婚禮儀式中的祝辭看臺灣社會的文化意涵〉，《國立歷史
           博物館學報》第 33 期。

高啓進

    1998.6　〈開澎進士蔡廷蘭〉，《澎湖縣文化局季刊》第 11 期。

    2004.12、2005.3　〈開澎進士蔡廷蘭傳 1801-1859〉（上、下），《澎湖縣
           文化局季刊》第 37、38 期。

莊健國

    2002　　〈我國現代文學史史料數位化典藏與服務〉，《國家圖書館館刊》
           第 2 期。

曹永和

1941.12 〈士林の傳說〉，《民俗臺灣》第 1 卷第 6 期，頁 24。

1942.6 〈民俗採訪の會－大龍峒三題〉，《民俗臺灣》第 2 卷第 6 期，頁 45。

許丙丁

1976.12 〈藥王廟〉，《臺南文化》新 2 期。

許雪姬

2002.5 〈反抗與屈從－林獻堂府評議員的任命與辭任〉，《國立政治大學歷史學報》第 19 期。

許達然

1994 〈日據時期臺灣散文〉，《賴和及其同時代的作家：日據時期臺灣文學國際學術會議》。

陳佳立

2007 〈生命中不可再現之痛：論戰爭紀念博物館之展示與敘事策略〉，《博物館學季刊》第 21 卷第 1 期。

陳培漢

1953.8 〈先曾叔祖維英公事蹟〉，《臺北文物》第 2 卷第 2 期，頁 92-93。

陳萬益

1996 〈從民間來到民間去－賴和的文學立場〉，收錄於《中國文學史暨文學批評研討會論文集》。

2000 〈現階段區域文學史撰寫的意義和問題〉，收錄於何寄澎主編《文化、認同、社會變遷－戰後臺灣文學國際學術研討會論文集》。

2003 〈論臺灣文學的主體性〉，收錄於張德麟編《臺灣漢文化之本土化》，前衛出版社，頁 243-254。

陳新

1999.3 〈論二十世紀西方歷史敘述研究的兩個階段〉，《思與言》第 37 期第 1 卷。

陳壬癸

1982　〈馬偕博士與臺灣〉，《臺灣文獻》第 33 卷第 2 期。

陳水源

2006.10　〈八堡圳開築工程傳奇人物〉，《臺灣學研究通訊》創刊號。

陳存仁

1993.2　〈女性酷刑纏足考〉，《傳記文學》第 62 卷第 2 期。

陳亞寧、陳淑君

1999　〈Matadata 初探〉，《中央研究院計算中心通訊》第 15 卷第 5 期。

陳和琴

2001.9　〈Matadata 與數位典藏之探討〉，《大學圖書館》第 5 卷第 2 期。

陳泰穎

2007　〈數位典藏、授權商務與著作權法的省思〉，《數位典藏國家型科技計畫電子報》第 6 卷第 5 期。

陳雪華

1998　〈史料數位化與 Metadata〉，《臺灣古文書數位化研討會暨成果發表會議論文》。

陳英俊

2002　〈《海南雜著》－越南行跡考察攝錄〉，《澎湖縣文化局季刊》，第 39 期。

陳益源

2001.6　〈澎湖蔡進士的史料與傳說〉，《澎湖縣文化局季刊》第 23 期。

2004.6　〈蔡廷蘭越南行跡及其民俗記載〉，《澎湖縣文化局季刊》第 35 期。

2004.12　〈金門瓊林所見蔡廷蘭相關文物〉，《澎湖縣文化局季刊》第 37 期。

2005.12　〈《海南雜著》的版本與譯本〉，《澎湖縣文化局季刊》第 41 期。

康豹 (Paul R. Katz)

1990　〈東隆宮迎王祭典中的和瘟儀式及其科儀本〉，《中央研究院民族
　　　學研究所資料彙編》第 2 期。

1990　〈屏東縣東港鎮的迎王祭典－臺灣瘟神與王爺信仰之分析〉，收入
　　　鄭志明編《宗教與文化》。

張火木

1996　〈金澎臺移民關系與族群發展〉，《實踐學報》第 29 期。

郭崇美

2002.12　〈李春生與大稻埕茶商發展座談會紀錄〉，《臺北文獻》第 142
　　　期，頁 1-25。

游鑑明

1992　〈有關日據時期臺灣女子教育的一些觀察〉，《臺灣史田野研究通
　　　訊》第 23 期。

1994　〈日據時期臺灣的新女性〉，《婦女研究通訊》第 32 期。

2000.6　〈日治時期臺灣學校女子體育的發展〉，《中央研究院近代史研究
　　　所集刊》第 33 期。

黃筱慧

2008.1　〈論述之詮釋行動理論中的時間與敘事〉，《哲學與文化》第 35
　　　卷第 1 期。

黃沛榮

2001.6　〈《易經》形式結構中所蘊涵之義理〉，《漢學研究》第 19 卷第 1
　　　期。

黃典權

1965.6　〈石蘭山館遺稿序〉，《臺南文化》第 8 卷第 1 期。

黃美娥

2002　〈清代臺北地區文壇初探〉，《明清時期的臺灣傳統文學論文集》。

2006.3　〈差異/交混、對話/對譯－日治時期臺灣傳統文人的身體經驗與新
　　　國民想像（1895-1937）〉，《中國文哲研究集刊》第 28 期。

黃得時

　　1968　〈天然足會與斷髮不改裝運動〉，《臺灣研究研討會紀錄續集》，
　　　　　臺灣大學考古人類學專刊第 5 種。

黃俊傑、古偉瀛

　　1994　〈新恩與舊義之間－李春生的國家認同之分析〉，收錄於【李春生
　　　　　著作集】。

曾士榮

　　2006　〈1920 年代臺灣國族意識的形成－以《陳旺成日記》爲中心的討論
　　　　　(1921-1932)〉，《日記與臺灣史研究研討會論文集》，中央研究院
　　　　　臺灣史研究所。

程玉凰

　　2006.7〈洪棄生《瀛海偕亡記》版本考校〉，《東海大學文學院學報》第
　　　　　47 卷。

湯熙勇

　　2003　〈人道、外交與貿易之間－以朝鮮、琉球及越南救助清代中國海難
　　　　　船爲中心〉，「第九屆中國海洋發展史學術研討會」論文，中央研
　　　　　究院中山人文社會科學研究所。

湯熙勇

　　1988.3〈清代臺灣文官的任用方法及其相關問題〉，中央研究院三民主義
　　　　　研究所專題選刊 80。

楊國禎

　　2004　〈林則徐與臺灣〉，《臺灣研究集刊》第 85 期。

楊緒賢

　　1977　〈吳德功與磺溪吳氏家譜〉，《臺灣文獻》第 28 卷第 3 期。

楊翠

　　1994　〈日據臺灣娼妓問題初探〉，《婦女研究通訊》第 32 期。

楊清池

1936.11 〈辛丑一歌詩〉(二),《臺灣新文學》第 1 卷第 9 號,頁 63。

楊雲萍

1941.12 〈士林先哲傳記資料初輯〉,《民俗臺灣》第 1 卷第 6 號。

楊麗中

1993.8 〈傅柯與後殖民論述:現代情境的問題〉,《中外文學》第 22 卷第 3 期,頁 51-72。

楊護源

1998.12 〈臺南海東書院興廢初探〉,《臺南文化》,新 46 期。

葉大沛

1996.12 〈曹士桂《宦海日記》述略〉,《臺灣文獻》第 47 卷第 4 期。

廖安惠等

1991 〈臺灣養女制度初探〉,《史學》第 16、17 期合訂。

廖炳惠

1994 〈馬克吐溫《哈克歷險記》與多元文化及公共場域〉,《當代》第 93 期。

2003.3 〈旅行、記憶與認同〉,《當代》第 175 期,頁 84-105。

廖漢臣

1954 〈揚文會〉,《臺北文物》第 2 卷第 4 期。

臺灣慣習研究會編

1907 〈紳士の半面－李春生氏〉,《臺灣慣習記事》第 7 卷第 6 號。

臺北市文獻會

1953.8 〈大龍峒耆宿座談會〉,《臺北文物》第 2 卷第 2 期,頁 70。

潘文閣講述、張秀蓉記錄

1992 〈越南的漢學研究〉,《漢學研究通訊》第 11 卷第 4 期。

蔡采秀

2004.6 〈以順稱義:論客家族群在清代臺灣成為義民的歷史過程〉,《臺灣史研究》第 11 卷第 1 期,頁 1-41。

蔡丁進

　　2001.12、2002.3、2002.6　〈蔡廷蘭江西仕宦考察實錄〉（上、中、下），
　　　　《澎湖縣文化局季刊》第 25、27 期。

　　2004.6　〈越南考察延宕與「海南雜著」綱要〉，《澎湖縣文化局季刊》第
　　　　35 期。

　　2004、2005、2006　〈蔡廷蘭越南行跡考察實錄〉（1、2、4、5），《澎
　　　　湖縣文化局季刊》第 38、39、41、44 期。

蔣秀純

　　1986.3　〈士林區耆老個別訪問記〉，《臺北文獻》第 77 期，頁 19-20。

賴子清

　　1969　　〈清代北臺之考選〉（上），《臺北文獻》第 9 卷第 10 號。

　　1969　　〈清代北臺之考選〉（下），《臺北文獻》第 11 卷第 12 號。

　　1970.6　〈清代臺灣考選〉（下），《臺北文獻》直字 11、12 期合刊，頁
　　　　43-61。

賴昆祺

　　2007　　〈數位典藏海外推展暨國際合作網路推動計畫-數位臺灣文化入口
　　　　網子計畫〉，《數位典藏國家型科技計畫電子報》，第 6 卷第 1 期。

賴維菁

　　1997.9　〈帝國與遊記－以三部維多利亞時期作品為例〉，《中外文學》第
　　　　26 卷第 4 期，頁 70-82。

戴寶村

　　1993.8　〈一九一五年武裝抗日事件的新視角〉，《臺灣史料研究》第 2 號。

劉翠溶、劉士永

　　1997.12　〈臺灣歷史上的疾病與死亡〉，《臺灣史研究》，中央研究院臺
　　　　灣史研究所籌備處，第 11 卷第 1 期，頁 89-132。

劉苑如

　　2008.3　〈涉遠與歸返－法顯求法的行旅與傳記敘述研究〉，漢學研究中心

等主辦，空間移動之文化詮釋國際學術研討會。

劉紀蕙

2006.3 〈一與多之間：李春生問題〉，《跨領域的臺灣文學研究學術研討會論文集》。

羅鳳珠、何淑華等

2004.10〈臺灣文學文獻數位化的回顧與前瞻〉，2004 年漢學研究國際學術研討會，雲林科技大學漢學資料整理研究所主辦。

鄭淑蓮

1999.4 〈清末臺灣基督教女子教育的發展－以臺南長老教女學之設立為例〉，《弘光學報》第 33 期，頁 283-306。

顧力仁、蔡慧瑛

2004.5 〈圖書館古籍整理與資訊科技的應用〉，《中華民國九十二年圖書館年鑑》。

盧嘉興

1982.1 〈開臺唯一父子進士施瓊芳與施士洁〉，(《臺灣研究彙集》(一))，頁 30。

蘇碩斌

2006.6 〈觀光／被觀光：日治臺灣旅遊活動的社會學考察〉，《臺灣社會學刊》第 36 期。

謝碧連

2002.10 〈府城臺南父子雙進士－施瓊芳、施士洁〉，《臺南文化》第 53 期，頁 43-63。

謝清俊

2001 〈漫談國家數位典藏〉，收錄於吳雪美編《文獻與資訊學術研討會論文集》，東吳大學中國文學系。

2004 〈文學文獻與資訊：文學文獻的數位化問題〉，收錄於羅鳳珠、俞士汶、黃居仁等編《語言，文學與資訊》，國立清華大學出版社。

謝瀛春等編

2004 《數位典藏技術彙編第一冊》，數位典藏國家型科技計畫辦公室、中央研究院資訊科學研究所。

蕭登福

2005.12 〈文昌帝君信仰與敬惜字紙〉，《國立臺中技術學院人文社會學報》第 4 卷，頁 5-16。

簡炯仁

1996.12 〈「臺灣是瘴癘之地」－一個漢人的觀點〉，《臺灣風物》第 46 卷 4 期，頁 32-36。

簡榮聰

2004.1 〈臺灣民間醮典文化〉，《臺灣月刊》第 253 期。

獻東

1957 〈馬偕博士與艋舺的傳道〉，《臺北文物》第 5 卷第 3 期。

龔鵬程

2002 〈文人風月傳統的最後一瞥〉，《聯合文學》第 214 期。

川合康三

2008.3 〈由空間移動視點探討陶淵明的「歸去來兮辭并序」〉，漢學研究中心等主辦，空間移動之文化詮釋國際學術研討會，頁 1-15。

川路祥代

2001.12 〈1919 年日本殖民地臺灣之孔教論〉，《成大宗教與文化學報》第 4 期。

辰巳明久著、黃國鈞譯

2003.10 〈日本數位典藏的現況〉，《故宮文物月刊》，第 21 卷第 7 期。

金關丈夫、楊雲萍

1941 〈本誌發刊の趣意書を繞る論爭の始末〉（上、下），《民俗臺灣》第 1 卷 2、3 號。

津留信代，陳千武譯

1995 〈張文環作品裡的女性觀－日本舊殖民地下的臺灣〉（上、下），《文學臺灣》第 13、14 期。

前島信次

1938 〈臺灣の瘟疫神、王爺と送瘟の風習に就ごて〉，《民族學研究》第 4 期。

後藤均平

1992 《海南雜著》を讀む會〈蔡廷蘭《海南雜著》とその試訳〉，《史苑》第 54 卷第 1 號，日本立教大學史學會。

國分直一

1943 〈四社平埔族の尪姨と作向〉，《民俗臺灣》第 3 卷第 3 號。

臺灣史料調查室

1936 〈臺灣史料調查室の設立〉（有關石碑調查及拓片），《南方土俗》第 4 卷第 2 號，頁 51-52。

Dorothy Ko

1999 Rethinking Sex, Female Agency, and Footbinding，《近代中國婦女史研究》第 7 期，中央研究院近代史研究所

George Candidius 著、葉春榮譯註

1994 〈荷據初期的西拉雅平埔族〉，《臺灣風物》第 44 卷第 3 號。

Hill Gates

1997 On a New Footing：Footbinding and the Coming Modernity，《近代中國婦女史研究》第 5 期，中央研究院近代史研究所。

Lewis Lancaster

2008 .3 *Digital Data in the Humanities*《數位典藏國際會議論文集》，數位典藏與數位學習國家型科技計畫，行政院國家科學委員會數位典藏國際會議。

Robertson, George, Melinda Mash, Lisa Tickner, Jon Bird, Barry Curtis and Tim Putnam.

　　1994　　"As the word turns: introduction," *Travellers's Tales: Narratives of Home and Displacement*. London & New York: Routledge.

Thompson, Laurence G.

　　1969　　Formosan Aborigines in the early Eighteenth Century: Huang Shu-Ching's FAN-SU LIU-K'AO", *Monumenta Serica*, No.28, University of Southern California.

Turner 著、劉肖洵譯

　　1989　　〈朝聖：一個「類中介性」的儀式現象〉，《大陸雜誌》第 66 卷第 2 期。

索引

本書論文出處說明

【各篇論文收入此書多已重新增補修訂】

第二章　禮儀與風俗

* 臺灣文獻所載的宗教傳說與禮俗：以「媽祖」與「王爺」為例

  原題〈臺灣文獻所載「媽祖」與「王爺」傳說的文化詮釋〉，宣讀於「第六屆國際青年學者漢學會議」，臺東：國立臺東大學人文學院與美國哈佛大學東亞語言與文明系合辦，2007年11月14日。後收錄於《民間與漢學研究論文集》，臺北：萬卷樓出版，2008年7月，頁27-58。

* 信仰‧禮儀與飲食文化：以臺灣方志為詮釋核心

  原題〈信仰‧禮儀與飲食文化：以臺灣方志為詮釋核心〉，宣讀於「東西飲食文化與禮儀國際學術研討會」，臺北：國立政治大學跨文化中心主辦，2007年11月9日。

* 在地文人的風俗觀察：以施瓊芳與施士洁的散文為探討範疇

  原題〈十九世紀在地文人的風俗論述－以臺南進士父子施瓊芳施士洁的散文為詮釋核心〉，宣讀於「2008年南台灣歷史與文化學術研討會」，高雄：高雄縣自然史教育館，2008

年 6 月 5 日。後收錄於《高雄文化研究》2008 年年刊，頁
189-214。

第三章　歷史記憶的建構

* 傳承與嬗變：文獻所呈現清治時期臺北文教發展的記憶
  原題加以增修擴充〈臺灣清治中期淡北文人曹敬及其手稿的
  詮釋〉，《臺北文獻》第 152 期，2005 年 6 月，頁 59-94。
* 世變下的歷史記憶：吳德功散文的文化論述
  原題〈世變下的書寫－吳德功散文之文化論述〉，發表於《臺
  灣文學研究學報》第 4 期，2007 年 5 月，頁 9-40。

第四章　旅外記憶的跨界書寫

* 越南記憶與論述：蔡廷蘭《海南雜著》的跨界之旅
  原題〈旅遊、記憶與論述－蔡廷蘭《海南雜著》的跨界之旅〉，
  發表於《漢學研究》第 26 卷第 4 期，2008 年 12 月，頁 219-247。
* 世界文化的觀摩之旅：林獻堂 1927 年日記及《環球遊記》
  的文化意義
  原題〈敘事、再現、啟蒙－林獻堂 1927 年日記及《環球遊
  記》的文化意義〉，發表於《臺灣文學學報》第 13 期，2008
  年 12 月，頁 65-92。

第五章　文化啟蒙的論述

* 知識啓蒙與現代性：李春生散文的文化論述
  原題〈知識啟蒙與現代性－李春生《主津新集》的文化論
  述〉，發表於《臺灣史料研究》第 31 期，2008 年 7 月，頁
  45-65。
* 日治時期的身體論述：女性天然足運動及其文化意義

原題〈日治時期臺灣婦女解纏足運動及其文化意義〉，發表
於《國立中央圖書館臺灣分館館刊》10 卷 2 期，2004 年 6
月，頁 76-93。

* 醫生作家文化啓蒙的敘事策略：賴和、蔣渭水散文的經驗書
寫

原題〈臺灣日治時期醫生作家散文的書寫策略—以人文關懷
為探討主題〉，宣讀於「第一屆臺灣語文暨文化研討會」，
臺中：中山醫學大學臺灣語文學系主辦，2006 年 4 月 29 日。
重新修改發表於〈日治時期臺灣醫生作家的散文書寫策
略〉，《臺灣學通訊》第一期創刊號，2006 年 10 月，頁 20-36。

第六章　文獻的數位典藏應用

* 資料庫於臺灣古典文學史料教學與研究的應用

原題〈資料庫於「臺灣文學史專題」課程的應用〉，宣讀於
「第三屆文學與資訊學術研討會」，國立臺北大學中國文學
系主辦，2006 年 10 月 22 日。發表於《國立臺北大學中文
學報》第二期，2007 年 3 月，頁 209-244。

* 文化資產的典藏：十九世紀臺灣在地文人資料庫的建構

* 古典風情·記憶再現：十九世紀臺灣在地文人資料庫的應用

原題〈古典風情·記憶再現—十九世紀臺灣在地文人資料庫
的建構與應用〉，宣讀於「第四屆文學與資訊學術研討會」，
臺北：國立臺北大學中文系主辦，2008 年 10 月 25 日。增
刪修改發表於《臺灣圖書館管理季刊》第 4 卷第 4 期，2008
年 10 月，頁 46-63。

國家圖書館出版品預行編目資料

> 禮俗·記憶與啓蒙—臺灣文獻的文化論述及數位典藏
>
> 林淑慧著. – 初版. – 臺北市:臺灣學生,2009.02
> 面;公分
> 參考書目:面
>
> ISBN 978-957-15-1446-8(精裝)
> ISBN 978-957-15-1445-1(平裝)
>
> 1. 文獻分析 2. 臺灣文化 3. 文獻數位化 4. 文集
>
> 733.707   98001647

禮俗·記憶與啓蒙
——臺灣文獻的文化論述及數位典藏〔全一冊〕

著　作　者:林　　　淑　　　慧
出　版　者:臺 灣 學 生 書 局 有 限 公 司
發　行　人:盧　　　保　　　宏
發　行　所:臺 灣 學 生 書 局 有 限 公 司
　　　　　　臺 北 市 和 平 東 路 一 段 一 九 八 號
　　　　　　郵 政 劃 撥 帳 號 : 0 0 0 2 4 6 6 8
　　　　　　電　話 : (0 2) 2 3 6 3 4 1 5 6
　　　　　　傳　眞 : (0 2) 2 3 6 3 6 3 3 4
　　　　　　E-mail : student.book@msa.hinet.net
　　　　　　http : //www.studentbooks.com.tw

本書局登
記證字號　:行政院新聞局局版北市業字第玖捌壹號

印　刷　所:長 欣 印 刷 企 業 社
　　　　　　中 和 市 永 和 路 三 六 三 巷 四 二 號
　　　　　　電　話 : (0 2) 2 2 2 6 8 8 5 3

定價:精裝新臺幣六八〇元
　　　平裝新臺幣五八〇元

西 元 二 〇 〇 九 年 二 月 初 版